大学入試シリーズ

320

中央大学

文学部－学部別選抜

一般方式・英語外部試験利用方式

教学社

はしがき

入力した質問に対して，まるで人間が答えているかのような自然な文章で，しかも人間よりもはるかに速いスピードで回答することができるという，自然言語による対話型の AI（人工知能）の登場は，社会に大きな衝撃を与えました。回答の内容の信憑性については依然として課題があると言われるものの，AI 技術の目覚ましい進歩に驚かされ，人間の活動を助けるさまざまな可能性が期待される一方で，悪用される危険性や，将来人間を脅かす存在になるのではないかという危惧を覚える人もいるのではないでしょうか。

大学教育においても，本来は学生本人が作成すべきレポートや論文などが，AI のみに頼って作成されることが懸念されており，AI の使用についての注意点などを発表している大学もあります。たとえば東京大学では，「回答を批判的に確認し，適宜修正することが必要」，「人間自身が勉強や研究を怠ることはできない」といったことが述べられています。

16 ～ 17 世紀のイギリスの哲学者フランシス・ベーコンは，『随筆集』の中で，「悪賢い人は勉強を軽蔑し，単純な人は勉強を称賛し，賢い人は勉強を利用する」と記しています。これは勉強や学問に取り組む姿勢について述べたものですが，このような新たな技術に対しても，侮ったり，反対に盲信したりするのではなく，その利点と欠点を十分に検討し，特性をよく理解した上で賢く利用していくことが必要といえるでしょう。

受験勉強においても，単にテクニックを覚えるのではなく，基礎的な知識を習得することを目指して正攻法で取り組み，大学で教養や専門知識を学ぶための確固とした土台を作り，こうした大きな変革の時代にあっても自分を見失わず，揺るぎない力を身につけてほしいと願っています。

*　*　*

本書刊行に際しまして，入試問題や資料をご提供いただいた大学関係者各位，掲載許可をいただいた著作権者の皆様，各科目の解答や対策の執筆にあたられた先生方に，心より御礼を申し上げます。

編者しるす

そもそも

赤本とは…

受験生のための大学入試の過去問題集！

60年以上の歴史を誇る赤本は，600点を超える刊行点数で全都道府県の370大学以上を網羅しており，過去問の代名詞として受験生の必須アイテムとなっています。

Q. なぜ受験に過去問が必要なの？

A. 大学入試は大学によって問題形式や頻出分野が大きく異なるからです。

マーク式か記述式か，試験時間に対する問題量はどうか，基本問題中心か応用問題中心か，論述問題や計算問題は出るのか――これらの出題形式や頻出分野などの傾向は大学によって違うので，とるべき対策も大学によって違ってきます。
出題傾向をつかみ，その大学にあわせた対策をとるために過去問が必要なのです。

赤本で志望校を研究しよう！

赤本の掲載内容

傾向と対策

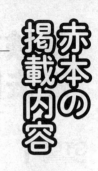

これまでの出題内容から，問題の**「傾向」**を分析し，
来年度の入試にむけて具体的な**「対策」**の方法を紹介しています。

問題編・解答編

年度ごとに問題とその解答を掲載しています。
「問題編」ではその年度の試験概要を確認したうえで，実際に出題された過去問に取り組むことができます。
「解答編」には高校・予備校の先生方による解答が載っています。

ギュ
ホンを…
大事に…

ページの見方

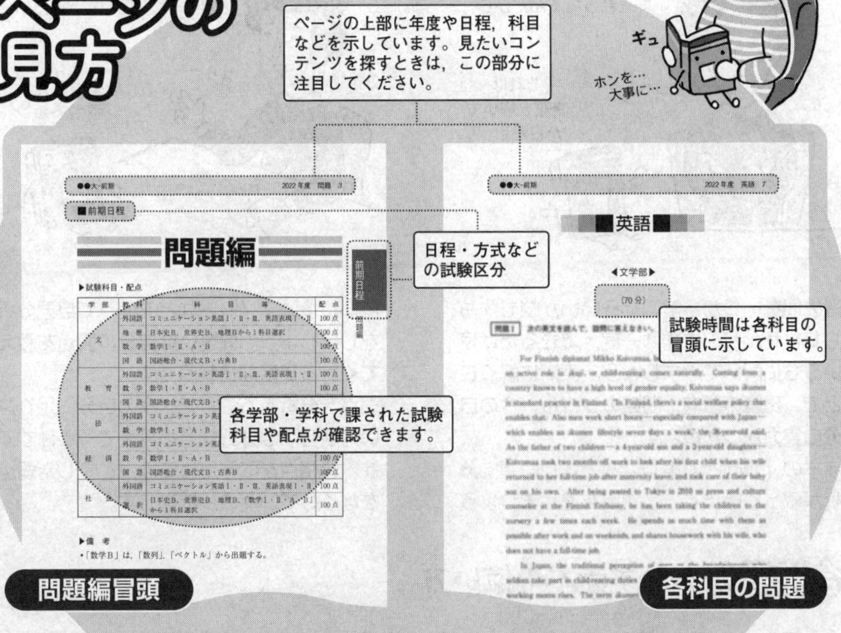

ページの上部に年度や日程，科目などを示しています。見たいコンテンツを探すときは，この部分に注目してください。
●●大-前期　2022年度　問題　3
■前期日程
問題編
日程・方式などの試験区分
各学部・学科で課された試験科目や配点が確認できます。
●●大-前期　2022年度　英語　7
英語
◀文学部▶
（70分）
試験時間は各科目の冒頭に示しています。
問題編冒頭
各科目の問題

他にも赤本によって，大学の基本情報や，先輩受験生の合格体験記，在学生からのメッセージなどが載っています。

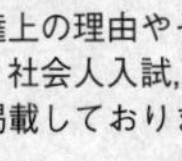

● 掲載内容について ●

著作権上の理由やその他編集上の都合により問題や解答の一部を割愛している場合があります。なお，指定校推薦入試，社会人入試，編入学試験，帰国生入試などの特別入試，英語以外の外国語科目，商業・工業科目は，原則として掲載しておりません。また試験科目は変更される場合がありますので，あらかじめご了承ください。

受験勉強は過去問に始まり，過去問に終わる。

STEP 1 なにはともあれ まずは解いてみる 》

しずかに…
今，自分の心と
向き合ってるんだから
ムーン
それは
問題を解いて
からだホン!

過去問をいつから解いたらいいか悩むかもしれませんが，まずは一度，**できるだけ早いうちに**解いてみましょう。**実際に解くことで，出題の傾向，問題のレベル，今の自分の実力がつかめます。**
赤本の「傾向と対策」にも，詳しい傾向分析が載っています。必ず目を通しましょう。

STEP 2 じっくり具体的に 弱点を分析する 》

分析の結果だけど
英・数・国が苦手みたい
スリー
必須科目だホン
頑張るホン

解いた後は，ノートなどを使って自己分析をしましょう。**間違いは自分の弱点を教えてくれる貴重な情報源です。**
弱点を分析することで，今の自分に足りない力や苦手な分野などが見えてくるはずです。合格点を取るためには，こうした弱点をなくしていくのが近道です。

合格者があかす赤本の使い方

傾向と対策を熟読
(Fさん／国立大合格)

大学の出題傾向を調べることが大事だと思ったので，赤本に載っている「傾向と対策」を熟読しました。解答・解説もすべて目を通し，自分と違う解き方を学びました。

目標点を決める
(Yさん／私立大合格)

赤本によっては合格者最低点が載っているものもあるので，まずその点数を超えられるように目標を決めるのもいいかもしれません。

時間配分を確認
(Kさん／公立大合格)

過去問を本番の試験と同様の時間内に解くことで，どのような時間配分にするか，どの設問から解くかを決めました。

過去問を解いてみて，まずは自分のレベルとのギャップを知りましょう。
それを克服できるように学習計画を立て，苦手分野の対策をします。
そして，また過去問を解いてみる，というサイクルを繰り返すことで効果的に学習ができます。

STEP 3 重点対策をする

志望校にあわせて

明日からはみんなで頑張るよ！
参考書も！ 問題集も！
よろしくね！
呼んだ？
なにを!? どこから!?
グッ
グッ

分析した結果をもとに，参考書や問題集を活用して**苦手な分野の重点対策**をしていきます。赤本を指針にして，何をどんな方法で強化すればよいかを考え，**具体的な学習計画を立てましょう**。
「傾向と対策」のアドバイスも参考にしてください。

STEP 1▸2▸3… 実践を繰り返す

サイクルが大事！

ステップ1～3を繰り返し，足りない知識の補強や，よりよい解き方を研究して，実力アップにつなげましょう。
繰り返し解いて**出題形式に慣れること**や，試験時間に合わせて**実戦演習を行うこと**も大切です。

添削してもらう
(Sさん／国立大合格)

記述式の問題は自分で採点しにくいので，先生に添削してもらうとよいです。人に見てもらうことで自分の弱点に気づきやすくなると思います。

繰り返し解く
(Tさん／国立大合格)

1周目は問題のレベル確認程度に使い，2周目は復習兼頻出事項の見極めとして，3周目はしっかり得点できる状態を目指して使いました。

他学部の過去問も活用
(Kさん／私立大合格)

自分の志望学部の問題はもちろん，同じ大学の他の学部の過去問も解くようにしました。同じ大学であれば，傾向が似ていることが多いので，これはオススメです。

目次

掲載内容についてのお断り

- 著作権の都合上，下記の内容を省略しています。
  2023年度：「英語」大問Ⅲ(4)の英文

University Guide

大学情報

大学の基本情報

沿革

1885（明治 18）	英吉利法律学校創設
1889（明治 22）	東京法学院と改称
1903（明治 36）	東京法学院大学と改称
1905（明治 38）	中央大学と改称，経済学科開設
1909（明治 42）	商業学科開設
1920（大正　9）	大学令による中央大学認可
1926（大正 15）	神田錦町から神田駿河台へ移転
1948（昭和 23）	通信教育部開設
1949（昭和 24）	新制大学発足，法・経済・商・工学部開設
1951（昭和 26）	文学部開設
1962（昭和 37）	工学部を理工学部に改組
1978（昭和 53）	多摩キャンパス開校
1993（平成　5）	総合政策学部開設
2000（平成 12）	市ヶ谷キャンパス開校
2004（平成 16）	市ヶ谷キャンパスに法務研究科（ロースクール）開設
2008（平成 20）	後楽園キャンパスに戦略経営研究科（ビジネススクール）開設
2010（平成 22）	市ヶ谷田町キャンパス開校
2019（平成 31）	国際経営学部と国際情報学部開設
2023（令和　5）	茗荷谷キャンパス開校

ブランドマーク

このブランドマークは，箱根駅伝で広く知られた朱色の「C」マークと，伝統ある独自書体の「中央大学」を組み合わせたものとなっています。2007 年度，このブランドマークに，新たに「行動する知性。」というユニバーシティメッセージを付加しました。建学の精神に基づく実学教育を通じて涵養された知性をもとに社会に貢献できる人材，という本学の人材養成像を示しています。

中央大学

学部・学科の構成

大　学

法学部　茗荷谷キャンパス

法律学科（法曹コース，公共法務コース，企業コース）

国際企業関係法学科

政治学科（公共政策コース，地域創造コース，国際政治コース，メディア政治コース）

経済学部　多摩キャンパス

経済学科（経済総合クラスター，ヒューマンエコノミークラスター）

経済情報システム学科（企業経済クラスター，経済情報クラスター）

国際経済学科（貿易・国際金融クラスター，経済開発クラスター）

公共・環境経済学科（公共クラスター，環境クラスター）

商学部　多摩キャンパス

経営学科

会計学科

国際マーケティング学科

金融学科

※商学部では，各学科に「フレックス・コース」と「フレックス *Plus 1*・コース」という２つのコースが設けられている。なお，フリーメジャー（学科自由選択）・コースの合格者は，入学手続時に商学部のいずれかの学科のフレックス・コースに所属し，２年次進級時に改めて学科・コースを選択（変更）できる。

理工学部　後楽園キャンパス

数学科

物理学科

都市環境学科（環境クリエーターコース，都市プランナーコース）

精密機械工学科

電気電子情報通信工学科

応用化学科

ビジネスデータサイエンス学科

情報工学科

生命科学科

人間総合理工学科

文学部　多摩キャンパス

人文社会学科（国文学専攻，英語文学文化専攻，ドイツ語文学文化専攻，フランス語文学文化専攻〈語学文学文化コース，美術史美術館コース〉，中国言語文化専攻，日本史学専攻，東洋史学専攻，西洋史学専攻，哲学専攻，社会学専攻，社会情報学専攻〈情報コミュニケーションコース，図書館情報学コース〉，教育学専攻，心理学専攻，学びのパスポートプログラム〈社会文化系，スポーツ文化系〉）

総合政策学部　多摩キャンパス

政策科学科

国際政策文化学科

国際経営学部　多摩キャンパス

国際経営学科

国際情報学部　市ヶ谷田町キャンパス

国際情報学科

（備考）クラスター，コース等に分属する年次はそれぞれで異なる。

大学院

法学研究科 / 経済学研究科 / 商学研究科 / 理工学研究科 / 文学研究科 / 総合政策研究科 / 国際情報研究科 / 法科大学院（ロースクール）/ 戦略経営研究科（ビジネススクール）

大学所在地

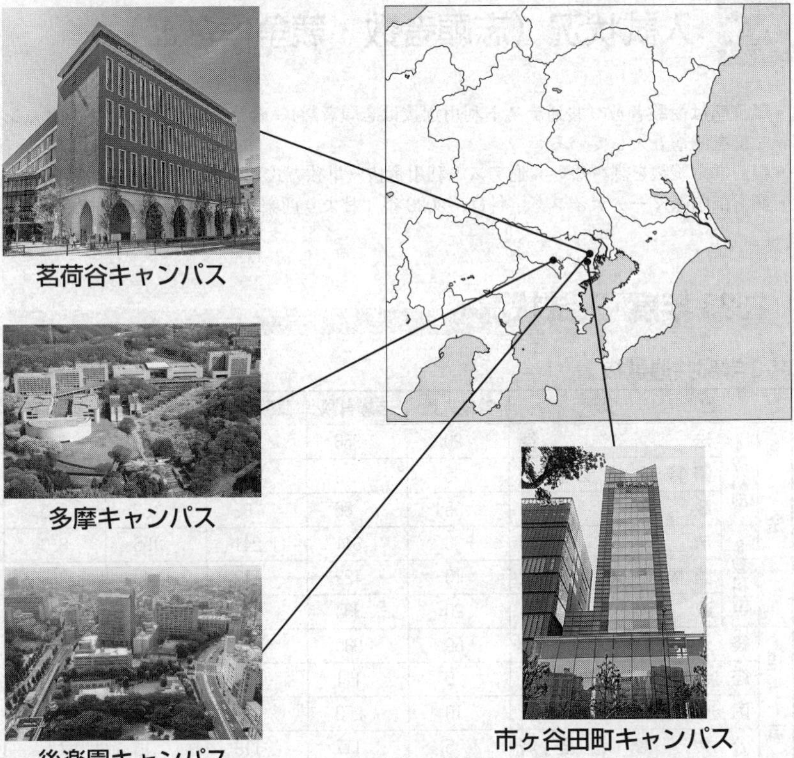

茗荷谷キャンパス	〒 112-8631	東京都文京区大塚 1-4-1
多摩キャンパス	〒 192-0393	東京都八王子市東中野 742-1
後楽園キャンパス	〒 112-8551	東京都文京区春日 1-13-27
市ヶ谷田町キャンパス	〒 162-8478	東京都新宿区市谷田町 1-18

入試データ

入試状況（志願者数・競争率など）

- 競争率は受験者数（共通テスト利用選抜は志願者数）÷合格者数で算出し，小数点第２位を四捨五入している。
- 個別学力試験を課さない共通テスト利用選抜〈単独方式〉は１カ年分のみの掲載。
- 商学部国際マーケティング学科は，2022 年４月より商業・貿易学科から名称変更。

2023 年度 入試状況

6 学部共通選抜

区分			募集人員	志願者数	受験者数	合格者数	競争率
法	4教科型	法律	20	363	340	118	2.9
法	4教科型	国際企業関係法	5	9	9	3	3.0
法	4教科型	政治	5	86	82	53	1.5
法	3教科型	法律	36	1,311	1,241	156	8.0
法	3教科型	国際企業関係法	10	122	119	47	2.5
法	3教科型	政治	20	364	348	107	3.3
経済	経済		60	989	945	238	4.0
経済	経済情報システム		5	111	103	21	4.9
経済	国際経済		10	250	239	44	5.4
経済	公共・環境経済		5	117	113	15	7.5
商	フリーメジャー		70	1,268	1,215	302	4.0
文	人文社会	国文学	7	176	164	41	4.0
文	人文社会	英語文学文化	7	185	175	65	2.7
文	人文社会	ドイツ語文学文化	3	90	85	29	2.9
文	人文社会	フランス語文学文化	3	251	245	45	5.4
文	人文社会	中国言語文化	3	100	97	27	3.6
文	人文社会	日本史学	3	123	116	19	6.1
文	人文社会	東洋史学	4	58	49	16	3.1
文	人文社会	西洋史学	4	107	101	27	3.7

（表つづく）

区分			募集人員	志願者数	受験者数	合格者数	競争率
文	人文社会	哲学	3	82	74	26	2.8
		社会学	3	251	241	46	5.2
		社会情報学	3	111	107	31	3.5
		教育学	3	101	97	24	4.0
		心理学	3	208	203	26	7.8
		学びのパスポートプログラム	2	53	52	6	8.7
総合政策	政策科		25	372	363	101	3.6
	国際政策文化		25	295	281	116	2.4
国際経営	4教科型		10	44	41	14	2.9
	3教科型		20	314	296	60	4.9
計			377	7,911	7,541	1,823	―

（備考）• 法学部，文学部及び総合政策学部の志願者数・受験者数は，第１志望の学科（専攻）で算出している。

• 新型コロナウイルス感染症等対応のための特別措置を実施し，上表以外に，経済学部２名，文学部２名の合格者を出した。

■学部別選抜＜一般方式＞

区分			募集人員	志願者数	受験者数	合格者数	競争率
法	4教科型	法律	60	647	596	241	2.5
		国際企業関係法	5	42	39	16	2.4
		政治	20	107	98	46	2.1
	3教科型	法律	269	2,786	2,628	608	4.3
		国際企業関係法	60	541	517	139	3.7
		政治	128	920	871	318	2.7
経済	I（2/14）	経済	135	2,386	2,204	263	8.4
		経済情報システム	79	386	350	178	2.0
		公共・環境経済	60	1,196	1,123	180	6.2
	II（2/15）	経済	90	1,336	1,185	148	8.0
		国際経済	113	1,387	1,266	309	4.1
商	経営	フレックス	130	2,137	2,002	377	5.3
		フレックス *Plus 1*	20	360	334	52	6.4
	会計	フレックス	115	1,023	972	280	3.5
		フレックス *Plus 1*	40	241	231	64	3.6
	国際マーケティング	フレックス	120	1,214	1,157	360	3.2
		フレックス *Plus 1*	20	160	150	43	3.5
	金融	フレックス	40	672	631	213	3.0
		フレックス *Plus 1*	15	100	95	24	4.0
理工	数		32	769	648	216	3.0
	物理		33	856	728	237	3.1
	都市環境		45	848	677	169	4.0
	精密機械工		80	1,350	1,142	374	3.1
	電気電子情報通信工		65	952	771	260	3.0
	応用化		78	1,389	1,128	297	3.8
	ビジネスデータサイエンス		65	772	659	175	3.8
	情報工		65	1,815	1,541	301	5.1
	生命科		43	527	440	117	3.8
	人間総合理工		32	337	288	54	5.3
文	人文社会	国文学	29	503	485	125	3.9
		英語文学文化	77	588	564	240	2.4
		ドイツ語文学文化	22	183	177	61	2.9
		フランス語文学文化	34	528	510	127	4.0
		中国言語文化	23	238	226	80	2.8
		日本史学	43	519	499	155	3.2

（表つづく）

区分			募集人員	志願者数	受験者数	合格者数	競争率
文	人文社会	東洋史学	25	158	147	53	2.8
		西洋史学	25	309	299	90	3.3
		哲学	36	229	219	93	2.4
		社会学	47	564	539	178	3.0
		社会情報学	43	219	208	70	3.0
		教育学	32	310	304	88	3.5
		心理学	41	610	579	107	5.4
		学びのパスポートプログラム	10	76	71	11	6.5
総合政策	政策科		30	881	775	113	6.9
	国際政策文化		30	885	765	134	5.7
国際経営			70	1,172	1,102	319	3.5
国際情報			60	985	918	183	5.0
計			2,734	36,213	32,858	8,286	—

（備考）• 経済学部，商学部及び総合政策学部の志願者数・受験者数は，第１志望の学科（コース）で算出している。
• 新型コロナウイルス感染症等対応のための特別措置を実施し，上表以外に，法学部１名，経済学部１名，総合政策学部１名，国際経営学部１名の合格者を出した。

■■学部別選抜＜英語外部試験利用方式＞

区分			募集人員	志願者数	受験者数	合格者数	競争率
経済	Ⅰ(2/14)	経済	13	505	465	42	11.1
		経済情報システム	8	134	127	12	10.6
		公共・環境経済	7	370	352	100	3.5
	Ⅱ(2/15)	経済	9	368	338	70	4.8
		国際経済	13	643	582	123	4.7
理工	数		3	1	1	0	—
	物理		2	2	1	1	1.0
	都市環境		2	11	7	4	1.8
	精密機械工		2	17	12	6	2.0
	電気電子情報通信工		2	15	12	10	1.2
	応用化		2	32	19	7	2.7
	ビジネスデータサイエンス		2	12	12	5	2.4
	情報工		2	5	3	2	1.5
	生命科		2	20	17	4	4.3
	人間総合理工		5	13	9	5	1.8
文	人文社会	国文学	若干名	15	14	3	4.7
		英語文学文化		52	49	16	3.1
		ドイツ語文学文化		18	18	4	4.5
		フランス語文学文化		44	43	13	3.3
		中国言語文化		20	18	7	2.6
		日本史学		22	22	8	2.8
		東洋史学		12	12	5	2.4
		西洋史学		20	19	7	2.7
		哲学		19	18	6	3.0
		社会学		53	49	14	3.5
		社会情報学		17	16	3	5.3
		教育学		19	19	6	3.2
		心理学		39	37	8	4.6
総合政策	政策科		5	50	37	13	2.8
	国際政策文化		5	129	98	34	2.9
国際経営			20	635	615	198	3.1
国際情報			5	141	139	17	8.2
計			109	3,453	3,180	753	—

（備考）• 経済学部及び総合政策学部の志願者数・受験者数は，第１志望の学科で算出している。
• 新型コロナウイルス感染症等対応のための特別措置を実施し，上表以外に，総合政策学部１名の合格者を出した。
• 文学部人文社会学科の学びのパスポートプログラムは，学部別選抜〈英語外部試験利用方式〉での募集は行っていない（2024年度より募集が実施される）。

■学部別選抜＜大学入学共通テスト併用方式＞

区分			募集人員	志願者数	受験者数	合格者数	競争率
法	法律		52	528	469	206	2.3
	国際企業関係法		13	102	90	30	3.0
	政治		26	147	128	85	1.5
経済	経済	Ⅰ(2/14 実施)	9	104	82	17	4.8
		Ⅱ(2/15 実施)	6	56	35	7	5.0
	経済情報システム		7	30	22	12	1.8
	国際経済		12	42	33	12	2.8
	公共・環境経済		6	20	17	12	1.4
商	フリーメジャー	A	10	134	123	35	3.5
		B	10	134	119	40	3.0
理工	数		13	210	194	65	3.0
	物理		10	233	216	78	2.8
	都市環境		9	198	175	62	2.8
	精密機械工		20	242	221	66	3.3
	電気電子情報通信工		20	208	187	58	3.2
	応用化		25	341	324	115	2.8
	ビジネスデータサイエンス		13	310	288	78	3.7
	情報工		13	380	339	58	5.8
	生命科		10	234	217	66	3.3
	人間総合理工		12	141	132	26	5.1
総合政策	政策科		15	98	72	25	2.9
	国際政策文化		15	223	180	84	2.1
国際経営			10	104	86	20	4.3
国際情報			10	198	182	53	3.4
計			346	4,417	3,931	1,310	—

（備考）• 経済学部及び総合政策学部の志願者数・受験者数は，第１志望の学科で算出している。
• 商学部フリーメジャー・コースは，学部別選抜Ａ（2/11 実施）・学部別選抜Ｂ（2/13 実施）それぞれ 10 名の募集。
• 新型コロナウイルス感染症等対応のための特別措置を実施し，上表以外に，理工学部 3 名の合格者を出した。

■■大学入学共通テスト利用選抜＜単独方式＞

区分					募集人員	志願者数	合格者数	競争率
法	前期選考	5教科型	法律		115	1,585	983	1.6
			国際企業関係法		19	212	157	1.4
			政治		52	327	225	1.5
		3教科型	法律		24	1,218	285	4.3
			国際企業関係法		6	169	82	2.1
			政治		12	422	154	2.7
	後期選考		法律		6	83	15	5.5
			国際企業関係法		3	42	4	10.5
			政治		6	64	10	6.4
経済	前期選考	4教科型	経済		16	495	161	3.1
			経済情報システム		7	106	29	3.7
			国際経済		11	48	23	2.1
			公共・環境経済		6	21	9	2.3
		3教科型	経済		16	409	79	5.2
			経済情報システム		7	67	21	3.2
			国際経済		11	71	25	2.8
			公共・環境経済		6	39	7	5.6
	後期選考		経済		5	65	44	1.5
			経済情報システム		5	37	17	2.2
			国際経済		5	42	26	1.6
			公共・環境経済		5	50	13	3.8
商	前期選考	4教科型	経営	フレックス	14	245	98	2.5
			会計	フレックス	14	259	112	2.3
			国際マーケティング	フレックス	14	143	63	2.3
			金融	フレックス	8	49	30	1.6
		3教科型	経営	フレックス	12	865	184	4.7
			会計	フレックス	12	380	100	3.8
			国際マーケティング	フレックス	12	294	84	3.5
			金融	フレックス	4	75	25	3.0
	後期選考		経営	フレックス	4	55	4	13.8
			会計	フレックス	4	37	4	9.3
			国際マーケティング	フレックス	4	45	4	11.3
			金融	フレックス	4	34	4	8.5

（表つづく）

区分				募集人員	志願者数	合格者数	競争率
理工	前期選考	物理		5	343	68	5.0
		都市環境		9	376	66	5.7
		精密機械工		8	347	96	3.6
		電気電子情報通信工		10	403	97	4.2
		応用化		10	436	110	4.0
		ビジネスデータサイエンス		13	308	55	5.6
		情報工		7	602	55	10.9
		生命科		5	285	69	4.1
		人間総合理工		8	227	38	6.0
文	人文社会	前期選考	4教科型　専攻フリー	40	512	227	2.3
			3教科型　国文学	11	242	55	4.4
			英語文学文化	11	236	84	2.8
			ドイツ語文学文化	6	88	30	2.9
			フランス語文学文化	5	74	21	3.5
			中国言語文化	6	97	25	3.9
			日本史学	5	171	33	5.2
			東洋史学	6	157	43	3.7
			西洋史学	6	135	51	2.6
			哲学	5	95	38	2.5
			社会学	5	195	44	4.4
			社会情報学	3	70	17	4.1
			教育学	3	119	25	4.8
			心理学	3	217	29	7.5
			学びのパスポートプログラム	2	35	4	8.8
		後期選考	国文学	若干名	135	19	7.1
			英語文学文化				
			ドイツ語文学文化				
			フランス語文学文化				
			中国言語文化				
			日本史学				
			東洋史学				
			西洋史学				
			哲学				
			社会学				
			社会情報学				
			教育学				
			心理学				
			学びのパスポートプログラム				

（表つづく）

区分			募集人員	志願者数	合格者数	競争率
総合政策	前期選考	政策科	24	267	89	3.0
		国際政策文化	25	299	142	2.1
	後期選考	政策科	5	55	9	6.1
		国際政策文化	5	71	9	7.9
国際経営	前期選考	4教科型	7	51	23	2.2
		3教科型	17	388	129	3.0
	後期選考	4教科型	3	50	11	4.5
		3教科型	3	101	15	6.7
国際情報	前期選考	4教科型	10	82	45	1.8
		3教科型	10	407	160	2.5
	後期選考		5	63	21	3.0
計			755	15,792	5,133	—

(備考)経済学部，商学部及び総合政策学部の志願者数は，第１志望の学科（コース）で算出している。

2022 年度 入試状況

6 学部共通選抜

区分			募集人員	志願者数	受験者数	合格者数	競争率
法	4教科型	法律	20	359	334	116	2.9
		国際企業関係法	5	17	17	3	5.7
		政治	5	63	59	44	1.3
	3教科型	法律	36	1,210	1,139	139	8.2
		国際企業関係法	10	140	135	40	3.4
		政治	20	305	288	89	3.2
経済	経済		60	937	887	199	4.5
	経済情報システム		5	101	97	21	4.6
	国際経済		10	132	124	25	5.0
	公共・環境経済		5	109	103	19	5.4
商	フリーメジャー		70	1,179	1,115	282	4.0
文	人文社会	国文学	7	127	123	40	3.1
		英語文学文化	7	170	164	55	3.0
		ドイツ語文学文化	3	79	71	27	2.6
		フランス語文学文化	3	96	93	44	2.1
		中国言語文化	3	75	71	36	2.0
		日本史学	3	142	137	26	5.3
		東洋史学	4	59	57	15	3.8
		西洋史学	4	102	93	35	2.7
		哲学	3	113	105	33	3.2
		社会学	3	114	107	57	1.9
		社会情報学	3	111	108	19	5.7
		教育学	3	83	76	26	2.9
		心理学	3	166	157	37	4.2
		学びのパスポートプログラム	2	78	75	10	7.5
総合政策	政策科		25	311	299	84	3.6
	国際政策文化		25	232	227	85	2.7
国際経営	4教科型		10	29	29	10	2.9
	3教科型		20	277	258	53	4.9
計			377	6,916	6,548	1,669	—

（備考）• 法学部，文学部及び総合政策学部の志願者数・受験者数は，第 1 志望の学科（専攻）で算出している。
• 新型コロナウイルス感染症等対応のための特別措置を実施し，上表以外に，文学部 2 名，総合政策学部 1 名の合格者を出した。

■学部別選抜＜一般方式＞

区分			募集人員	志願者数	受験者数	合格者数	競争率
法	4教科型	法律	60	631	576	218	2.6
法	4教科型	国際企業関係法	5	58	54	24	2.3
法	4教科型	政治	20	118	110	52	2.1
法	3教科型	法律	269	2,515	2,368	638	3.7
法	3教科型	国際企業関係法	60	410	388	167	2.3
法	3教科型	政治	128	739	694	261	2.7
経済	Ⅰ（2/14）	経済	149	2,198	2,026	293	6.9
経済	Ⅰ（2/14）	経済情報システム	86	565	512	110	4.7
経済	Ⅰ（2/14）	公共・環境経済	67	1,074	996	378	2.6
経済	Ⅱ（2/15）	経済	99	1,375	1,230	141	8.7
経済	Ⅱ（2/15）	国際経済	126	1,562	1,446	424	3.4
商	経営	フレックス	130	1,491	1,365	295	4.6
商	経営	フレックス *Plus1*	20	346	312	59	5.3
商	会計	フレックス	115	1,134	1,078	297	3.6
商	会計	フレックス *Plus1*	40	296	280	69	4.1
商	国際マーケティング	フレックス	120	1,182	1,126	357	3.2
商	国際マーケティング	フレックス *Plus1*	20	157	152	41	3.7
商	金融	フレックス	40	886	824	255	3.2
商	金融	フレックス *Plus1*	15	83	76	18	4.2
理工	数		32	693	621	277	2.2
理工	物理		33	752	663	275	2.4
理工	都市環境		45	650	561	196	2.9
理工	精密機械工		80	1,240	1,078	359	3.0
理工	電気電子情報通信工		65	1,195	1,059	325	3.3
理工	応用化		78	1,287	1,126	475	2.4
理工	ビジネスデータサイエンス		65	917	812	202	4.0
理工	情報工		65	1,460	1,292	330	3.9
理工	生命科		43	552	488	168	2.9
理工	人間総合理工		32	494	435	91	4.8
文	人文社会	国文学	29	472	450	161	2.8
文	人文社会	英語文学文化	77	730	692	299	2.3
文	人文社会	ドイツ語文学文化	22	226	217	75	2.9
文	人文社会	フランス語文学文化	34	310	293	139	2.1
文	人文社会	中国言語文化	23	190	179	87	2.1
文	人文社会	日本史学	43	609	585	177	3.3

（表つづく）

区分			募集人員	志願者数	受験者数	合格者数	競争率
文	人文社会	東洋史学	25	213	207	95	2.2
		西洋史学	25	270	258	111	2.3
		哲学	36	309	294	113	2.6
		社会学	47	446	432	210	2.1
		社会情報学	43	298	286	83	3.4
		教育学	32	308	297	127	2.3
		心理学	41	569	540	167	3.2
		学びのパスポートプログラム	10	104	95	22	4.3
総合政策	政策科		30	512	435	115	3.8
	国際政策文化		30	666	548	155	3.5
国際経営			70	1,286	1,221	217	5.6
国際情報			60	1,154	1,084	208	5.2
計			2,784	34,732	31,861	9,356	—

(備考)• 経済学部，商学部及び総合政策学部の志願者数・受験者数は，第１志望の学科（コース）で算出している。
• 新型コロナウイルス感染症等対応のための特別措置を実施し，上表以外に，法学部１名，経済学部６名，商学部３名，理工学部６名，文学部１名，総合政策学部１名，国際情報学部２名の合格者を出した。

■学部別選抜＜英語外部試験利用方式＞

区分			募集人員	志願者数	受験者数	合格者数	競争率
経済	Ⅰ（2/14）	経済	5	363	341	45	7.6
		経済情報システム	4	169	157	21	7.5
		公共・環境経済	3	337	314	97	3.2
	Ⅱ（2/15）	経済	3	305	270	77	3.5
		国際経済	5	459	426	264	1.6
理工	数		3	1	1	0	—
	物理		2	9	6	0	—
	都市環境		2	2	2	1	2.0
	精密機械工		2	15	11	8	1.4
	電気電子情報通信工		2	7	5	4	1.3
	応用化		2	14	11	9	1.2
	ビジネスデータサイエンス		2	13	13	6	2.2
	情報工		2	5	4	1	4.0
	生命科		2	8	7	5	1.4
	人間総合理工		5	8	6	4	1.5
文	人文社会	国文学	若干名	33	29	7	4.1
		英語文学文化		59	59	19	3.1
		ドイツ語文学文化		13	11	5	2.2
		フランス語文学文化		24	24	10	2.4
		中国言語文化		19	19	9	2.1
		日本史学		21	19	6	3.2
		東洋史学		16	15	6	2.5
		西洋史学		18	16	7	2.3
		哲学		22	19	6	3.2
		社会学		32	28	14	2.0
		社会情報学		38	34	6	5.7
		教育学		17	16	5	3.2
		心理学		25	23	8	2.9
総合政策	政策科		5	42	30	12	2.5
	国際政策文化		5	127	90	37	2.4
国際経営			20	729	700	181	3.9
国際情報			5	244	228	14	16.3
計			79	3,194	2,934	894	—

（備考）• 経済学部及び総合政策学部の志願者数・受験者数は，第１志望の学科で算出している。
• 新型コロナウイルス感染症等対応のための特別措置を実施し，上表以外に，経済学部１名の合格者を出した。

■学部別選抜＜大学入学共通テスト併用方式＞

区分			募集人員	志願者数	受験者数	合格者数	競争率
法	法律		52	557	514	189	2.7
	国際企業関係法		13	97	90	52	1.7
	政治		26	138	132	75	1.8
経済	経済	Ⅰ(2/14実施)	9	156	141	27	5.2
		Ⅱ(2/15実施)	6	87	69	10	6.9
	経済情報システム		7	50	43	14	3.1
	国際経済		12	59	52	16	3.3
	公共・環境経済		6	86	80	25	3.2
商	フリーメジャー		20	229	210	55	3.8
理工	数		13	150	137	58	2.4
	物理		10	163	153	55	2.8
	都市環境		9	191	177	62	2.9
	精密機械工		20	282	261	81	3.2
	電気電子情報通信工		20	330	311	94	3.3
	応用化		25	289	268	128	2.1
	ビジネスデータサイエンス		13	313	289	74	3.9
	情報工		13	497	459	93	4.9
	生命科		10	240	219	81	2.7
	人間総合理工		12	224	210	58	3.6
総合政策	政策科		15	103	84	31	2.7
	国際政策文化		15	170	123	64	1.9
国際経営			10	64	58	10	5.8
国際情報			10	289	271	54	5.0
計			346	4,764	4,351	1,406	―

（備考）
- 経済学部及び総合政策学部の志願者数・受験者数は，第１志望の学科で算出している。
- 商学部フリーメジャー・コースは，学部別選抜Ａ（2/11 実施）・学部別選抜Ｂ（2/13 実施）それぞれ 10 名の募集。
- 新型コロナウイルス感染症等対応のための特別措置を実施し，上表以外に，法学部１名，理工学部１名，総合政策学部１名，国際情報学部１名の合格者を出した。

2021 年度 入試状況

■一般入試

区分			募集人員	志願者数	受験者数	合格者数	競争率
法	4教科型	法律	60	795	694	272	2.6
		国際企業関係法	5	158	140	70	2.0
		政治	20	257	221	102	2.2
	3教科型	法律	269	2,629	2,411	704	3.4
		国際企業関係法	60	501	465	208	2.2
		政治	128	999	908	313	2.9
経済	Ⅰ(2/14)	経済	149	2,655	2,457	361	6.8
		経済情報システム	86	471	428	104	4.1
		公共・環境経済	67	704	665	358	1.9
	Ⅱ(2/15)	経済	99	1,596	1,411	151	9.3
		国際経済	126	1,159	1,058	360	2.9
商	経営	フレックス	130	1,751	1,643	190	8.6
		フレックス *Plus1*	20	360	325	36	9.0
	会計	フレックス	115	1,131	1,054	262	4.0
		フレックス *Plus1*	40	304	288	50	5.8
	商業・貿易	フレックス	120	1,389	1,338	357	3.7
		フレックス *Plus1*	20	194	186	45	4.1
	金融	フレックス	40	928	879	235	3.7
		フレックス *Plus1*	15	117	109	15	7.3
理工	数		35	677	615	231	2.7
	物理		33	814	712	243	2.9
	都市環境		45	728	634	177	3.6
	精密機械工		80	1,018	896	350	2.6
	電気電子情報通信工		70	1,282	1,122	287	3.9
	応用化		80	1,345	1,166	443	2.6
	ビジネスデータサイエンス		65	766	663	187	3.5
	情報工		61	1,547	1,354	297	4.6
	生命科		40	448	387	146	2.7
	人間総合理工		35	204	174	65	2.7

（表つづく）

区分			募集人員	志願者数	受験者数	合格者数	競争率
文	人文社会	国文学	29	493	473	137	3.5
		英語文学文化	77	625	595	290	2.1
		ドイツ語文学文化	22	141	136	63	2.2
		フランス語文学文化	34	198	188	96	2.0
		中国言語文化	23	148	138	53	2.6
		日本史学	43	472	454	182	2.5
		東洋史学	25	147	139	71	2.0
		西洋史学	25	370	358	94	3.8
		哲学	36	350	331	113	2.9
		社会学	47	504	473	170	2.8
		社会情報学	43	275	260	80	3.3
		教育学	32	370	355	115	3.1
		心理学	41	526	504	135	3.7
		学びのパスポートプログラム	10	116	113	25	4.5
総合政策	一般	政策科	50	563	460	92	5.0
		国際政策文化	50	534	410	117	3.5
	英語換算型	政策科	5	57	36	13	2.8
		国際政策文化	5	128	83	30	2.8
国際経営			70	1,484	1,421	346	4.1
国際情報			60	1,314	1,239	237	5.2
計			2,840	35,742	32,569	9,078	—

（備考）• 経済学部，商学部及び総合政策学部の志願者数・受験者数は，第１志望の学科（コース）で算出している。
• 新型コロナウイルス感染症等対応のための特別措置を実施し，上表以外に，経済学部１名，理工学部３名，総合政策学部１名の合格者を出した。

■■統一入試

区分			募集人員	志願者数	受験者数	合格者数	競争率
法	4教科型	法律	20	281	260	128	2.0
		国際企業関係法	5	14	13	5	2.6
		政治	5	46	44	29	1.5
	3教科型	法律	36	1,048	981	113	8.7
		国際企業関係法	10	90	85	37	2.3
		政治	20	243	233	85	2.7
経済	経済		60	814	773	137	5.6
	経済情報システム		5	123	114	11	10.4
	国際経済		10	119	114	22	5.2
	公共・環境経済		5	111	103	14	7.4
商	フリーメジャー		70	1,158	1,095	245	4.5
文	人文社会	国文学	7	140	133	24	5.5
		英語文学文化	7	108	103	32	3.2
		ドイツ語文学文化	3	37	35	12	2.9
		フランス語文学文化	3	39	35	14	2.5
		中国言語文化	3	72	67	20	3.4
		日本史学	3	114	108	18	6.0
		東洋史学	4	50	48	16	3.0
		西洋史学	4	114	111	21	5.3
		哲学	3	96	91	24	3.8
		社会学	3	132	122	19	6.4
		社会情報学	3	82	79	17	4.6
		教育学	3	80	76	16	4.8
		心理学	3	110	100	15	6.7
		学びのパスポートプログラム	2	56	51	10	5.1
総合政策	政策科		16	216	204	70	2.9
	国際政策文化		16	159	153	50	3.1
国際経営	4教科型		10	29	27	9	3.0
	3教科型		20	283	273	40	6.8
計			359	5,964	5,631	1,253	―

(備考)法学部，文学部及び総合政策学部の志願者数・受験者数は，第１志望の学科（専攻）で算出している。

■大学入学共通テスト利用入試＜併用方式＞

区分			募集人員	志願者数	合格者数	競争率
法	法律		52	1,218	497	2.5
	国際企業関係法		13	300	99	3.0
	政治		26	480	178	2.7
経済	経済	Ⅰ(2/14 実施)	9	434	38	11.4
		Ⅱ(2/15 実施)	6	243	16	15.2
	経済情報システム		7	97	7	13.9
	国際経済		12	98	20	4.9
	公共・環境経済		6	66	33	2.0
商	フリーメジャー		20	872	100	8.7
理工	数		13	186	40	4.7
	物理		10	181	41	4.4
	都市環境		10	238	32	7.4
	精密機械工		20	299	63	4.7
	電気電子情報通信工		20	441	63	7.0
	応用化		25	304	73	4.2
	ビジネスデータサイエンス		15	298	57	5.2
	情報工		16	524	71	7.4
	生命科		15	242	67	3.6
	人間総合理工		13	166	56	3.0
総合政策	政策科		15	237	70	3.4
	国際政策文化		15	307	89	3.4
国際経営			10	357	45	7.9
国際情報			10	605	98	6.2
計			358	8,193	1,853	—

（備考）• 経済学部及び総合政策学部の志願者数は，第１志望の学科で算出している。
• 商学部フリーメジャー・コースは，併用方式Ａ（2/11 実施）・併用方式Ｂ（2/13 実施）それぞれ 10 名の募集。

■英語外部検定試験利用入試

区分			募集人員	志願者数	受験者数	合格者数	競争率
経済	I（2/14）	経済	5	610	568	99	5.7
		経済情報システム	4	200	186	39	4.8
		公共・環境経済	3	226	212	104	2.0
	II（2/15）	経済	3	463	414	63	6.6
		国際経済	5	498	449	149	3.0
文	人文社会	国文学	若干名	41	41	9	4.6
		英語文学文化		94	90	23	3.9
		ドイツ語文学文化		21	21	5	4.2
		フランス語文学文化		32	30	6	5.0
		中国言語文化		24	23	6	3.8
		日本史学		19	16	6	2.7
		東洋史学		20	19	6	3.2
		西洋史学		39	39	8	4.9
		哲学		26	24	5	4.8
		社会学		62	54	14	3.9
		社会情報学		44	40	8	5.0
		教育学		28	27	7	3.9
		心理学		41	38	8	4.8
国際経営			20	791	770	232	3.3
国際情報			5	262	252	45	5.6
計			45	3,541	3,313	842	—

（備考）• 経済学部の志願者数・受験者数は，第１志望の学科で算出している。
• 新型コロナウイルス感染症等対応のための特別措置を実施し，上表以外に，経済学部１名の合格者を出した。

合格最低点（6学部共通選抜，学部別選抜）

(注) • 2023・2022年度：6学部共通選抜，学部別選抜〈一般方式・英語外部試験利用方式〉の合格最低点を掲載。
• 2021年度：一般入試，統一入試，英語外部検定試験利用入試の合格最低点を掲載。

2023年度　合格最低点

6学部共通選抜

区分			合格最低点／満点
法	4教科型	法律	＊269.7／450
		国際企業関係法	＊326.7／500
		政治	＊257.9／450
	3教科型	法律	＊237.6／350
		国際企業関係法	＊263.1／400
		政治	＊226.5／350
経済		経済	＊174.0／300
		経済情報システム	＊175.6／300
		国際経済	＊173.7／300
		公共・環境経済	＊174.7／300
商		フリーメジャー	＊201.0／350
文	人文社会	国文学	＊227.5／400
		英語文学文化	＊185.3／350
		ドイツ語文学文化	＊183.3／350
		フランス語文学文化	＊191.2／350
		中国言語文化	＊187.2／350
		日本史学	＊184.6／300
		東洋史学	＊192.7／350
		西洋史学	＊196.5／350
		哲学	＊193.6／350
		社会学	＊202.5／350
		社会情報学	＊193.4／350
		教育学	＊196.5／350
		心理学	＊176.3／300
		学びのパスポートプログラム	＊182.2／300
総合政策		政策科	＊206.5／350
		国際政策文化	＊199.5／350
国際経営		4教科型	＊302.5／500
		3教科型	＊242.5／400

(備考)＊印は偏差点を使用している。

■■学部別選抜＜一般方式＞

区分			合格最低点／満点
法	4教科型	法律	＊250.1／450
		国際企業関係法	＊271.2／500
		政治	＊238.1／450
	3教科型	法律	＊209.3／350
		国際企業関係法	＊232.2／400
		政治	＊191.9／350
経済	I（2/14）	経済	＊240.0／350
		経済情報システム	＊231.0／350
		公共・環境経済	＊231.1／350
	II（2/15）	経済	＊238.0／350
		国際経済	＊227.0／350
商	経営	フレックス	＊216.1／350
		フレックス *Plus 1*	＊222.1／350
	会計	フレックス	＊203.6／350
		フレックス *Plus 1*	＊214.9／350
	国際マーケティング	フレックス	＊200.3／350
		フレックス *Plus 1*	＊213.1／350
	金融	フレックス	＊210.0／350
		フレックス *Plus 1*	＊213.4／350

区分			合格最低点／満点
理工		数	230.0／400
		物理	188.0／300
		都市環境	187.0／300
		精密機械工	179.0／300
		電気電子情報通信工	183.0／300
		応用化	179.0／300
		ビジネスデータサイエンス	191.0／300
		情報工	200.0／300
		生命科	176.0／300
		人間総合理工	189.0／300
文	人文社会	国文学	＊250.2／400
		英語文学文化	＊205.9／350
		ドイツ語文学文化	＊205.4／350
		フランス語文学文化	＊203.6／350
		中国言語文化	＊198.0／350
		日本史学	＊189.6／300
		東洋史学	＊206.2／350
		西洋史学	＊222.4／350
		哲学	＊208.4／350
		社会学	＊214.9／350
		社会情報学	＊215.9／350
		教育学	＊215.1／350
		心理学	＊196.1／300
		学びのパスポートプログラム	＊192.0／300
総合政策		政策科	157.0／250
		国際政策文化	157.0／250
国際経営			225.0／300
国際情報			180.0／250

（備考）＊印は偏差点を使用している。
総合政策学部の英語の基準点（平均点）は 80.43 点（素点）。

■■学部別選抜＜英語外部試験利用方式＞

区分			合格最低点／満点
経済	I（2/14）	経済	※／350
		経済情報システム	※／350
		公共・環境経済	※／350
	II（2/15）	経済	※／350
		国際経済	※／350
理工		数	—／300
		物理	112.0／200
		都市環境	120.0／200
		精密機械工	111.0／200
		電気電子情報通信工	99.0／200
		応用化	107.0／200
		ビジネスデータサイエンス	108.0／200
		情報工	129.0／200
		生命科	136.0／200
		人間総合理工	114.0／200

区分			合格最低点／満点
文	人文社会	国文学	＊149.9／200
		英語文学文化	＊142.4／200
		ドイツ語文学文化	＊130.1／200
		フランス語文学文化	＊132.6／200
		中国言語文化	＊139.8／200
		日本史学	＊143.8／200
		東洋史学	＊150.7／200
		西洋史学	＊142.4／200
		哲学	＊134.3／200
		社会学	＊142.4／200
		社会情報学	＊138.0／200
		教育学	＊140.3／200
		心理学	＊146.2／200
総合政策		政策科	※／250
		国際政策文化	※／250
国際経営			※／300
国際情報			80.0／100

（備考）＊印は偏差点を使用している。
※印は非公表。
—印は合格者なし。

2022 年度　合格最低点

6 学部共通選抜

区分			合格最低点／満点
法	4教科型	法律	＊265.6／450
		国際企業関係法	＊314.3／500
		政治	＊256.5／450
	3教科型	法律	＊234.6／350
		国際企業関係法	＊260.4／400
		政治	＊224.1／350
経済	経済		＊174.0／300
	経済情報システム		＊174.1／300
	国際経済		＊173.5／300
	公共・環境経済		＊173.1／300
商	フリーメジャー		＊200.2／350
文	人文社会	国文学	＊215.8／400
		英語文学文化	＊186.8／350
		ドイツ語文学文化	＊185.2／350
		フランス語文学文化	＊175.9／350
		中国言語文化	＊177.7／350

区分			合格最低点／満点
文	人文社会	日本史学	＊180.7／300
		東洋史学	＊193.5／350
		西洋史学	＊192.1／350
		哲学	＊200.4／350
		社会学	＊191.8／350
		社会情報学	＊204.1／350
		教育学	＊194.0／350
		心理学	＊168.4／300
		学びのパスポートプログラム	＊175.2／300
総合政策	政策科		＊210.4／350
	国際政策文化		＊210.3／350
国際経営	4教科型		＊308.6／500
	3教科型		＊258.0／400

（備考）＊印は偏差点を使用している。

■学部別選抜＜一般方式＞

区分			合格最低点／満点
法	4教科型	法律	＊255.9／450
		国際企業関係法	＊261.4／500
		政治	＊238.3／450
	3教科型	法律	＊204.9／350
		国際企業関係法	＊212.8／400
		政治	＊191.8／350
経済	Ⅰ（2/14）	経済	＊237.1／350
		経済情報システム	＊233.0／350
		公共・環境経済	＊223.0／350
	Ⅱ（2/15）	経済	＊238.3／350
		国際経済	＊223.0／350
商	経営	フレックス	＊214.1／350
		フレックス *Plus1*	＊220.4／350
	会計	フレックス	＊205.1／350
		フレックス *Plus1*	＊215.9／350
	国際マーケティング	フレックス	＊202.1／350
		フレックス *Plus1*	＊209.9／350
	金融	フレックス	＊206.5／350
		フレックス *Plus1*	＊216.8／350
理工		数	221.0／400
		物理	163.0／300
		都市環境	167.0／300
		精密機械工	164.0／300
		電気電子情報通信工	170.0／300
		応用化	162.0／300
		ビジネスデータサイエンス	176.0／300
		情報工	181.0／300
		生命科	172.0／300
		人間総合理工	＊166.0／300
文	人文社会	国文学	＊268.3／400
		英語文学文化	＊223.5／350
		ドイツ語文学文化	＊225.8／350
		フランス語文学文化	＊210.9／350
		中国言語文化	＊214.4／350
		日本史学	＊200.3／300
		東洋史学	＊219.6／350
		西洋史学	＊228.2／350
		哲学	＊227.0／350
		社会学	＊223.2／350
		社会情報学	＊240.7／350
		教育学	＊221.9／350
		心理学	＊200.0／300
		学びのパスポートプログラム	＊212.0／300
総合政策		政策科	175.0／250
		国際政策文化	175.0／250
国際経営			205.0／300
国際情報			187.0／250

（備考）＊印は偏差点を使用している。
総合政策学部の英語の基準点（平均点）は 92.14 点（素点）。

■学部別選抜＜英語外部試験利用方式＞

区分			合格最低点／満点
経済	Ⅰ（2/14）	経済	※／350
		経済情報システム	※／350
		公共・環境経済	※／350
	Ⅱ（2/15）	経済	※／350
		国際経済	※／350
理工		数	—／300
		物理	—／200
		都市環境	151.0／200
		精密機械工	87.0／200
		電気電子情報通信工	106.0／200
		応用化	109.0／200
		ビジネスデータサイエンス	107.0／200
		情報工	127.0／200
		生命科	95.0／200
		人間総合理工	＊92.0／200
文	人文社会	国文学	153.0／200
		英語文学文化	137.0／200
		ドイツ語文学文化	130.0／200
		フランス語文学文化	134.0／200
		中国言語文化	135.0／200
		日本史学	159.0／200
		東洋史学	138.0／200
		西洋史学	135.0／200
		哲学	142.0／200
		社会学	136.0／200
		社会情報学	151.0／200
		教育学	146.0／200
		心理学	138.0／200
総合政策		政策科	※／250
		国際政策文化	※／250
国際経営			※／300
国際情報			90.0／100

（備考）＊印は偏差点を使用している。
※印は非公表。
—印は合格者なし。

2021 年度　合格最低点

一般入試

区分			合格最低点／満点
法	4教科型	法律	＊251.3／450
		国際企業関係法	＊261.9／500
		政治	＊235.7／450
	3教科型	法律	＊202.0／350
		国際企業関係法	＊215.2／400
		政治	＊198.0／350
経済	Ⅰ（2/14）	経済	＊237.0／350
		経済情報システム	＊233.0／350
		公共・環境経済	＊224.0／350
	Ⅱ（2/15）	経済	＊238.0／350
		国際経済	＊224.1／350
商	経営	フレックス	＊230.3／350
		フレックス *Plus1*	＊231.5／350
	会計	フレックス	＊209.0／350
		フレックス *Plus1*	＊224.2／350
	商・貿	フレックス	＊207.3／350
		フレックス *Plus1*	＊215.2／350
	金融	フレックス	＊219.5／350
		フレックス *Plus1*	＊228.9／350

区分			合格最低点／満点
理工		数	240.0／400
		物理	196.0／300
		都市環境	200.0／300
		精密機械工	188.0／300
		電気電子情報通信工	197.0／300
		応用化	189.0／300
		ビジネスデータサイエンス	198.0／300
		情報工	212.0／300
		生命科	176.0／300
		人間総合理工	＊181.0／300
文	人文社会	国文学	＊257.6／400
		英語文学文化	＊204.8／350
		ドイツ語文学文化	＊201.0／350
		フランス語文学文化	＊193.6／350
		中国言語文化	＊211.3／350
		日本史学	＊186.7／300
		東洋史学	＊207.8／350
		西洋史学	＊227.0／350
		哲学	＊213.9／350
		社会学	＊221.2／350
		社会情報学	＊217.6／350
		教育学	＊218.1／350
		心理学	＊195.7／300
		学びのパスポートプログラム	＊192.9／300
総合政策	一般	政策科	173.0／250
		国際政策文化	173.0／250
	英語換算型	政策科	※／250
		国際政策文化	※／250
国際経営			209.0／300
国際情報			192.0／250

（備考）＊印は偏差点を使用している。
総合政策学部（一般）の英語の基準点（平均点）は 84.42 点（素点）。
※印は非公表。

■■統一入試

区分			合格最低点／満点
法	4教科型	法律	＊252.0／450
		国際企業関係法	＊310.5／500
		政治	＊248.6／450
	3教科型	法律	＊233.7／350
		国際企業関係法	＊260.4／400
		政治	＊222.1／350
経済		経済	＊180.0／300
		経済情報システム	＊181.6／300
		国際経済	＊184.4／300
		公共・環境経済	＊181.6／300
商		フリーメジャー	＊203.1／350
文	人文社会	国文学	＊242.0／400
		英語文学文化	＊194.2／350
		ドイツ語文学文化	＊186.5／350
		フランス語文学文化	＊191.5／350
		中国言語文化	＊202.5／350
文	人文社会	日本史学	＊188.2／300
		東洋史学	＊214.3／350
		西洋史学	＊217.0／350
		哲学	＊199.7／350
		社会学	＊210.3／350
		社会情報学	＊200.5／350
		教育学	＊204.6／350
		心理学	＊175.9／300
		学びのパスポートプログラム	＊172.4／300
総合政策		政策科	＊216.0／350
		国際政策文化	＊216.5／350
国際経営		4教科型	＊302.3／500
		3教科型	＊262.2／400

（備考）＊印は偏差点を使用している。

■■英語外部検定試験利用入試

区分			合格最低点／満点
経済	Ⅰ（2/14）	経済	※／350
		経済情報システム	※／350
		公共・環境経済	※／350
	Ⅱ（2/15）	経済	※／350
		国際経済	※／350
文	人文社会	国文学	155.0／200
		英語文学文化	150.0／200
		ドイツ語文学文化	152.0／200
		フランス語文学文化	147.0／200
		中国言語文化	146.0／200
		日本史学	150.0／200
		東洋史学	147.0／200
		西洋史学	152.0／200
		哲学	151.0／200
		社会学	152.0／200
		社会情報学	141.0／200
		教育学	155.0／200
		心理学	156.0／200
国際経営			※／300
国際情報			83.0／100

（備考）※印は非公表。

入学試験要項の入手方法

出願には，受験ポータルサイト「UCARO（ウカロ）」への会員登録（無料）が必要です。出願は，Web 出願登録，入学検定料の支払いおよび出願書類の郵送を，出願期間内に全て完了することで成立します。詳細は，大学公式 Web サイトで 11 月中旬に公開予定の入学試験要項を必ず確認してください。紙媒体の入学試験要項や願書は発行しません。

また，「CHUO UNIVERSITY GUIDE BOOK 2024」（大学案内）を 6 月上旬より配付します（無料）。こちらは大学公式 Web サイト内の資料請求フォーム，テレメールから請求できます。

入試に関する問い合わせ先

中央大学　入学センター事務部入試課
https://chuo-admissions.zendesk.com/hc/ja
月～金曜日 9:00～12:00，13:00～16:00
※土・日・祝日は受付を行っていません。
詳細は大学公式 Web サイトにて確認してください。
https://www.chuo-u.ac.jp/connect/

在学生メッセージ

大学ってどんなところ？　大学生活ってどんな感じ？
ちょっと気になることを，在学生に聞いてみました。

（注）以下の内容は 2020〜2022 年度入学生のアンケート回答に基づくものです。ここで触れられている内容は今後変更となる場合もありますのでご注意ください。

大学生になったと実感！

一番実感したことは様々な人がいるということです。出身地も様々ですし，留学生や浪人生など様々な背景をもった人がいるので，違った価値観や考え方などと日々触れ合っています。高校であったおもしろいノリなどが他の人にはドン引きされることもありました。（D. S. さん）

自由を得たという点です。学びたいことを学び，遊びたいときに遊べるという経験は初めてのことで，今までにない私生活での充実を感じています。また，同じ志をもつ仲間に出会えたことも，大学生になったと実感した点の一つです。（Y. K. さん）

高校生のときと大きく変わったことは，強制されることがないことです。大学生は，授業の課題を出さなくても何も言われません。ただし，その代償は単位を落とすという形で自分に返ってきます。自己責任が増えるというのが大学生と高校生の違いです。（阿部さん）

一番初めに，自分が大学生になったなと実感した出来事は，履修登録です。小学校，中学校，高校とずっと決められた時間割で，自分の学びたいもの，学びたくないものなど関係なく過ごしてきましたが，大学は自分の学びたいものを選んで受けられるので，大学生になったなと感じました。（Y. W. さん）

――メッセージを書いてくれた先輩方――

《法学部》D. S. さん／C. K. さん／Y. K. さん　《商学部》Y. W. さん
《文学部》阿部龍之介さん

大学生活に必要なもの

パソコンは絶対に用意しましょう。課題はほとんどが web 上での提出です。Word や Excel などは使う頻度がすごく多いです。課題だけでなくオンラインの授業もまだありますし，試験を web 上で行う授業もあります。タブレットだったり，モニターを複数用意しておくと，メモしたり課題をしたりするときや，オンライン授業を受ける上で楽になると思います。モニターが複数あると，オンラインと並行して作業がある授業にはとても役に立ちます。（D. S. さん）

自炊をする力です。私自身，一冊のレシピ本を買い，週に 5 回は自炊をしています。料理は勉強と同じでやった分だけ上達し，その上達はとても嬉しいものです。また，大学生になると色々な出費があります。そのため，うまくお金をやりくりしないといけないので，自炊をして，日々の出費を減らすことも大切です。（Y. K. さん）

この授業がおもしろい！

国際企業関係法学科では英語が 16 単位必修で，英語の授業が他の学科よりも多いのですが，気に入っている授業は英語のリスニング・スピーキングの授業です。この授業は世界で起こっている社会問題や国際問題などをリサーチして，その内容をプレゼンするというものです。外国人の先生による授業で，帰国子女の学生が多くいるなかでプレゼンディスカッションをしているので，英語力が一番伸びている実感があります。（D. S. さん）

大学の学びで困ったこと＆対処法

高校での学習内容から一気に専門的な内容に発展したことです。私は法学部で憲法や民法などの法律科目を履修していますが，法学の基礎的な知識やニュアンスをまったく知らない状態で授業に臨んでしまったので，最初はついていくのが大変でした。大学の講義は高校の授業とは大きく違って，自分が学びたい学問に詳しい教授の話を聞かせてもらうという感じなので，自分での学習が不可欠になります。特に法学は読む量がすごく多く，法学独特の言い回しにも慣れるのがとても大変で苦労しました。（D. S. さん）

4000 字を超えるような文章を書く必要があるということです。大学に入るまで，文章を書くという行為自体をあまりやってこなかったこともあり，言葉の使い方や参考文献の書き方，人が見やすいようなレポートの作成の仕方を習得することに時間がかかりました。（Y. K. さん）

高校のときに私立文系コースにいたので，数学はほとんど勉強していないうえに，数学Bなどは学んでもおらず，統計学など，数学が必要となる科目は基礎的なところから理解に苦しむところがありましたが，過去問や，教科書を見て対処しました。（Y. W. さん）

部活・サークル活動

法学会に入っています。一言で言うと，法律に関する弁論のようなものをするサークルです。今はほとんどがオンラインでの活動ですが，いわゆる弁論大会のようなものが他校と合同で開催されたり，校内の予選を行ったりと活発に活動しています。オンラインで弁論内容について話し合いをしたり，交流会 Zoom があったりするので，先輩や同期と交流することもできています。（C. K. さん）

行列サークルというのを作りました。キャンパスのどこかに行列を作るだけのサークルです。自動販売機に行列を作ったりします。（阿部さん）

交友関係は？

中央大学には国際教育寮があり，私はそこに所属しています。寮生の 3 分の 1 から半分くらいは外国人留学生で，留学生と交流できるチャンスがたくさんあります。この寮では，料理などは自分でするのですが友達と一緒にもできますし，シアタールームや会議室があるので一緒に映画を見たり課題をしたりもしています。他学部の学生とも仲良くできますし，先輩とも交友関係を築くことができます。（D. S. さん）

いま「これ」を頑張っています

民法の勉強です。模擬裁判をするゼミに入っており，必修の民法の授業に加えてゼミでも民法の勉強をしています。模擬裁判をすることによって法律を実際の裁判でどのように使うのか具体的にイメージすることができ，さらに民法に興味が湧きます。（C. K. さん）

自分は公認会計士の資格を取るために中央大学を目指し，入学しました。今は，経理研究所というところに所属し，毎日，大学の授業と会計の勉強を，いわばダブルスクールのような形で，時間を無駄にしないように生活しています。（Y. W. さん）

普段の生活で気をつけていることや心掛けていること

手洗い・うがいは大事だと思います。しかも，こまめにすることが重要なポイントだと思います。また，季節の変わり目や環境が変わるときには心も体も疲れやすくなってしまうので，なるべく早く寝てしっかりご飯を食べるようにしています。（C. K. さん）

健康を維持するために筋トレをしています。まず，一人暮らし用のアパートを借りるときに，4 階の部屋を選びました。階段なので，毎日の昇り降りで足腰を鍛えています。また，フライパンも通常より重いものにして，腕を鍛えています。（阿部さん）

おススメ・お気に入りスポット

FOREST GATEWAY CHUO です。最近できたばかりの新しくきれいな建物で，コンセント完備の自習スペースも整っています。英語などのグループワークで使えるようなスペースもあり非常に便利です。トイレもとてもきれいです。（C. K. さん）

入学してよかった！

志が高い学生が多いことです。中央大学は弁護士や公認会計士など，難関資格を目指して勉強している学生が多いので，常にそのような人を見て刺激を受けることができます。将来のことを考えている学生も多いですし，そのサポートも大学がしっかり行ってくれるので，志が高くて将来やりたいことが明確に決まっている人には特におすすめです。（D. S. さん）

キャンパスの場所は都心からは少し遠いですが，キャンパス内が充実しており，コロナ禍の中でも学食やお弁当の販売を行うお店が少なくとも5店舗は営業しています。また，学生が気さくで優しく，司法試験や公務員試験，資格取得などの勉強をしている人が9割方で，真面目な人が多いです。周りの人が司法試験のために勉強している姿に刺激を受け，勉強を頑張ろうという意欲が湧いてきます。（C. K. さん）

目標に向かって努力ができる環境が整っていることです。勉強を継続するために必要なこととして，自分の意思以外にも，周りの環境も大切になってくると思います。そのため，自分の掲げた目標を達成できる環境がある大学に入れたことは本当によかったと思います。（Y. K. さん）

入学してよかったことは，祖父の後輩になれたことです。コロナが収まったら，祖父が遊びにくるので楽しみです。（阿部さん）

合格体験記

みごと合格を手にした先輩に，入試突破のためのカギを伺いました。入試までの限られた時間を有効に活用するために，ぜひ役立ててください。

（注）ここでの内容は，先輩が受験された当時のものです。2024 年度入試では当てはまらないこともありますのでご注意ください。

アドバイスをお寄せいただいた先輩

A. M. さん　文学部
一般方式 2022 年度合格，東京都出身

試験が始まる瞬間まで，諦めないで勉強してください。受験はとても辛く，好きなこともあまりできず，諦めたくなる時もありますが，諦めたら，志望校への合格の可能性がなくなってしまいます。最後の最後まで頑張ってください！

その他の合格大学　東京女子大（現代教養），日本女子大（文），跡見学園女子大（文〈共通テスト利用〉），清泉女子大（文〈共通テスト利用〉）

R. A. さん　文学部
一般入試 2021 年度合格，宮崎県出身

車が前に進むためにガソリンが必要です。同じように，受験生が勉強を続けるためにはモチベーションというガソリンが必要になります。僕は，中央大学のパンフレットや「バック・トゥ・ザ・フューチャー3」の最後のシーンを見てやる気を出していました。受かったときは，今までで一番嬉しかったです。みんな，頑張れ！

その他の合格大学　福岡大（商）

R. S. さん　文学部
一般入試 2021 年度合格，愛知県出身

合格のポイントは，最後の模試でD判定を取っても諦めなかったことです。模試でA判定を取ることより，過去問で合格最低点を超えることだけに集中すれば，逆転合格も夢ではありません！

その他の合格大学　成城大（文芸），日本女子大（文），専修大（文）

H. K. さん　文学部
英語外部検定試験利用入試 2020 年度合格，東京都出身

苦しい時期もある受験生にとって，受験のモチベーションとなる受験後の楽しみがあることは，かなり重要だと思います。

その他の合格大学　成蹊大（法〈センター利用〉），成城大（法〈センター利用〉），専修大（経済〈センター利用〉），東洋大（法〈センター利用〉），武蔵野大（法〈センター利用〉）

入試なんでもQ＆A

受験生のみなさんからよく寄せられる，入試に関する疑問・質問に答えていただきました。

Q「赤本」の効果的な使い方を教えてください。

A　赤本は，目指し始めたその日に見るべきだと思います。どういう問題が出るのか。例えば，中央大学文学部の英語なら文法の割合が多い，語句整序，正誤問題が出るなどです。傾向を知ったら参考書かその他の方法で知識をインプットしてください。１週間ほど勉強したらもう１回過去問を見て，「あ，なんかわかる！」という状態になったら，この１週間の勉強に意味があったということになります。もしも何もわからなかったら，勉強方法に間違いがあったということになるので，修正して次の１週間勉

強してください。そしてまた確認する。これをやれば無駄が省けると思います。頻度は，１週間ごとでも３日ごとでもいいです。　（R. A. さん）

A　赤本を解く前に出題形式や配点の確認をし，それに沿った勉強と並行して赤本に取り組みました。最初は全く合格最低点には届きませんでしたが，解説を見ながら，問題を「解けなくてもいい問題」「解けなくてはならなかった問題」の２つに分け，「解けなくてはならなかった問題」を満点にする努力を赤本を用いて続けました。そうすれば，本番でも無意識に問題を分けることができるようになり，「解けなくてもいい問題」にむやみに時間をかけることがなくなりました。また，休憩時間を利用して赤本の「傾向と対策」を何度も読み，今後の勉強の指針としました。

（R. S. さん）

Q　どのように学習計画を立て，受験勉強を進めていましたか？

A　高校３年生のはじめに１年のおおまかな計画を立て，平日は１日ごとに計画を立てました。寝る前に最近やったことを振り返り，勉強科目に偏りがないか確認しながら計画を立てました。休日は夕方まで過去問演習をし，その分析をもとに夜の学習計画を立て，その日のうちに不足知識やそれに関連する知識を補いました。どんなに忙しい日でも，英語長文は軽めのものを１日１題は取り組むことを心掛けました。また，１週間単位，１カ月単位の計画を立てたりもしましたが，１日１日学習状況は変化するので，計画の修正に時間がかかってしまいます。なので，長期計画は立てるにしてもおおまかに，方針程度にとらえて活用するのがベストだと思います。　（R. S. さん）

Q　時間をうまく使うためにしていた工夫があれば，教えてください。

A　私は家から学校への通学時間が長かったので，通学時間を最大限に利用していました。また，学校の休み時間，ご飯を食べている時，ドライヤーで髪を乾かしている時にも，気軽にできる英単語や古文単語の勉強をしていました。受験生にとって時間はとても貴重なものです。寝る時以外は勉強に時間をあてるべきだと思います。スマートフォンを触る時間やテ

レビを見る時間を減らしました。時間は自分でつくれる部分は多いと思います。頑張ってください。（A. M. さん）

A　どうしてもスマホを見てしまう，という受験生の方もいると思います。私は YouTube を見てしまっていました。ですが，そういうときは見るジャンルを変えてみてください。同じ YouTube でも，勉強系の動画を上げている YouTuber はたくさんいます。また，志望大学の先輩で YouTube をやっている方がいたりもします。そのような動画のコメント欄を見ると，全国にいる受験生の存在が感じられ，勉強のモチベーションが上がります。スマホを単なる娯楽の道具ではなく，勉強の道具として使うことも受験生として大切なことだと思います。（H. K. さん）

Q　中央大学を攻略するうえで，特に重要な科目は何ですか？

A　英語だと思います。私が志望した専攻では，英語の配点が高かったので，英語の学習をすごく頑張りました。中央大学の文学部の英語は，文法問題が多いので，英文法をしっかりと学習するべきです。英語長文も分量が多いため，苦手にならないように毎日１本は長文を読んだ方がいいと思います。他の大学の問題を解いたりするのも，よいと思います。私は，誤り指摘が苦手でそこの部分の点数が伸びない時期がありました。できるまで演習を重ね，曖昧な知識の確認なども行ったら，得点率が上がりました。（A. M. さん）

Q　苦手な科目はどのように克服しましたか？

A　苦手科目は世界史でした。最初の方は流れが単調で覚えやすいのですが，大航海時代あたりから複雑になり挫折しました。同じようなことが起こっている人は，『一度読んだら絶対に忘れない世界史の教科書』（SB クリエイティブ）や教科書の基礎から勉強すると解決すると思います。その後，『ナビゲーター世界史Ｂ』（山川出版社）をやって，『時代と流れで覚える世界史Ｂ用語』（文英堂）でアウトプットしました。わからなかったら基礎に戻る。これが大事です。英語も国語も同じです。（R. A. さん）

A　私は現代文が苦手でした。なんとなく読解していた中学生時代の癖が残ったまま入試現代文に臨んでいたことが原因です。「現代文は勉強しなくていい」という思い込みから抜け出し，参考書の解説を見て文章を図にしてみたり，接続詞を意識することで，みるみる点数が伸びていきました。本番では，限られた時間の中で文章を図に表し，効率的に間違いの選択肢を消すことで対処できました。　(R. S. さん)

Q　試験当日の試験場の雰囲気はどのようなものでしたか？
緊張のほぐし方，交通事情，注意点等があれば教えてください。

A　中央大学の多摩キャンパスは，モノレールで行くことになります。試験後のモノレールの駅は，とても混雑していて，ホームに入れなかったです。また，敷地が広く試験教室に行くまでにとても時間がかかってしまい，試験開始時間のギリギリに到着してしまいました。余裕をもって行動することをお勧めします。また，女子トイレはすごく並びました。並んでいる間に英単語帳など勉強できるようなものを，持参して並んだほうがいいと思いました。　(A. M. さん)

Q　受験生のときの失敗談や後悔していることを教えてください。

A　世界史の学習を早く始めればよかったと思います。世界史は必要な知識量が膨大です。流れを理解するのにも，時間がとてもかかります。また，眺めるだけの勉強をしている時間が多かったため，中国史の漢字が書けなくて失点してしまった経験もあります。中国史の漢字は書けるように練習してください。また，明確な計画を立てずに学習を進めてしまった時があり，膨大な量をこなさなければいけない日々が続きました。あと，塾の授業をとり過ぎて自主学習の時間が少ない状態が続いた時がありました。塾に頼るのもよいですが，自分で学習する時間を大事にしたほうがいいです。　(A. M. さん)

Q 普段の生活の中で気をつけていたことを教えてください。

A　私は自分の家だと全く勉強に集中できないタイプだったので，3学期になって授業がなくなっても，毎日のように学校に行って勉強していました。そのとき，7時30分までに学校に来なかったら罰ゲームという約束を友達としていました。罰ゲームがなくても，友達と約束することで，「友達が行ってるから行かなきゃ」と思えてサボらなくなります。図書館や学校の自習室なら，無駄に喋ってしまうこともないのでおすすめです。

（H. K. さん）

Q 受験生へアドバイスをお願いします。

A　私は英語がものすごく苦手でした。しかし，かんべやすひろ先生の『超・英文解釈マニュアル』（研究社）および『同〈2〉』をやり終えたときには得意になっていました。これは本当に勧めます。騙されたと思って手にとってみてください。必ず英語力に革命が起きると思います。また，この2冊をやり終えたら同じく文法編の『超・英文法マニュアル』『同〈2〉』（研究社）もやってほしいです。この2冊をやるとMARCHは楽になります。（R. A. さん）

A　受験生活はとてもつらいです。だからこそ，友達との会話を大切にするといいと思います。同じ悩みを抱えていたりするので慰め合えますし，受験生あるある話をするのも，ものすごく盛り上がります。問題を出し合ったりして，高め合うこともできます。休み時間に勉強するのももちろん大切ですが，つらい時にこそ本当に友達の存在が大きく，あたたかく感じられます。それだけでなく，自分の存在が友達の助けとなります。大学受験は，いろいろな面で，後の自分をつくる型となります。そんな時期にいることを誇りに思い，頑張ってください。（R. S. さん）

科目別攻略アドバイス

みごと入試を突破された先輩に，独自の攻略法やおすすめの参考書・問題集を，科目ごとに紹介していただきました。

英語

長文は最低１日１本は触れるべきです。読解力は一朝一夕で身につくものではありません。 （A. M. さん）

おすすめ参考書 『やっておきたい英語長文 700』（河合出版）

世界史

中央大学文学部の世界史は記述が多いです。漢字やカタカナの濁点を意識して書いていないと間違えます。 （R. A. さん）

おすすめ参考書 『一度読んだら絶対に忘れない世界史の教科書』（SB クリエイティブ）

国語

中央大学の現代文は選択肢が難しいです。２択に絞れるのですが，決め切るのが難しいです。コツは要素ごとに分解することですが，それでも間違えます。古文と漢文で点を取るべきです。漢文は満点が狙える難易度です。 （R. A. さん）

おすすめ参考書 『元井太郎の古文読解が面白いほどできる本』（KADOKAWA）

Trend & Steps

傾向と対策

傾向と対策を読む前に

科目ごとに問題の「傾向」を分析し，具体的にどのような「対策」をすればよいか紹介しています。まずは出題内容をまとめた分析表を見て，試験の概要を把握しましょう。

■注意

「傾向と対策」で示している，出題科目・出題範囲・試験時間等については，2023 年度までに実施された入試の内容に基づいています。2024 年度入試の選抜方法については，各大学が発表する学生募集要項を必ずご確認ください。

また，新型コロナウイルスの感染拡大の状況によっては，募集期間や選抜方法が変更される可能性もあります。各大学のホームページで最新の情報をご確認ください。

分析表の記号について

☆印は全問マークシート方式採用，★印は一部マークシート方式採用であることを表す。

英　語

年度	番号	項　目	内　容
☆ 2023	〔1〕	会話文	空所補充
	〔2〕	文法・語彙	語句整序
	〔3〕	文法・語彙	誤り指摘
	〔4〕	読解	空所補充，内容説明，同意語句，内容真偽
☆ 2022	〔1〕	会話文	空所補充
	〔2〕	文法・語彙	語句整序
	〔3〕	文法・語彙	誤り指摘
	〔4〕	読解	空所補充，内容説明，欠文挿入箇所，内容真偽
☆ 2021	〔1〕	会話文	空所補充
	〔2〕	文法・語彙	語句整序
	〔3〕	文法・語彙	誤り指摘
	〔4〕	読解	空所補充，内容説明，欠文挿入箇所，内容真偽

▶読解英文の主題

年度	番号	主　題
2023	〔4〕	タイムトラベル
2022	〔4〕	ミス=ケリーとの出会い
2021	〔4〕	動物は都市で暮らすことで賢くなれるか

傾向　オーソドックスな出題　文法事項の丁寧な学習を

1　出題形式は？

2023 年度は，2022 年度の形式が踏襲され，すべてマークシート方式であった。大問 4 題の出題。なお，試験時間は 80 分。

2　出題内容はどうか？

2023 年度の 4 つの大問は，会話文の空所補充問題が 1 題，文法・語彙に関する問題が 2 題，そして読解問題が 1 題の構成で，読解文はタイムトラベルについて考察した評論文的なものであった。どの問題も高等学校で学習する内容をきちんと理解し，論理立てて考えれば対応可能である。

3 難易度は？

文法・語法，語句意，構文など，多くの分野における幅広い知識が試されるものの，ポイントを押さえた学習をきちんとしておけば，慌てることなく解ける問題がほとんどである。

対 策

1 読解問題

長文読解総合問題に関しては，熟語の知識や英文の流れに沿った判断力を試すような空所補充問題と，英文の内容を読み取る力を試す問題が主に出題されている。設問の傾向については例年多岐に渡るが，基本的に語彙を増やし，英文の内容を素早く理解できるようになる必要がある。また，過去に出題された形式が再び採用される可能性もあるため，和文英訳，英文和訳，さらに，異なる表現が用いられた2文の意味が同じになるかどうかを判断するパラフレーズに類する設問にも対応できる力をつけておきたい。

市販の問題集を使う際には，『大学入試 ぐんぐん読める英語長文』シリーズ（教学社）など，英文構造や各段落の内容についての解説が詳しいものを選ぶとよい。まずは1冊仕上げて，読解力の礎を築こう。

2 会話文問題，文法・語彙問題

会話文の空所補充問題は，会話で用いられる表現の知識を問うよりも，むしろ対話の形式を借りた文法・語法，または単語の知識的な設問であることに留意したい。

文中の誤りを指摘する問題は，一見かなり難しそうに見えるが，下線部一つ一つの文法・語法・表現的な妥当性を検討するとおのずと答えが見えてくる問いが多い。時間が許す限りそれぞれの選択肢を丁寧に検討することが大切である。

語句整序問題は，整序時に不足する語を選択肢より選ぶというユニークな形で出題されている。きちんとした英文を完成した上で答えとなる語を選ぶことが基本であるが，和文の一部を英語に直そうとするときに欠けている語を見抜くことができれば得点できる可能性もある。

なお，文法学習の際には『大学入試　すぐわかる英文法』（教学社）などを手元に置き，調べながら学習する習慣をつけておくとよいだろう。

日本史

年度	番号	内　　容	形　式
	〔1〕	弥生時代～古墳時代の墓制，平安時代の外交　＜視覚資料・史料＞	記述・選択・配列
	〔2〕	「観応の半済令」一鎌倉・室町時代の政治，戦国時代の政治・社会　＜史料＞	記述・選択・配列
★ 2023	〔3〕	近世の政治・経済・文化　＜視覚資料・地図＞	記述・配列・正誤・選択
	〔4〕	「政体書」一江戸時代～明治時代の政治・外交・文化　＜史料＞	配列・選択・記述
	〔5〕	「カイロ宣言」一大正～昭和戦前の政治・経済・社会・文化　＜史料・年表＞	正誤・選択・記述・配列
	〔1〕	飛鳥時代～院政期の政治・文化　＜視覚資料・史料＞	選択・記述・配列
	〔2〕	「志賀文書」一鎌倉時代の惣領制，中世の蝦夷地と琉球　＜史料＞	選択・記述・配列
★ 2022	〔3〕	「鎖国令」一江戸時代の政治・外交・文化　＜史料・年表＞	記述・選択・配列
	〔4〕	「山県有朋の施政方針演説」一江戸幕末～大正の政治・外交・文化　＜史料＞	選択・記述
	〔5〕	「二・二六事件蹶起趣意書」一昭和戦前～平成の政治・経済　＜史料＞	選択・記述・正誤
	〔1〕	旧石器時代～奈良時代の文化・外交　＜図＞	選択・記述
	〔2〕	平安時代の政治，古代の仏像　＜史料・視覚資料＞	選択・記述・訂正・配列
★ 2021	〔3〕	「永仁の徳政令」一中世の徳政令，中世・近世の日朝関係　＜史料＞	選択・記述
	〔4〕	「一外交官の見た明治維新」一江戸～明治維新期の政治・社会・文化　＜史料＞	選択・記述
	〔5〕	「五大改革指令」一明治～昭和戦後の政治・外交・社会　＜史料＞	選択・記述

傾向　近世・近代の比重が大きいが，原始・平成からも出題　頻出の史料に加え，視覚資料にも注意

1　出題形式は？

大問 5 題構成で，解答個数は 50 個。そのうち記述問題は 18～19 個。マークシート方式については，正文・誤文選択問題が多く，配列，訂正，正誤問題もみられる。また，史料が毎年出題されている。美術作品や社

会事件・遺物の写真，地図など，多様な史資料を用いた出題が特徴である。試験時間は60分。

2 出題内容はどうか？

時代別では2023年度は〔1〕原始～中世，〔2〕中世，〔3〕近世，〔4〕近世・近代，〔5〕近代であった。中央大学の他学部と最も異なるのは，原始時代からの出題が比較的多いことである。かつ，それらはおおむね難度が高いので看過できない。また，江戸時代と明治時代からの出題も比較的多い。一方，現代史（昭和戦後～平成）は，2023年度は出題がなかったが，2022年度は7個の出題があった。

分野別では，政治史・外交史・文化史・経済史・社会史など各分野からバランスよく出題されている。例年，政治史の出題数が最も多く，2022年度は6割，2023年度も5割近くが政治史であった。政治史以外の分野の出題数は，文化史・外交史・社会経済史とも，ほぼ均等であった。こうした出題に対応するためには幅広い学習が必要で，苦手な時代や分野をなくすようにすることが大切である。なお，文章選択問題や配列法など，年代（年号）に関連する問題が多く，合否の分かれ目となる可能性がある。

史料問題は毎年出題されているが，ほとんどが教科書や，教科書に準拠した史料集掲載の頻出史料である。日頃から教科書や史料集できちんと学習していれば十分対応できる。一部に，ややなじみの薄い史料も題材となることがあるが，その場合は，史料文を読み解くことで正解のポイントが見つけられるように工夫されている。また，地図，遺物や美術作品の写真，年表など多様な資料を用いた出題も頻出しており，今後もこうした傾向には注意を要する。

3 難易度は？

難問レベルの記述問題や，正文・誤文選択問題の一部に教科書記述を超える難しい判断を求められるものがあるが，ほとんどは教科書学習で対応可能な標準レベルの問題である。したがって，教科書を本文・脚注まで熟読・理解することが必要である。重要なのは，基本・標準レベルの問題の取りこぼしを極力避けることである。試験では，難問の検討に時間を使いすぎて時間が足りなくなってしまわないよう注意したい。まずは標準レベルの問題に手早く的確に解答できるようにしよう。

対　策

1　まずは教科書精読の基本学習を

各時代・各分野にまたがって基本事項を広く問う出題が多い。教科書の叙述をそのまま暗記する勉強では盲点をつかれてしまう。したがって，まずは教科書の本文から始めて，脚注・図版・グラフなどにも目を配り，政治や経済・外交，そして文化との関連に注意しながら，教科書の内容を徹底的に学習しよう。同時に図説などにある年表を使用し，年代ごとにさまざまな視点から歴史を眺めてみよう。できれば教科書の叙述スタイルを解体して，「琉球・沖縄史」や「日中関係史」など重要なテーマごとに，自分だけの整理ノートにまとめてみるとよいだろう。記述式の設問も多いため，書くことを避けては通れない。また，正文・誤文選択問題で扱われる詳細な内容にまで対応する知識の養成のためには，教科書を精読し，歴史の流れや個々の事象の関連性を理解し，ポイントを抽出しなければならない。これを継続できれば，自然と学力はつくはずである。

2　写真や地図を利用した学習を

2021 年度は旧石器時代～奈良時代の道具・墓・住居跡などの図，古代の仏像の写真，2022 年度は 7 ～ 8 世紀の土器の写真，2023 年度は古墳時代の銅鏡や江戸時代の貨幣・屏風絵などを用いた出題があった。過去には，グラフや古代寺院の伽藍配置図の問題が出されたこともある。図や写真，地図を利用した問題には，教科書学習より掘り下げた知識や応用力を問うものもあるので，特に建築物や美術作品，遺物や遺跡に関しては，単に名称や作者名を覚えるだけでなく，その作品を図説などで確認するとともに，いつの時代の作品か，地図でどこにあるかを確認し，補注などにも目を通しておくこと。

3　文化史の整理を

特に近世以降の文化史は人名・作品名（書名など）の数が増えるため，教科書の記述が羅列的になりやすく，受験生にとっても単に暗記するだけの勉強に陥りやすい。こうした場合には，用語集などでその作品がつくられた時代の状況，作者の事績や作品の内容を確認しておこう。時間がかかり面倒だが，この作業が理解を促し，揺るぎない学力を養成するはずである。

4　史料に慣れておこう

教科書学習の際に必ず並行して史料集も精読しておこう。そうすれば，歴史の流れの中で史料の意義を理解することができ，初見史料でも戸惑わない史料読解力を身につけることができる。

5　過去問や問題集で学力養成を

教科書学習と並行して時代や単元ごとに問題集にあたり，習熟度を確認しておこう。問題集は記述式の多い基本的なものを選ぶとよい。また，文学部に特徴的な考古学分野の出題や，年代（年号）に関する出題は，過去問演習を繰り返すことで初めてその難しさ，対策の必要性もわかってくるので，できるだけ早く本書で過去問に取り組み，その傾向を実感しておくことが大切である。また，文学部に出題傾向が似ている商学部の過去問にもあたっておくことを勧めたい。

世界史

年度	番号	内　　容	形　式
★ *2023*	〔1〕	西ヨーロッパにおける君主と教会の関係　＜視覚資料・地図＞	選択・記述
	〔2〕	西アジアと北アフリカ地域の民族運動　＜地図＞	選択・記述
	〔3〕	琉球の歴史　＜グラフ・視覚資料＞	選択・配列・正誤
	〔4〕	科学技術の光と闇　＜地図・統計表＞	選択・配列
★ *2022*	〔1〕	ヨーロッパ世界における伝染病の流行　＜地図＞	記述・選択
	〔2〕	インドシナ半島の探検・調査研究活動＜視覚資料・地図＞	記述・選択
	〔3〕	遺物と偽物　＜地図＞	選択・正誤・配列
	〔4〕	歴史観の変遷　＜視覚資料・地図・年表・グラフ＞	選択・正誤・配列
★ *2021*	〔1〕	ゲームの歴史　＜地図・視覚資料＞	選択・記述・配列
	〔2〕	中世ヨーロッパの始まりと終わり　＜視覚資料＞	選択・記述・配列
	〔3〕	タリム盆地のオアシス地域　＜視覚資料・系図＞	選択・記述・配列
	〔4〕	アメリカ合衆国と中南米諸国　＜地図＞	記述・配列・選択

傾向　地図・視覚資料問題が頻出

1　出題形式は？

2021年度以降，大問4題の出題が続いている。試験時間60分で，解答個数は50個となっている。マークシート方式が一部採用され，2022年度は選択・正誤・配列問題が30個，記述問題が20個であったが，2023年度はそれぞれ35個，15個となり，記述問題がやや減少した。正誤文の選択や配列問題で時間をとられやすい。また，地図・視覚資料を用いた問題が例年出題されるのが特徴となっており，2021年度は地図と配列法を組み合わせた問題，2022・2023年度はグラフや統計表の読み取りに関する問題が出題されるなど，より思考力が求められる傾向になっており，ここでも時間をとられるため注意が必要である。

2 出題内容はどうか？

地域別では，欧米地域はヨーロッパ中心の出題で，これまで南北アメリカからの出題は小問レベルであったが，2021 年度は大問として出題された。アジア地域では，中国史の大問が少なく，ここ数年は出題されていない。2023 年度は琉球が大問で出題された。また，2022・2023 年度はアフリカから小問が出題されている。全体としてリード文が一つの地域であっても，関連して小問で他の様々な地域について問う傾向がみられる。

時代別では，古代から現代まで幅広く出題されている。長い時代を問う通史問題が多いのが特徴となっていたが，2023 年度は比較的短期間を対象とした大問が多かった。なお，2022 年度〔4〕では小問で 2000 年代まで問われた。

分野別では，例年テーマ史が出題されている。2021 年度〔3〕「タリム盆地のオアシス地域」，2022 年度〔3〕「遺物と偽物」，2023 年度〔4〕「科学技術の光と闇」といった形で出題されている。また，視覚資料や地図などを使った出題が毎年続き，2022 年度はグラフが登場，2023 年度はグラフと統計表が出題された。社会経済史に関わる歴史事項もよく問われるため注意しておきたい。

3 難易度は？

例年，難問や，やや難問も一部にみられるものの，全体としては教科書に準拠した内容となっている。アフリカやラテンアメリカ，東南アジア，西アジアなど学習の度合いが低くなりがちな地域からの出題も目立つため，その点で得点差が出やすいと思われる。地図や視覚資料を用いた問題が例年出題されているので，十分な準備をして失点を防ぎたい。

対　策

1 教科書学習と用語集・資料集の利用

教科書の精読が基本となるが，「教科書学習」といっても，教科書は各社から出版されており，歴史事項の中には自分の使用している教科書に言及がない場合もある。そのため用語集を利用した学習が効果的である。『世界史用語集』（山川出版社）などの用語集は必ず利用したい。また，2022年度以降，グラフの読み取りに関する問題も出題されているので，資料集も活用して，多角的に歴史的な事象を把握する力をつけてほしい。なお，記述問題対策として，中国史の用語などは正確な漢字表記を練習しておくとよいだろう。

2　歴史地図の利用を

地図を使用した問題が毎年出題されている。教科書学習の際に歴史上の地名や都市名（主要な王朝の首都や条約の締結地，戦いの場所や会議の開催地など）は位置とともに意識的に覚えておきたい。都市や地名を覚える際は，周辺の河川や山脈・半島も同時に把握して，自分で略地図を描いてみるとよいだろう。

3　各国史・地域史・テーマ史の整理

教科書による基礎的な学習が終わったあとは，知識を整理し系統づけてまとめておくのがよい。例年，大問ごとに統一テーマがある出題が多いので，サブノートや『体系世界史』（教学社）などの問題集を利用して，各国史・地域史・テーマ史の対策をしておこう。

4　近現代史の重点学習を

近代史の学習はもちろん，現代史の学習も怠らないこと。近代以降はただでさえ国際関係などが複雑で整理しにくいので，教科書から用語集まで幅を広げた対策が必要である。現代史については，数は多くないが，第二次世界大戦後からの出題もあるので十分注意しておきたい。また，アジア地域についても，中国だけではなく他の地域もヨーロッパとの関連を含めて近現代史についての学習を心がけよう。

5　文化史対策を

政治・外交史だけでなく，文化史の小問も例年出題されている。単に作家と作品名を対応させるだけではなく，それらの生まれた時代背景や政治上の事件との関わりを押さえながら学習したい。また，教科書や資料集に掲載されている美術作品や建築様式が頻出のため，ビジュアル面から理解し，覚えておくことも重要である。

6　過去の問題の研究

本書を活用して，過去問を十分に研究しておきたい。本シリーズの中央大学の他学部の問題にあたっておくのもよい。その際，不明な点があれば参考書や用語集などで調べ，疑問点を残さないようにしておくこと。

数　学

年度	番号	項　目	内　容
2023	〔1〕	2次関数，積分法	直線の方程式，放物線と直線の交点の座標，2次方程式の解，図形の面積，定積分，面積の最小値
	〔2〕	数と式，式と証明	2次方程式の虚数解，共役複素数，整式の乗法と除法計算，次数が最小な整式　⇨証明
	〔3〕	確率，整数の性質	袋から玉を取り出す確率，分数不等式，2次不等式，不等式を満たす整数値
2022	〔1〕	確　率	点の移動に関する確率，独立試行の確率，3次方程式
	〔2〕	2次関数	絶対値のついた関数のグラフ，直線と曲線との交点の個数　⇨図示
	〔3〕	数列，式と証明	分数の漸化式，数学的帰納法，数列の整数条件　⇨証明
2021	〔1〕	確率，数列	じゃんけんの確率，余事象の確率，2項間漸化式数列　⇨証明
	〔2〕	図形と方程式，三角関数	直線の方程式，点と直線との距離，加法定理，三角形の面積の最大値
	〔3〕	微・積分法	1次関数と3次関数，曲線と直線で囲まれた図形の面積，連立方程式

傾向　教科書を中心とした基本・標準問題　確率が頻出！

1 出題形式は？

例年大問3題の出題で，全問とも記述式である。解答用紙は3枚で，それぞれ〔1〕，〔2〕，〔3〕を解答するようになっている。解答のスペースはA4判程度であり，必ずしも十分ではない。したがって，簡潔に要領よく思考過程を伝えることができるように答案作成の練習が必要である。試験時間は60分で，問題の量・質からして適当な時間である。例年，計算はそれほど複雑ではないが，やや難しいと思われる問題の場合は後回しにして，解きやすい問題から確実に解答していくのがよいだろう。

2 出題内容はどうか？

出題範囲は「数学Ⅰ・Ⅱ・A・B（数列，ベクトル）」である。

ここ数年は，定石的で基礎・基本的な考えで対応できる問題になっている。各大問は３～４問の小問に分かれていて，前問の結果を利用して，解答するような誘導式になっている場合もある。また，例年，証明問題が出題されている。分野別でみると，確率，数列，微・積分法が頻出している。他には数と式，図形と方程式，２次関数なども多く出題されている。出題範囲全体を偏りなく学習しておくことが大切である。

3　難易度は？

基本から標準的な問題が中心で，レベルは教科書程度であり，教科書の例題や節末・章末問題をすべて解けるようにしておくとよい。難問の出題はなく，計算もそれほど複雑なものはないので，試験時間内で解答できるであろう。ただ年度によっては問題に工夫が凝らされ，解答に時間がかかる場合があり，気が抜けない。問題の流れや条件を的確にとらえ，要領よく解答することも大切である。記述式の問題なので，途中の過程をわかりやすく書く練習をしておきたい。

対策

1　基礎力の充実

基礎・基本を理解していれば解ける問題であり，まずは，教科書を徹底的にマスターすることが大切である。定理や公式はしっかりと覚え，十分使えるようにしておくこと。そのうえで，教科書の例題，節末や章末問題は何度も何度も繰り返し解いておくこと。

2　頻出項目の学習

全体的にいろいろな分野から，幅広く出題されており，どの分野もむらなく学習することが大切である。数と式，三角関数，図形と方程式，場合の数と確率，数列，ベクトル，微・積分法をしっかりやっておくこと。特に，確率，図形と方程式，数列，微・積分法が頻出傾向にあるので，場合の数やいろいろな確率計算，平面座標と図形，軌跡と領域，漸化式数列や帰納法，関数の増減と極値，接線，曲線で囲まれた面積計算は十分に練習しておきたい。

3　答案作成練習と過去問対策

すべてが記述式なので，答案作成には日頃から気を配りたい。そして，単に計算式を並べるだけの答案ではなく，採点者に自分の考え方や解答の道すじが伝わるようにしなければならない。それには，図を描いて説明するなど，要点を押さえた解答が作れるように練習をしておくこと。さらに，証明問題が必ず出題されるので，わかりやすい答案作成を心がけたい。また，過去問は出題傾向を知る上で有効なので，解いておきたい。本書を活用して，試験時間の 8 割（50 分）ぐらいの時間を設定し，掲載されている問題をすべて解いてみるとよい。

4　確実な計算力の養成

大問 3 題を 60 分で解くには，ある程度の計算力が必要である。公式を使えるような計算は，フルに公式を活用して，なるべく時間をかけないようにしたい。計算はおろそかにしないで，実際に手を動かし，きちんと最後まで慎重に解く習慣をつけておくこと。また，問題を解き終わったら必ず見直しや検算をする習慣もつけておこう。

国　語

年度	番号	種　類	類別	内　　　　容	出　　典
★ 2023	〔1〕	現代文	評論	選択：内容説明，内容真偽 記述：書き取り，慣用表現	「意味の深みへ」 井筒俊彦
	〔2〕	古　文	物語	選択：語意，文法，内容説明 記述：箇所指摘	「夜の寝覚」
	〔3〕	漢　文	随筆	選択：訓点，空所補充，口語訳，内容真偽 記述：読み	「一巻氷雪文序」 明・張岱
★ 2022	〔1〕	現代文	評論	選択：内容説明，空所補充，主旨 記述：書き取り，慣用表現，箇所指摘	「フェミニズム」 竹村和子
	〔2〕	古　文	説話	選択：文法，内容説明，口語訳 記述：箇所指摘	「今昔物語集」
	〔3〕	漢　文	評論	選択：箇所指摘，空所補充，読み，内容真偽 記述：訓点	「論性」 明・袁中道
★ 2021	〔1〕	現代文	評論	選択：内容説明，内容真偽 記述：書き取り，慣用表現	「モラトリアム人間の時代」 小此木啓吾
	〔2〕	古　文	物語	選択：口語訳，語意，文法，内容説明 記述：箇所指摘	「宇津保物語」
	〔3〕	漢　文	随筆	選択：空所補充，読み，口語訳，内容真偽 記述：訓点	「仕学一貫録」 清・陳慶門

傾向　現代文・古文・漢文ともに基本が大切

1　出題形式は？

例年，現代文・古文・漢文の計 3 題の出題で，試験時間は 60 分。設問形式はマークシート方式による選択式と記述式との併用である。記述式の問題は，書き取りや本文からの抜き出し，訓点など，客観的な基礎事項を答えるものがほとんどである。配点は大問順に 50 点，30 点，20 点となっている。

2　出題内容はどうか？

現代文は毎年評論文が出題されている。設問は，書き取りと内容説明，慣用表現が頻出で，書き取りは難度の高いものも出題されている。空所補充もあるが前後の文脈から論理的に判断できる問題である。また，ひとまとまりの箇所を本文から抜き出す問題もよく出題されており，傍線部から遠い箇所が解答の箇所となることもある。ほかには部分的な内容説明の適否や理由を判別させたり，内容真偽や主旨を問うものなども出題されている。いずれも標準的な設問である。

古文は，2023年度の『夜の寝覚』，2022年度の『今昔物語集』，2021年度の『宇津保物語』といった，よく知られた有名な作品を中心に，物語・説話など幅広いジャンルから出題されている。文法，語意，内容説明および口語訳に関する問題はほぼ毎年出題されており，過去には和歌を解釈させることもあった。文学史・古典常識は単独では出題されていないが，選択肢を確定するためにそれらの知識を必要とする設問もある。また，記述の抜き出す箇所指摘問題が毎年出題されており，正確な内容把握が求められている。

漢文は，問題文の長さは年度によってさまざまであり，一部の返り点・送り仮名が省略されている。設問は，句法に基づいた口語訳と訓点（返り点のみを施す形式）がよく出題されている。特に，返読文字，再読文字や使役句形は頻出しているので注意が必要である。最終問として，本文全体の理解を問うための内容真偽問題が例年出題されており，本文全体の理解が必須である。

3　難易度は？

現代文，古文，漢文ともに標準的。ただし，箇所指摘問題などは，本文の内容を細かく把握しないと迷うものもある。3題で60分なので時間配分に注意したい。古文・漢文をあわせて30分以内で仕上げることを目指し，残りの時間を現代文にあてたい。

対　策

1　現代文

毎年評論から出題されているので，さまざまなテーマの評論文を数多く演習しておくことがまず大切である。内容説明や内容真偽の問題に備えるためにも，語や語句の意味，副詞や接続詞の用いられ方，指示語の内容，文脈の流れ，論理の展開などに注意しながら，全体の内容や主旨を把握する総合的な読解力を養いたい。選択問題と基礎的な記述問題を含む標準的な評論の問題集での学習を勧める。問題集の解説などを熟読することも，よい学習方法である。漢字の書き取りについては標準的な問題集を必ず１冊はマスターしておくべきである。

2　古　文

選択問題と記述問題を含む標準的な問題集を使って，基本的古語の意味，助詞・助動詞を中心とした文法事項などの基礎的知識を身につけることがまず大切である。次に人物関係や主語の把握，全体の内容の理解などの読解力を養いたい。和歌の技法（掛詞を中心に）にも慣れておく必要がある。読解に必要な古文の世界での行動形式や約束事，さらには和歌の解釈についての知識を身につけるのに最適な問題集として『体系古文』（教学社）がある。また，正確な口語訳ができるようになるために，重要な古語や文法的事項は頭に入れておこう。語意については単語レベルだけでなく，呼応表現なども問われるのでしっかり押さえておくこと。さらに，有名な古典作品の対策として，国語便覧などで作品の概要を押さえておきたい。

3　漢　文

句法の理解に基づいて訓読法や書き下し文など，漢文の基礎をマスターすること。教科書で習う文章は読み慣れるまで音読し，すべて書き下してみるという学習が最も効果的である。また，基本的な問題集の演習によって，漢文読解のための基礎的な読みや語意なども覚え，再読文字・返読文字や反語形，使役形，受身形といった漢文によく出てくる句形には習熟しておきたい。

2023年度

問題と解答

■一般方式・英語外部試験利用方式

問題編

▶試験科目・配点

〔一般方式〕

教　科	科　　目	配　点
外国語	コミュニケーション英語Ⅰ・Ⅱ・Ⅲ，英語表現Ⅰ・Ⅱ	150点
選　択	日本史B，世界史B，「数学Ⅰ・Ⅱ・A・B」から1科目選択	100点
国　語	国語総合	100点

▶備　考

- 「数学B」は「数列，ベクトル」から出題する。
- 日本史学専攻，心理学専攻，学びのパスポートプログラムの「外国語」は150点を100点に換算する。
- 国文学専攻の「国語」は100点を150点に換算する。
- 選択科目について，日本史学専攻は「日本史B」，東洋史学専攻・西洋史学専攻は「日本史B」もしくは「世界史B」の受験が必須。

〔英語外部試験利用方式〕

- 指定の英語外部試験のスコアおよび合格級により，中央大学独自の「英語」の受験が免除される。
- 合否判定は，一般方式の「国語」および「地理歴史・公民」または「数学」の2教科2科目の合計得点（200点満点）で行う。
- 各外部試験のスコアおよび合格級は出願資格としてのみ使用される。

英語

（80 分）

（注）満点が 150 点となる配点表示になっていますが，日本史学専攻，心理学専攻，学びのパスポートプログラムの満点は 100 点となります。

I 次の⑴～⑽の対話文を完成させるために（　　）に入れるべき最も適切な語を，それぞれ㋐～㋓の中から１つ選び，マーク解答用紙にその記号をマークしなさい。

（40 点）

⑴ A：Although the Grand Opening will be Saturday, the restaurant will start serving dinner on Friday.

B：Is there any way we might open (　　　　) in the week than Friday?

A：I don't think so. They won't finish installing the lights until Thursday.

㋐ earlier

㋑ faster

㋒ former

㋓ quicker

⑵ A：I'm looking for a nice fruit basket for a wedding present. Can you help me?

B：How's this? You could (　　　　) it with this English tea set.

A：They look great together, thanks! I'll take them both, please.

㋐ pair

㋑ pear

㋒ poor

㋓ pour

(3) A: It looks like we're making some significant progress on our line of electronic clothing.

B: I don't know…, I really thought the new product development would be (　　　　　　) the design phase by now.

A: The team is very focused on safety as well as innovation, and that simply takes time.

㋐ beside

㋑ beyond

㋒ farther

㋓ further

(4) A: How do you remain so positive about the future despite the many problems in modern society?

B: To be honest, I think it's because today's students have such a (　　　　　　) for politics and social justice.

A: I suppose they are the ones who will play leading roles in society in the future.

㋐ belief

㋑ favor

㋒ passion

㋓ virtue

(5) A: So, it appears that the manager has a big announcement to make at this meeting.

B: Oh? I only (　　　　　　) at the agenda before coming in here. I don't know anything about it.

A：Apparently, he irritated one of the vice presidents somehow and now is getting transferred.

㋐ glanced
㋑ sought
㋒ viewed
㋓ watched

(6) A：I heard the police are investigating our company's finance department.
B：Yeah, and they are demanding that we hand ( ) copies of all our contracts.
A：That won't be easy, but I suppose we're just going to have to do as they say.

㋐ after
㋑ down
㋒ on
㋓ over

(7) A：You must be so proud that your son has decided to be a concert musician, too.
B：Some people believe it was ( ) since my wife and I are both musicians.
A：How wonderful to have a shared interest with the whole family.

㋐ avoidable
㋑ inevitable
㋒ liable
㋓ preventable

(8) A：Thanks for all your help. This set-up is going to work just fine.

B：(　　　　　　) you wish any assistance with the equipment, please let us know.

A：Thanks, but I've been using computers for years. I think I'll be fine.

㋐ Could
㋑ Might
㋒ Should
㋓ Would

(9) A：Why has Ms. Roberts returned from her overseas assignment?

B：It appears she's going to (　　　　　　) you as department manager.

A：What?! Now?! This is news to me. I only just started the position last November!

㋐ precede
㋑ proceed
㋒ process
㋓ succeed

(10) A：I understand your company has made significant advances in COVID testing.

B：Yes! Our new test is (　　　　　　) enough to detect the virus by just breathing into this tube.

A：That's amazing! That is going to change the way testing gets done everywhere.

㋐ sensational
㋑ sensible
㋒ sensitive
㋓ sentimental

Ⅱ　次の(1)～(5)の（　　）内の語群に 1 語を補って並べかえると，それぞれの日本語の文に相当する英文ができます。補うべき最も適切な 1 語を下の㋐～㋞の中から選び，マーク解答用紙にその記号をマークしなさい。ただし，同じ語を 2 回以上選んではいけません。(20 点)

(1)　You (have, imagination, letting, stop, to, your) wild.
想像力をあまり働かせすぎないようにしないといけないよ。

(2)　We shouldn't turn our back on them just because (expectations, failed, have, live, our, they, to, to).
わたしたちの期待に沿うことができなかったからといって，彼らのことを見捨ててはいけない。

(3)　You're (I, just, make, of, to, told, trying, what, you).
ぼくが君にたったいま言ったことを，理解しようとしてるんだね。

(4)　We had better (a, is, make, papers, she, sign, still, the, to, while, willing).
彼女が取引に応じようとしているうちに，書類にサインしたほうがいい。

(5)　So (available, choice, is, its, let, nature, only, take, the, to).
だから残されたのは，成りゆきに任せることだけだ。

㋐ agreement	㋑ along	㋒ course	㋓ deal	㋔ manage
㋕ meet	㋖ move	㋗ on	㋘ run	㋙ sense
㋚ stimulate	㋛ treaty	㋜ understand	㋝ up	㋞ way

Ⅲ　次の(1)～(5)の英文には，それぞれ１つだけ適切でない箇所があります。その箇所を㋐～㋔の中から選び，マーク解答用紙にその記号をマークしなさい。(20点)

(1) This old dog went right ㋐along with the child, saw he didn't drown or get hurt, and ㋑till the end, when the child was tired, brought him ㋒on back home. Peter Jackson heard this and spent that spring driving practically all ㋓over creation looking at different kinds of dogs. Finally, Jackson ended ㋔up at the place of this woman way out on Lebanon Road who bred bulldogs.

(2) She's been wanting to do the role, and here's her chance. Is she nervous? "㋐Absolutely. The idea of walking ㋑across the stage just makes me freeze," she says. "I have never, ever walked onto the stage in a performance without having butterflies ㋒in my brain. Until I open my mouth and I'm ㋓into the character. But ㋔leading up to that point, it's difficult."

(3) In the last couple of years, ㋐whenever my son comes into my bedroom, he gives me an Eastern-style bow and says ㋑something in Japanese, I think, which I don't understand. I don't even know ㋒where he learned it. Maybe from TV. You think ㋓always your child is picking up from television is ㋔how to become a cold-blooded killer.

(4)

著作権の都合上，省略。

Love in the Time of No Time, The New York Times on November 23, 2003 by Jennifer Egan

(5) A recent survey found Americans miserably ㋐ignorant of world geography. ㋑Three out of four couldn't find the Persian Gulf on a map. ㋒It implied that we ㋓knew any more about our own country, and that this ignorance ㋔called into question our political processes and the efficiency of our business enterprises.

Ⅳ 次の文章を読んで，(1)〜(12)の設問に答えなさい。＊の付いた語句は注を参照しなさい。(70点)

Despite its current popularity in movies, books, and TV, and even as a serious topic of study in physics, the concept of time travel is absent from most of human history. The Bible, along with other religious texts and myths, is full of stories of talking animals, gods, and other mysterious beings or legendary voyages over vast distances. But, (ア) enough, little or no time travel. Charles Dickens's* *A Christmas Carol,* written in the mid-nineteenth century, was an ancestor of time-travel stories. In it, Ebenezer Scrooge is led to Christmases past and future by ghosts, but the voyage is a dreamlike, passive one—there is no contact between characters from different points in time. It was only in the late nineteenth century that the notion of true time travel emerged, most famously in H. G. Wells's* *The Time Machine,* in which the main character travels to the future, has an exchange with a future generation of humankind, and returns to his present time.

Why was true time travel absent from fiction until the end of the nineteenth century? Perhaps because human beings are born as presentists(1): few things are as obvious as the fact that the past is definitely gone and thus unchangeable, and that the future does not yet exist. The notion that the past and the future are as real as the present, and thus potential travel destinations, was simply too unbelievable to be absorbed even into fiction. So what changed in the late nineteenth century that opened the gates of time travel in our imaginations? It is difficult to answer this question, but certainly a scientific revolution was in progress. A key event in this revolution came (a) the publication of Einstein's* theory of special relativity in 1905, which forever smashed our understanding of the nature of time. Einstein established that clocks would run at different rates depending on the speed at which they were traveling. Two years after that, Einstein's mathematics professor, Hermann Minkowski, demonstrated that, mathematically speaking, Einstein's theory could be beautifully placed in the framework of a 4D* universe—that is, a universe in which time was literally another dimension, much like space. Thus, in the twentieth century, little by little, (2)time travel became an acceptable topic of study in physics. Not so much because most scientists believed that true time travel into the past or future was actually possible, but because no one was able to prove that it was not. Many scientists accept that in principle there are "places" in time to travel to, but nevertheless believe that the laws of physics will forbid jumping back and forth between them.

However, my goal is not to discuss whether true time travel is possible or not, but to convince you that your brain is the best time machine you will ever own. Or put in another way, you are the best time machine that has ever been built. Of course, the brain does not allow us to physically travel through time, but it is a time machine of sorts for four connected reasons. Firstly, the brain is a machine that remembers the past in order to predict the future. Over hundreds of millions of years, animals have engaged in a race to predict the future. Animals forecast the actions of prey*, predators*, and mates; they prepare for the future by catching food and building nests; and they anticipate dawn and sunset, spring and winter. (3) The degree to which animals succeed in predicting the future becomes the evolutionary factor of survival and reproduction. Therefore, the brain is at its core a prediction or expectation machine. And whether you realize it or not, on a moment-by-moment basis your brain is attempting to predict what is (b) to happen. These short-term predictions, up to a few seconds into the future, are entirely (イ). If a ball rolls off the table, we automatically adjust our movements to catch it. Humans and other animals are also continuously attempting to make long-term predictions. The simple act of an animal surveying its environment is an attempt to look into the minutes and hours that lie ahead: as a wolf stops to take in the sights, sounds, and smells around it, it is searching (c) clues that will help it avoid potential predators and find prey and mates. In order to predict the future, the brain stores a vast amount of information about the past and sometimes adds time labels (dates) to these memories, allowing us to review episodes of our lives organized on a timeline.

Secondly, the brain is a machine that tells time. Your brain performs a wide range of calculations, including those (ウ) to recognize a face, or to choose your next move in chess. Telling time is another type of calculation the brain performs: not simply measuring the seconds, hours, and days of our lives, but recognizing and producing patterns, such as the complex rhythms of a song, or the carefully timed sequence of movements that allow athletes to perform their sports. Telling time is a critical (4) component of predicting the future. As any weather forecaster knows, it is not sufficient to announce that it will rain; one must also predict when it will rain. As a cat launches into the air to catch a bird (d) flight, it must predict where the bird will be a second into the future. Some birds, in turn, are known to keep track of the amount of time that passed since their last visit to a particular flower, in order to allow the honey to be restored before the next visit.

Thirdly, the brain is a machine that creates the sense of time. Unlike vision or hearing, we do not have a sensory* organ that detects time. Time is not a form of energy or a fundamental property of matter that can be detected via physical measurements. Yet, much in the same way that we consciously perceive the color of objects, we consciously perceive the passage of time. The brain creates the feeling of the passage of time. Like most human perceptions, our sense of time is not (エ). The same length of time, as measured by a clock, can seem to fly by or drag depending on many factors. The conscious perception of the passage of time, and that the world around us is in continuous time flow, is among the most familiar and certain experiences of all.

Finally, the brain allows us to mentally travel back and forth in time. The race to predict the future was won easily (e) our ancestors when they developed the ability to understand the concept of time and mentally project themselves backward into the past and forward into the future—that is, to engage in mental time travel. As U.S. President Abraham Lincoln is reported to have said, "The best way to predict the future is to create it," and this is exactly what mental time travel allowed us to do. We went from predicting nature's various ways to creating the future by (オ) nature. Endel Tulving, an influential Canadian scholar, explained: "Early expressions of future-based thought and planning consisted of learning to use, preserve, and then make fire, to make tools, and then to store and carry these with them. Growing their own crops, fruits, and vegetables; raising animals as sources of food and clothing. Every single one is based (f) the awareness of the future." We have all mentally re-experienced the joy or sorrow of past events and re-imagined those episodes to explore what could have been. In the other direction we jump into the future every time we fear or dream about what may come, and (5) we imagine different plot lines of our future lives in the hope of determining the best course of action in the present. Humans may or may not be the only creatures on the planet to engage in mental time travel, but we are certainly the only animals to use this ability to consider the possibility of actually traveling to the past or future.

注　Charles Dickens　イギリスの小説家。代表作『クリスマス・キャロル』(*A Christmas Carol*) の主人公がエベニーザ・スクルージ (Ebenezer Scrooge)。

H. G. Wells　イギリスの小説家。代表作『タイム・マシン』(*The Time Machine*)。

Einstein　アルベルト・アインシュタイン。ドイツ出身の物理学者。特殊相対性理論 (the theory of special relativity) を提唱した。

4D　四次元の

prey　獲物

predator　捕食者

sensory　感覚の

(1) 空所 (a) ～ (f) のそれぞれに入れるのに最も適切なものを下の①～⑧から1つ選び，マーク解答用紙にその番号をマークしなさい。ただし，同じ語を2回以上選んではいけません。

① about　② at　③ by　④ for　⑤ in　⑥ on　⑦ to
⑧ with

(2) 空所 (ア) に入れるのに最も適切なものを下の①～⑤から1つ選び，マーク解答用紙にその番号をマークしなさい。

① correctly ② fortunately ③ naturally ④ strangely
⑤ typically

(3) 下線部(1)の人々の考えとしてあてはまるものを下の①～④から１つ選び，マーク解答用紙にその番号をマークしなさい。

① 現在の世界のみが今，実在する世界である。
② 過去や未来への時間旅行は可能である。
③ フィクションの中でのみ過去や未来を想像することが許される。
④ 過去を変えたいと願うのは当然である。

(4) 下線部(2)の理由として最も適切なものを下の①～④から１つ選び，マーク解答用紙にその番号をマークしなさい。

① 多くの物理学者が過去や未来への時間旅行は可能だとしているから。
② 時間には目的地となりえる場所があり，時間旅行の実現可能性も高いから。
③ 時間上の点の往復が可能である以上，時間旅行が不可能とまではいえないから。
④ 時間旅行は物理法則と相いれないものの，不可能とまではいえないから。

(5) 下線部(3)の内容として最も適切なものを下の①～④から１つ選び，マーク解答用紙にその番号をマークしなさい。

① 未来を予測する能力は生存競争や繁殖には有利であるが，動物の進化の要因であるとまではいえない。
② 未来を予測する能力がどの程度あるかは動物の進化に影響するが，動物の生存競争や繁殖には無関係である。
③ 未来を予測する能力は動物の生存競争と繁殖にかかわり，動物の進化に影響をおよぼす。
④ 生存競争に勝ち，繁殖する動物はすべて未来を予測する能力にすぐれている。

(6) 空所（ イ ）に入れるのに最も適切なものを下の①～⑤から１つ選び，マーク解答用紙にその番号をマークしなさい。

① contrary　② irregular　③ thoughtful　④ unconscious
⑤ unreliable

(7) 空所（ ウ ）に入れるのに最も適切なものを下の①～⑤から1つ選び，マーク解答用紙にその番号をマークしなさい。

① capable　② easy　③ necessary　④ possible　⑤ responsible

(8) 下線部(4)を言い換える別の表現として最も適切なものを下の①～⑤から1つ選び，マーク解答用紙にその番号をマークしなさい。

① certain　② dangerous　③ negative　④ stable　⑤ vital

(9) 空所（ エ ）に入れるのに最も適切なものを下の①～⑤から1つ選び，マーク解答用紙にその番号をマークしなさい。

① limited　② precise　③ total　④ vague　⑤ variable

(10) 空所（ オ ）に入れるのに最も適切なものを下の①～⑤から1つ選び，マーク解答用紙にその番号をマークしなさい。

① competing　② controlling　③ experiencing　④ perceiving
⑤ prohibiting

(11) 下線部(5)の内容として最も適切なものを下の①～④から1つ選び，マーク解答用紙にその番号をマークしなさい。

① 現在における最善の選択がさまざまな未来の可能性をもたらすと考えること。
② 未来のさまざまな可能性を考え，現在が最善の状態だと自分に言い聞かせること。

③　現在とれる最善の行動が未来においてどのような道筋を描くのか思いめぐらすこと。

④　現在とれる最善の行動を見極めるため，未来のさまざまなありようを想像すること。

(12)　下の①〜⑩から本文の内容に合っているものを４つ選び，マーク解答用紙にその番号をマークしなさい。ただし，５つ以上選んだ場合は０点になります。

①　The Bible includes few, if any, time travel episodes.

②　The development of time travel fiction was partly enabled by a scientific revolution.

③　Einstein's theory of special relativity was challenged by his mathematics professor.

④　The author believes that true time travel is possible.

⑤　Humans are good at making long-term predictions but other animals are not.

⑥　We perceive both color and time in exactly the same way.

⑦　Humans and animals have the ability to recognize patterns in the passage of time.

⑧　Birds cannot tell when a particular flower becomes filled with honey again.

⑨　Humans have the ability to move mentally backward and forward in time.

⑩　Humans are unique in that only they can engage in mental time travel.

出典追記：
Ⅲ．(1) Barking Man and Other Stories by Madison Smartt Bell, Ticknor & Fields
(3) Black Dove : Mamá, Mi'jo, and Me by Ana Castillo, Feminist Press　Reprinted by permission of Writers House, LLC
(5) Losing Our Sense Of Place, Education Week on February 1, 1990 by Barry Lopez
Reprinted by permission of SLL/Sterling Lord Literistic, Inc. Copyright by Barry Holstun Lopez 1990.
Ⅳ．Your Brain Is a Time Machine : The Neuroscience and Physics of Time by Dean Buonomano, W.W.Norton & Company Inc.

日本史

（60分）

I　次の1と2の文章を読み，それぞれの設問に答えなさい。解答は，漢字を用いるべきところは正確な漢字で記述解答用紙の所定の解答欄に記入しなさい。選択問題についてはマーク解答用紙の記号をマークしなさい。(20点)

1　弥生時代には，盛り土を盛った墓が広範囲に出現した。方形の低い墳丘の周りに溝をめぐらした［A］墓が各地に見られるほか，後期になると円形の墳丘の両側に突出部を持つ岡山県の楯築墳丘墓，また山陰地方の四隅突出型墳丘墓など，大規模な墳丘を持つ墓が現れた。3世紀中頃から後半になると，前方後円墳①をはじめとする古墳が近畿地方から瀬戸内海沿岸にかけての西日本を中心に出現した。古墳時代前期の早い段階である出現期の古墳は，長い木棺を竪穴式石室におさめた埋葬施設や呪術的な副葬品②を持つなど，画一的な特徴を持っていた。古墳時代前期・中期には，木棺や石棺を竪穴式石室におさめたものや，棺を粘土で覆った粘土槨などが営まれ，副葬品も前期には鉄製の武器や農工具などとともに，銅鏡や腕輪型石製品などが多く，中期になって鉄製武器・武具の占める割合が高くなった。古墳時代後期になると，横穴式石室③が一般化し，新しい葬送儀礼にともなう多量の土器の副葬が始まった。埴輪も人物埴輪・動物埴輪などの［B］埴輪が盛んに用いられた。

問1　空欄Aに入る名称を漢字4文字で記しなさい。

問2　下線部①について，出現期の前方後円墳として最大の規模を持つ古墳の名称を，次のア～オの中から一つ選び，その記号をマークしなさい。

ア．五色塚古墳

イ．大仙陵古墳

ウ．箸墓古墳

エ．石舞台古墳

オ．誉田御廟山古墳

問3　下線部②について，前期の古墳から出土した，周縁の断面形が三角形をしている次の資料を説明した適切な文章を，下のア～オの中から一つ選び，その記号をマークしなさい。

ア．有力な首長墓に供えられた特殊壺を載せる特殊器台に起源を持ち，墳丘の上に並べられた。

イ．邪馬台国が交渉した中国の魏の鏡とする説と，日本列島でつくられたとする説がある。

ウ．朝鮮半島から伝えられた実用の青銅製武器であり，日本列島で祭器として大型化した。

エ．鏡の縁の内側にある銘文には，漢字の音を借りて日本人の名や地名などが書き表されており，漢字使用の日本最古の例の一つと考えられている。

オ．両面に約60文字の銘文があり，百済王の世子が倭王のためにつくったことが記されている。

問4　下線部③について，次の文章ａ～ｅのうち，古墳時代中期・後期における埋葬の状況を説明した文章の適切な組み合わせを，下のア～オの中から一つ選び，その記号をマークしなさい。

ａ．朝鮮半島の影響を受けて九州北部に出現し，その後，日本の古墳の一般的な埋葬施設となった。

ｂ．死者の霊が生者に災いをおよぼすことを恐れ，多くの遺骸は屈葬されていた。

ｃ．死者を納める墓室である玄室と，玄室と墳丘外部とを結ぶ通路（羨道）を持ち，追葬が可能となった。

ｄ．特製の大型の甕棺や木棺が用いられ，遺骸の多くは伸展葬により埋葬された。

e．古墳頂上から掘られた土壙の底に遺骸と副葬品を埋葬後，石室をつくり，上部から封土を盛って密封した。

ア．a，b　　イ．a，c　　ウ．b，e　　エ．c，d
オ．d，e

問5　空欄Bに入る名称を漢字2文字で記しなさい。

2　8世紀末になると，新羅から日本への使節の派遣がなくなり，また894年には遣唐使の派遣が停止されたが④，9世紀前半には新羅の商人，そして9世紀後半になると唐の商人が，貿易のため日本に来航するようになった。907年に唐が滅亡した後，諸王朝の分立を経て中国を再統一した宋に対して，日本は朝貢関係を避けるために正式な国交を開こうとはしなかったが，筑前国の［　C　］に来航した宋の商人を通じて，書籍や陶磁器などの工芸品や薬品などが輸入され，代わりに金や水銀，真珠，硫黄などが輸出された。10世紀初めには，朝鮮半島で高麗が起こり新羅を滅ぼして半島を統一したが，日本は高麗とも国交を開かなかった一方，商人などの往来が行われた。また11世紀には，契丹の支配下にあった沿海州に住む女真人である［　D　］が，九州北部に襲来し，大宰権帥の藤原隆家に率いられた九州の武士たちによって撃退される事件が起きた。12世紀になると，後白河上皇⑤を武力で支えて昇進を遂げた平清盛が日宋貿易を推進し，摂津国の大輪田泊⑥を修築して宋商人の畿内への招来を図り，平氏政権の重要な経済的基盤とした。

問6　下線部④に至る，7～9世紀の対外関係の変遷に関して説明した次の文章a～eについて，古いものから年代順に正しく配列したものを，下のア～オの中から一つ選び，その記号をマークしなさい。

a．九州北部には，西海道を統轄する大宰府が設置され，外交・防衛の拠点としての機能を果たした。

b．遣唐留学生の吉備真備は，礼制・暦・測量・音楽・軍事など多彩な分野の文化をもたらし，玄昉とともに橘諸兄政権を支えた。

c．台密の成立に寄与した円仁は，渡唐して密教を学び，帰国するまでの記録として『入唐求法巡礼行記』を著した。

d．唐・新羅からの防衛政策が進められて，九州の要地を守る水城や大野城・基肄城が築城され，対馬から大和にかけて古代朝鮮式山城が築かれた。

e．安史の乱の混乱が広がると，渤海が唐・新羅に進出する動きに応じて，藤原仲麻呂が新羅攻撃を計画した。

ア．a→c→e→d→b

イ．c→a→d→e→b

ウ．c→b→d→a→e

エ．d→a→b→e→c

オ．d→b→e→a→c

問7　空欄Cに入る都市名を漢字2文字で記しなさい。

問8　空欄Dに入る名称を漢字2文字で記しなさい。

問9　下線部⑤の人物が，自ら今様を学んで編纂した『梁塵秘抄』には，念仏往生の教えを説いた当時の信仰が反映されている歌がある。『梁塵秘抄』に該当する史料を，次のア～オの中から一つ選び，その記号をマークしなさい。

ア．極楽浄土のめでたさは　ひとつも虚(あだ)なることぞなき　吹く風立つ波鳥も皆　妙(たえ)なる法(のり)をぞ唱ふなる

イ．此の世をば　我が世とぞ思ふ　望月の　かけたることも　無しと思へば

ウ．夫(そ)れ天下の富を有(たも)つ者は朕(ちん)なり。天下の勢を有つ者も朕なり。此の富勢を以てこの尊像を造る。事や成り易き，心や至り難き。

エ．難波津に　装(よそ)ひ装ひて　今日の日や　出でて罷(まか)らむ　見る母なしに

オ．世間(よのなか)を　憂(う)しとやさしと　思へども　飛び立ちかねつ　鳥にしあらねば

問10　下線部⑥について説明した適切な文章を，次のア～オの中から一つ選び，その記号をマークしなさい。

ア．院と結んだ源頼朝は，弟の源範頼・義経らの軍を派遣して，この地で行われた壇の浦の合戦で平氏を滅亡させた。

イ．院によって六勝寺をはじめとする多くの御願寺が造営されるとともに，院の離宮が置かれ，熊野詣や高野詣を行う際の拠点となった。

ウ．奈良時代には，聖武天皇が平城京や恭仁京から都を移した難波宮が，この地に置かれていた。

エ．この地にある鹿ヶ谷では，藤原成親や僧俊寛ら院近臣が，平氏打倒の陰謀をめぐらし，露顕して平清盛に捕らえられた。

オ．近くには，平清盛の別荘が置かれ，瀬戸内海支配の拠点となった福原があり，以仁王の挙兵の後には同地に都が移された。

Ⅱ　次の1の史料と2の文章を読み，それぞれの設問に答えなさい。解答は，漢字を用いるべきところは正確な漢字で記述解答用紙の所定の解答欄に記入しなさい。選択問題についてはマーク解答用紙の記号をマークしなさい。なお，史料は読みやすさを考えて一部改変している。(20点)

1　史料

一　寺社本所領の事　観応三・七・廿(にじゅう)四御沙汰

（中略）

次に近江・美濃・尾張三ヶ国の本所領半分の事，兵粮(ひょうろう)料所（注1）として，当年一作，軍勢に預け置くべきの由，守護人等①に相触(あいふ)れ（注2）訖(おわ)んぬ。半分に於(お)いては，宜(よろ)しく本所に分かち渡すべし。若(も)し預(あずかり)人(にん)事を左右(そう)に寄せ（注3），去り渡さざれば（注4），一円(いちえん)に本所に返付すべし。（「建武以来追加」）

（注1）兵粮米を確保するために指定した所領

（注2）通知する

（注3）あれこれといいのがれをして

（注4）返納しなければ

問1　この史料は1352年に発令された法令であるが，一般に何と呼ばれているか，漢字3文字で記しなさい。

問2　この史料の内容に関する説明文として**誤っているもの**を，次のア～オの中から一つ選び，その記号をマークしなさい。

ア．この法令が適用された地域は，当初，近江国・美濃国・尾張国の3ヶ国であった。

イ．この法令は，該当地域の荘園・公領の年貢の半分を，兵粮米として軍勢が確保することを守護に通達したものである。

ウ．この法令が発令された1352年より以前にも，ほぼ同内容の法令が全国に発令されている。

エ．この法令が発令された1352年は，観応の擾乱が足利直義の敗死によって一応の収束を見た年にあたる。

オ．この法令は，その年に限っての時限立法的なものである。

問3　次のⓐ～ⓔの出来事は，この法令が発令された前後（14世紀）の出来事である。これらの出来事が発生した年を古い方から順に並べた時，正しいものを，下のア～オの中から一つ選び，その記号をマークしなさい。

ⓐ　北畠親房が『神皇正統記』を著す。

ⓑ　京都の室町に「花の御所」が建設される。

ⓒ　雑訴決断所が設置される。

ⓓ　明徳の乱が発生する。

ⓔ　建武式目が制定される。

ア．一番目の出来事はⓔである。

イ．二番目の出来事はⓒである。

ウ．三番目の出来事はⓑである。

エ．四番目の出来事はⓐである。

オ．五番目の出来事はⓓである。

問４　下線部①にみえる守護について，鎌倉幕府が御成敗式目において成文化した守護の職権は何と総称されているか。適切な語を記しなさい。

問５　室町時代における守護の職権拡大に関する語句と，この語句についての説明文の組み合わせとして正しいものを，次のア～オの中から一つ選び，その記号をマークしなさい。

ア．使節遵行―土地をめぐる紛争で，幕府での裁判に敗訴した者が判決に従わない可能性があった場合，勝訴した者に代わって守護が家臣を派遣して強制執行することが認められる。

イ．段銭の徴収―家屋ごとに賦課した税を守護が徴収することが認められる。段銭は当初，天皇即位・内裏造営・伊勢神宮造営・幕府の行事などに際し，一国平均役として臨時に賦課されたが，のちには守護独自の段銭もみられるようになった。

ウ．棟別銭の徴収―田地の面積に応じて賦課した税を守護が徴収することが認められる。棟別銭は当初，朝廷の費用や寺院・橋の修造料として臨時に賦課されたが，のちには恒常的に賦課されるようになった。

エ．刈田狼藉―土地（田地）をめぐる紛争で，当事者の一方（その田地を実力で押さえている者）が相手との話し合いに応じなかった場合，守護の手で収穫前にその田地の稲を刈り取ることが認められる。

オ．守護請―守護が管轄している地域内における荘園・公領からの小物成の徴収を請け負うことが一般化する。これにより，荘園内部への守護の介入が進んだ。

2　1501年旧暦3月，<u>かつて関白の地位に就いていた公家の九条政基</u>②（くじょうまさもと）は，数少なくなった九条家領の荘園のうちの一つで和泉国（いずみのくに）に所在した日根荘（ひねのしょう）（現大阪府泉佐野市）にくだり，同地に居を構えて直接支配に乗り出した。

4年近くにわたり日根荘に在住した政基は，その間の出来事を『政基公旅引付』（まさもとこうたびひきつけ）と呼ばれる日記に書き残したが，この克明な日記によって今日私たちは，戦国時代初期の近畿地方における守護による荘園侵略とそれに対する領主政基側の対抗策をはじめ，荘園支配をめぐる政基と住民の間のやりとりや駆け引き，住民らの日常生活や荘内で発生した諸事件，<u>村・地域社会の自治的システム</u>③，村どうしの協力関係と対立関係，1493年に発生した［　A　］により室町幕府の実権を握った細川政元と九条政基の個人的な関係（注1）など，さまざまな史実を知ることができる。

1504年旧暦12月，政基は日根荘を去り京都に戻るが，この頃より，<u>近畿地方のみならず，全国各地で戦国の争乱がさらに進行することとなった</u>④。

（注1）九条政基の子息が細川政元の養子となり，のちに元服して細川澄之（すみゆき）を名のった。

問6　下線部②について，五摂家の一つとして摂政・関白の地位に就くことができた九条家（藤原氏）に関わる人物の名と，同人物に関する説明文の組み合わせとして正しいものを，次のア～オの中から一つ選び，その記号をマークしなさい。

ア．九条頼嗣―九条家の始祖。源頼朝の支援を得て朝廷内で権勢をふるったが，頼朝の娘大姫の入内をめぐって頼朝と対立し，関白を罷免される。彼の日記『玉葉』は鎌倉時代初期を知る上での重要史料。

イ．九条道家―法然が広めた専修念仏の教えに帰依した。彼の弟は『愚管抄』の著者で天台座主の地位に就いた慈円。

ウ．九条兼実―最初の摂家将軍。1219年に源実朝の死を受けて鎌倉に下り，1226年将軍となる。

エ．九条頼経―若くして摂家将軍となるが，成長して執権北条氏と対立し，1244年，将軍職を子息に譲らざるをえなくなる。1246年，幕府への謀反に加担した疑いをかけられて京都に送還された。

オ．九条兼実―外孫四条天皇の摂政として，将軍の父として，朝廷内で実権を握り，関東申次（朝廷と幕府の取り継ぎ役）の地位にも就いて権勢をふるった。

問 7　下線部③について，1504 年，日根荘内のとある村で，飢饉の際の非常食として村が栽培していた蕨（わらび）を盗んだ容疑で，母子家庭の母親と子どもたち全員が，村人によって殺害されるといういたましい出来事が発生した。村内で発生した盗難事件について，領主である政基に頼らず，村独自に容疑者を捕えたり刑罰を科したりするこのシステムは，一般に何と呼ばれているか。漢字 3 文字で記しなさい。

問 8　空欄Ａは細川政元が 10 代将軍足利義稙を廃して 11 代将軍足利義澄を擁立した事件の名称である。空欄Ａに当てはまる語を，漢字と平仮名合わせて 5 文字で記しなさい。

問 9　次のⓐ～ⓔの出来事は，『政基公旅引付』が書かれた前後（15 世紀後半～16 世紀前半）の出来事である。これらの出来事を古い方から順に並べた時，正しいものを，下のア～オの中から一つ選び，その記号をマークしなさい。

ⓐ　北条早雲が堀越公方を滅ぼして伊豆を奪う。

ⓑ　山城国一揆が発生する。　　ⓒ　応仁・文明の乱が発生する。

ⓓ　享徳の乱が発生する。　　ⓔ　今川仮名目録が制定される。

ア．一番目の出来事はⓒである。

イ．二番目の出来事はⓓである。

ウ．三番目の出来事はⓑである。

エ．四番目の出来事はⓔである。

オ．五番目の出来事はⓐである。

問10　下線部④について，戦国時代の説明文として**誤っているもの**を，次のア～オの中から一つ選び，その記号をマークしなさい。

ア．戦国大名は領国経済を発展させるため，鉱山の開発にも力を入れたが，武田氏の甲斐の金山，大内氏・尼子氏・毛利氏が争奪した石見銀山などが有名である。

イ．16 世紀中頃になると，室町幕府の実権は細川氏の手から家臣の松永久秀の手に，さらには久秀の家臣三好長慶の手に移っていった。

ウ．戦国大名の中には，年貢をはじめとする土地からの得分を銭に換算した上で，その額を家臣への軍役の賦課の基準や，領民への課役の賦課の基準とする者も存在したが，この制度は貫高制と呼ばれている。

エ．戦国大名の中には，中国地方の毛利氏・尼子氏，四国地方の長宗我部氏，北陸地方の朝倉氏・長尾氏（上杉氏），東海地方の織田氏，東北地方の伊達氏をはじめ，国人や守護代から身をおこした者も多く存在した。

オ．戦国大名は地侍を家臣団に組み入れることで，軍事力の強化をはかったが，多くの場合，彼ら地侍は有力家臣に預けられる形をとって家臣団に編入された。この制度を寄親・寄子制と呼ぶ。

Ⅲ　次の1の文章と2の資料を読み，それぞれの設問に答えなさい。解答は，漢字を用いるべきところは正確な漢字で記述解答用紙の所定の解答欄に記入しなさい。選択問題についてはマーク解答用紙の記号をマークしなさい。（20点）

1　中央大学の多摩キャンパスは現在，東京都八王子市東中野に位置する。時代を江戸時代までさかのぼると，ここは［　A　］国多摩郡中野村であった。多摩地域の村々について知りうる1716年の史料によると，中野村は二つの部分に分かれており，その一つは旗本多門（おかど）伝八郎の領地352石余，もう一つは旗本勝田万次郎の領地29石余であった。このように1村を複数の領主が支配する村のことを相給村（あいきゅうそん）と言う。

徳川家康は1590年の関東入部①後に，知行割（家臣への領地配分）を実施し，小規模な家臣には江戸から一泊で行ける範囲に，大規模な家臣にはそれより遠方に領地を与えた。その結果，多摩地域を含む江戸周辺では小規模な家臣の領地が錯綜する傾向が見られた。この傾向は，元禄期の知行割り替えによってさらに顕著なものとなった。

そのような家臣の一人である多門伝八郎は700石の領地を持つ旗本②で，幕府の目付を務めた。1701年の江戸城本丸御殿松之大廊下で浅野長矩が吉良義央に斬りかかった事件③の際に現場に居合わせ，記録を残したことで知られる。このように多摩地域には，幕府を支える将軍直属家臣団④の領地が広がっていた。多門や勝田の領地は，そのすべてが中野村に置かれたのではなく，各地に散在していた。

問1　空欄Aには，現在の東京都・埼玉県などが該当する旧国名が入る。その旧国名を記しなさい。

問2　下線部①に関連して，徳川家康の関東入部前後に起きた出来事に関して述べた次の文a～cについて，古いものから年代順に正しく配列したものを，下のア～オの中から一つ選び，その記号をマークしなさい。

a．大仏建立の釘にあてるなどとして，百姓から刀・鉄砲などを没収する法令が出された。

b．人掃令が出され，全国的な戸口調査が行われた。

c．織田信雄・徳川家康の軍と羽柴秀吉の軍が，小牧・長久手で戦った。

ア．a→b→c　　イ．a→c→b　　ウ．b→a→c

エ．b→c→a　　オ．c→a→b

問3　下線部②の旗本に関する次のa～cの記述について，正しいものと誤っているものの適切な組み合わせを，下のア～オの中から一つ選び，その記号をマークしなさい。

a．旗本は1万石未満の将軍に直属する家臣で，将軍にお目見え（謁見）することを許された。

b．旗本や御家人の監察を，目付が行った。

c．旗本や御家人の生活難を救済するため，徳川吉宗が棄捐令を出した。

ア．a＝正　b＝正　c＝誤

イ．a＝正　b＝誤　c＝正

ウ．a＝誤　b＝正　c＝正

エ．a＝誤　b＝誤　c＝誤

オ．a＝誤　b＝正　c＝誤

問4　下線部③に関連して，徳川綱吉治下の政治や社会に関する記述として**誤っているもの**を，次のア～オの中から一つ選び，その記号をマークしなさい。

ア．綱吉は将軍就任当初，会津藩の保科正之の補佐のもと政治を進めたが，後に側用人の柳沢吉保を重用して政治を進めた。

イ．幕府が大嘗会（大嘗祭）の再興を認めるなど，幕府と朝廷の協調関係が見られた。

ウ．鉱山収入の減少，多額の寺社造営費などにより幕府財政が逼迫した。

エ．近親者に死者があった際に喪に服す日数や，忌引の日数を定める法令が出された。

オ．綱吉は木下順庵に学び，儒教を重視した。

問5　下線部④に関連して，家臣団の中から有能な人材を登用するために徳川吉宗が設けた制度の名称を記しなさい。

2　次に示す資料ａ～ｃは，いずれも近世社会の特徴を示す資料である。

資料ａ

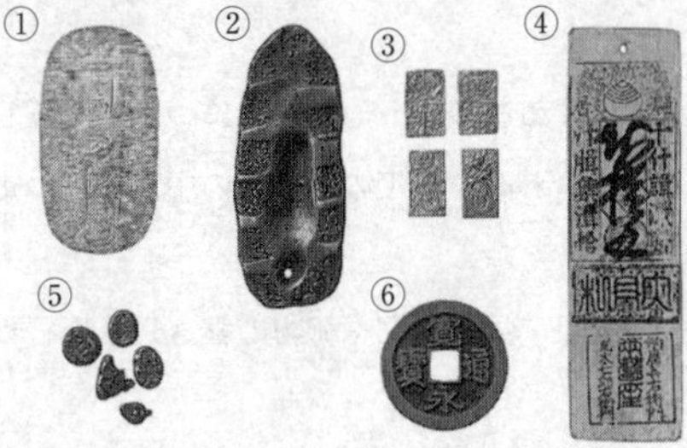

資料ｂ

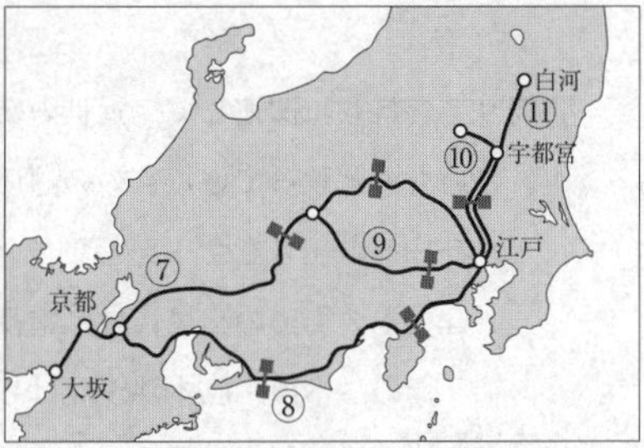

資料ｃ

資料ａの出典：日本銀行金融研究所貨幣博物館

問６　資料ａの①～⑥の中から，諸大名が発行したその領内を中心に通用する貨幣を選び，その番号と名称を記しなさい。

問７　資料ａに関連して，近世の貨幣に関する記述として正しいものを，次のア～オの中から一つ選び，その記号をマークしなさい。

ア．金貨は重さをはかって取り引きする秤量貨幣であった。

イ．東日本では主に銀貨が，西日本では主に金貨が用いられた。

ウ．金座・銀座は通貨の両替や秤量を行い，公金の取扱いや大名貸を行う者もいた。

エ．幕府は財政が悪化すると，金貨を小さくしたり，金の含有量を減らすなどの改鋳を行った。

オ．徳川吉宗は，金２朱の価値がある銀貨を発行し，金貨・銀貨の一本化を試みた。

問８　資料ｂの⑦～⑪の中から，江戸と草津（近江国）の間を結び，途中の碓氷と木曽福島に関所が設けられている街道を選び，その番号と街道名を記しなさい。

問９　資料ｂに関連して，近世の交通に関する次のａ～ｃの記述について，正しいものと誤っているものの適切な組み合わせを，下のア～オの中から一つ選び，その記号をマークしなさい。

ａ．主要街道の宿場には，宿役人が人足・馬の差配や荷物の継ぎ送りを行うため，本陣・脇本陣が設けられた。

ｂ．宿場で用意した人馬で荷物輸送がまかないきれない時は，周辺村々が助郷役を負担した。

ｃ．水上では陸上よりも安く大量に物資を輸送でき，17世紀後半には東廻り海運（東廻り航路）や西廻り海運（西廻り航路）も整備された。

ア．ａ＝正　ｂ＝正　ｃ＝誤
イ．ａ＝正　ｂ＝誤　ｃ＝正
ウ．ａ＝誤　ｂ＝正　ｃ＝正
エ．ａ＝誤　ｂ＝誤　ｃ＝誤
オ．ａ＝誤　ｂ＝正　ｃ＝誤

問10　資料ｃに関する説明として正しいものを，次のア～オの中から一つ選び，その記号をマークしなさい。

ア．池大雅と蕪村が描いた文人画で，明や清の画風の影響が見られる。
イ．円山応挙が写生を重視しながら描いた絵画である。
ウ．狩野永徳が大和絵を母体にして完成させた濃絵である。
エ．鈴木春信による多色刷りの浮世絵版画である。
オ．尾形光琳が装飾的な画法を取り入れて描いた絵画である。

Ⅳ　次の1から3の文章・史料を読み，それぞれの設問に答えなさい。解答は，漢字を用いるべきところは正確な漢字で記述解答用紙の所定の解答欄に記入しなさい。選択問題についてはマーク解答用紙の記号をマークしなさい。なお，史料は読みやすさを考えて一部改変している。(20 点)

1　18 世紀の終わり頃から 19 世紀にかけて外国船の来航が相次いだため①，いわゆる「鎖国」体制をとっていた幕府は対応を迫られた。幕府は，諸大名に命じて江戸湾（現在の東京湾）の防備を固めるとともに，全国各地の海岸線に砲台を備えさせた。北方では，ロシアへの警戒を強め，18 世紀末から 19 世紀初期には蝦夷地の調査や海防の強化を進めた②。

同じ頃，国内ではさまざまな産業が活気づき，市場・流通が発展する一方で，農村では貧富の差が拡大した。有力農民が，土地を集積して力をつける反面，没落する農民が多数発生し，荒廃する地域も見られるようになった。こうした社会状況の中で，農村の復興のために，報徳仕法による改革を目指した二宮尊徳や，道徳と経済の調和に基づく性学を講じた［　A　］のような指導者が現れた。また，江戸周辺地域では，無宿人や博徒らの増加によって治安の悪化が深刻化したため，幕府は治安維持や風俗取締のための対策をとった③。

問1　下線部①に関する次の出来事 a ～ e について，古いものから年代順に正しく配列したものを，下のア～オの中から一つ選び，その記号をマークしなさい。

a．イギリスの軍艦が，オランダ船を捕まえるために長崎湾に侵入した。

b．ロシア使節ラクスマンが，日本人漂流民を連れて根室に来航し，幕府に通商を求めた。

c．幕府は，日本人漂流民の送還と通商要求のために来航したアメリカ商船モリソン号を砲撃した。

d．幕府は，長崎に来航したロシア使節レザノフによる通商要求を拒否した。

e．ロシア使節プチャーチンが長崎に来航し，開国と国境の画定を幕府に要求した。

ア．a → b → d → e → c

イ．b → c → d → a → e

ウ．b → d → a → c → e

エ．d→b→c→e→a

オ．d→b→a→e→c

問2　下線部②に関する記述として**誤っているもの**を，次のア〜オの中から一つ選び，その記号をマークしなさい。

ア．1798年，幕府は蝦夷地政策に本格的に着手し，最上徳内・近藤重蔵らを国後・択捉の探査にあたらせた。

イ．1802年，幕府は東蝦夷地を直轄地とした。

ウ．1806年，通商要求を拒否されたロシア船が樺太を攻撃した。

エ．1807年，幕府は松前氏を改易して松前を直轄地とし，松前奉行を置いた。

オ．1808年，幕府は間宮林蔵に樺太探査を命じ，樺太が島であることを確認した。

問3　空欄Aに入る人物の姓名を記しなさい。

問4　下線部③に関する記述として正しいものを，次のア〜オの中から一つ選び，その記号をマークしなさい。

ア．幕府領・藩領・旗本領などが複雑に入り組んでいたことが，江戸周辺地域の治安悪化を招いた要因の一つであった。

イ．幕府は，関東取締出役を設け，藩領を除く地域を巡回させ，無宿人・博徒らの逮捕・取締にあたらせた。

ウ．幕府は，譜代諸藩に命じて，幕府領・藩領・旗本領を支配の別なく巡回させ，無宿人・博徒らの逮捕・取締にあたらせた。

エ．幕府は，近隣の村々をまとめた寄場組合を幕府領・藩領・旗本領ごとに編制し，農村の秩序維持などをはかった。

オ．幕府は，江戸周辺の50万石の地を直轄地にして，無宿人・博徒の一斉取締を実施しようとしたが，譜代大名や旗本に反対されて実施できなかった。

2　次の史料は，1868年に制定された「政体書」の一部である。

政体

一，大ニ斯国是(このこくぜ)ヲ定メ，制度・規律ヲ建ツルハ，御誓文④ヲ以テ目的トス（中略）

一，天下ノ権力総(すべ)テコレヲ太政官⑤ニ帰ス，則チ政令二途ニ出ルノ患無カラシム，太政官ノ権力ヲ分ツテ，立法・行法・司法ノ三権トス，則偏重ノ患無ラシムルナリ（中略）

一，立法官ハ行法官ヲ兼ヌルヲ得ス，行法官ハ立法官ヲ兼ヌルヲ得ス（中略）

一，各府・各藩・各県皆貢士ヲ出シ議員トス，議事ノ制ヲ立ツルハ輿論公議ヲ執ル所以ナリ（中略）

一，諸官四年ヲ以テ交代ス，公選入札ノ法ヲ用フヘシ，但今後初度交代ノ時其一部ノ半ヲ残シ，二年ヲ延シテ交代ス，断続宜シキヲ得セシムルナリ，若其人衆望ノ所属アツテ，難去（さりがたき）者ハ猶（なお）数年ヲ延サザルヲ得ス（後略）（『法令全書』）

問 5　下線部④に関する記述として正しいものを，次のア～オの中から一つ選び，その記号をマークしなさい。

ア.「御誓文」は，天皇が臣下・民衆に対して誓約する形で発表された。

イ.「御誓文」によって，天皇による専制政治が宣言された。

ウ.「御誓文」は，幕府による統治の理念をそのまま引き継いでおり，儒教道徳を説くものであった。

エ.「御誓文」によって，キリスト教の信仰が改めて禁止された。

オ.「御誓文」によって，公論を尊重して統治を行うことが示された。

問 6　下線部⑤に関する記述として**誤っているもの**を，次のア～オの中から一つ選び，その記号をマークしなさい。

ア．太政官制は，1868 年の発足後，数度の改革が実施されたが，1885 年に内閣制度が発足するまで続いた。

イ．版籍奉還後の官制改革では，祭政一致の方針により神祇官が太政官のもとに置かれた。

ウ．廃藩置県後の官制改革では，太政官に正院・左院・右院が置かれた。

エ．廃藩置県後の官制改革では，太政官正院のもとに各省が置かれ，中央集権体制が強化された。

オ．1873 年に太政官正院のもとに新設された内務省は，地方行政や殖産興業，警察組織の統轄などの役割を担った。

問 7　「政体書」に関する記述として正しいものを，次のア～オの中から一つ選び，その記号をマークしなさい。

ア.「政体書」により，中央に太政官が設置されたが，府県には自治が認められ，府知事・県知事は独自の体制を築いた。

イ.「政体書」は，復古的な色彩が強く，欧米の制度はまったく採用されなかった。

ウ.「政体書」では，政治に関する命令が，多方面から出るのを避けるために，諸大名の知行権が否定された。

エ.「政体書」では，公議輿論の理念に基づき，府藩県において地方議会を開くことが定められた。

オ.「政体書」では，立法・行政・司法の三権分立が規定された。

3　明治政府は，明治初期からヨーロッパの法制度の調査を進め，近代的な法典の編纂に着手した。1880年には，大逆罪や不敬罪，内乱罪を厳罰とする規定を含む刑法と，刑事訴訟法にあたる治罪法を公布した。また，民法・商法の編纂も急がれ，1890年に民法⑥・商法ならびに民事訴訟法・刑事訴訟法が公布された。

法典の編纂は，フランスの法学者ボアソナードらを招いて進められたが，明治期には法学以外の諸分野でも，西洋の諸制度や技術・学問を導入するために，欧米から学者を招いた。例えば，農業の分野では，アメリカ式の大農場制度の移植を図るためにクラークを招いて，1876年に［　B　］を設立した。

こうした「西洋文明」の移植を背景として，日本固有の文化と西洋由来の文化が，混在・併存して明治の文化は形成された。⑦明治初期の頃には，政府主導で文明開化が推進されたが，明治中期頃からは教育の普及や出版・交通などの発達によって国民を担い手とする文化も発展していった。

問8　下線部⑥の「民法」の内容を批判する論文「民法出(い)デヽ忠孝亡(ほろ)ブ」を執筆した人物の姓名を記しなさい。

問9　空欄Bに入る用語を記しなさい。

問10　下線部⑦に関する記述として**誤っているもの**を，次のア～オの中から一つ選び，その記号をマークしなさい。

ア．河竹黙阿弥は，文明開化の風俗を取り入れた新しい歌舞伎の演目を発表した。

イ．坪内逍遙による文芸協会などが，西洋の近代劇を翻訳・上演した。

ウ．東京美術学校では，設立時から伝統的な日本美術とともに西洋美術が積極的に教授された。

エ．彫刻の分野では，高村光雲による木彫と荻原守衛らの彫塑が，競合しながら発展した。

オ．小学校教育に，西洋の歌謡を模倣した唱歌が採用された。

V 次の1の文章と2の史料を読み，それぞれの設問に答えなさい。解答は，漢字を用いるべきところは正確な漢字で記述解答用紙の所定の解答欄に記入しなさい。選択問題についてはマーク解答用紙の記号をマークしなさい。なお，史料は読みやすさを考えて一部改変している。(20点)

1 災害大国ともいわれる日本は，歴史上，地震や台風など幾多の災害を経験し，それが当時の政治や社会に様々な影響を与えてきた。

本年2023年は関東大震災①の発生からちょうど100年目にあたる。1923年9月1日，神奈川県西部を震源とするマグニチュード7.9の地震は，東京や横浜をはじめとする南関東を中心に多くの死傷者と甚大な被害をもたらした。そのさまは「帝都を中心として関東の天変地異（中略）大混乱言語に絶す」(『大阪朝日新聞』）と報じられ，作家永井荷風②はそのときの状況を「日将(まさ)に午(ひる)ならむとする時天地忽(たちまち)鳴動す。（中略）身体の動揺さながら舩上(せんじょう)に立つが如し」(『断腸亭日乗』）とみずからの日記に認めている。

震災発生の翌日に発足した第二次山本権兵衛③内閣は，内務大臣の［ A ］を総裁とする帝都復興院を創設して復興事業を進めた。しかし，その事業は道路建設や土地区画整備など大規模なもので，多額な予算を必要としたため，帝国議会における審議では野党立憲政友会④の反発にあい，予算案は大幅に縮小されてしまった。その後，［ B ］事件により山本内閣が総辞職すると，帝都復興院は廃止され，復興事業は内務省へと引き継がれた。

問1 下線部①について，関東大震災にかかわる次のａ～ｃの記述に対する指摘として正しいものを，下のア～オの中から一つ選び，その記号をマークしなさい。

ａ．震災の混乱のさなか，無政府主義者の大杉栄や山川均らが憲兵隊に連行され殺害された。

ｂ．1924年設立の同潤会は，震災の罹災地区に住宅を建設した。

ｃ．震災手形の処理をめぐる片岡直温大蔵大臣の失言により取付け騒ぎが起こった。

ア．ａ・ｂは正しい，ｃは誤り。　イ．ｂ・ｃは正しい，ａは誤り。
ウ．ａ・ｃは正しい，ｂは誤り。　エ．ａ・ｂ・ｃすべて正しい。

オ．a・b・cすべて誤り。

問2 下線部②に関連して，大正期の文化や学問に関する説明として**誤っているもの**を，次のア～オの中から一つ選び，その記号をマークしなさい。

ア．『善の研究』で知られる津田左右吉は，独自の哲学体系を打ち立てた。

イ．柳田国男による民間伝承などの調査研究は，民俗学の確立に大きく貢献した。

ウ．演劇界では築地小劇場を中心とした新劇運動が展開された。

エ．詩人として知られる高村光太郎は，「手」などの彫刻作品も多数残した。

オ．新思潮派の代表的作家として芥川龍之介や菊池寛がいた。

問3 下線部③に関連して，山本権兵衛と同様に，陸海軍出身の内閣総理大臣とその内閣時代の出来事の組み合わせとして**誤っているもの**を，次のア～オの中から一つ選び，その記号をマークしなさい。

ア．桂太郎—第一次護憲運動

イ．寺内正毅—シベリア出兵

ウ．加藤友三郎—ワシントン海軍軍縮条約締結

エ．阿部信行—第二次世界大戦勃発

オ．東条英機—真珠湾攻撃

問4 空欄Aに入る人物の姓名を記しなさい。

問5 下線部④について，当時の立憲政友会総裁である高橋是清に関する次の説明文の波線部a～dに関する指摘として正しいものを，下のア～オの中から一つ選び，その記号をマークしなさい。

高橋是清は原敬(a)の後を受け組閣するも短命に終わったが，その後の内閣では大蔵大臣としてたびたび入閣した。とりわけ注目されるのは犬養毅内閣以降における昭和恐慌(b)への対応であり，このとき高橋は金解禁(c)の断行や「自力更生」をはかる農山漁村経済更生運動(d)などの政策を実施した。

ア．aが誤りで，正しくは加藤高明。

イ．bが誤りで，正しくは金融恐慌。

ウ．cが誤りで，正しくは金輸出再禁止。

エ．dが誤りで，正しくは新体制運動。

オ．a～dはすべて正しく，誤りはない。

問6 空欄Bに入る事件の名称を記しなさい。

2　次の史料は，1943年11月に発表されたカイロ宣言の日本語訳の一部である。

三大同盟国ハ日本国ノ侵略ヲ制止シ且之ヲ罰スル為今次ノ戦争ヲ為シツツアルモノナリ。右同盟国ハ自国ノ為ニ何等ノ利得ヲモ欲求スルモノニ非ス。又領土拡張ノ何等ノ念ヲモ有スルモノニ非ス

右同盟国ノ目的ハ，日本国ヨリ千九百十四年ノ第一次世界戦争⑤ノ開始以後ニ於テ日本国カ奪取シ又ハ占領シタル太平洋ニ於ケル一切ノ島嶼（しょ）ヲ剥奪スルコト，並ニ満洲⑥，台湾及澎湖（ほうこ）島ノ如キ日本国カ清国人ヨリ盗取シタル一切ノ地域ヲ中華民国ニ返還スルコトニ在リ

日本国ハ又暴力及貪欲ニ依リ日本国ノ略取シタル他ノ一切ノ地域ヨリ駆逐セラルヘシ

前記三大国ハ朝鮮ノ人民ノ奴隷状態⑦ニ留意シ，軈（やが）テ朝鮮ヲ自由且独立ノモノタラシムルノ決意ヲ有ス

右ノ目的ヲ以テ右三同盟国ハ同盟諸国中日本国ト交戦中ナル諸国ト協調シ，日本国ノ無条件降伏ヲ齎（もたら）スニ必要ナル重大且長期ノ行動ヲ続行スヘシ

問7　この史料に関連して，カイロ宣言の前後に起こった次の出来事a～eについて，古いものから年代順に正しく配列したものを，下のア～オの中から一つ選び，その記号をマークしなさい。

a．サイパン島陥落　　b．南部仏印進駐開始

c．鈴木貫太郎内閣発足　　d．大東亜会議開催

e．ミッドウェー海戦勃発

ア．b→d→e→a→c　　イ．b→e→d→a→c

ウ．d→b→e→c→a　　エ．d→c→b→e→a

オ．e→b→d→a→c

問8　下線部⑤に関する記述として正しいものを，次のア～オの中から一つ選び，その記号をマークしなさい。

ア．第一次世界大戦の三国同盟とは，ドイツ・イタリア・ロシアを指す。

イ．幣原喜重郎外務大臣の主導により，日英同盟を理由として第一次世界大戦に参戦した。

ウ．第一次世界大戦のさなか，第二次大隈重信内閣は中国に対して西原借款とよばれる巨額の資金貸与を行った。

エ．第一次世界大戦を機に，中国で工場経営を行う日本の紡績業（在華紡）が拡大した。

オ．第一次世界大戦後のワシントン会議では，中国問題に関する四カ国条約，太平洋問題に関する九カ国条約がそれぞれ結ばれた。

問9　下線部⑥について，1920年代後半以降の日本と満州の関係をまとめた次の年表の空欄C・D・Eに入る語の組み合わせとして正しいものを，下のア～オの中から一つ選び，その記号をマークしなさい。

年　月	事　項	内　閣
1928年6月	張作霖爆殺事件	C
1931年9月	柳条湖事件（満州事変の勃発）	若槻礼次郎
1932年3月	満州国建国の宣言	犬養毅
1932年9月	D 調印	斎藤実
1939年5月	E 事件	平沼騏一郎

ア．空欄C＝田中義一　空欄D＝日満議定書　空欄E＝済南

イ．空欄C＝浜口雄幸　空欄D＝塘沽(タンクー)停戦協定　空欄E＝済南

ウ．空欄C＝田中義一　空欄D＝塘沽停戦協定　空欄E＝ノモンハン

エ．空欄C＝浜口雄幸　空欄D＝日満議定書　空欄E＝済南

オ．空欄C＝田中義一　空欄D＝日満議定書　空欄E＝ノモンハン

問10　下線部⑦は日本による朝鮮の植民地統治のことを指すが，朝鮮の土地開発や地主経営を展開した1908年設立の国策会社の名称を記しなさい。

世界史

（60分）

I　次の文章A～Cを読み，下線部(1)～(12)について下記の【設問】に答えなさい。解答は，記述解答用紙の所定の欄に正しく記入しなさい。（24点）

A　百年戦争(1)末期の1429年に，ジャンヌ=ダルクは王太子シャルルに会見し，オルレアンをイングランドから解放すると，ランスの大聖堂でシャルルの即位式を行った。このようにフランスの王の多くは即位の儀式を教会で，聖職者のもとで行った。10世紀(2)にカロリング家の王が急死したあと，パリ伯ユーグ=カペーを王に選出することに，ランスの大司教は大きな役割を果たした。そして即位の儀式(3)を，ランスの大司教をはじめとする聖職者が出席して諸侯とともに教会で行った。中世から近世にかけての西ヨーロッパでは，王の即位だけでなく，さまざまな場面で君主と聖職者の関係(4)が重要な役割を果たした。

【設　問】

(1)　百年戦争のあとイングランドでもいろいろな変化が起こった。これについて述べた文として正しいものを，次のア～エの中から一つ選び，記号で答えなさい。

ア　ヘンリ8世がテューダー朝を開いた。

イ　16世紀にスコットランドとアイルランドがイングランドに併合された。

ウ　ヨーク家とランカスター家の間で王位継承をめぐって内乱が起こった。

エ　ヘンリ7世が王を首長とするイギリス国教会を成立させた。

(2)　10世紀のボヘミア（ベーメン）では，ヴァーツラフ1世は国内を統治するとともにキリスト教の布教を行い，死後に聖なる君主と讃えられた。14世紀に金印勅書を発し，ヴァーツラフ1世にちなんだ王冠を作らせて，支配の正当性を印象付けようとした君主は誰か。

(3)　王の即位式では，戴冠のみでなく王の体に油を注ぐ儀式も行われた。これは旧約聖書のソロモン王などに関する記述に由来するといわれる。ソロモン王の父で，ソロモンに油を注ぐことを命じて後継者としたヘブライ人の王は誰か。

(4)　宰相として王に仕える聖職者もあった。たとえばリシュリューは，ルイ13世の時代に内政，外交につとめるとともに，文化面でも活動した。リシュリューがフランス語の統一などを目的に創立した組織を何というか。

B　ナポレオンの皇帝戴冠式はパリで行われた。ローマ教皇ピウス7世をはじめ聖俗の有力者が出席した様子は，ダヴィド（ダヴィッド）の絵画(5)に描かれ，伝えられている。戴冠式が行われたパリの歴史は古く，古代ローマ人に支配される前から人が住み着いていた。やがて古代ローマ人は浴場(6)，神殿，劇場(7)などの施設を建てた。キリスト教が広まると，パリの中心のシテ島にキリスト教の教会が立てられるが，これを現在の形に改築したのは12～13世紀の王たちである。なかでもフィリップ2世は，教会の改築のみならず，ルーヴル城の建築，学問(8)の保護などにもつとめた。

【設　問】

(5)　ダヴィド（ダヴィッド）だけでなく，この時期の画家は神話や聖書の場面のほかに，同時代の事件を描いた。ナポレオンの支配に対するスペインでの抵抗運動を描いたゴヤの作品を，次のア～エの中から一つ選び，記号で答えなさい。

ア

イ

ウ

エ

(6)　古代のパリで浴場のあった場所に，中世になって修道院の建物が建てられた。現在その建物は，古代の浴場跡とともに国立中世美術館（博物館）として使われている。この建物は主として10世紀から修道院の改革運動を行った会派のものであった。この会派を次のア〜エの中から一つ選び，記号で答えなさい。

ア　シトー

イ　クリュニー

ウ　ドミニコ

エ　フランチェスコ

(7)　古代ローマの劇場では，古代ギリシアで創作された演劇が，ときとして改編を加えられながら上演されたといわれる。古代ギリシアの悲劇作家として知られる人物として正しいものを，次のア〜エの中から一つ選び，記号で答えなさい。

ア　ソフォクレス

イ　アリストファネス

ウ　ヘロドトス

エ　ソクラテス

(8)　このころの学問や文芸の動きは「12世紀ルネサンス」と呼ばれ，イスラーム世界からもたらされたギリシアの古典を復興させた側面があった。9世紀にバグダードで発展し，ギリシア語の文献がさかんにアラビア語に翻訳された機関を何というか。

C　フランスの王たちは，パリから離れた宮殿(9)に滞在するようになり，ルイ14世はヴェルサイユ宮殿に居住するようになる。フランス革命が起こると，王はヴェルサイユを離れてパリに居住することになった。民衆はテュイルリー宮殿を襲撃し，当時の議会は王権の停止を決議し，やがて国民公会は共和政(10)の成立を宣言した。このころ教会も破壊の対象となった。歴代のフランス王が礼拝堂に安置していた神聖な宝物の多く(11)も犠牲となった。19世紀になると，破壊された文化財の修復運動が進んだ。20世紀の二度の世界大戦(12)でパリは大規模な破壊を免れ，古代ローマにまでさかのぼる多くの文化財が保存されている。

【設　問】

(9)　18世紀のプロイセンではフリードリヒ2世がポツダムに優美な宮殿を建てた。この宮殿の名を答えなさい。

(10)　現在のフランスはド=ゴールのときに発足した第五共和政である。ド=ゴールの政権掌握の背景にはアルジェリアの独立戦争をめぐる問題があった。アルジェリアは1962年にフランスから独立する。フランスから独立した国として正しいものを，次の地図のア〜エの中から一つ選び，記号で答えなさい。

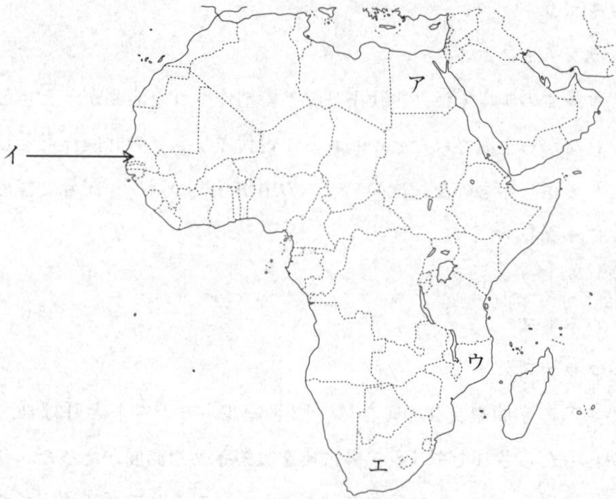

(11)　そのなかに，フランス王ルイ9世がフランスを聖地とすべく，コンスタンティノープルの宮廷に保管されていた宝物を1230年代から1240年代にかけて獲得したものがあった。1230年代から1240年代当時コンスタンティノープルを拠点としていた帝国を何というか。

⑿　第二次世界大戦では，パリを含むフランス北部はドイツの占領地となり，南部はドイツに協力する政府が統治した。この政府を何というか。

Ⅱ　次の文章を読み，下線部(1)～⑿について下記の【設問】に答えなさい。解答は，記述解答用紙の所定の欄に正しく記入しなさい。(24点)

19世紀の西アジアと北アフリカ地域は，人々が近代化の試みと民族主義の台頭の間で葛藤する時代であった。これらの地域では，時代遅れの諸制度を改革しようと各地で立憲運動が展開されたが，権限の縮小を阻止しようとする支配者と，列強の介入に直面した。

16世紀スレイマン1世(1)の時代にヨーロッパに脅威を与えたオスマン帝国は，技術革新の点で西欧に後れを取り，ヨーロッパ諸国との戦争では度々窮境に立たされた。1839年，スルタンは財政，司法，行政など各方面に及ぶ近代化・西欧化政策(2)に着手した。1876年には，憲法も起草されたが，アブデュルハミト2世は，ロシア=トルコ（露土）戦争の混乱に乗じて議会を閉鎖し，憲法を停止するなど専制を強めた。1908年，この動きに対して民族意識に目覚めた知識人（青年トルコ人）は若手将校と連携し，政府に圧力をかけて憲法を復活させることに成功した。青年トルコ革命と呼ばれるこの出来事は，トルコ民族主義(3)が台頭するきっかけとなった。

イランでは，1848年にバーブ教徒による武装蜂起が起こるなど変革を求める声が上がったが，憲法が公布されるには，1906年の議会の開設(4)を待たねばならなかった。しかし，1911年にはイランへの影響力拡大を狙うロシアの介入で議会は閉鎖され，立憲体制確立の試みは挫折した。

このように，改革は進展せず，さらには列強諸国への従属の度合いが増すと，イスラーム教徒の連帯を主張するパン=イスラーム主義が台頭した。この主義を唱えた先駆的存在はアフガーニー(5)で，イスラーム教徒に地域を超えた民族意識を目覚めさせるなど，イスラーム世界全体に大きな影響を与えた。アフガーニーの本来の主張は，イスラーム的価値観をもとに，ヨーロッパの科学を取り入れ，対等な関係になることを模索するものであった。しかし，この考えに展望を見出せない人々の間では，預言者ムハンマドの教えに立ち返ることを是とする考え(6)が支持されるようになった。一方，アラブ地域のキリスト教徒の間では，アラブ文化の復興運動が起こった。これは後にアラブ民族主義(7)を掲げる政治的な運動へと変化していった。

列強諸国による政治的，経済的な干渉が激しさを増すと，各地で激しい抵抗運動や反乱が発生するようになった。エジプトでは，ウラービー大佐率いるエジプト軍が，経済的，政治的支配を強めるイギリスや，列強に追随するムハンマド=アリー家(8)の支配者と対立するようになり，1882年にはイギリス軍と交戦する事態となった。ウラービー軍は敗退し，エジプトは軍事的に占領された。この運動は，アラブ地域で初めての民族主義運動として人々に記憶されている。

スーダンでは，エジプトを軍事占領したイギリス軍が，エジプト軍とともにスーダンに影響力を拡大するようになった。すると，ムハンマド=アフマドを救世主とする勢力(9)が蜂起し，1885年にはイギリス軍を率いるゴードン将軍(10)が戦死した。イギリス軍はその後もこの勢力の掃討に手を焼くが，1898年には鎮圧した。

イランでは，政府が財政難を克服しようとイギリス人商人にタバコの専売権を与えると，1891年にそれに抗議するタバコ=ボイコット運動(11)が発生した。この抗議運動が勢いを増すと，翌年には専売権の譲渡が撤回されるなど，抵抗が功を奏した国もあった。

このように，西アジア・北アフリカ地域の近代は苦難の時代だった。第一次世界大戦を経てオスマン帝国は解体されたが，それは主権国家の成立(12)に向けた長い苦難の道のりの始まりだった。

【設　問】

(1)　スレイマン1世の治世の出来事としてもっとも適切なものを，次のア～エの中から一つ選び，記号で答えなさい。

ア　首都をコンスタンティノープルに移した。

イ　マムルーク朝を滅ぼした。

ウ　サファヴィー朝から南イラクを奪った。

エ　クリム=ハン国を服属させた。

(2)　この改革を何というか。

(3)　トルコ民族主義者であるムスタファ=ケマルが，1922年にギリシア軍を破って奪還した都市イズミルの場所として正しいものを，次の地図中のア～エの中から一つ選び，記号で答えなさい。

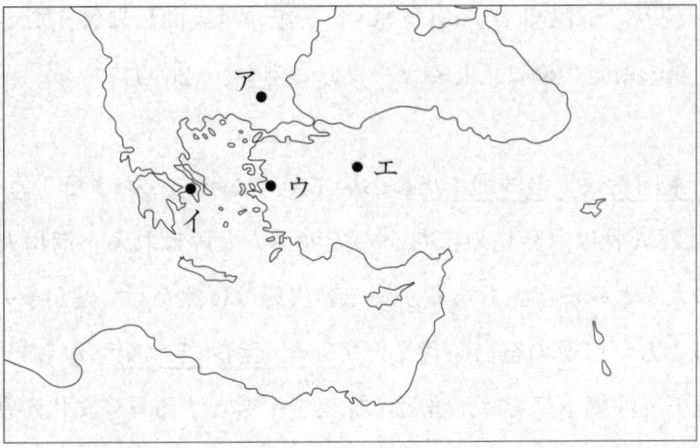

⑷　当時のイランの王朝名を何というか。

⑸　アフガーニーの説明として**誤っているもの**を，次のア～エの中から一つ選び，記号で答えなさい。

ア　フランスのパリでパン=イスラーム主義に関する雑誌を刊行した。

イ　ワフド党を設立した。

ウ　イランのタバコ=ボイコット運動に影響を与えた。

エ　イラン出身だが，アフガン人（アフガーニー）を自称した。

⑹　アフガーニー以前に，この考えをもとに18世紀アラビア半島に成立した王国を何というか。

⑺　アラブ民族主義が高揚するなか，1958年にエジプトと連合共和国を形成した国はどこか。

⑻　ムハンマド=アリーが総督の地位の世襲権を認められた会議を何というか。

⑼　この勢力を何というか。　〔解答欄〕　（派）

⑽　ゴードン将軍が中国で率いた軍を何というか，漢字3文字で答えなさい。

⑾　イランでは，20世紀半ばにも外国企業による独占に抗議する世論が高まった。1951年にアングロ=イラニアン石油会社の接収を宣言したイランの首相はだれか。

⑿　第一次世界大戦以降に，保護国状態から独立した国として**誤っているもの**を，次のア～エの中から一つ選び，記号で答えなさい。

ア　チュニジア

イ　エチオピア

ウ　エジプト

エ　アフガニスタン

Ⅲ　次の文章を読み，下線部(1)～(13)について下記の【設問】に答えなさい。解答は，マーク解答用紙の所定の欄に正しくマークしなさい。(26点)

アメリカ合衆国施政下の沖縄本島(1)において見つかった，およそ1万8000年～1万6000年前の化石人骨は，発見地にちなんで港川人と呼ばれる。港川人を縄文人に連なる南方系の人々とみる学説もあるが，その実態は依然として謎が多い。

港川人から1万年ほどの空白時代を経て，紀元前4千年紀(2)頃から紀元後11世紀頃にかけての奄美・沖縄本島では，漁労・採集を生業とする貝塚文化が営まれた。一方，宮古・八重山では，貝塚文化と別系統の，中国南部やフィリピン(3)との関係をうかがわせる先史文化が栄えた。これら二つの文化には相互に交流した痕跡がないことから，沖縄本島と宮古・八重山の交通は長期間にわたり断絶していたと考えられている。よって，この時代に関する限り，南西諸島を介した日本への中国の文物の伝播(4)を想定することも，かなり難しい状況にある。

やがて日宋貿易(5)がさかんになるにつれ，ヤコウガイや硫黄といった南方の産物を求めて，日本の商人が琉球に来航するようになった。対価として九州からもたらされた石鍋は，徳之島で生産された煮炊き用の土器や貯蔵用の壺などとともに宮古・八重山にまで流通し，人々の生活様式を変化させた。広域流通圏の形成に伴い，琉球全体に文化的な一体性が生まれ，同時に農耕も広まって，人口が飛躍的に増大した。こうした一連の変化を背景に，12世紀(6)頃から琉球各地に有力な首長があらわれ，グスクと呼ばれる支配拠点が多数築かれた。さらに14世紀になると，複数のグスクを束ねる三つの王国があらわれ，明への朝貢をはじめた(7)。

15世紀前半，3王国の一つである中山王国が他の2国を併せ，琉球に統一政権が成立した。琉球王国は，東アジアから東南アジアにまたがる広い海域を中継貿易で結んで栄えた(8)。16世紀後半，明が海禁を解いて交易場での管理貿易に政策転換(9)すると，中継貿易の利益は縮小したが，日本に対する海禁が継続されたことから，琉球は明と日本を経済的に結びつける役割(10)を担った。

17世紀初頭に薩摩藩による侵攻を受けたのち，琉球王国は薩摩藩と中国王朝に両属するかたちとなった(11)。海域世界の秩序回復とともに，琉球の社会は安定した。結果，17世紀後半以降，首里・那覇では急速に都市化が進行し，それに伴って測量図・鳥瞰(ちょうかん)図などの地図(12)がさかんに作成されるようになった。

19世紀に列強のアジア・太平洋方面への進出が本格化(13)すると，琉球もその動きに翻弄された。1853年，ペリーは浦賀に来航する前に，首里城を訪れている。列強は日本と並行して琉球にも圧力をかけ，琉球はアメリカ合衆国・フランス・オランダと相次いで修好条約を締結した。そして1879年，日本によって沖縄県が設置され，琉球王国の歴史は幕を閉じたのである。

【設　問】

(1)　次の年表に示した**ア**〜**エ**の時期のうち，アメリカ合衆国から日本への沖縄返還の時期として正しいものを，下の①〜④の中から一つ選びなさい。

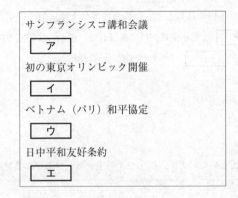

サンフランシスコ講和会議
〔ア〕
初の東京オリンピック開催
〔イ〕
ベトナム（パリ）和平協定
〔ウ〕
日中平和友好条約
〔エ〕

①　**ア**　　②　**イ**　　③　**ウ**　　④　**エ**

(2)　紀元前4千年紀の出来事について述べた文としてもっとも適切なものを，次の①〜④の中から一つ選びなさい。

①　黄河流域で，仰韶文化が広がった。

②　西アジアで，麦の栽培がはじまった。

③　中央ユーラシアで，騎馬遊牧文化が形成された。

④　メキシコ湾岸で，オルメカ文明が成立した。

(3)　フィリピンの歴史について述べた文として**誤っているもの**を，次の①〜④の中から一つ選びなさい。

①　16世紀，スペインは，マニラをアカプルコ貿易の拠点とした。

②　19世紀後半，ホセ=リサールが，民族意識を高める啓蒙運動をおこなった。

③　ソ連主導の軍事同盟である東南アジア条約機構（SEATO）に参加した。

④　1986年，独裁をおこなっていたマルコス政権が崩壊した。

(4) 中国の文物の他地域への伝播について述べた文として**誤っているもの**を，次の①～④の中から一つ選びなさい。

① 渤海では，中国風の都城が造営された。

② イル=ハン国に伝わった中国絵画は，ミニアチュールの発達をうながした。

③ 18世紀のヨーロッパでは，中国の文物や中国風のデザインが流行した。

④ アッバース朝と隋がタラス河畔で戦い，中国の製紙法が西伝した。

(5) 日宋貿易について述べた次の文章中の空欄 ア と イ に入れる語の組み合わせとして正しいものを，下の①～④の中から一つ選びなさい。

日宋貿易において，日本側の拠点となったのは博多や大輪田泊で，主に砂金・硫黄・刀剣や ア などが宋に向けて運ばれた。宋からは銅銭や陶磁器・絹織物などが，主に イ （のちの寧波）から輸出された。

① ア－木材　イ－明州

② ア－木材　イ－泉州

③ ア－茶　イ－明州

④ ア－茶　イ－泉州

(6) 12世紀の出来事として正しいものを，次の①～④の中から一つ選びなさい。

① ノルマン=コンクェストが起こった。

② カラ=キタイ（西遼）が成立した。

③ 神聖ローマ帝国で大空位時代が生じた。

④ パガン朝が滅亡した。

(7) 次のグラフは，1368年から1566年にかけて琉球・ベトナム・マラッカが明に対しておこなった朝貢の回数の推移を示している。グラフ中の国(a)～(c)の組み合わせとして正しいものを，下の①～⑥の中から一つ選びなさい。

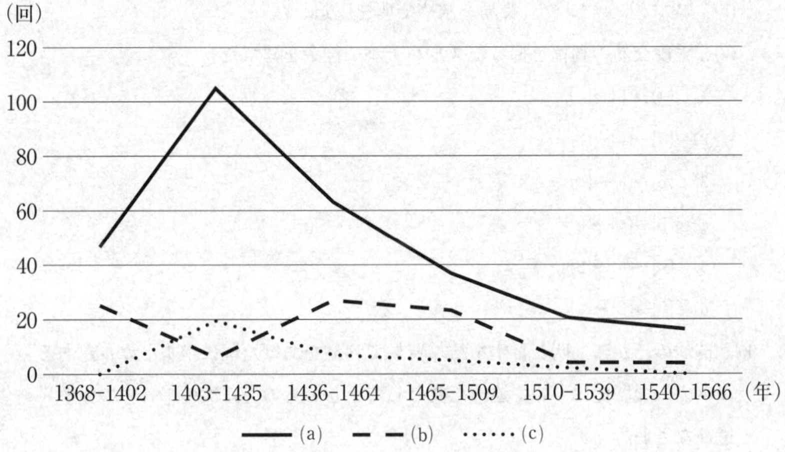

① (a)－ベトナム　(b)－琉球　(c)－マラッカ

② (a)－ベトナム　(b)－マラッカ　(c)－琉球

③ (a)－琉球　(b)－ベトナム　(c)－マラッカ

④ (a)－琉球　(b)－マラッカ　(c)－ベトナム

⑤ (a)－マラッカ　(b)－ベトナム　(c)－琉球

⑥ (a)－マラッカ　(b)－琉球　(c)－ベトナム

(8) 琉球王国は朝鮮ともさかんに通交した。朝鮮王朝（李朝）の歴史について述べた文として**誤っているもの**を，次の①～④の中から一つ選びなさい。

① 両班が支配層を構成した。

② 倭寇をしりぞけた李舜臣が建国した。

③ 世宗が訓民正音を公布した。

④ 江戸幕府に朝鮮通信使を派遣した。

(9) 明は海禁を実施するだけでなく，内陸でも交易の制限・管理をおこなった。明との交易に関連して起こった出来事について述べた次の文(a)～(c)が，年代の古いものから順に正しく配列されているものを，下の①～⑥の中から一つ選びなさい。

(a) 交易拡大を拒まれたエセン=ハンは，明の正統帝を捕虜にした。

(b) アルタン=ハンが，交易を求めて明を圧迫した。

(c) 毛皮交易の利権を握ったヌルハチが，後金を建てた。

① (a)→(b)→(c)

② (a)→(c)→(b)

③ (b)→(a)→(c)

④ (b)→(c)→(a)

⑤ (c)→(a)→(b)

⑥ (c)→(b)→(a)

(10) 琉球のほかに，明と日本を結ぶ貿易で利益をあげた国にポルトガルがある。ポルトガルの歴史について述べた文として正しいものを，次の①～④の中から一つ選びなさい。

① アッバース1世にホルムズ島を奪われた。

② 1970年代，ヨーロッパ共同体（EC）に加盟した。

③ 14世紀後半，ジョアン2世のもとで海外進出を進めた。

④ スペイン王カルロス1世は，ポルトガルの王位を兼ねた。

(11) 琉球王国は清朝の冊封を受け，琉球には中国から渡来した人々も住んでいた。17世紀後半には，中国系の人々により，那覇に儒学の祖・孔子をまつる廟(びょう)も建てられている。儒学の歴史について述べた次の文(a)と(b)の正誤の組み合わせとして正しいものを，下の①～④の中から一つ選びなさい。

(a) 唐の孔穎達は，『五経大全』を編纂した。

(b) 明の王守仁は，陽明学をひらいた。

① (a)－正　(b)－正

② (a)－正　(b)－誤

③ (a)－誤　(b)－正

④ (a)－誤　(b)－誤

⑿　次の図版は，18 世紀後半に琉球で作成された，行政区画の区割りを示す「間切図」と呼ばれる地図の一部である。図版中央にみえる 2 つの「塩濱（塩浜)」は，海水から塩をつくる製塩施設（塩田）である。塩の歴史について述べた文として波線部の正しいものを，下の①～④の中から一つ選びなさい。

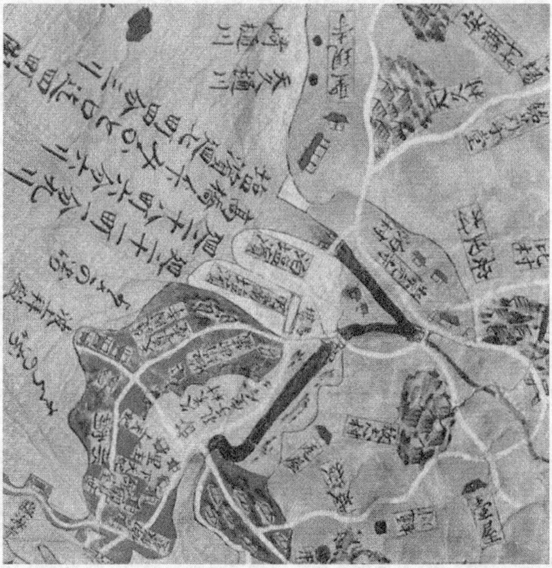

① 塩の交易をめぐって争った北宋と西夏は，澶淵の盟を結んで講和した。

② 内陸塩の積出港リューベック（リューベク）は，ロンバルディア同盟の中心都市となった。

③ インドのスカルノは，植民地支配に抵抗して，「塩の行進」を組織した。

④ ガーナ王国は，塩と金を交換する交易で栄えた。

⒀　19 世紀における列強のアジア・太平洋方面への進出について述べた文として**誤っているもの**を，次の①～④の中から一つ選びなさい。

① アメリカ合衆国は，アラスカを買収した。

② ロシアは，イリ条約によってイリ地方の大半を獲得した。

③ フランスは，清との間に黄埔条約を結んだ。

④ イギリスは，コンバウン朝を滅ぼした。

Ⅳ 次の文章を読み，下記の【設問】に答えなさい。解答は，マーク解答用紙の所定の欄に正しくマークしなさい。(26点)

近代ヨーロッパが生み出した科学技術は，われわれの生活を計り知れないほど豊かで便利なものにしてきた。医学の発達によって，以前は不治の病だった病気が次々と治療可能になり，通信の発達によって，文字や動画などを瞬時に地球の反対側にも送れるようになった。しかし，これは科学技術の表の顔であり，裏の顔にも目を向けねばならない。科学は戦争に用いられ，前近代ではおよそ考えられないほど大量の人間を殺戮してきたのである。以下のA～Fの文章は，そうした科学技術の光と闇を述べたものである。

A 米ソの冷戦は宇宙開発の領域で火花を散らした。そこでの画期的な出来事は，ソ連の人工衛星スプートニクの打ち上げ成功で，その際に［ ア ］(ICBM) というミサイルが世界ではじめて用いられたことであった。米ソ両国はこの技術により互いに直接攻撃が可能になったが，その一方で宇宙開発技術の発達は気象・通信衛星などをもたらした。

B スウェーデンの［ イ ］はダイナマイトを発明した。ダイナマイトは鉱山開発などに利用されて豊かな社会の建設に大いに貢献したが，他方で銃砲の破壊力と殺傷力を格段に高め，戦争での死傷者を激増させる一因になった。ダイナマイトが戦争に最初に用いられたのは，プロイセン=フランス戦争であったといわれる。

C 原子核の研究が飛躍的に進んだ結果，人類は核分裂による莫大なエネルギーを手にした。原子力の利用は，アメリカによる広島・長崎への原子爆弾投下が最初である。原子力という科学技術については，わが国ではその後も，［ ウ ］水爆実験に伴う第五福竜丸事件や，福島第一原子力発電所事故といった悲痛な出来事が続いている。

D 鉄道の発明は世界を一変させた。イギリスの［ エ ］によって実用化された蒸気機関車は急速に普及し，人も物もこれまでにない速度で移動するようになった。鉄道の軍事利用としては，プロイセン=オーストリア戦争時のプロイセン軍が有名である。これ以降，鉄道による迅速な大量動員を前提にして，各国の兵力の規模は格段に大きくなった。

E ライト兄弟が動力飛行機を発明して以降，飛行機は著しい進化を遂げ，われわれの生活に多大な恩恵をもたらしている。これが戦争ではじめて使用されたのは，第一次世界大戦であった。第一次世界大戦では飛行機以外にも新兵器が投入された。例えば［ オ ］は，ソンムの戦いでイギリス軍によってはじめて用いられた。

F 良質かつ大量に生産される鉄は，近代産業の基礎をなしている。兵器への応用としては，1867年の［ カ ］万博（この都市では1900年にも万博が開かれた）に出品したドイツのクルップ社の鋼鉄砲がよく知られる。この大砲は日露戦争の時の日本軍も多数装備したといわれるが，こうした革新がより多くの人間を死傷させたのはいうまでもない。

【設 問】

(1) 文章A中の［ ア ］にあてはまる語句として正しいものを，次の①～④の中から一つ選びなさい。

① 潜水艦発射弾道ミサイル

② 中距離弾道ミサイル

③ 極超音速ミサイル

④ 大陸間弾道ミサイル

(2) 文章Aについて，冷戦期以降の軍備管理および核軍縮について述べた文として正しいものを，次の①～④の中から一つ選びなさい。

① 核拡散防止条約（NPT）が調印されたのはキューバ危機の翌年であった。

② 中距離核戦力（INF）全廃条約締結時のソ連の指導者はゴルバチョフであった。

③ 第2次戦略兵器削減条約（START Ⅱ）は，ソ連がアフガニスタンに侵攻したため発効しなかった。

④ 第1次戦略兵器制限交渉（SALT Ⅰ）の調印時のアメリカ大統領はフォードであった。

(3) 文章B中の［ イ ］にあてはまる語句として正しいものを，次の①～④の中から一つ選びなさい。

① エディソン

② ノーベル

③ リンネ

④ ダイムラー

(4) 文章Bについて，19～20世紀のスウェーデン史について述べた文として正しいものを，次の①～④の中から一つ選びなさい。

① 第一次世界大戦でも第二次世界大戦でも中立を貫いた。

② シュレスヴィヒ・ホルシュタイン両公国の帰属をめぐってプロイセンと戦った。

③ ノルウェーを併合していたが，ロシア革命によってその独立を許した。

④ 第二次世界大戦後に永世中立を宣言した。

(5) 文章C中の［ウ］にあてはまる語句として正しいものを，次の①～④の中から一つ選びなさい。

① チェルノブイリ

② ネバダ砂漠

③ ビキニ環礁

④ スリーマイル島

(6) 文章Cについて，原子力開発の歴史について述べた文として正しいものを，次の①～④の中から一つ選びなさい。

① ドイツの物理学者レントゲンは，エックス線という放射線を発見した。

② パストゥールは，ポロニウムとラジウムという新たな放射性物質を発見した。

③ 中間子理論で，江崎玲於奈が日本人ではじめてノーベル物理学賞を受賞した。

④ アインシュタインは，原子爆弾を開発するマンハッタン計画の中心人物だった。

(7) 文章D中の［エ］にあてはまる語句として正しいものを，次の①～④の中から一つ選びなさい。

① トレヴィシック

② ワット

③ ニューコメン

④ スティーヴンソン

⑻　文章Dについて，イギリスで最初の営業鉄道が開通した時にターミナル駅が置かれ，産業革命時に綿織物業の中心地だった工業都市はどこか。正しいものを，次の①～④の中から一つ選びなさい。

①　ダーリントン

②　マンチェスター

③　リヴァプール

④　バーミンガム

⑼　文章E中の［　オ　］にあてはまる語句として正しいものを，次の①～④の中から一つ選びなさい。

①　機関銃

②　潜水艦

③　戦車

④　航空母艦

⑽　文章Eについて，第一次世界大戦後に独立したヨーロッパ諸国のうち，マジャール人の建国に由来し，冷戦期にはワルシャワ条約機構からの離脱を図るナジ政権が成立した国はどこか。次の地図中の(a)～(c)からその国を選び，その記号と国名との組み合わせとして正しいものを，下の①～⑨の中から一つ選びなさい。

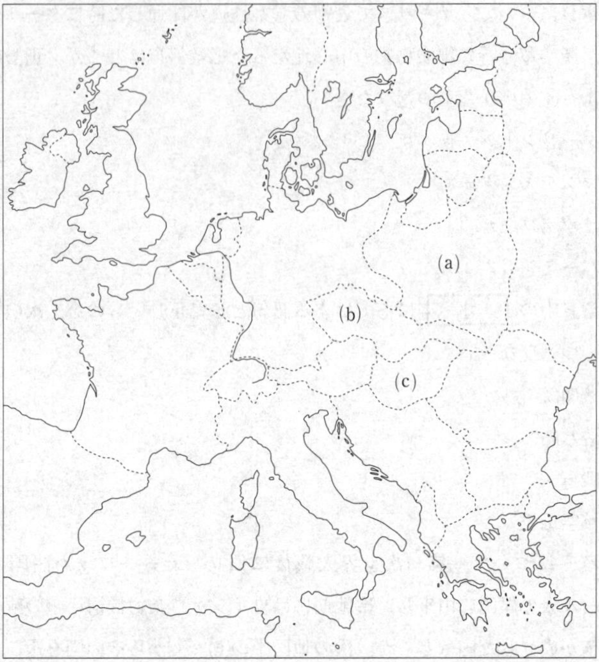

① (a)－ポーランド

② (a)－チェコスロバキア

③ (a)－ハンガリー

④ (b)－ポーランド

⑤ (b)－チェコスロバキア

⑥ (b)－ハンガリー

⑦ (c)－ポーランド

⑧ (c)－チェコスロバキア

⑨ (c)－ハンガリー

(11) 文章F中の **カ** にあてはまる語句として正しいものを，次の①～④の中から一つ選びなさい。

① フィラデルフィア

② パリ

③ ロンドン

④ ニューヨーク

⑿　文章Fについて，次の表は，イギリス，アメリカ，ドイツ，フランスの銑鉄生産量を示したものである。A国～D国がそれぞれどの国に該当するかを判断した上で，（＊）の時期のその国の出来事を述べた文としてもっとも適切なものを，下の①～⑧の中から一つ選びなさい。

銑鉄生産量（単位1,000トン）

年	A国	B国	C国	D国
1850	410	2,300	416	574
1870	1,350	6,100	1,200	1,692
1890	4,658	8,031	1,962(＊)	9,350
1900	8,500	9,100	2,700	14,000
1913	19,312	10,425	5,207	31,463

①　国務長官ジョン=ヘイが，中国の門戸開放・機会平等・領土保全を提唱した。
②　ドイツへの敗北を認めないパリ民衆は，パリ=コミューンを宣言した。
③　社会主義者鎮圧法が廃止され，社会主義労働者党は社会民主党に改称した。
④　南アフリカ戦争を起こして，ボーア人の国々をケープ植民地に併合した。
⑤　パン=アメリカ会議を開いてラテンアメリカ諸国への影響力を強めた。
⑥　バグダード鉄道敷設権を獲得して，いわゆる3B政策を推進した。
⑦　ロシアと同盟を結び，ビスマルクによる孤立化政策の打破に成功した。
⑧　第3回選挙法改正が行われ，農業労働者に投票権が拡大した。

⒀　文章A～Fの下線部を古い順に並べ替えた場合，2番目と3番目になる組み合わせとして正しいものを，次の①～⑥の中から一つ選びなさい。

①　B－E
②　B－F
③　E－B
④　E－F
⑤　F－B
⑥　F－E

数学

（60 分）

I　座標平面において，点 (a,b) は直線 $y=x-2$ 上にある。直線 $\ell: y=ax-b$ と放物線 $C: y=x^2$ で囲まれる面積を S とする。このとき，以下の問に答えよ。(30 点)

(1) ℓ は定数 a の値によらずある定点を通る。この定点を求めよ。

(2) ℓ と C の相異なる 2 交点の x 座標をそれぞれ α, β とおく。ただし，$\alpha<\beta$ とする。このとき，$\beta-\alpha$ と S を a を用いて表せ。

(3) S が最小となるような ℓ を求め，そのときの S の値を求めよ。

II　実数を係数とする x の整式 $P(x)$ と $Q(x)$ に対し，差 $P(x)-Q(x)$ が x^2+x+1 で割り切れるとき，$P(x)\equiv Q(x)$ と表すことにする。このとき，以下の問に答えよ。(35 点)

(1) x の方程式 $x^2+x+1=0$ の解の一つを ω と表すとき，もう一つの解は ω^2 であり，また ω^2 は ω の複素共役 $\overline{\omega}$ と等しいことを示せ。

(2) $x^3\equiv P(x)$ となる次数最小の整式 $P(x)$ を求めよ。

(3) 整式 $P(x), Q(x), R(x), S(x)$ が $P(x)\equiv R(x)$ かつ $Q(x)\equiv S(x)$ を満たすとするとき，$P(x)Q(x)\equiv R(x)S(x)$ が成り立つことを示せ。

(4) n を 0 以上の整数とするとき，$x^n\equiv P(x)$ となる次数最小の整式 $P(x)$ を求めよ。

III　m 個の白玉と n 個の赤玉が入った袋がある。ただし，$m \geqq 2$, $n \geqq 2$ とする。この袋をよくかき混ぜて，2 個を同時に取り出すとき，以下の問に答えよ。(35 点)

(1) 取り出した 2 個が 2 個とも赤玉である確率を求めよ。

(2) $m = 3$ のとき，取り出した 2 個が 2 個とも赤玉である確率が $\frac{1}{2}$ 以上となる最小の n を求めよ。

(3) $n = m + 3$ のとき，取り出した 2 個が 2 個とも赤玉である確率が $\frac{1}{3}$ 以上となる最大の m を求めよ。

〔問三〕空欄(3)に入る語としてもっとも適当なものを左の中から選び、符号で答えなさい。

A　魚肉之物　B　氷雪　C　今年　D　来年　E　穀麦

〔問四〕傍線(4)「異レ是」の解釈としてもっとも適当なものを左の中から選び、符号で答えなさい。

A　これとは別である。
B　これを変だと思う。
C　非常に納得できる。
D　非凡さを認識する。
E　これと同じである。

〔問五〕本文の内容に合致するものを左の中からひとつ選び、符号で答えなさい。

A　魚や肉が腐敗するのと同様に、人間には致命的な失敗もある。
B　人間は魚や肉と違って、風や陽射しや氷雪の影響を受けない。
C　人物の真価は、不遇な時期をどう過ごしたかによってわかる。
D　人間も魚も龍も、自分の状態を意識していないところがある。
E　折々の気候条件を認識して生活できるのは、人間だけである。

如シ㆓魚之於ケル㆑水ニ、龍之於ケルガ㆒㆑石。日夜沐‐浴シ㆓其中ニ㆒、特(ただ)ダ魚ト与㆑龍不ル㆓之覚(さと)ラ㆒耳(のみ)。

（明・張岱「一巻氷雪文序」による）

注　魚肉之物……魚や肉といった食物。　風日……風や陽射し。　敗……腐ること。　寿……長持ちさせること。
穀麦……穀物。　四時……四季。　旦昼……昼間。　煩燥……騒がしさ。　市朝……街中や朝廷。
在人……人の心の中にあること。

〔問一〕　傍線(1)「能」の読みを、送り仮名も含めて全て平仮名で書きなさい。（平仮名以外に何も書かないこと）

〔問二〕　傍線(2)「無不藉此氷雪之気以生」は「このひようせつのきをかりてもつていきざるはなし」と読む。これに従って、返り点の付け方としてもっとも適当なものを左の中から選び、符号で答えなさい。

A　無㆛不㆚藉㆓此氷雪之気㆒以生㆙

B　無㆑不㆓藉㆘此氷雪之気㆖以生㆒

C　無㆑不㆘藉㆓此氷雪之気㆒以生㆖

D　無㆑不㆘藉㆓此氷雪之気㆒以㆖㆑生

E　無㆑不㆑藉㆔此氷雪之気㆓以生㆒

この娘と親しくなれば彼女の素性が聞き出せるのではないかと考えたから。

D　出会いから時間がたっていることから考えても、逢瀬を交わした女性は既に別の場所に移っているはずだが、この娘と親しくなれば彼女の居場所が聞き出せるのではないかと考えたから。

E　出会った時の状況から考えても、逢瀬を交わした女性と今回出仕させた娘は赤の他人であるはずだが、この娘を手なずければ彼女の居場所を探し出してくれるのではないかと考えたから。

三　次の文章を読んで、後の問に答えなさい。（設問の都合上、返り点・送り仮名を省いた箇所がある）（20点）

魚肉之物、見風日則易腐、入氷雪則不敗、則氷雪之(1)能寿物也。今年氷雪多、来年穀麦必茂、則氷雪之能生物也。蓋人生(2)無不藉此氷雪之気以生。而氷雪之気必待氷雪而有、則四時有幾［(3)］哉。若吾之所謂氷雪則(4)異是。凡人遇旦昼則風日而夜気則氷雪也。遇煩燥則風日而清静則氷雪也。遇市朝則風日而山林則氷雪也。氷雪之在人、

〔問三〕　傍線(6)「言ひしほど」とあるが、中納言が中宮に語った内容を本文中から十字以上十三字以内で抜き出して答えなさい。（句読点も字数に数える）

〔問四〕　傍線(7)「思ひおとしむる方ざまにおのづから思ひまぎれ」の説明としてもっとも適当なものを左の中から選び、符号で答えなさい。

A　相手の女性に比べて自分の容姿が美しくないことを自覚することで恋情をまぎらわしてきたということ。
B　相手の女性に比べて自分の家柄が低すぎると引け目を感じることで恋情をまぎらわしてきたということ。
C　実際に会ってみると期待ほどでないかもしれないと想像することで恋情をまぎらわしてきたということ。
D　どれほど美しくても中宮の女房程度の女性でしかないと思うことで恋情をまぎらわしてきたということ。
E　どれほど美しくても所詮は但馬守の娘にすぎないと思い込むことで恋情をまぎらわしてきたということ。

〔問五〕　傍線(8)「こよなくも思ひかへされず」とあるが、その理由としてもっとも適当なものを左の中から選び、符号で答えなさい。

A　出会った時の状況から考えても、逢瀬を交わした女性は今回出仕させた娘とまったくの無関係ではないはずなので、この娘を手なずければ彼女の素性が聞き出せるのではないかと考えたから。
B　出会った時の状況から考えても、逢瀬を交わした女性は屋敷から遠くない場所に住んでいるはずなので、今回出仕させた娘を手なずければ彼女の素性が聞き出せるのではないかと考えたから。
C　今回出仕させた娘の美しさから考えても、逢瀬を交わした女性はこの娘とそう遠くはない親戚関係にあるはずなので、

(2)「あてやかに」
A 端正で
B 若々しくて
C 趣があって
D 上品で

(3)「おぼつかなさに」
A うしろめたくて
B 待ちどおしいので
C もの足りなくて
D 気がかりなので

(4)「わりなく」
A 恐れ多く
B じれったく
C つらく
D 気味が悪く

〔問二〕 傍線(5)「に」の文法的説明としてもっとも適当なものを左の中から選び、符号で答えなさい。

A 完了の助動詞　B 断定の助動詞　C 格助詞　D 接続助詞　E 副詞の一部

そばめ、長押（なげし）のしもにて琵琶弾きし人に見なしつ。
「あなあやし。後（のち）の聞こえもあり、他人（ことひと）を参らせむやは。姉二人あり。一人は右中弁の妻（め）、いま一人は蔵人（くらうど）の少納言の妻にてこそあれ。それらをば出だしたつべき(5)にあらず。また、これこそ、そのなかすぐらるるかたちならめ。ありしは、たとふべきかたなかりしものを。誰なりけむ」と、かき乱り心地騒ぎぬ。「まだ見知らぬさましたりとのみ申し聞かせたるに、げにかばかりにては、恥ならざめれど、(6)言ひしほどよりはとや、御覧じおとすらむ」と、いとほしく思へど、思ひつるほどは、類（たぐひ）なき心のうちながらも、(7)思ひおとしむる方ざまにおのづから思ひまぎれ、また、「宮に参りなば、なにのとどこほりなく、見る目に飽くまで目馴れなむ」と思ふ頼みにこそ、心を慰めつれ、あらざりけりと見なし果てて、行方も知らず、果てもなく、わびしくて、「いかにも、これ離れぬにこそ。しか、これをだになつけ語らひて、その行方をもおのづから知りなむ」と思へば、あらざりけりとても、(8)こよなくも思ひかへされず。

（『夜の寝覚』による）

注　御前……中宮の御前。　菊の色々……菊がさねの種々の色。　例の……初出仕の通例として。

〔問一〕　傍線(1)(2)(3)(4)の解釈としてもっとも適当なものを左の各群の中からそれぞれ選び、符号で答えなさい。

(1)　「いつしかと」
- A　待ちかねたようにすぐに
- B　知らないうちに早くも
- C　いつのことだったかと
- D　そう遠くない時期にと

う考え方は共通している。

C　無差別無分節の形而上的「無」を経験的「有」に転成させる上で言葉の働きが関与していることは、荘子の思想においては認められていない。

D　創世神話を持つ宗教では世界を創った神の力を強調するが、実践的な宗教では修行によって迷妄を脱却して新しい世界を構築する人間の力を重んずる。

E　国や民族を区分けする境界線は、互いに他を排除することで自己を主張する心の動きを人間にもたらすが、これは言語的迷妄の産物にすぎない。

二　次の文章は『夜の寝覚』の一節である。中納言は但馬守の娘たちがよく訪れるという屋敷で姫君たちが合奏をする様子をかいま見する。そのうちの一人と逢瀬を交わした中納言は、その後も彼女のことが忘れられず、姉である中宮の女房として強引に出仕させることにした。これを読んで、後の問に答えなさい。（30点）

参りぬと聞きたまひて、(1)いつしかと御前に召す。中納言、胸うちつぶれて、目をたてて見たまへば、菊の色々を、濃く薄く、こちたくこきまぜて、濃き掻練に、蘇芳の織物の袿、青色の無紋の唐衣にて、よきほどにゐざり出でたる様体、頭つき、物より抜け出でたるさまして、髪のかかり、かんざし、(2)いとあてやかになまめきて、扇さしかざしたる袖口、もてなしたるさま、あくまでなつかしくたをやかなれど、見しその人とはおぼえず。なほあやしく、(3)おぼつかなさに、御殿油をすこし明くかかげて、「例の、ある気色ばかりはいかでかは」とて、扇をすこし引きやりたまへば、(4)いとわりなく思ひて、靡きかかれる髪のかかり、

〔問七〕　傍線(9)「荘子の真意としては、破壊ではなくて、むしろ存在をその窮極的本源性に引き戻そうとすることなのである」とあるが、なぜ荘子の「斉物」は「破壊」ではなく「存在をその窮極的本源性に引き戻そうとすること」なのか。その理由としてもっとも適当なものを左の中から選び、符号で答えなさい。

A　普通の意味での破壊とは常識的な考え方を疑うという程度の軽いものだが、荘子の「斉物」は言語によって作られた観念を打ち壊すという徹底したものだから。

B　人間は自分の言語意識が作り出したものを初めからそこにあったものと見誤るものであり、その意識を破壊することは本当の物の区別を知ることになるから。

C　あらゆるものが互いに他を排除することによって自己を主張するような存在区分を取り払うことによって、多様な物同士が深く関与し合う世界が現象するから。

D　そもそも存在の本来の姿は言語によって区分けされてはいないのであり、既成の存在秩序を取り払うことは、存在の真相を現出させることにつながるから。

E　言語によって区別されている物であっても、徹底的に物を破壊し解体してみると、本質的な水準では同じ物質によって構成されていることがあると判明するから。

〔問八〕　この文章の内容に合致するものとしてもっとも適当なものを左の中から選び、符号で答えなさい。

A　「多」が「多」でありながらしかも「一」という存在の矛盾的事態は、森羅万象が神のコトバを起点として生み出されたということの結果である。

B　『ウパニシャド』や『旧約聖書』、さらには荘子の思想においても、カオス的「無」から経験的な「有」が生じたとい

C 無差別的で自己固定性を持たないカオス的存在は、コトバの働きによって無数の存在へと分節され、さらにコトバによって出現した光の働きによって存在の区別が可視化されることで、存在秩序を持った「世界」として現出する。

D 何ものも存在していない「無」の暗闇に覆われていた世界に、神のコトバによって最初に「光」が創られ、それ以降、次第に種々の事物事象が生み出されることによって、現在我々が目にすることのできる現実が創られている。

E あらゆるものが未分割であったカオス的「無」の状態に対して、コトバによって生み出された「光」が物と物との間に明示的な境界線を引いたことが、すべての物が自分自身のあるべき姿を見せることになった原理である。

〔問五〕 空欄(5)には慣用的な表現の一部が入る。もっとも適当な漢字二字の語を答えなさい。

〔問六〕 傍線(7)「それの評価、位置づけは、東と西、まったく異なる」とあるが、「カオス」と「コスモス」に関して「東と西」との「評価、位置づけ」はどのように「異なる」のか。その説明として適当でないものを左の中から一つ選び、符号で答えなさい。

A 西洋思想はカオスを否定的に捉えるが、東洋思想はカオスを肯定的に捉える。

B 西洋思想はカオスを虚無に対する恐怖と捉えるが、東洋思想はカオスを生の本源と捉える。

C 西洋思想はコスモスを深層的な世界と捉えるが、東洋思想はコスモスを表面的な世界と捉える。

D 西洋思想はコスモスを安住し得る場所と捉えるが、東洋思想はコスモスを「解体」の対象と捉える。

E 西洋思想はコスモスを言語的秩序の整った文化と捉えるが、東洋思想はコスモスを言語的差別性の迷妄と捉える。

〔問三〕　傍線(2)「「有」が「無」にひとしいという奇妙な事態」とあるが、その説明としてもっとも適当なものを左の中から選び、符合で答えなさい。

A　カオス的な存在状態は、存在が生じる可能性があるという点では「有」であるが、存在が消失する可能性があるという点では「無」である。

B　カオス的な存在状態は、可能性としてすべての物があり得るという点では「有」であるが、いかなる存在の区別もない点では「無」である。

C　カオス的な存在状態は、「底知れぬ水」や「濃い暗闇」として表現できる点では「有」であるが、それが象徴にすぎない点では「無」である。

D　カオス的な存在状態は、物が存在するかもしれないと思われる点では「有」であるが、物が存在しないかもしれないとも思われる点では「無」である。

E　カオス的な存在状態は、物が確固として存在している点では「有」であるが、物と物との境界線が目に見えないという点では「無」である。

〔問四〕　傍線(4)「このような哲学的意味」とあるが、その説明としてもっとも適当なものを左の中から選び、符号で答えなさい。

A　万物の間にある存在の区別を生み出し、それぞれに「名」を与えた神のコトバの意味分節作用と、物と物との境界を人間の目に見える形で照らし出した光の働きは、森羅万象を創造した神の偉大な存在形成力を示している。

B　黒闇々たる暗闇に覆われた状態であった原初の世界が、「光あれ！」という神のコトバによって光が生み出され、さらに光と闇とを切り分けることで世界が生み出されたという物語は、天地創造の経過を詳細に表現している。

ろう。「多」が「多」でありながらしかも「一」、「有」が「有」でありながらしかも「無」。常識的には論理的矛盾としか思えないこの存在論的事態を、荘子は「渾沌」という語であらわそうとするのである。

（井筒俊彦『意味の深みへ』による）

注 ヘブライ……他民族がイスラエルの民を呼ぶのに用いた名称。　ゾロアスター教……紀元前六世紀の予言者ゾロアスターを開祖とする民族宗教。拝火教とも称される。　オリンポス……ギリシャ北部のテッサリアとマケドニアとの境にある山。その山上にギリシャ神話の神々が住むと考えられた。　ヨーガ……古代から伝わるインドの宗教的実践の方法。

〔問一〕 傍線(3)(6)(8)のカタカナを漢字に改めなさい。（楷書で一画一画明確に書くこと）

〔問二〕 傍線(1)「古代インドの宗教哲学書『ウパニシャッド』は、「有」と「無」との存在論的関係を、その主要テーマの一つとして論究している」とあるが、『ウパニシャッド』における「有」と「無」との存在論的関係」の説明としてもっとも適当なものを左の中から選び、符号で答えなさい。

A まったく何物も存在しない原初の状態が変化することで、我々が現実とか宇宙とかと呼ぶ世界が現出する。
B 「非有」から「有」への存在論的変貌によって、人間は現実世界が有るという感覚を得ることができる。
C 「無」とは、何物も存在しない状態ではなく、物と物とが分割されずに混融している存在状態である。
D 「非有」とは渾然として捉えどころのないあり方をしており、「有」とは知覚可能なあり方をしている。
E 物と物とがきちんと区分けされ整頓された「有」の世界は、カオス的「無」を根源として成り立っている。

秩序を取り払って全てをカオス化し、そこからあらためて現象的多者の世界を見なおしてみる。そこにこそ存在はその真相・深層を(8)ロテイする、と荘子は言うのだ。

このカオス化の操作は、今日の哲学的術語で言い表わすなら、「解体」ということになるだろう。言語の意味分節的システムの枠組みの上にきちんと区分けされ整頓されている既成の存在構造を解体するのだ。荘子自身はこの操作を「斉物(せいぶつ)」と呼ぶ。「斉物」とは、字義通り、（全ての）物を斉(ひと)しくする、の意。物と物とを区別する境界線を、きれいさっぱり取りのけてしまう、ということ。

こう言うと、何か人為的な破壊作業のように聞こえもしよう。たしかに、「斉物」は一種の破壊、それも徹底した存在破壊には違いない。だが、普通の意味での破壊とは違う。(9)荘子の真意としては、破壊ではなくて、むしろ存在をその窮極的本源性に引き戻そうとすることなのである。

もともと、荘子によれば、存在の本源的リアリティ、「道」、にはなんの区切りも区劃もなかった。「夫(そ)れ道は未だ始めより封(ほう)有らず」。存在は、その本来の姿においては、絶対に無分節。物と物とを区別して相互対立にもちこむような分割線（「封」）など、どこにも引かれてはいない。この渾然たる無分節的存在リアリティ（「広莫(こうばく)の野」）の諸処方々に人間が「名」をつけて、それによって限りなく分け目をそこに作り出していく。「是(これ)が為めにして畛(しん)あるなり」。「畛」とは区劃、つまり、コトバの意味分節機能が喚起する事物事象間の分別のことである。しかも人間は、こうして自分の言語意識の生み出したものを、はじめからそこにあったもの、と思いこむ。彼の目には、存在の現象的「多」だけが見えて、その背後にひそむ前現象的、本源的「一」は見えない。

だが人が、ロゴス的差別性の迷妄から脱却して、純粋に「一」の見所から存在を見ることができるなら、その時、人は「多」は「多」でありながらしかも「一」であること、つまり、万物は万物でありながらしかも根源的に「斉」しいことを覚知するだ西洋人はまったく否定的・消極的な意味での存在否定、つまり虚無と解する。

「無」を虚無と同定するこのような西洋的思想傾向に対立して、「無」（あるいは「空」）を「有」の原点とし、生の始原とする考え方が、東洋の思想伝統では重要な位置を占める。この考え方を、古来、東洋の哲人たちはヨーガ的冥想体験を通じて開発し、それを宗教的に、哲学的に、あらゆる思想の分野で展開してきた。

「廓然無聖（かくねんむしょう）」とか「無一物（むいちもつ）」とかいう禅の表現が(6)<u>シサ</u>するように、ここでも「無」は、一応文字通りには、何もないことを意味する。だが、この「何もない」は、冥想の実践的極限状況に現成する体験的事態なのであって、西洋的ニヒリズムの考える虚無とはその内実がまったく違う。「無」とは、ここでは、意識と存在の分節以前、つまり「コトバ以前」という意味での「何もない」なのである。

コトバの存在喚起力（存在分節機能）については前に触れた（「光あれ！」）。絶対無分節的意識においては、いうまでもなく、コトバはまったく働いていない。意識のこの無分節的深層の暗闇の中に、コトバの光がゆらめき始める。いままで「無」意識だった意識が、自らを意識として分節し、それを起点として、存在の自己分節のプロセスが始まる。そして、その先端に、万華鏡のごとき存在的多者の世界が現出する。

意識と存在の形而上（けいじじょう）的「無」が、こうして意識と存在の経験的「有」に移行する、この微妙な存在論的一次元を、荘子は「渾沌」と呼ぶのだ。東洋思想の「渾沌」は西洋思想の「カオス」に該当する、と私は前に書いたが、たとえ両者が表面的には同一の事態であるにしても、(7)<u>それの評価、位置づけは、東と西、まったく異なる</u>。現に、荘子のような思想家にとっては、「渾沌」（窮極的には「無」）こそ存在の真相であり深層であるのだから。

万物が、いかにも取り澄ました顔付きでそれぞれ己れの分を守り、各自があるべき所に位置を占め、互いに他を排除することによって自己を主張しつつ、整然たる存在秩序の空間を形成している。それがいわゆる「現実」というものだが、そんな既成の秩序において現出する。要するに、コトバと光との合力によって、現象界が、文字通り現象するのだ。しかも、その光そのものもまた、コトバの創り出したものである。「創世記」の天地創造神話におけるコトバと光の働きには、およそ(4)このような哲学的意味がある。

「神、光あれ、と言えば、光があった」。光というものの出現の前に、「光」というコトバの出現がなくてはならない。ヒカリという語が発される。と、(5)を容れず、光が現われる。そして、それに続いて、様々に異なる「名」が、森羅たる万物が。『旧約』的世界表象において、光は存在分節の原点、全存在界の始点、「無」から「有」への転換点である。

さきに引用した「創世記」冒頭の一節は、コスモス現成以前の、カオス的「無」の様相を、恐怖にみちた暗澹たる存在風景として描いていた。黒闇々たるこのカオスの夜が、光の出現とともに、燦爛たるコスモスの真昼に変わる。暗黒から光明へのこの転換に、人は天地をとよもす存在誕生の歓喜の歌声を聞くのだ。

一般に人間の心には、カオスを忌み嫌い、コスモスに愛着する斜向性がある。古代イランのゾロアスター教、あの光と闇の二元論的宇宙観は、それの典型的な場合だし、古代ギリシャの宇宙生成神話も、同じ心の傾きを鮮やかな形で示す。カオスはおぞましき闇の力、死と破壊のエネルギー、魔性のものどもの跳梁するところ。要するに、カオスは悪、カオスは醜。反対に、コスモスはオリンポス的神々の支配領域、明るい存在秩序の次元、人間が安んじて生存し、生の楽しみを心ゆくまで享受することのできる場所。要するにコスモスは善、コスモスは美、である。事実、ギリシャ語で「コスモス」とは、美しい調和の支配する世界のことであり、ロゴス的秩序に荘厳された文化の世界を意味した。ギリシャ精神とヘブライ精神とを基盤として、その上に築きあげられてきた西洋文化の深層には、カオスにたいするこの否定的・拒否的態度が沁みついている。

そして、この場合、カオスの恐怖は、真空あるいは虚無にたいする恐怖でもあるのだ。さきにも一言したように、カオスは「無」に直結している。存在の内的無差別、無分別は、もう一歩進めば、忽ち存在の「無」になってしまう。この「無」を、ずのものだが、この時点では、まだ地ではなく、むしろその不凝性において「底知れぬ水」である。水は、元来、あらゆるものを己れのうちに呑(の)みこんで無差別化し、無化してしまうカオスの底知れぬ深さの象徴的形象化である。

そして、茫漠(ぼうばく)と拡(ひろ)がるこの原始の水の上に、濃い暗闇が、濛々(もうもう)と立ちこめる。闇もまた、いうまでもなく、カオスの象徴的形象化。闇の中では、あらゆるものが互いに混入し、融合して無差別であり、「無」にひとしい状態にある。ということは、物と物との境界線が全然見えないということだ。可能態とか存在可能性ということを考えるなら、物はすべて、そこに有るのかもしれない。だが実は、相互の区別がなく、無差別状態にある物は、物としての自己固定性を保持しない。すなわち、この境位では、(2)「有」が「無」にひとしいという奇妙な事態が成立する。この矛盾的事態をカオスというのだ。

突如、この「無」の闇を引き裂いて、神のコトバが響く、「光あれ！」。カオス的「無」が経験的「有」に転成するに当たってまず第一に創られたものが光であり、それを創ったものが（神の）コトバである、ということは注目に値する。コトバ（「名」）こそ存在分節の根本原理であるのだから。しかも、光が、経験的に、存在顕現の源泉であることはいうまでもない。

どこにも分節線の引かれていない無差別無分節の存在（カオス的「無」）は、コトバの意味分節的エネルギーの働きで千々に分かれ、それら無数の存在区劃(くかく)が、それぞれ「名」によって固定され、こうしてはじめていわゆる現実としての存在世界（経験的「有」）が成立する。例えば、ある種の土地の(3)リュウキが「山」と名づけられることによって山というものになり、ある種の水が「川」と名づけられることによって川という自己同定性を獲得する、というようなことである。我々の表層的意識の見る「現実」とは、こんなふうにして確立された事物事象の相互連関的構造体にほかならない。

だが、それらの事物（万物）は、光に照射されて、はじめてその姿を現わし、現象する。「光」とは、存在の区劃が見えること、物と物との境界がはっきり見てとれること。つまり、光は存在のリアリティを分節態において提示するものである。光の照射を浴びて、万物はそれぞれのあるべき姿を見せる。そして、事物事象の相互連関的構造体としての「世界」が、整然たる存在別されていない存在状態を意味する。全てのものが混融する存在昏迷。いずれがいずれとも識別されず、どこにも分割線の引かれていない、渾然として捉えどころのないようなあり方、つまりカオスということだ。後でやや詳しく述べるつもりだが、カオスは古代中国思想の「渾沌」に当たる。

従って、「非有」に対立する「有」は、全てのものが互いにきっぱりと区別され、それぞれ己れの本質に準じて正しく働くことが期待されるような存在のあり方、存在秩序、を意味する。「名と形」に従って整然と分節され秩序づけられた事物事象のシステムがあってはじめて、人はそこに「有」を感得するのだ。絶対無分節的存在状態は、存在よりも無に近い。それが「非有」なのである。だから、「非有」から「有」への動きは、ここでは、カオスからコスモスへの存在論的変貌として捉えられる。

そういえば『旧約聖書』の天地創造譚も、本質的にはこれとまったく同じ思考パターンを示す。神の天地創造に関して、人はよく「無からの創造」を云々するが、実はここでも「無」はカオスという意味に解されなければならない。『旧約』の語る天地創造は、なんにもないところに、突然、天と地が創り出されたというのではなくて、原初のカオスが、神の存在形成力によって克服され、次第にコスモスに転成されていくプロセスを描くのである。「創世記」のテクスト冒頭の部分を読んでみよう。

「太初、神によって天と地とが創造された（が、その顛末は次の如くである）。地は（未だ地としては存在せず、見渡すかぎり、ただ）曠々漠々。暗闇が底知れぬ水を覆い、神の気息（飄風）がその水面を吹き渡っていた。神が、光あれと言うと、光があった。神は光をよしと見て、光を闇から分けた。神は光を日と名づけ、闇を夜と名づけた」（「創世記」）

いま「曠々漠々」と仮に訳したヘブライ語 tohū-wā-vōhū は、何ものの形もなく、何ものの名もなく、従ってそこに一物も識別されぬ太初の存在状態、すなわちカオスのことである。このカオスは、後にその一部が凝り固まって「乾いた大地」となるは

国語

（六〇分）

（注）満点が一〇〇点となる配点表示になっていますが、国文学専攻（英語外部試験利用方式を除く）の満点は一五〇点となります。

一　次の文章を読んで、後の問に答えなさい。（50点）

(1)古代インドの宗教哲学書『ウパニシャッド』は、「有」と「無」との存在論的関係を、その主要テーマの一つとして論究している。「有」と「無」——原語の字義に近づけて訳すなら、「有」（sat）と「非有」（a-sat）——の関係。太初、宇宙は完全に「非有」のみだった。それがやがて「有」になった、あるいは、そこから「有」が生じた、という。例えば『チャーンドーギア・ウパニシャッド』に、「初めには、この（世界）はまったくの非有であった。それが有になった」とある。我々が現実とか宇宙とか世界とか呼び慣（なら）わしているものは、もともとは完全に「無」だったのであり、その「無」を源として、そこから「有」が現われてきた、というのだ。

いま我々が問題としている古ウパニシャッド的コンテクストにおいては、「非有」とは、たんに何かがないとか、なんにもないとか、我々が普通「無」という言葉で理解するような単純な存在否定の意味ではなくて、何ものも明確な輪郭で截然（せつぜん）と他から区

解答編

英語

I

解答　(1)—㋐　(2)—㋐　(3)—㋑　(4)—㋒　(5)—㋐　(6)—㋓
(7)—㋑　(8)—㋒　(9)—㋓　(10)—㋒

◀解　説▶

(1)A：「グランドオープンは土曜日ですが，レストランは金曜日にディナーの提供を開始する予定です」

B：「金曜日よりも早い時期にオープンできる可能性はないのでしょうか？」

A：「それはないと思いますよ。木曜日まで照明の取り付けが終わらないでしょうから」

「時期」なので，速度を意味する㋑や㋓は不適切。また語意の観点から「前者」の意味の㋒も該当しない。

(2)A：「結婚祝い用に素敵なフルーツバスケットを探しています。お手伝いしていただけますか？」

B：「こちらはいかがでしょう？　このイングリッシュ・ティーセットと組み合わせるとよろしいかと」

A：「あ，素敵ですね。アドバイスをありがとう。どちらもいただきます」

音の似た選択肢ばかりであるが，文意からすると「合わせる」の意味の㋐が適切。

(3)A：「スマートアパレルのラインアップは進捗がかなり順調のようだね」

B：「うーん，それはどうかな…新製品の開発は現時点でデザイン段階を越えているものと思っていたんだが」

A：「開発チームは，革新性だけでなく安全性にもかなり重点を置いているから，当然時間がかかるしね」

後続の名詞句を繋ぐ役割を果たすことができるのは㋐と㋑。さらに語意から選ぶと㋑が正解。beyond「～を越えて」

⑷A：「現代社会にはさまざまな問題があるのに，どうして君は未来についてそんなに前向きでいられるんだい？」

B：「正直なところ，それは今の学生たちが政治や社会的な正義に対してかなり情熱を持っているからだと思うよ」

A：「おそらく，将来社会の主役になるのは彼らなんだろうね」

語意と前置詞の for との組み合わせで考えると㋒が適切。passion for ～「～に対する情熱」

⑸A：「それで，この会議で店長から重大な発表があるようだよ」

B：「え，そうなの？　ここに来る前にちらっと議題を見ただけで，それについては何も知らないんだけど」

A：「どうやら彼が副社長の一人を怒らせたみたいで，異動になるみたいだよ」

文意，並びに前置詞 at と組み合わせられる語という観点がポイント。glance at ～「～を一瞥する」

⑹A：「警察がうちの会社の財務部門を調査しているそうだね」

B：「ああ，それで全契約書のコピーを渡すよう要求されてるよ」

A：「それは大ごとだけど，言われたとおりにするしかないだろうね」

熟語をなすのは㋐以外で，それぞれ hand down ～「～を（後世に）伝える」，hand on ～「（物など）を回す」，hand over ～「～を引き渡す」の意味になる。

⑺A：「息子さんもコンサートミュージシャンになることをお決めになったのは，さぞかし誇らしいことでしょう」

B：「私も妻も音楽家ですから，そうなったのは必然だと思う方もおられるでしょうね」

A：「家族全員で興味を共有するというのは，なんと素晴らしいことなんでしょう」

文意に沿う単語を選ぶ問題。avoidable と preventable は共に「避けられる」の意味で，inevitable は「必然的な」，そして liable は「責任のある」を意味する。

⑻A：「いろいろとお世話になりました。この設定でうまくいきそうです」

B：「機器のサポートが必要な場合は，何なりとお申し付けください」

A：「ありがとうございます。でも私もコンピュータを何年も使ってますから大丈夫だと思います」

仮定法のifの省略に関する問題。帰結節がpleaseを使った命令文になっていることから，「万一〜ならば」の意味を表すshouldを選択すればよい。

(9)A：「なぜロバーツさんは海外赴任から帰ってきたのかな？」

B：「どうやら君の後任として部長になるようだよ」

A：「えっ，この時期に？！　そんなの聞いてないよ。僕は去年の11月に着任したばかりなのに！」

precede「〜に先行する」，proceed「〜を前に進める」，process「過程」は，どれも語意や品詞が合わない。succeedは他動詞として「〜のあとを継ぐ」の意味を持つ。succeed *A* as *B*「*B*として*A*のあとを継ぐ」

(10)A：「御社は新型コロナの検査において大きな進歩を遂げたと聞いています」

B：「はい！　私たちの新しい検査方法は，このチューブに息を吹き込むだけでウイルスを検出できるほど感度が高いのです」

A：「それはすごいですね！　これは，あらゆる場所で検査の方法を変えることになるでしょうね」

語意の問題。選択肢のsensational「人騒がせな」，sensible「思慮深い」，sensitive「敏感な」，sentimental「感傷的な」のうち，文意に沿うのは㋒である。

Ⅱ　**解答**　(1)—㋘　(2)—㋝　(3)—㋙　(4)—㋓　(5)—㋒

◀解　説▶

(1)正文は，You have to stop letting your imagination <u>run</u> wild.となり㋘が正解。let＋名詞＋動詞の原形の語法からして動詞を選ぶ必要がある。run wild「暴れる，野放しになる」

(2)正文は，We shouldn't turn our back on them just because they have failed to live <u>up</u> to our expectations.となり㋝が正解。熟語表現の知識を問う問題。live up to〜「(期待など) に沿う」 fail to *do*「〜しない，できない」

⑶正文は，You're trying to make sense of what I just told you. となり㋙が正解。make sense of ～「～を理解する」

⑷正文は，We had better sign the papers while she is still willing to make a deal. となり㋓が正解。make a deal「取引をする」

⑸正文は，So the only choice available is to let nature take its course. となり㋒が正解。let nature take its course「成りゆきに任せる」の熟語表現がカギ。

III　**解答**　⑴―㋑　⑵―㋒　⑶―㋓　⑷―㋔　⑸―㋓

◀解　説▶

⑴下線部㋑を含む文を訳すと，「この老犬はその子にずっと寄り添い，溺れたり怪我をしたりしないように見張り，子供が疲れるまで，家に連れて帰ってくれた」と，「子供が疲れるまで」の部分がややおかしな意味になるので，内容的に till を in に置き換え in the end「ついに，最後には」とするとよい。

⑵ I have never, ever walked onto the stage in a performance without having butterflies in my brain. の文中にある brain は，表現的な観点からして stomach の誤りである。have butterflies in *one's* stomach「落ち着かない」

⑶ always your child is picking up from television の部分は，このままでは名詞節になっておらず，後続する is に対する主部として成立しない。always を関係代名詞の what に変える必要がある。

⑷下線部㋔を含む when 節は「彼らが視界から消えるとき」という意味になると推察できる。この場合，away from ではなく out of を用いるのが正しい。

⑸ Three out of four couldn't find the Persian Gulf on a map.「4人に3人のアメリカ人が地図上にペルシャ湾を見つけられなかった」という文の内容からすると，下線部㋓を含む文は，「我々はそれ以上に自国について知らなかったということになろう」という意味にするべきである。したがって，knew は didn't know とすべきである。

Ⅳ 解答

(1) a―⑧　b―①　c―④　d―⑤　e―③　f―⑥
(2)―④　(3)―①　(4)―④　(5)―③　(6)―④　(7)―③
(8)―⑤　(9)―②　(10)―②　(11)―④　(12)―①・②・⑦・⑨

◆全　訳◆

≪タイムトラベル≫

映画，本，テレビ，そして物理学の真面目な研究テーマとしてさえも現在人気があるにもかかわらず，タイムトラベルの概念は，人類の歴史のほとんどから欠落している。聖書には，ほかの宗教書や神話とともに，人の言葉をしゃべる動物，神，そしてそのほかの不思議な存在，あるいは広大な距離を旅する伝説的な物語が数多くある。しかし，不思議なことに，時間旅行に関するものは，ほとんど，あるいはまったく存在しない。19 世紀半ばに書かれたチャールズ=ディケンズの『クリスマス・キャロル』はタイムトラベルものの元祖と言える。この物語では，エベニーザ=スクルージが幽霊に導かれて過去と未来のクリスマスを訪れるが，その旅は夢と同じく受動的なもので時間上の異なる点の人物同士が接触することはない。最も有名なものとして，主人公が未来に行き，未来の人類と交流した後に元の時代に戻ってくるという H.G. ウェルズの『タイム・マシン』に見られるように，真のタイムトラベルの概念が現れたのは 19 世紀末になって初めてのことである。

ではなぜ 19 世紀の終わりまで，真のタイムトラベルは小説界に姿を現していなかったのだろうか。おそらく人間は生まれながらにして現在主義者で，過去というものは絶対的に過ぎ去った時間で変えることができず，未来というものはまだ存在していない時間であるという事実ほど，明白なものはほとんどないと思っているからであろう。ゆえに，過去と未来が現在と同じように実在し，旅行の目的地となりうるという考え方は，小説の中に取り入れるにはあまりにも信じがたいものだったのである。では，19 世紀末に何が変化し，私たちの想像力の中でタイムトラベルの門が開かれたのだろうか。この問いに答えるのは難しいが，科学革命が進行していたことは確かである。この革命の鍵となる出来事は，1905 年，アインシュタインが特殊相対性理論を発表し，時間の本質に関する我々の理解を根底から覆したことだった。アインシュタインは，時計はそれが進行する速度によって異なる速度で動くことを立証した。その 2 年後，アインシュタインの数学の教授であったヘルマン=ミンコフスキーは，数学的にはアインシュタインの理論が，4次元宇宙，つまり，時間が空間と同じように文字通り別の次元となっている宇宙という枠組みの中で見事に成立することを示した。こうして20世紀には，少しずつタイムトラベルが物理学の研究テーマとして受け入れられるようになったが，それは，ほとんどの科学者が過去や未来への真のタイムトラベルが実際に可能であると信じていたからというよりも，誰もそれが不可能であることを証明することができなかったからであった。多くの科学者は，原理的には時間旅行が可能な「目的地」が存在することを認めているが，それにもかかわらず，物理法則によって，その目的地間を自由に往来することはできないと信じているのである。

しかし，私の目的は真のタイムトラベルが可能かどうかを議論することではなく，人間の脳が最高のタイムマシンであることを納得してもらうことである。別の言い方をすれば，人はこれまでに作られた中で最高のタイムマシンなのである。もちろん，脳は物理的にタイムトラベルを可能にするものではないが，4つの関連した理由から，ある種のタイムマシンであると言えるのである。まず第一に，脳は未来を予測するために過去を記憶する機械であるということだ。何億年もの間，動物たちは未来を予測する競争をしてきた。動物たちは獲物や捕食者，あるいは仲間の行動を予測し，餌を捕ったり巣を作ったりして将来に備え，夜明けや日没，春や冬を予知する。動物が未来を予測することにどれだけ成功するかは生存と繁殖という進化的な要因となる。したがって，脳はその核心において予測あるいは予想をする機械なのである。そして，気づいているかどうかにかかわらず，人の脳はこれから起こることを一瞬一瞬予測しようとしているのである。こうした数秒先までの短期的な予測は，まったく無意識に行われている。テーブルからボールが転がり落ちれば，人間はそれをキャッチするために自動的に動きを調整する。人間やほかの動物は常に長期的な予測も試みている。環境を調査するという動物の単純な行為は，その先に存在している時間を調査しようとすることである。例えばオオカミが立ち止まって周囲の景色や音，匂いを感じ取るのは，周辺にいるかもしれない捕食者を避け，獲物や仲間を見つけるための手がかりを探しているのである。未来を予測するために，脳は過去に関する膨大な情報を記憶し，時にはその記憶に時間ラベル（＝日付）を付け，時系列に整理された人生のエピソードを見直すことができるのである。

第二に，脳は時間を告げる機械であるということだ。脳は，顔を認識したり，チェスで次の一手を選んだりするために必要な計算を含めてさまざまな計算を行う。時間を告げるというのは脳が行うそれとは異なるタイプの計算で，私たちの生活の秒，時間，日という単位を測るだけでなく，歌の複雑なリズムや，スポーツ選手の競技遂行を可能にする慎重に計算された一連の動きのようなパターンを認識・生成することも行う。時間を告げることは未来を予測する上で重要な要素である。天気予報士なら誰でも知っているように，雨が降ると発表することはそれだけでは不十分で，いつ降るかも予測しなければならない。猫が空中に跳び上がって，飛んでいる鳥を捕まえるには，鳥が１秒先にどこにいるかを予測しなければならない。また，鳥の中には，次回訪れるまでに花に蜜を回復させるために，その花に最後に訪れてからどれくらいの時間が経ったかを把握しておくことが知られているものもいる。

第三に，脳は時間の感覚を作り出す機械であるということだ。視覚や聴覚とは異なり，人間は時間を検出する感覚器官を持っていない。時間はエネルギーの一形態でもなければ，物理的な測定で検出できるような物質の基本的な性質でもない。しかし人間は意識的に物の色を感じるのとほぼ同じように，意識的に時間の経過を感じることができる。脳は時間経過の感覚を作り出すのである。たいていの人間の感覚と同様に，人間の時間の感覚は正確ではない。時計で計った同じ長さの時間でも，さまざまな要因によってあっという間に過ぎていくように感じたり，引き伸ばされたように感じたりする。それでも時間の経過を意識すること，そして私たちの周りの世界が連続した時間の流れのなかにあることを認識することは，最も身近で確実な体験のひとつである。

最後に，脳は精神的なタイムトラベルを可能にするということだ。私たちの祖先は，時間の概念を理解し，精神的に過去や未来に自分を投影する能力を身につけたことで未来を予測する競争に簡単に勝利したのである。つまりそれは精神的なタイムトラベルを意味する。アメリカ大統領エイブラハム＝リンカーンは「未来を予測する最善の方法は，未来を創造することである」と言ったと言われている。そして，まさにこのことによって精神的タイムトラベルが可能になったのである。人間は，自然をコントロールすることで，自然のさまざまな姿を予測することから，未来を創造することにまで到達した。カナダの著名な学者であるエンデル=タルヴィングが説明するところによると，「先を見越した思考と計画の早期の現れは，火を使い，保存し，そして火をおこし，道具を作り，それらを保存して持ち運ぶことの学習から成っていた。作物や果物，野菜を自分たちで育て，食料と衣料を調達するために動物を飼う――そのひとつひとつが未来を意識したものなのである」とのことである。人間は皆，過去の出来事の喜びや悲しみを精神的に再体験し，もしかすると起こり得たかもしれないことを探求するためにそのエピソードを再想像してきた。逆に，人間はこれから起こるかもしれないことを恐れたり夢見たりするたびに未来に飛び込み，また現在における最善の行動を決定できることを期待して未来の人生のさまざまな筋書きを想像したりする。この地球上で精神的なタイムトラベルをするのは人間だけかもしれないし，そうではないかもしれない。しかし，実際に過去や未来に行く可能性を考えるためにこの能力を使うのは，間違いなく人間だけなのである。

◀解　説▶

⑴主に文意や熟語で判断すると，a は come with ～「～とともに起こる」，b は be about to *do*「まさに～しようとする」，c は search for ～「～を探す，捜索する」，d は in flight「飛行中の」，e は受動態の動作主を表すための by，f は be based on ～「～に基づく」となる。

⑵空所直前に逆接の意味の接続詞が用いられているので，手前の内容と異なるような前置きとなる語を選ぶ。

⑶ presentists「現在主義者」の考えとしては，「過去というものは絶対的に過ぎ去った時間で変えることができず，未来というものはまだ存在していない時間であるという事実ほど，明白なものはほとんどないと思っている」と後述されているので，①が正解。

⑷理由は直後に「それは，ほとんどの科学者が過去や未来への真のタイムトラベルが実際に可能であると信じていたからというよりも，誰もそれが不可能であることを証明することができなかったからであった」とあることから④が正解。

⑸「動物が未来を予測することにどれだけ成功するかは生存と繁殖という

進化的な要因となる」と同義なのは③。

⑹後続する文に例が述べられており，automatically「自動的に」という言葉があることから④が正解。

⑺該当する箇所の日本語訳は「顔を認識したり，チェスで次の一手を選んだりするために（　ウ　）なさまざまな計算」となるので，文意から判断すると③が正解。

⑻ critical は「重大な，重要な」の意味で用いられているので，同義語は⑤が該当する。

⑼後続する文に「時計で計った同じ長さの時間でも，さまざまな要因によってあっという間に過ぎていくように感じたり，引き伸ばされたように感じたりする」とあるので，「人間の時間の感覚は『正確』ではない」と考えればよい。

⑽「人間が自然のさまざまな姿を予測し，未来を創造する」ことができるのは，自然をどうすることによってかを考えればよい。

⑾下線部は，「現在における最善の行動を決定できることを期待して，未来の人生のさまざまな筋書きを想像する」の意味なので「未来がこうであるためには，今このような行動を取るのが一番である」と取れる。

⑿①「聖書にはタイムトラベルのエピソードは，たとえあるにしても，ほとんど含まれていない」 第1段第3文（But,（　ア　）enough, …）にこの記述がある。

②「タイムトラベル小説の発展は，科学革命によって可能になった部分もある」 第2段第9文（Thus, in the …）に，「こうして 20 世紀には，少しずつタイムトラベルが物理学の研究テーマとして受け入れられるようになった」とあるが，これはアインシュタインの特殊相対性理論を鍵とする科学革命があったことが関わっている旨が第2段第5・6文（It is difficult … nature of time.）に述べられている。

③「アインシュタインの特殊相対性理論は，彼に数学を教えた教授によって批判された」 第2段第8文（Two years after …）には，批判ではなく立証したとあるので誤り。

④「著者は，真のタイムトラベルは可能であると信じている」 文章中にこれを述べた文はなく，第3段第1文（However, my goal …）に「しかし，私の目的は真のタイムトラベルが可能かどうかを議論することではな

く，人間の脳が最高のタイムマシンであることを納得してもらうことである」とあることにも反する。

⑤「人間は長期的な予測を立てるのが得意だが，ほかの動物はそうではない」 第4段最終文（Some birds, in …）に，花の蜜が溜まるまでの時間を予測する鳥の例があることに反する。

⑥「私たちは色と時間の両方をまったく同じように知覚する」 第5段第2文（Unlike vision or …）の，「視覚や聴覚とは異なり，人間は時間を検出する感覚器官を持っていない」という内容に反する。

⑦「人間も動物も時間の経過のパターンを認識する能力を持っている」 第4段最終文（Some birds, in …）の鳥の例と，第5段第4文（Yet, much in …）にある「しかし人間は意識的に物の色を感じるのと同じように，意識的に時間の経過を感じることができる」という内容から，人間にも動物にも時間の経過パターンを認識する能力があると言える。

⑧「鳥は，ある花がいつまた蜜でいっぱいになるかを知ることができない」 前述の第4段最終文（Some birds, in …）の内容に反する。

⑨「人間は，精神的に時間を前後する能力を持っている」 第6段第1文（Finally, the brain …）にある「最後に，脳は精神的なタイムトラベルを可能にするということだ」という内容に一致する。

⑩「人間だけが精神的な時間旅行をすることができるという点で，人間はユニークである」 第6段最終文（Humans may or …）に，「この地球上で精神的なタイムトラベルをするのは人間だけかもしれないし，そうではないかもしれない」とあるので，人間だけが精神的な時間旅行をすることができるとは断定できない。

❖講　評

2023 年度は，すべてマークシート方式で大問 4 題の構成であった。大問Ⅰ～Ⅲの会話文，文法・語彙問題については 2022 年度と同じ形式での出題である。基本的な文法事項や単語についての知識が必要とされる。

大問Ⅳの長文読解問題の英文量は 2022 年度同様に多めであり，英文を読む際に根気と速度が要求される。設問数は，2022 年度より 1 つ増え，12 問となった。文法・語彙の知識を問う空所補充問題や英文の理解を問う内容説明・内容真偽問題がバランスよく出題されている。2023 年度は「タイムトラベル」を題材とした評論文的な内容であった。科学的な内容も含まれるものの，文学的・観念的な論調であり，文学部志望者も読みやすかったものと思われる。読解問題には，社会問題や環境問題などを含め，エッセイ的なものや，評論文，物語文など，多様な内容の英文が出題されることが考えられるので，さまざまなテーマが盛り込まれた問題集などを用いて，怠ることなく準備をしておくことをお勧めする。

解答の際には，量の多い課題文を素早く読み，内容を理解することが必要である。それぞれの段落の内容はもちろんのこと，課題文全体の段落構成を意識して英文を読む練習をしておくこと。基本的な語彙力・文法力を身につけ，長い英文を読むことに慣れておいてほしい。

日本史

I 解答

問1．方形周溝　問2．ウ　問3．イ　問4．イ
問5．形象　問6．エ　問7．博多　問8．刀伊
問9．ア　問10．オ

◀解　説▶

≪弥生時代～古墳時代の墓制，平安時代の外交≫

問2．ウ．正解。箸墓古墳は，3世紀中頃から後半の出現期に築造された前方後円墳で，この時期としては最大規模の墳丘全長約280mである。なお，アの五色塚古墳，イの大仙陵古墳，オの誉田御廟山古墳は中期（4世紀末～5世紀末）の古墳。エの石舞台古墳は終末期（7世紀）の古墳である。

問3．イ．正文。写真資料は三角縁神獣鏡である。

ア．誤文。「特殊壺を載せる特殊器台に起源を持」つのは円筒埴輪であり，墳丘の上や墳丘を取り巻くように並べられた。

ウ．誤文。「実用の青銅製武器で」「日本列島で祭器として大型化」したのは，銅剣・銅矛・銅戈である。

エ．誤文。和歌山県隅田八幡神社人物画像鏡の説明である。

オ．誤文。奈良県石上神宮の七支刀の説明である。

写真資料：奈良県立橿原考古学研究所提供

問4．イ．正解。a．正文。横穴式石室が古墳時代中期に九州北部で出現し，後期には一般的な埋葬施設となった。

c．正文。横穴式石室は，玄室と羨道があり，追葬可能である。

b．誤文。屈葬は，縄文時代の一般的な埋葬方法である。

d．誤文。甕棺は弥生時代に九州北部でさかんに用いられた。

e．誤文。竪穴式石室は，古墳時代前期から中期に採用された。

問6．エ．正解。d．663年の白村江の戦いの敗戦後に国防策として水城や大野城などの朝鮮式山城が築かれた→a．大宰府は7世紀後半から存在したとされ，701年の大宝律令の制定で九州を統轄する官庁として整備された→b．橘諸兄政権期は8世紀前半である→e．藤原仲麻呂政権期は8

世紀半ばである→c．円仁は9世紀前半に派遣された最後の遣唐使船（838年）で入唐した。

問8．「契丹の支配下にあった沿海州に住む女真人」で，11世紀に「九州北部に襲来し」た事件は，刀伊の入寇である。

問9．ア．正解。「念仏往生の教えを説いた当時の信仰」とは，浄土教である。浄土教は念仏を唱えて極楽浄土に生まれることを説く信仰であるから，「極楽浄土」のキーワードからアを選べる。なお，イは藤原道長が三女の威子立后の日（1018年）に詠んだ和歌。ウは，聖武天皇が出した（743年）大仏造立の詔。エは，『万葉集』巻20収載の防人の歌。オは，『万葉集』巻5収載の山上憶良の長歌「貧窮問答歌」である。

問10．オ．正解。大輪田泊は，平清盛の別荘が置かれ，一時都が移された福原の地に修築された。なお，アは長門国下関。イは洛外の鴨川東岸の白河。ウは摂津の難波。エは，京都東山の鹿ヶ谷である。

Ⅱ　解答

問1．半済令　問2．ウ　問3．オ　問4．大犯三カ条
問5．ア　問6．エ　問7．自検断　問8．明応の政変
問9．ウ　問10．イ

◀解　説▶

≪鎌倉・室町時代の政治，戦国時代の政治・社会≫

問2．ウ．誤文。この法令は，近江・美濃・尾張の3国を対象として守護に荘園・公領の年貢の半分を兵粮米として取得することを認めた半済令としては，初めてのものである。

問3．オ．正解。年代順に並べると，ⓒ雑訴決断所は，後醍醐天皇による建武の新政で設置された→ⓔ建武式目は，室町幕府の発足にあたって足利尊氏が制定した→ⓐ『神皇正統記』は，北畠親房が後醍醐天皇の死後，劣勢の南朝を継いだ後村上天皇に献じた→ⓑ3代将軍足利義満が花の御所を建設した→ⓓ足利義満が山名氏清を討った明徳の乱が発生した。よって五番目はⓓである。

問4．鎌倉幕府が御成敗式目において成文化した守護の職権は，大番催促・謀叛人の逮捕・殺害人の逮捕で，これらを総称して大犯三カ条という。

問5．ア．正解。

イ．誤り。段銭の徴収ではなく，棟別銭の徴収。

ウ．誤り。棟別銭の徴収ではなく，段銭の徴収。

エ．誤り。正しくは，刈田狼藉の検断権―係争中や他人の田畑の稲を不法に刈り取る行為を，守護が取り締まることが認められる。

オ．誤り。「小物成の徴収を請け負う」ではなく，年貢の徴収・納入を請け負う。

問6．エ．正解。

ア．誤り。九条頼嗣ではなく九条兼実。

イ．誤り。九条道家ではなく九条兼実。

ウ．誤り。九条兼実ではなく九条頼経。

オ．誤り。九条兼実ではなく九条道家。

問8．やや難。1493年に「細川政元が10代将軍足利義稙を廃して11代将軍足利義澄を擁立した」クーデタは，明応の政変という。これにより幕府の実権は細川政元が握ることになった。

問9．やや難。ウ．正解。年代順に並べると，ⓓ鎌倉公方足利成氏が関東管領上杉憲忠を謀殺したことから，「享徳の乱が発生」した（1454年）が，これにより，応仁・文明の乱より早く関東は戦国の世に突入した→ⓒ「応仁・文明の乱が発生」したのは1467年である→ⓑ応仁・文明の乱後も南山城で戦闘を続ける畠山氏の両陣の退去を要求する「山城国一揆が発生」した（1485年）→ⓐ享徳の乱により鎌倉公方が分裂したが，15世紀末に北条早雲はその一方の「堀越公方を滅ぼして伊豆を奪」った（1493年）→ⓔ16世紀に今川氏親とその子の義元によって「今川仮名目録が制定され」た（1526年・1553年）。ⓐとⓔの，四番目・五番目との判断が難しいものの，「ⓓ→ⓒ→ⓑ」までの配列は明らかであり，「三番目の出来事はⓑ」とするウが正しいと判断できる。

問10．イ．誤文。「家臣の松永久秀の手に，さらには久秀の家臣三好長慶の手に移っていった」ではなく，家臣の三好長慶の手に，さらには長慶の家臣松永久秀の手に移っていった，が正しい。

III　解答

問1．武蔵　問2．オ　問3．ア　問4．ア

問5．足高の制　問6．番号：④　名称：藩札

問7．エ　問8．番号：⑦　街道名：中山道　問9．ウ　問10．イ

◀解　説▶

≪近世の政治・経済・文化≫

問2．オ．正解。c．「羽柴秀吉」が天下統一にむけて，徳川家康と「小牧・長久手で戦った」(1584年)→a．豊臣秀吉が，全国統一支配の一環として，一揆を防止するため刀狩令を出した（1588年)→b．全国統一後，朝鮮出兵のために，「人掃令」が出され，徴発人員や徴発できる夫役把握のため「全国的な戸口調査が行われた」。

問3．ア．正解。a・b．正文。c．誤文。徳川吉宗ではなく，老中の松平定信である。

問4．ア．誤文。「会津藩の保科正之の補佐」ではなく，大老の堀田正俊の補佐である。

問5．「徳川吉宗が設けた」享保の改革の施策で，「家臣団の中から有能な人材を登用するため」の制度は，足高の制である。旗本の人材登用にあたり，役職による基準の役高を決め，それに達しないものが就任するとき，在職中のみ不足の石高を加増した。加増が世襲されないため，才能のある少禄の者の登用が容易になった。

問6．正解は，④の藩札である。なお，ほかは金座・銀座・銭座で発行したもので，①は小判，②は丁銀，③は一分金，⑤は豆板銀，⑥は寛永通宝である。

問7．エ．正文。

ア．誤文。重さをはかったのは金貨ではなく銀貨である。

イ．誤文。正しくは，「東日本では主に」金貨が，「西日本では主に」銀貨が用いられた。

ウ．誤文。金座・銀座ではなく，両替商である。

オ．誤文。徳川吉宗ではなく田沼意次である。

問9．ウ．正解。a．誤文。本陣・脇本陣ではなく，問屋場である。b・c．正文。

問10．イ．正解。資料cは，円山応挙の『雪松図屏風』である。応挙は，日本に「写生を重視しながら描」く写生画を完成させた。

Ⅳ 解答

問１．ウ 問２．エ 問３．大原幽学 問４．ア
問５．オ 問６．イ 問７．オ 問８．穂積八束
問９．札幌農学校 問10．ウ

◀解 説▶

≪江戸時代～明治時代の政治・外交・文化≫

問１．ウ．正解。b．ラクスマンが根室に来航したのは寛政期（1792 年）である→d．ラクスマンに与えた入港許可証をもってレザノフが長崎に来航した（1804 年）→a．イギリス軍艦フェートン号が長崎湾に侵入した（1808 年）→c．イギリス船の接近増加を背景に幕府は異国船打払令を出したが，そのためにアメリカ商船モリソン号が砲撃された（1837 年）→e．ロシア使節プチャーチンは，ペリーに続いて長崎に来航し，開国などを要求した（1853 年）。

問２．エ．誤文。「松前氏を改易して」ではなく，松前氏を陸奥梁川に転封して，である。

問４．ア．正文。

イ．誤文。「藩領を除く地域を」ではなく，幕府領・藩領・旗本領を支配の別なく，である。

ウ．誤文。「譜代諸藩に命じて」ではなく，関東取締出役を設け，である。

エ．誤文。「幕府領・藩領・旗本領ごとに編制し」ではなく，幕府領・藩領・旗本領の区別なく編制し，である。

オ．誤文。正しくは，天保の改革で，江戸・大坂周辺 10 里四方の地を直轄地にする上知令を命じたが，「譜代大名や旗本に反対されて実施できなかった」である。またこれは幕府権力の強化や対外危機への対応のためであり，「治安維持や風俗取締のため」ではない。

問５．オ．正文。

ア．誤文。「臣下・民衆に対して誓約する形」ではなく，神々に誓約する形。

イ．誤文。「天皇による専制政治が宣言された」ではなく，公論を尊重して統治を行うことが示された。

ウ．誤文。「『御誓文』は」ではなく，五榜の掲示は，とすれば正しくなる。

エ．誤文。「『御誓文』によって」ではなく，五榜の掲示によって，とすれば正しくなる。

問6．イ．誤文。「神祇官が太政官のもとに置かれた」ではなく，神祇官が太政官の外に置かれた，である。

問7．オ．正文。

ア．誤文。「政体書」は，中央政府の組織，官制を定めたものであり，府県の自治は認めていない。またこの時点で「府知事・県知事」は存在しない。

イ．誤文。「欧米の制度はまったく採用されなかった」ではなく，アメリカ合衆国憲法を参考に三権分立制を採用した。

ウ．誤文。「諸大名の知行権が否定された」ではなく，太政官に国家権力を集めた。

エ．誤文。「府藩県において地方議会を開くことが定められた」ではなく，府藩県から選出する議員による会議を開くことが定められた。

問10．ウ．誤文。正しくは，東京美術学校では，1887年の設立時には伝統的な日本美術のみを教授し，のちに西洋画科が新設された（1896年）。

V 解答

問1．イ　問2．ア　問3．ウ　問4．後藤新平
問5．ウ　問6．虎の門　問7．イ　問8．エ
問9．オ　問10．東洋拓殖会社〔東洋拓殖株式会社〕

◀解　説▶

≪大正～昭和戦前の政治・経済・社会・文化≫

問1．やや難。イ．正解。a．誤文。山川均ではなく，伊藤野枝。b・c．正文。

問2．ア．誤文。津田左右吉ではなく，西田幾多郎。

問3．ウ．誤り。加藤友三郎は，海相としてワシントン会議での日本全権であった。この時期の内閣は高橋是清内閣である。

問4．第2次山本権兵衛内閣の内務大臣で，関東大震災後の帝都復興院総裁となったのは，後藤新平である。

問5．ウ．正解。犬養毅内閣が成立すると高橋是清大蔵大臣は，即日，「金輸出再禁止」を断行した（1931年12月）。さらに円の金兌換を停止したことで，円の為替相場は暴落し，輸出が拡大していった。つまり高橋が断行した「金輸出再禁止」は，昭和恐慌克服の第一歩となる政策であった。

問7．イ．正解。b．第3次近衛文麿内閣で「南部仏印進駐」が開始された（1941年7月）→e．東条英機内閣で開始された（1941年12月）太平洋戦争で，日本は緒戦優位だったが，「ミッドウェー海戦」（1942年6月）の大敗北が戦局の転機となり，以後は劣勢となった→d．東条英機内閣は，大東亜共栄圏の結束を誇示するため，東京で「大東亜会議」を開催した（1943年11月）→a．「サイパン島陥落」で絶対国防圏の一角が崩壊し，責任を負う形で東条英機内閣は総辞職した（1944年7月）→c．東条英機内閣のあとをうけた小磯国昭内閣が，アメリカ軍の沖縄上陸直後に退陣して，「鈴木貫太郎内閣発足」（1945年4月）。

問8．エ．正文。

ア．誤文。ロシアではなく，オーストリア。

イ．誤文。幣原喜重郎外務大臣ではなく，加藤高明外務大臣。

ウ．誤文。第2次大隈重信内閣ではなく，寺内正毅内閣。

オ．誤文。正しくは，「中国問題に関する」九カ国条約，「太平洋問題に関する」四カ国条約，である。

問10．「朝鮮の土地開発や地主経営を展開した1908年設立の国策会社」は，東洋拓殖〔株式〕会社である。朝鮮総督府が進めた土地調査事業で，申告されず，または所有関係不明のため没収した農地の多くを払い下げられた東洋拓殖会社は，小作人を雇って地主経営を行ったり，土地開発や金融業などを行ったりした。

❖講　評

Ⅰ　1は弥生時代～古墳時代の墓制，2は平安時代の外交をテーマに取り上げ，弥生時代～院政期の文化や外交などが出題された。問3は三角縁神獣鏡の視覚資料を用いた出題，問4は正文2つの組み合わせ問題，問6は5文の配列問題，問9は史料の選択問題と，**Ⅰ**から中央大学文学部の特色である多様な出題形式に，やや戸惑うかもしれないが，問われている内容は基本～標準事項であり，とりたてて難問はない。ミスせず得点を固めたい。

Ⅱ　1は「観応の半済令」の史料，2は戦国時代の政治・社会に関する問題文を用いて，中世の政治・社会について問われた。問3・問9は，5つの事項の年代配列について，「○番目は□である」という文章選択問題にした新形式の問題であった。戦国時代は学習の盲点となりがちであり，問８と問９はやや難問。その他は基本～標準レベルだが，ひねった出題形式が多いので，慎重に解き進めたい。

Ⅲ　１は江戸幕府の将軍直属家臣団に関する問題文，２は江戸時代の貨幣６種の写真資料，五街道の地図，『雪松図屛風』の視覚資料に関連して，近世の政治・経済・文化などが出題された。とりたてて難問は見当たらないものの，問３・問９は，３つの文章の正誤組み合わせ形式であり，手応えとしては難しく感じたかもしれない。ただ大問**Ⅲ**全体では標準レベルであった。

Ⅳ　１は江戸時代後期の社会についての問題文，２は「政体書」の史料，３は明治の文化についての問題文を用いて，江戸時代～明治時代の政治・外交・文化に関して出題された。問６・問７の文章選択問題は，一部に詳細な知識が必要な選択肢もあり注意を要したものの，全体にとりたてて難問はなく，ほぼ教科書記述に沿った標準レベルの内容であった。ただ，文化史・社会史までの学習の緻密さ如何で，得点差はひらいたであろう。

Ⅴ　１は関東大震災の復興事業に関する問題文，２は「カイロ宣言」の史料で，大正～昭和戦前期の政治・経済・社会・文化に関して問われた。問１は，消去法が使えない正誤問題であり，やや難。その他は基本～標準レベルではあるが，問４の「後藤新平」の記述問題や，問７の配列問題など，細心の注意をもって臨みたい。

2023 年度は，出題形式の多様化と分量の増加によって，時間的な余裕は例年より厳しくなっただろう。しかし時代的には昭和戦後・平成期の出題はなく，問題文として出題された史料は３点で，2022 年度より１点減少した。また大問５題中，やや難は３問で，難問はなかった。以上から，2023 年度は「やや易化」したと評価できる。とはいえ，受験生の負担が軽くなったわけではなく，オールラウンドの実力が求められた内容であった。

世界史

I 解答

A．(1)―ウ (2)カール4世〔カレル1世〕 (3)ダヴィデ王 (4)アカデミー=フランセーズ〔フランス学士院〕

B．(5)―エ (6)―イ (7)―ア (8)知恵の館〔バイト=アルヒクマ〕

C．(9)サンスーシ宮殿 (10)―イ (11)ラテン帝国 (12)ヴィシー政府

◀解 説▶

≪西ヨーロッパにおける君主と教会の関係≫

A．(1)ア．誤文。テューダー朝（1485～1603年）を開いたのはヘンリ7世。

イ．誤文。イングランドとスコットランドが合併したのは1707年（大ブリテン王国），またアイルランドを併合したのは1801年のことである（大ブリテン=アイルランド連合王国）。

エ．誤文。王を首長とするイギリス国教会を成立させたのはヘンリ8世（国王至上法：1534年）。

(2)カール4世（カレル1世）はボヘミア王・ドイツ王（位1346～78年）で，神聖ローマ皇帝（位1355～78年）即位後の1356年，金印勅書を発布して7人の選帝侯を定めたが，これは諸侯の皇帝に対する優位を決定づけるものとなった。

(3)ダヴィデはヘブライ王国第2代の王（位前1000～前960年頃）で，イェルサレムに都を定め，王国の全盛期を築いた。

B．(6)イ．正解。910年に創設されたクリュニー修道院は，ベネディクトゥス戒律への復帰を主張し，教会改革運動の中心となった。アのシトー派修道会は11世紀末に設立され，大開墾時代（12～14世紀）に中心的役割を果たした修道会。またウのドミニコ修道会とエのフランチェスコ修道会はともに13世紀初頭に設立された托鉢修道会である。

(7)ア．正解。ソフォクレスはアテネの3大悲劇詩人の1人（他の2人はアイスキュロスとエウリピデス）で，代表作に『アガメムノン』がある。イのアリストファネスは『女の平和』などで知られる喜劇作家，ウのヘロドトスは『歴史』を著して「歴史の父」と称される人物，エのソクラテスは

客観的真理の存在を説いた哲学者である。

⑻知恵の館（バイト=アルヒクマ）は9世紀，アッバース朝カリフのマームーン（第7代 位813～33年）によって建てられた。

C．⑼サンスーシ宮殿はロココ式の代表的建造物で，フリードリヒ2世は啓蒙思想家のヴォルテールらをこの宮殿に招いた。

⑽イ．正解。セネガルは他の領域とともにフランス領西アフリカを形成したが，その総督府はセネガルの首都ダカールに置かれた。なお，セネガルは「アフリカの年」といわれた1960年に独立を達成した。

⑾ラテン帝国（1204～61年）は第4回十字軍がコンスタンティノープルを占領して建てた国。

⑿ヴィシー政府（1940～44年）はフランスがドイツに降伏したのちに成立した政府で，国家主席はペタン。ドイツの占領政策への協力を余儀なくされたが，ドイツ敗退とともに崩壊した。

Ⅱ 解答

⑴―ウ ⑵タンジマート ⑶―ウ
⑷カージャール朝 ⑸―イ ⑹ワッハーブ王国
⑺シリア ⑻ロンドン会議 ⑼マフディー派 ⑽常勝軍 ⑾モサデグ
⑿―イ

◀解 説▶

≪西アジアと北アフリカ地域の民族運動≫

⑴ア．誤文。首都をコンスタンティノープルに移したのはメフメト2世（第7代 位1444～46，51～81年）。

イ．誤文。マムルーク朝を滅ぼしたのはセリム1世（第9代 位1512～20年）で1517年のこと。

エ．誤文。クリム=ハン国を服属させたのはメフメト2世で，1475年のこと。

⑵タンジマート（1839～76年）はアブデュルメジト1世（第31代 位1839～61年）のギュルハネ勅令から始まった近代化・西欧化政策で「恩恵改革」と訳される。

⑷カージャール朝（1796～1925年）はトルコ系の政権。19世紀以降，イギリス・ロシアへの従属化が進むなか，バーブ教徒の乱（1848～52年）やタバコ=ボイコット運動（1891～92年）などが起こり，イラン民族運動

が高揚した。

⑸イ．誤文。ワフド党は第一次世界大戦後，エジプトで結成された民族主義政党で，パリ講和会議（1919年）にエジプト人の「代表（ワフド）」を送ることをめざした。

⑹ワッハーブ王国（1744頃～1818，23～89年）は原始イスラームへの復帰を主張したワッハーブ派とアラビア半島中部の豪族サウード家が提携して建てた国。

⑻ロンドン会議（1840年）は第2次エジプト=トルコ戦争（1839～40年）の講和会議。この時にイギリス・ロシア・オーストリア・プロイセンが結んだロンドン4国条約によって，ムハンマド=アリーの世襲権が認められた（一方で，シリアは放棄）。

⑼マフディーは「導かれた者」を意味するアラビア語で，「救世主」の意味で用いられる。1881年，スーダンでムハンマド=アフマドがマフディーを宣言，これに従う人々が教団国家を形成し，反英武装闘争を展開した（マフディーの反乱：1881～98年）。

⑽常勝軍は太平天国の乱（1851～64年）鎮圧のために組織された傭兵部隊。1860年にアメリカ人のウォードが外国人部隊を編制したことから始まり，やがて中国人も徴集された。ウォード戦死後，李鴻章の依頼を受けたイギリス人のゴードンがこれを指揮，反乱鎮圧に貢献したのち，64年に解散した。

⑾モサデグ首相（任1951～53年）は1951年に石油国有化を実施したが財政難を招く結果となり，国王パフレヴィー2世（位1941～79年）のクーデタで失脚した。

Ⅲ 解答

⑴―② ⑵―① ⑶―③ ⑷―④ ⑸―① ⑹―② ⑺―③ ⑻―② ⑼―① ⑽―① ⑾―③ ⑿―④ ⒀―②

◀解 説▶

≪琉球の歴史≫

⑴やや難。②正解。沖縄返還は1972年。したがって初の東京オリンピック開催の1964年とベトナム和平協定が調印された1973年の間であるイの時期になる。

(2)②誤文。西アジアで麦の栽培が始まったのは前7000年頃。
③誤文。中央ユーラシアで騎馬遊牧文化が形成されたのは前6世紀（スキタイ文化）。
④誤文。オルメカ文明は前1200年頃までに成立した。
(3)③誤文。東南アジア条約機構（SEATO）は1954年に結成されたアメリカ主導の反共集団防衛組織。加盟国はアメリカ・フィリピンの他，イギリス・フランス・オーストラリア・ニュージーランド・タイ・パキスタンの8カ国（パキスタンは1972年に脱退）であったが，1977年に解散した。
(4)④誤文。タラス河畔の戦い（751年）でアッバース朝と戦ったのは唐（618～907年）。
(6)①誤文。ノルマン=コンクェストが起こったのは1066年。ノルマンディー公ウイリアムがイングランドに侵入・征服してノルマン朝（1066～1154年）を開いた。
③誤文。神聖ローマ帝国で大空位時代が生じたのは1256～73年で，シュタウフェン朝滅亡後，神聖ローマ皇帝が実質的に空位となった。
④誤文。パガン朝が滅亡したのは1299年。元軍の侵入を受けて滅亡した。
(7)難問。③正解。(a)明に対する朝貢回数が最も多かったのは琉球で，1372年，明の太祖の求めに応じて中山王が入貢，1429年の琉球統一後も朝貢を続けた。(b)ベトナムは1400年に陳朝が滅亡したのち，明の永楽帝が一時支配（1407～28年），その後成立した黎朝（1428～1527，1532～1789年）があらためて明と朝貢関係を結んだ。(c)マラッカは鄭和の南海遠征（1405～33年）の寄港地となったことを機に明の朝貢国となったが，1511年，ポルトガルに占領された。
(8)②誤文。倭寇を退けて朝鮮王朝（李朝：1392～1910年）を建てたのは李成桂。李舜臣は壬辰・丁酉の倭乱（豊臣秀吉の朝鮮出兵　1592～93，97～98年）の際，亀甲船を率いて活躍した武将である。
(9)①正解。(a)エセン=ハンが明の正統帝を捕虜にしたのは1449年（土木の変），(b)アルタン=ハンが明を圧迫し，北京を包囲したのは1550年，(c)ヌルハチが後金を建てたのは1616年。したがって年代の古いものから順に正しく配列すると(a)→(b)→(c)となる。
(10)②誤文。ポルトガルがヨーロッパ共同体（EC）に加盟したのは1986年。
③誤文。ジョアン2世は15世紀後半の国王（位1481～95年）。ポルトガ

ルは 15 世紀前半,「航海王子」エンリケのもとで積極的な海外進出が進められ，ジョアン 2 世時代にはバルトロメウ=ディアスが喜望峰に到達した（1488 年）。

④誤文。ポルトガル王位を兼ねたスペイン王はフェリペ 2 世（位 1556～98 年）で，1580 年にポルトガルを併合した（～1640 年）。

⑾③正解。⒜誤文。唐の孔穎達が編纂したのは『五経正義』。『五経大全』は明代，永楽帝の命で編纂されたもの。⒝正文。

⑿①誤文。北宋と西夏が結んだのは慶暦の和約（1044 年）。

②誤文。リューベックは北ドイツ諸都市で形成されたハンザ同盟の盟主。ロンバルディア同盟はイタリアのロンバルディア地方における諸都市が結成した同盟である。

③誤文。「塩の行進」（1930 年）を組織したのはガンディー。スカルノはインドネシアの独立運動を指導し，インドネシア共和国初代大統領（任 1945～67 年）になった人物。

Ⅳ 解答

⑴―④　⑵―②　⑶―②　⑷―①　⑸―③　⑹―①
⑺―④　⑻―②　⑼―③　⑽―⑨　⑾―②　⑿―⑦
⒀―①

◀解　説▶

≪科学技術の光と闇≫

⑵やや難。①誤文。キューバ危機の翌年である 1963 年に調印されたのは部分的核実験禁止条約。核拡散防止条約が調印されたのは 1968 年である。

③誤文。ソ連のアフガニスタン侵攻は 1979 年で，89 年に撤退したのちの 1993 年に第 2 次戦略兵器削減条約（START II）が調印された。

④誤文。第 1 次戦略兵器制限交渉（SALT I）が調印されたのは 1972 年で，当時のアメリカ大統領はニクソン（任 1969～74 年　共和党）。

⑷やや難。②誤文。シュレスヴィヒ・ホルシュタイン両公国の帰属をめぐってプロイセンと戦ったのはデンマーク（1864 年）。

③誤文。スウェーデンはウィーン会議によってノルウェーを領有したが（1814 年），ノルウェーは独自の憲法をもち，1905 年の国民投票で独立した。

④誤文。第二次世界大戦後に永世中立を宣言したのはオーストリア。

⑸③正解。第五福竜丸は1954年，マーシャル諸島ビキニ環礁でおこなわれたアメリカの水爆実験によって被爆した。

⑹②誤文。ポロニウムとラジウムを発見したのはキュリー夫妻である。パストゥールは狂犬病の予防接種など伝染病の予防・治療に貢献した細菌学者である。

③誤文。中間子理論で，日本ではじめてノーベル物理学賞を受賞したのは湯川秀樹（1949年）。江崎玲於奈はトンネル効果の実証例によってノーベル物理学賞を受賞した（1973年）。

④誤文。マンハッタン計画（アメリカの原子爆弾製造計画）はアインシュタインが大統領にあてた勧告書がきっかけとなって始まったが，彼自身は計画実施に直接関与していない。

⑻②正解。イギリスで最初の営業鉄道はマンチェスター・リヴァプール間で始まった（1830年）。マンチェスターは産業革命期に綿織物の中心地となり，ここで生産された製品がリヴァプールから輸出された。

⑽⑨正解。冷戦期の1956年，ハンガリーで反ソ暴動が勃発，改革派のナジ=イムレが首相に就任してワルシャワ条約機構からの脱退を図ったが，ソ連の軍事介入によって失敗した。

⑾②正解。1867年のパリ万博はナポレオン3世のもとで開催され，日本（幕府・薩摩藩・佐賀藩）も初めて参加した。

⑿難問。⑦正解。表のA国はドイツで，1871年の統一後，工業化が進展，19世紀末にイギリスに追いついた。1898年以降，第一次世界大戦まで大規模な戦艦建造がおこなわれ，建造に必要な鉄鋼の原料となる銑鉄の生産量も増大した。B国はイギリスで，いち早く産業革命を開始するなど技術革新が進んだ。また，19世紀末以降はドイツに対抗して戦艦建造を進めた。D国はアメリカで，1865年に南北戦争が終了すると工業化が進み，19世紀末には世界一の工業国となった。1901年には鉄鋼業の巨大独占企業であるUSスチールが形成されている。残るC国がフランスで，第二帝政時代（1852～70年）にナポレオン3世が産業革命を推進した。文①～⑧のうちフランスに関するものは②と⑦であるが，（＊）の時期に該当するのは⑦で，1891～94年にかけて露仏同盟が成立した（～1917年）。

⒀難問。①正解。A．スプートニク打ち上げ成功は1957年，B．プロイセン=フランス戦争は1870～71年，C．広島・長崎への原子爆弾投下は

1945年，D．プロイセン=オーストリア戦争は1866年，E．ライト兄弟が動力飛行機を発明したのは1903年，F．日露戦争は1904〜05年。したがって古い順に並び替えるとD→B→E→F→C→Aとなるので2番目がB，3番目がEとなる。

❖講　評

Ⅰ　西ヨーロッパにおける君主と教会の関係について問う大問。3つの短いリード文からなり，それぞれ正文・語句の選択と絵画・地図からの選択，記述法で構成されている。視覚資料（絵画）・地図を含め，選択法・記述法とも標準的なレベルである。

Ⅱ　西アジアと北アフリカ地域の民族運動に関する大問で，おもに19世紀以降の出来事を中心に問う。正文・誤文選択，語句の選択，地図からの選択，記述法で構成されているが，おおむね標準的な内容といえる。

Ⅲ　琉球の歴史と，これに関連してアジアや他地域の動向についても問う大問。配列法，正文・誤文選択，正誤法などで構成されており，解答はすべてマーク形式である。(1)の沖縄の返還時期は年代が近いものがあり，やや難。また，(7)の朝貢回数に関するグラフの読み取りも難問といえる。

Ⅳ　科学技術の発展に関する光と闇について問う大問。リード文は6つの短文になっている。正文・語句・事項の組合せに関する選択，配列法からなり，解答はすべてマーク形式。(2)と(4)は正確，かつ詳細な知識が必要でやや難。(12)の統計表を用いた問題はかなりの難問で，(13)の配列法も難しい。

数学

I 解答

(1)　直線 $y=x-2$ は点 $(a,\ b)$ を通るから　$b=a-2$

よって，直線 $l:y=ax-b$ は

$$y=ax-(a-2)$$
$$y=a(x-1)+2$$
$$(x-1)a+(-y+2)=0$$

a の値によらず成り立つから　$x-1=0$，$-y+2=0$

すなわち　$x=1$，$y=2$

よって，l は点 $(1,\ 2)$ を通り，傾き a の直線である。

ゆえに，定点は　$(1,\ 2)$　……(答)

(2)　$\begin{cases} y=x^2 \\ y=ax-(a-2) \end{cases}$ より　$x^2=ax-(a-2)$

よって　$x^2-ax+a-2=0$　……①

交点の x 座標は①の実数解 α，β $(\alpha<\beta)$ である。

判別式　$D=a^2-4(a-2)=a^2-4a+8=(a-2)^2+4>0$

解と係数の関係より

$$\alpha+\beta=a,\ \alpha\beta=a-2$$
$$(\beta-\alpha)^2=(\alpha+\beta)^2-4\alpha\beta=a^2-4(a-2)=a^2-4a+8$$

$\beta>\alpha$ より　$\beta-\alpha=\sqrt{a^2-4a+8}$　……(答)

次に，面積 S は

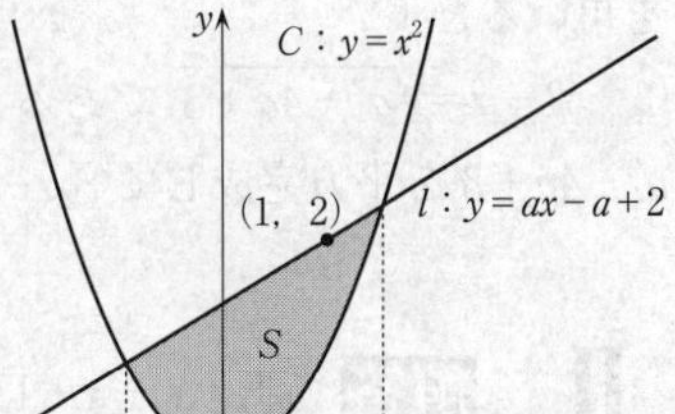

$$S=\int_\alpha^\beta (ax-a+2-x^2)\,dx$$
$$=-\int_\alpha^\beta (x^2-ax+a-2)\,dx$$
$$=-\int_\alpha^\beta (x-\alpha)(x-\beta)\,dx$$
$$=-\left\{-\frac{1}{6}(\beta-\alpha)^3\right\}=\frac{1}{6}(\beta-\alpha)^3$$
$$=\frac{1}{6}(a^2-4a+8)^{\frac{3}{2}}$$

$$=\frac{1}{6}(a^2-4a+8)\sqrt{a^2-4a+8}\quad \cdots\cdots(答)$$

(3)　$a^2-4a+8=(a-2)^2+4$ より，面積 S が最小になる a の値は $a=2$ である。このとき，$b=a-2$ より，$b=0$ であるから

$$直線\ l: y=2x,\ 面積\ S=\frac{1}{6}\cdot 4\cdot\sqrt{4}=\frac{4}{3}\quad \cdots\cdots(答)$$

◀解　説▶

≪直線の方程式，放物線と直線の交点の座標，２次方程式の解，図形の面積，定積分，面積の最小値≫

(1)　直線 $y=x-2$ が点 $(a,\ b)$ を通ることより　　$b=a-2$

よって，直線 $l: y=a(x-1)+2$ となる。これより，直線 l は点 $(1,\ 2)$ を通り，傾きが a の直線であるから，a の値によらず定点 $(1,\ 2)$ を通っている。

(2)　直線 $l: y=a(x-1)+2$ と放物線 $C: y=x^2$ を連立させて，交点の x 座標は２次方程式 $x^2-ax+a-2=0$ の実数解の $\alpha,\ \beta$ $(\alpha<\beta)$ である。

これより，$\beta-\alpha$ を求めるとよい。なお，判別式 $D>0$ の確認をしたうえで，$(\beta-\alpha)^2=(\alpha+\beta)^2-4\alpha\beta$ として，解と係数の関係から求める。

次に，面積 S は $S=\int_{\alpha}^{\beta}(ax-a+2-x^2)\,dx$ を計算するとよい。積分計算においては，２次式の積分公式

$ax^2+bx+c=0$ の異なる実数解を $\alpha,\ \beta$ とすれば

$$\int_{\alpha}^{\beta}(ax^2+bx+c)\,dx=-\frac{a}{6}(\beta-\alpha)^3$$

を用いるとよい。

(3)　$\beta-\alpha=\sqrt{a^2-4a+8}$ であるから，面積 S の最小値は(2)の結果より，a^2-4a+8 を平方完成して $(a-2)^2+4$ として求めればよい。

II

解答　(1)　$x^2+x+1=0$ において，解の公式より

$$x=\frac{-1\pm\sqrt{3}i}{2}$$

$\omega=\dfrac{-1+\sqrt{3}i}{2}$ のとき

$$\omega^2=\left(\frac{-1+\sqrt{3}i}{2}\right)^2=\frac{1-2\sqrt{3}i+3i^2}{4}=\frac{-2-2\sqrt{3}i}{4}=\frac{-1-\sqrt{3}i}{2}$$

また，$\omega=\frac{-1-\sqrt{3}i}{2}$ のとき

$$\omega^2=\left(\frac{-1-\sqrt{3}i}{2}\right)^2=\frac{1+2\sqrt{3}i+3i^2}{4}=\frac{-2+2\sqrt{3}i}{4}=\frac{-1+\sqrt{3}i}{2}$$

よって，解の一つを ω とすれば，もう一つの解は ω^2 となる。

$-\frac{1}{2}\pm\frac{\sqrt{3}}{2}i$ の共役複素数は $-\frac{1}{2}\mp\frac{\sqrt{3}}{2}i$（複号同順）であるから，$\omega^2$ は ω の共役複素数 $\overline{\omega}$ に等しい。　　　　（証明終）

(2)　$x^3\equiv P(x)$ より，$x^3-P(x)=(x^2+x+1)f(x)$　（$f(x)$ は整式）とおける。これより

$$P(x)=x^3-(x^2+x+1)f(x)$$

（x^3 を x^2+x+1 で割って商 $x-1$ 余り 1 より）

$$=(x-1)(x^2+x+1)+1-(x^2+x+1)f(x)$$

$$=(x^2+x+1)\{-f(x)+x-1\}+1$$

よって，次数が最小の整式 $P(x)$ は整式 $f(x)=x-1$ のとき，$P(x)=1$ である。 ………(答)

(3)　$P(x)\equiv R(x)$ より

$$P(x)-R(x)=(x^2+x+1)g(x)\quad (g(x) \text{ は整式})$$

$Q(x)\equiv S(x)$ より

$$Q(x)-S(x)=(x^2+x+1)h(x)\quad (h(x) \text{ は整式})$$

とおける。これらより

$$P(x)=R(x)+(x^2+x+1)g(x),\ Q(x)=S(x)+(x^2+x+1)h(x)$$

であり

$$\begin{aligned}P(x)Q(x)&=\{R(x)+(x^2+x+1)g(x)\}\{S(x)+(x^2+x+1)h(x)\}\\&=R(x)S(x)+R(x)\{(x^2+x+1)h(x)\}\\&\quad+\{(x^2+x+1)g(x)\}S(x)+(x^2+x+1)^2g(x)h(x)\\&=R(x)S(x)+(x^2+x+1)\{R(x)h(x)+S(x)g(x)\\&\quad+(x^2+x+1)g(x)h(x)\}\\&=R(x)S(x)+(x^2+x+1)i(x)\quad (i(x) \text{ は整式})\end{aligned}$$

よって，$P(x)Q(x)-R(x)S(x)=(x^2+x+1)i(x)$ となるから

$P(x)Q(x) \equiv R(x)S(x)$

である。　(証明終)

(4)　$x^n \equiv P(x)$ より，$x^n - P(x) = (x^2+x+1)j(x)$　(n：0 以上の整数，$j(x)$ は整式) とおける。

これより　$P(x) = x^n - (x^2+x+1)j(x)$

［i］ $n=0$ のとき

$$P(x) = x^0 - (x^2+x+1)j(x) = -(x^2+x+1)j(x) + 1$$

よって，次数が最小の整式 $P(x)$ は整式 $j(x)=0$ のとき　$P(x)=1$

$n=1$ のとき

$$P(x) = x^1 - (x^2+x+1)j(x) = -(x^2+x+1)j(x) + x$$

よって，次数が最小の整式 $P(x)$ は整式 $j(x)=0$ のとき　$P(x)=x$

$n=2$ のとき

$$\begin{aligned} P(x) &= x^2 - (x^2+x+1)j(x) \\ &= x^2+x+1-(x^2+x+1)j(x)-x-1 \\ &= (x^2+x+1)\{-j(x)+1\}-x-1 \end{aligned}$$

よって，次数が最小の整式 $P(x)$ は整式 $j(x)=1$ のとき

$$P(x) = -x-1$$

［ii］ また，$x^3 = (x-1)(x^2+x+1)+1$ であるから，$n=3k$，$3k+1$，$3k+2$ ($k=1, 2, 3, \cdots$) として，x^n は

$n=3k$ のとき

$$\begin{aligned} x^{3k} &= (x^3)^k = \{(x-1)(x^2+x+1)+1\}^k \\ &= (x^2+x+1)T(x)+1 \end{aligned}$$
（二項定理で展開して，$T(x)$ は整式）

よって

$$\begin{aligned} P(x) &= x^n - (x^2+x+1)j(x) \\ &= x^{3k} - (x^2+x+1)j(x) \\ &= (x^2+x+1)T(x)+1-(x^2+x+1)j(x) \\ &= (x^2+x+1)\{T(x)-j(x)\}+1 \end{aligned}$$

よって，次数が最小の整式 $P(x)$ は整式 $T(x)-j(x)=0$ のとき，$P(x)=1$ である。

$n=3k+1$ のとき

$$\begin{aligned} x^{3k+1} &= (x^3)^k x = \{(x-1)(x^2+x+1)+1\}^k x \\ &= \{(x^2+x+1)T(x)+1\}x \end{aligned}$$

$$=x(x^2+x+1)T(x)+x$$

$$P(x)=x^n-(x^2+x+1)j(x)=x^{3k+1}-(x^2+x+1)j(x)$$
$$=x(x^2+x+1)T(x)+x-(x^2+x+1)j(x)$$
$$=(x^2+x+1)\{xT(x)-j(x)\}+x$$

よって，次数が最小の整式 $P(x)$ は整式 $xT(x)-j(x)=0$ のとき，$P(x)=x$ である。

$n=3k+2$ のとき

$$x^{3k+2}=(x^3)^kx^2=\{(x-1)(x^2+x+1)+1\}^kx^2$$
$$=\{(x^2+x+1)T(x)+1\}x^2=x^2(x^2+x+1)T(x)+x^2$$
$$=x^2(x^2+x+1)T(x)+x^2+x+1-x-1$$
$$=(x^2+x+1)\{x^2T(x)+1\}-x-1$$

$$P(x)=x^n-(x^2+x+1)j(x)$$
$$=x^{3k+2}-(x^2+x+1)j(x)$$
$$=(x^2+x+1)\{x^2T(x)+1\}-x-1-(x^2+x+1)j(x)$$
$$=(x^2+x+1)\{x^2T(x)+1-j(x)\}-x-1$$

よって，次数が最小の整式 $P(x)$ は整式 $x^2T(x)+1-j(x)=0$ のとき，$P(x)=-x-1$ である。

以上[i]，[ii]より，次数が最小の整式 $P(x)$ は $k=0,\ 1,\ 2,\ \cdots$ として

$$\begin{cases} n=3k \text{ のとき} & P(x)=1 \\ n=3k+1 \text{ のとき} & P(x)=x \\ n=3k+2 \text{ のとき} & P(x)=-x-1 \end{cases}\quad\cdots\cdots\text{(答)}$$

◀解　説▶

≪2次方程式の虚数解，共役複素数，整式の乗法と除法計算，次数が最小な整式≫

(1)　2次方程式 $x^2+x+1=0$ の解を解の公式から求める。異なる2つの虚数解が求まり，一方の解の2乗が他方の解になっていることを示すとよい。

なお，$a\pm bi$（$b\neq 0$）の共役複素数は $a\mp bi$（$b\neq 0$）（複号同順）である。

参考　$x^2+x+1=0$ の解を ω とすると，$\omega^2+\omega+1=0$ であり

$$\omega^3=\omega\cdot\omega^2=\omega(-\omega-1)=-(\omega^2+\omega)=-(-1)=1$$

よって，$x=\omega^2$ のとき

$$(\omega^2)^2+\omega^2+1=\omega^4+\omega^2+1=\omega\cdot\omega^3+\omega^2+1=\omega^2+\omega+1=0$$

すなわち，$x=\omega^2$ は方程式の解になっている。

(2) 定義の条件式から，$P(x) \equiv Q(x)$ より

$$P(x)-Q(x)=(x^2+x+1)a(x) \quad (a(x) \text{ は整式})$$

とおける。したがって，$x^3 \equiv P(x)$ より

$$P(x)=x^3-(x^2+x+1)f(x) \quad (f(x) \text{ は整式})$$

とおけて，x^3をx^2+x+1で割って商$x-1$余り1であるから

$$P(x)=(x^2+x+1)\{-f(x)+x-1\}+1$$

と表すことができる。これより，次数が最小の整式$P(x)$を求めるとよい。

(3) $P(x) \equiv R(x)$ より

$$P(x)-R(x)=(x^2+x+1)g(x) \quad (g(x) \text{ は整式})$$

$Q(x) \equiv S(x)$ より

$$Q(x)-S(x)=(x^2+x+1)h(x) \quad (h(x) \text{ は整式})$$

これらより，$P(x)Q(x)$を計算して

$$P(x)Q(x)=R(x)S(x)+(x^2+x+1)i(x) \quad (i(x) \text{ は整式})$$

の形になることを示せばよい。

(4) $x^n \equiv P(x)$ より

$$x^n-P(x)=(x^2+x+1)j(x) \quad (n\text{：0以上の整数，} j(x) \text{ は整式})$$

とおける。これより，$P(x)=x^n-(x^2+x+1)j(x)$として計算をする。

まず，$n=0,\ 1,\ 2$の場合について，次数が最小の整式$P(x)$を求める。

次に，$n=3k,\ 3k+1,\ 3k+2\ (k \geqq 1)$について，次数が最小の整式$P(x)$を調べる。

なお，$\{(x-1)(x^2+x+1)+1\}^k$については二項定理で展開して

$$\begin{aligned}&(x-1)^k(x^2+x+1)^k+{}_kC_1(x-1)^{k-1}(x^2+x+1)^{k-1}\\&\qquad+{}_kC_2(x-1)^{k-2}(x^2+x+1)^{k-2}+\cdots+{}_kC_{k-1}(x-1)(x^2+x+1)+1\\&=(x^2+x+1)T(x)+1 \quad (T(x) \text{ は整式})\end{aligned}$$

の形になることに注意する。

III 解答

(1)　$m+n$ 個の中から取り出した2個が赤玉であるから，求める確率は

$$\frac{{}_nC_2}{{}_{m+n}C_2}=\frac{\dfrac{n(n-1)}{2!}}{\dfrac{(m+n)(m+n-1)}{2!}}=\frac{n(n-1)}{(m+n)(m+n-1)}\quad\cdots\cdots(\text{答})$$

(2)　$m=3$ のとき，(1)の結果より，$\frac{1}{2}$ 以上の確率であるから

$$\frac{n(n-1)}{(3+n)(2+n)}\geqq\frac{1}{2}$$

$$2n(n-1)\geqq(n+3)(n+2)$$

$$n^2-7n-6\geqq0$$

よって　　$n\leqq\dfrac{7-\sqrt{73}}{2}$，$n\geqq\dfrac{7+\sqrt{73}}{2}$

$n\geqq2$ であるから　　$n\geqq\dfrac{7+\sqrt{73}}{2}$

$8<\sqrt{73}<9$ より　　$n>7.5$

よって，求める最小の自然数は　　$n=8$　……(答)

(3)　$n=m+3$ のとき，(1)の結果より，$\frac{1}{3}$ 以上の確率であるから

$$\frac{(m+3)(m+2)}{(2m+3)(2m+2)}\geqq\frac{1}{3}$$

$$3(m+3)(m+2)\geqq(2m+3)(2m+2)$$

$$m^2-5m-12\leqq0$$

よって　　$\dfrac{5-\sqrt{73}}{2}\leqq m\leqq\dfrac{5+\sqrt{73}}{2}$

$m\geqq2$ であるから　　$2\leqq m\leqq\dfrac{5+\sqrt{73}}{2}$　……①

$8<\sqrt{73}<9$ より　　$6.5<\dfrac{5+\sqrt{73}}{2}<7$

よって，①より，求める最大の自然数は　　$m=6$　……(答)

◀解　説▶

≪袋から玉を取り出す確率，分数不等式，２次不等式，不等式を満たす整数値≫

(1)　赤玉と白玉の計 $m+n$ 個から２個を取り出す場合の数は ${}_{m+n}C_2$ 通り，赤玉を２個取り出す場合の数は ${}_nC_2$ 通りである。これより，確率を求める。

(2)　$m=3$ のとき，(1)の結果より，確率を求めて，不等式 $\dfrac{n(n-1)}{(3+n)(2+n)} \geqq \dfrac{1}{2}$ を解けばよい。$n\geqq 2$ であるから，分母を払って n についての２次不等式 $2n(n-1) \geqq (n+3)(n+2)$ を解く。$n\geqq \dfrac{7+\sqrt{73}}{2}$ が求められたら，$8<\sqrt{73}<9$ に注意して最小の自然数 n の値を求める。

(3)　$n=m+3$ のとき，(1)の結果より，確率を求めて，不等式 $\dfrac{(m+3)(m+2)}{(2m+3)(2m+2)} \geqq \dfrac{1}{3}$ を解けばよい。$m\geqq 2$ であるから，分母を払って m についての２次不等式 $3(m+3)(m+2) \geqq (2m+3)(2m+2)$ を解く。$2\leqq m\leqq \dfrac{5+\sqrt{73}}{2}$ が求められたら，$8<\sqrt{73}<9$ に注意して最大の自然数 m の値を求める。

❖講　評

Ⅰ　(1)　a についての恒等式を考え，直線が定点を通ることを示すとともに定点を求める。

(2)　放物線と直線の交点の x 座標の関係を２次方程式の解から求める。判別式，解と係数の関係を活用するとよい。また，放物線と直線で囲まれた図形の面積は定積分の公式を活用する。

２次式の定積分公式，$ax^2+bx+c=0$ の異なる実数解を α，β とすれば，

$\displaystyle\int_\alpha^\beta (ax^2+bx+c)\,dx = -\frac{a}{6}(\beta-\alpha)^3$ を用いるとよい。

(3)　面積 S の最小値は a に関する２次関数の最小値として求める。

Ⅱ　(1)　２次方程式の解の公式により異なる２つの虚数解が求まり，一方の解の２乗が他方の解になっていることを示す。なお，複素数について，$a\pm bi\,(b\neq 0)$ の共役複素数は $a\mp bi\,(b\neq 0)$（複号同順）である。

(2) 定義の条件式から，$P(x)\equiv Q(x)$ より，
$P(x)-Q(x)=(x^2+x+1)a(x)$ （$a(x)$ は整式）。よって，$x^3\equiv P(x)$ より，$P(x)=x^3-(x^2+x+1)f(x)$ （$f(x)$ は整式）とおき，
$x^3=(x^2+x+1)(x-1)+1$ より，$P(x)=(x^2+x+1)\{-f(x)+x-1\}+1$ と表すことができ，これより，次数が最小の整式 $P(x)$ を求めるとよい。
(3) $P(x)\equiv R(x)$ より，$P(x)-R(x)=(x^2+x+1)g(x)$ （$g(x)$ は整式），
$Q(x)\equiv S(x)$ より，$Q(x)-S(x)=(x^2+x+1)h(x)$ （$h(x)$ は整式）とおいて，$P(x)Q(x)$ を計算して，$P(x)Q(x)=R(x)S(x)+(x^2+x+1)i(x)$ （$i(x)$ は整式）の形になることを示せばよい。
(4) $x^n\equiv P(x)$ より，$x^n-P(x)=(x^2+x+1)j(x)$ （n：0以上の整数，$j(x)$ は整式）とおける。これより，$P(x)=x^n-(x^2+x+1)j(x)$ として計算をする。まず，$n=0,\ 1,\ 2$ について，次に，$n=3k,\ 3k+1,\ 3k+2\ (k\geqq1)$ について，次数が最小の整式 $P(x)$ を調べること。

Ⅲ (1) 赤玉と白玉の計 $m+n$ 個から2個を取り出す場合 ${}_{m+n}C_2$ 通り，赤玉を2個取り出す場合 ${}_nC_2$ 通り。これらより，確率を求める。
(2) $m=3$ のとき，(1)の結果より，確率を求めて，分数不等式
$\dfrac{n(n-1)}{(3+n)(2+n)}\geqq\dfrac{1}{2}$ を解く。$n\geqq2$ より，$n\geqq\dfrac{7+\sqrt{73}}{2}$ を求めて，最小の自然数 n の値を求める。
(3) $n=m+3$ のとき，(1)の結果より，確率を求めて，分数不等式
$\dfrac{(m+3)(m+2)}{(2m+3)(2m+2)}\geqq\dfrac{1}{3}$ を解き，$2\leqq m\leqq\dfrac{5+\sqrt{73}}{2}$ を求めて，最大の自然数 m の値を求める。

Ⅰ，**Ⅱ**，**Ⅲ**のいずれも難問ではなく，取組みやすい問題である。すべてが記述式であるから論理的にわかりやすい答案を作成することが大切である。また，証明問題もあり注意したい。**Ⅱ**の(4)は $n=3k,\ 3k+1,\ 3k+2$ について調べる必要があり，二項定理の活用も求められ，計算はやや面倒である。それ以外は全体的に複雑な計算がないので，途中のケアレスミスをしないこと。全問が数学の基礎・基本的な知識を問う良問である。

〔問八〕は、内容真偽の設問。選択肢は、本文のポイントとなる箇所の表現を組み合わせて作られており、本文での該当箇所を見つけるのに手間取る。やや難のレベル。

二の古文は、『夜の寝覚』が出典。リード文で場面の背景や人物関係をよく理解しておきたい。登場人物の心内語が読解の中心となっており、文脈把握はかなり難しい。〔問一〕は、古文の基本的な単語の意味を問う設問。やや易。〔問二〕は「に」の識別の設問。基本的な問題で易。〔問三〕は、会話の中に引用されている会話部分を答える設問。話の展開や人物関係をおさえている必要があり、やや難。〔問四〕・〔問五〕の内容説明の設問は、解答の根拠が直接示されているとは言えない。〔問四〕は、エピソードの背景にある貴族社会の身分制度についての知識、〔問五〕は会話表現（心内語）の中には表現されていない登場人物の思いを、文脈から補って読み取る力が必要となる。いずれもやや難。

三の漢文は、明代の張岱という政治・文筆家の文章が出典。「氷雪の気」の作用について述べている。比喩を多用した論の展開は、やや唐突でわかりにくい。ただ、中心部は同じ内容が表現を変えて繰り返されており、全体を理解する助けとなる。〔問一〕は「能」の読み、基礎的できわめて易しい。〔問二〕は、返り点を付ける設問。平仮名での書き下し文が示されており、これに従えばよい。訓点の原則的な知識があれば解答できる、やや易のレベル。〔問三〕は、文脈を理解した上で、反語の「有ラン―哉」や「幾」の語意を踏まえて答える必要がある。標準レベル。〔問四〕は、「是」の指示語としての意味用法や「異」の語意を理解していれば解答できる、やや易のレベル。〔問五〕は、正答となる選択肢が本文の表現を巧みに変えて作られているが、他の選択肢は見きわめが容易である。やや易のレベル。

〔問五〕「氷雪之在レルハ人ニ」から始まる最後の二文の内容をおさえる。比況の助動詞「如」を用いて、人の心の中に「氷雪」があるのは、「魚」に水、「龍」に石が存在するようなものである、としている。「沐浴」は、本来〝水や湯を浴びて体を洗うこと〟の意だが、ここは〝恩恵を受ける〟ことの意。（「恩恵に浴す」などを想起するとよい。）「其中」の「其」は「水」や「石」を指す。「特―耳」は、限定の句法。〝ただ～ばかり〟の意。「与」は「と」と読む並立の助詞。「不二之ヲ覚ラ一」の「之」は、「日夜沐二浴シ其中ニ一」を指す。つまり、「魚」も「龍」も「水」や「石」からの「沐浴」に気づかないだけであり、それは「人」が心の中にある「氷雪」に気づかないことに例えられるというのである。よって正解はD。

❖講　評

現代文・古文・漢文各一題、計三題で試験時間は六十分。設問の大部分は、マークシートによる選択式。記述式は書き取り（慣用表現を含む）、箇所指摘、読みに限られている。

一の現代文は、荘子の「渾沌」についての評論。『ウパニシャド』『旧約聖書』との同型を見ながら、「存在」の根源的なありように迫る荘子の思想について解説している。本文はやや長め。哲学的で難解な漢語表現が多く、細部にわたって内容を理解するのは難しい。ただ、同一内容を、表現を変えて説明していることや、論の展開が明確なことから、主旨の把握に困難はない。設問の選択肢は、その主旨に基づいて本文を要約・換言して作られたものが多く、適否は比較的見きわめやすい。〔問二〕は、書き取り、〔問五〕は慣用表現の設問。「示唆」「露呈」など、硬質の文章によく用いられる語を書かせている。やや易。〔問二〕・〔問三〕は、よく似た内容を尋ねている。解答の根拠となる箇所は、いずれも傍線部付近にあり見つけやすい。ただ、選択肢は本文の表現を言い換えて作られており、文脈を把握する必要がある。やや難のレベル。〔問四〕・〔問七〕は、数段落にわたってその内容を読み取り、標準レベル。〔問六〕も、数段落にわたって内容を読み取った上で、「適当でない」ものを答えさせている。選択肢の見きわめがしやすく標準レベル。

▲解説▼

〔問一〕「能」は「よク」と読んで、可能（〜デキル）の意をあらわす。不可能（〜デキナイ）の場合は、「不能」の形で通常「あたハズ」と読む。

〔問二〕「藉」は「かル」と読む動詞。「此氷雪之気」を目的語としているから、「気」から「藉」へ一・二点で返る。「無不」は、「……ざルはなシ」と読む二重否定の形。「不」から「無」へ一文字だけ返っているからレ点を用いる。また書き下し文では「いきざるはなし」となっており、「生」から「不」へ、先の「藉二此氷雪之気一」を挟んで返っており上・下点を用いる。以上より正解はC。A・Bは、レ点→一・二点→上・下点→甲・乙点という返点の使用順序を誤っている。Dは、上点が書き下し文に合わない。Eは、「気」に二点が付いているので、「このひょうせつのき」と読めない時点で誤りとわかる。

〔問三〕空欄(3)の直前にある「―有らば、則ち」という仮定条件を示す句法に着目。「氷雪之気必待二氷雪一而有」と〝氷雪の気が必ず氷雪によってもたらされる（限定された）ものであるならば〟という意味である。「有―哉」は、「あランや」と読む反語の形。〝〜があろうか、いやない〟の意。「幾の」と形容句があり、〝どれほどの―もない〟という意となる。この後、筆者は「若二吾之所謂氷雪一則異レ是」として、「氷雪」が人の意識の中に日常的に存在することを述べている。以上、現実の限られた「氷雪」に対して、比喩としての常在する「氷雪」について主張する文脈にあることから、正解はB。

〔問四〕「異」には、〝同じではない、違っている〟。「異論」「異説」など〝変わったこと〟。「怪異」など〝災い〟。「天変地異」など〝むほん、反逆〟。「異心」など〟といった意があるが、直前に「若二吾之所謂氷雪一」とあることから、〔問三〕の解説に述べた通り、ここは、現実の「氷雪」とは異なる比喩としての「氷雪」を示そうとした部分だとわかる。正解はA。「是」はここでは「これ・この・ここ」と読む指示語。（「ぜ」と読む〝正しい〟の意や「これ」と読む強意や語調を整える用法もある。）

〔問三〕　B

〔問四〕　A

〔問五〕　D

◆全　訳◆

魚や肉といった食物が、風や陽射しに当たると腐りやすく、氷や雪の中に入れると腐らないのは、氷や雪が物を長持ちさせることができるからである。今年、氷や雪が多いと、翌年に穀物が必ず良く実るのは、氷や雪が物を生み出すことができるからである。そもそも人が生きる際には必ずこの氷雪の気の助けを借りているのである。そしてまた氷雪がもたらす気が常に氷や雪の時だけに生じるものであるならば、四季の間にはどれほどの氷雪もない（のだから氷雪の気も限られたものとなる）。（しかし）私の（譬えて）言う氷雪は、これ（＝現実の氷雪）とは別である。そもそも人が昼間に身を置けば、（それは）風や陽射しのなかにいることに相当し、（その場合）夜気（に当たること）は氷雪（に包まれること）に相当する。（また人が）騒がしさのなかにあれば、風や陽射しのなかにいることに相当し、静寂は氷雪に相当する。（また）街中や朝廷にいることは風や陽射しのなかにいることに相当し、山林は氷雪に相当する。人の心のなかに氷雪がある様子は、魚における水、龍における石のようなものである。昼も夜も（水や石からの）恩恵を受けているが、魚と龍がそのことに気づかないだけなのである。

読み　魚肉の物、風日を見れば則ち腐り易く、氷雪に入れば則ち敗(くさ)れざるは、則ち氷雪の能く物を寿(ひさ)しくするなり。今年氷雪多ければ、来年穀麦必ず茂るは、則ち氷雪の能く物を生かすなり。蓋(けだ)し人の生くるは此の氷雪の気を藉(か)りて以て生きざるは無し。而(しか)して氷雪の気必ず氷雪を待ちて有らば、則ち四時(しいじ)幾(いくばく)の氷雪有らんや。吾の所謂(いはゆる)氷雪のごときは則ち是に異なれり。凡(およ)そ人昼に遇へば則ち風日にして夜気は則ち氷雪なり。煩燥に遇へば則ち風日にして清静は則ち氷雪なり。市朝に遇へば則ち風日にして山林は則ち氷雪なり。氷雪の人に在るは、魚の水に於ける、龍の石に於けるがごとし。日夜其の中に沐浴し、特(た)だ魚と龍と之を覚らざるのみ。

めて高い身分にあること、に一致する。よって正解はE。

〔問五〕「こよなし」は〝この上ない〟、「思ひかへす」は〝思い直す、後悔する〟の意。部分否定で、〝それほどには、悔やまない〟というのである。傍線部(8)直前に「……と思へば」とあり、その理由は、「いかにも、これ離れぬにこそ。しかし、これをだになつけ語らひて、その行方をもおのづから知りなむ」の二文からなる中納言の会話（心内語）にある二箇所の「これ」、および「その」の指示内容を考える。どの選択肢も、後文の解釈はほぼ一致しており、「その行方」とは「逢瀬を交わした女性」の行方で、二つ目の「これ」は「今回出仕させた娘」を指す。文脈から、一つ目の「これ」も同じ娘を指すはずである。さらに、「離れぬにこそ」は、「あらめ」などの結びの語が省略された形。逢瀬を交わした彼女はこの娘と〝無関係ではないだろう〟の意。なお、「いかにも」は、下に「あれ」が省略された形で〝どうでもあれ、ともかく〟の意。AかCが残るが、リード文の「娘君たちが合奏する様子をかいま見」、第一段落末の「琵琶弾きし人に見なしつ」から、この娘は彼女と別人ではあるが、彼女と合奏していた姫君たちのうちの一人であることがわかるため、「出会った時の状況から考えても」とあるAが正解。Bは、「屋敷」を「これ」の指示内容とするのがおかしい。Cは、「今回出仕させた娘の美しさから考えても」が不適切。中納言は、出仕してきた娘の容姿を「げにかばかりにては、恥ならざめれど」などとしており、逢瀬を交わした女性の「たとふべきかたなかりし」容姿と同類には扱ってはいない。Dは「出会いから時間がたっている」が本文にはない内容。「既に別の場所に移っているはず」も本文にはない。Eは、「赤の他人であるはず」が「離れぬにこそ」に合わず、不適切。

三

出典 明・張岱「一巻氷雪文序」

解答

〔問一〕 よく

〔問二〕 C

の意が派生する。ここは、顔を見ようと扇を引きのけようとする中納言の行動に対する「娘」の心情。〝苦しい、つらい〟がふさわしい。正解はC。Aは「かしこし」、Bは「おぼつかなし」、Dは「すごし」などが相当する。

〔問二〕傍線部(5)直後の「あら」はラ変動詞「あり」の未然形。「にあらず」で〝ではない〟という意味であり、この場合の「に」は断定の助動詞の連用形である。

〔問三〕ここは中納言の会話部分。「言ひしほどよりは」と、敬語が用いられていないことから「言ひし」の主語は、自分自身（＝中納言）。「し」は過去の助動詞「き」。この後に「とや、御覧じおとすらむ」と尊敬語が用いられている。「御覧じおとす」の主語は中宮。「らむ」は、現在推量の助動詞。先の疑問の係助詞「や」の結び。自分が以前に語ったことに対して、中宮は、「言ひしほどよりは」と「御覧じおとし」ているだろうか、という意味になる。中納言が以前中宮に語ったことで、「御覧じおとす」きっかけとなる表現を探す。「まだ見知らぬさましたりとのみ申し聞かせたる」と娘の容姿を褒めたたえて中宮に申し上げた部分がある。

〔問四〕「思ひおとしむ」は「思ひ貶しむ」で〝見下して思う、さげすむ〟の意。「方ざま」は〝方面、方向〟の意。「思ひつるほど（＝〝彼女が但馬守の娘だと思い込んでいた間〟）」は「類なき心のうち（＝〝比類のない激しい恋心〟）」ながらも「思ひまぎれ（＝〝その恋心を紛らわして、ごまかして〟）」ていた、という文脈である。恋情を紛らわしてきたものが何であるかを問う設問だが、ここは中納言自身の心内語であり、明示されていない。リード文やエピソードの背景から、消去法で選択肢に当たるとよい。Aの「自分の容姿が美しくないことを自覚」は、中納言自身の容姿について触れた箇所はないので不適切。Bの「自分の家柄が低すぎる」は、中宮の弟で中納言の地位にある、物語の中心人物の形容として不適切。Cの「実際に会ってみると……かもしれないと想像」は、リード文の「逢瀬を交わした中納言」に合わない。Dの「中宮の女房程度の女性」は、リード文の「中宮の女房として強引に出仕させることにした」という中納言の行動に合わない。Eは、中納言が、「逢瀬を交わした」のは但馬守の娘だと思い込んでいること、「但馬守」が、受領階級と呼ばれる中下層の貴族であったこと、中納言が、中宮の弟で上達部（公卿）というきわたとえようもな（く美し）かったのに。（あれは一体）誰だったのだろう」と、わけがわからなくなるほどに動揺してしまった。『『いまだ見たこともない姿・形をしていた』と（中宮に）ひたすら申し聞かせたのに、本当にこの程度では、恥にはならないだろうが、（中宮は）『（中納言の）話したほどでは（ない）』と、（この娘を）さげすんで見なさっているだろうか」と、（この娘の身の上を）気の毒に思うが、（逢瀬を交わしたのが但馬守の娘だと）思い込んでいた間は、この上もなく恋しいと思う気持ちであるものの、（その恋情を、相手は）見下す程度の身分（＝受領階級の娘）だと思うことで自然と紛らわせたり、また、「中宮のもとに参上したならば、何の差支えもなく、見飽きるまでに逢おう」という気持ちを頼りに、恋情を抑えたりしてきたのだが、（この娘があの逢瀬を交わした彼女では）なかったのだとわかってしまうと、（彼女の）行方も知らず、果てしなく、無性に恋しくて、「とにかく、この娘は彼女とは無関係ではないだろう。そうだ、せめて、この娘を手なずけ語らって、彼女の行方も自然とわかるようにしよう」と思うと、（この娘が）あの時の彼女ではなくても、それほど悔やむことはなかった。

▲解　説▼

〔問二〕(1)「いつしか」には、〝いつになったら、早く〟と未来のことへの願望を表す意と、〝いつの間にか、早くも〟と過去のことに対する感慨を表す意とがある。ここは、中納言が「強引に出仕させ」た娘と対面しようとするときの気持ちを表す語句だから、〝いつになったら、早く〟に相当する。Aが正解。(2)「あてやか」は「貴やか」で〝高貴だ、上品だ〟の意。Dが正解。Aは「うるはし」、Bは「なまめかし」、Cは「をかし」に相当する。(3)「おぼつかなし」は漢字では「覚束なし」をあて、物事や景色が〝はっきりしない、ぼおっとしている〟が原義。そこから、〝よくわからない、不審だ〟の意や〝気がかりだ、不安だ〟の意や〝待ち遠しい〟の意が派生する。ここは、待ち望んだ眼前の娘が「見しその人」ではないと感じた時の中納言の心情を表す語。先に〝妙だ、不思議だ〟の意の「あやしく」があり、〝気がかりだ、不安だ〟がふさわしい。正解はD。(4)「わりなし」は「理なし」で、〝道理にあわない、むやみだ〟が原義。そこから〝苦しい、つらい〟の意や、〝やむをえない、どうしようもない〟、〝心惹かれる、けなげだ〟

二

出典 『夜の寝覚』〈巻一〉

解答

〔問一〕 (1)―A (2)―D (3)―D (4)―C

〔問二〕 B

〔問三〕 まだ見知らぬさましたり

〔問四〕 E

〔問五〕 A

◆全 訳◆

（中納言は）（彼女＝逢瀬を交わした女性が）参上したと聞きなさって、待ちかねたようにすぐに中宮の御前に召し出しなさる。中納言は、胸をどきどきさせて、目を凝らして見なさったところ、（その娘は）菊がさねの種々の色を、濃い色や薄い色、煩わしいほどに着重ねて、その上に濃い紅の掻練に、蘇芳の織物の袿、青色の無地の唐衣を身につけて、ころよい間合いに進み出た（その）居ずまい、髪かたちは、絵などから抜け出してきたような姿態であり、髪のかかり具合、生え際など、たいそう上品で若々しく、扇をちょっとかざしている袖口や、身の振る舞いは、十分に心惹かれるほどにしとやかではあるが、（しかし）逢瀬を交わしたあの人だとは思われない。なんとも奇妙で気がかりなので、御殿油を少し明るく掲げて「初出仕の習わしとして、ちょっと顔を見せなさい」と、扇を少し取りよけなさると、（その娘は）たいそうつらく思って、（顔を隠そうとするが、その）靡きかかった髪が顔にかかるようすや、横顔からして、（合奏の際）長押の下で琵琶を弾いた女性だと判断された。

「なんとも妙なことだ。後々の外聞もあることだし、別人を身代わりに参上させるだろうか、そんなことはないはずだ。彼女には姉が二人いる。一人は右中弁の妻で、もう一人は蔵人の少納言の妻だ。彼女らを出仕させるはずはない。また、確かにこの娘は、その（＝姉妹の）中で選りすぐられた容貌（の娘）なのだろう。（それにしても）逢瀬を交わしたのは、壊」と見えるが、「存在の真相であり深層」に迫ろうとしている点では「破壊」とは呼べない、という文脈である。Bは「本当の物の区別」が、本文の「存在の真相であり深層」にあたらない。Cは、「多様な物同士が深く関与し合う世界」が、Bと同様に「存在の真相であり深層」にあたらない。これは、むしろ「渾沌」を取りもどす前の、現実の目に見える世界（＝「有」）である。Eは、「本質的な水準では同じ物質によって構成されている」も、「存在の真相であり深層」にあたらない。また、「徹底的に物を破壊し解体し」が「既成の秩序を取り払って全てをカオス化し」の意にあたらず、器物の損壊の意になっている。

〔問八〕　選択肢の表現を本文の当該箇所と照合し、消去法で対処する。Aは、「森羅万象が神のコトバを起点として生み出されたということの結果」が不適切。これは、西洋的な世界観であり、前半部の荘子の思想と結びつかない。Bは、本文の第二段落で『ウパニシャド』哲学の「非有」（＝カオス）の意味が「古代中国思想の『渾沌』に当たる」としている点、および、第三段落で「『非有』から『有』への動き」を「カオスからコスモスへの存在論的変貌」とした上で、第四段落で「『旧約聖書』の……も、本質的にはこれとまったく同じ思考パターン」だとしている点から適切である。Cは、「荘子の思想においては認められていない」が不適切。傍線部(9)直後の段落には、荘子の「畛」の概念について、「コトバの意味分節機能が喚起する」区劃であるとしている。荘子はこの既成の「自分の言語意識の生み出したもの」の存在を認めていて、それを「解体」しようとしたのである。Dは、「実践的な宗教では……迷妄を脱却し」が不適切。本文では「ヨーガ的冥想体験を通じて開発し、それを宗教的に、哲学的に……展開してきた」（第十四段落）とある。「ヨーガ的冥想体験」は「実践的な宗教」ではない。「無」を体感することを「迷妄を脱却」とするのも誤り。Eは、「国や民族を区分けする境界線」が不適切。「境界線」とは、「物と物とを区別する境界線」（傍線部(9)の前段落）であり、現実「世界」の秩序をもたらすものである。（第八段落など）

というコトバが出現する〈とすぐに〉光というものが出現した、という文脈である。「間髪を容れず」は〝……するやいなや、即座に〟の意。

〔問六〕選択肢の表現を、空欄⑸の二つ後の段落（第十二段落）から傍線部⑼の前段落（第十九段落）までの内容と照らし合わせて、確認する。Aは、前半部が、第十二段落の「西洋文化の深層には、カオスにたいするこの否定的・拒否的態度が沁みついている」に合致、後半部が、第十四段落の「『有』の原点とし、生の始原とする考え方が、東洋の思想伝統……」に合致する。Bは、前半部が、第十三段落の「カオスの恐怖は、……虚無にたいする恐怖」に合致。後半部は、第十四段落の「生の始原とする考え方が、東洋の思想伝統……」に合致する。Cは、前半部の「コスモスを深層的な世界と捉える」が、第十二段落の「『コスモス』とは、美しい調和の支配する世界」に反するので、これが正解。Dは、前半部が、第十二段落の「人間が安んじて生存し……」に合致し、後半部が第十九段落の「区分けされ整頓されている既成の存在構造を解体」に合致する。Eは、前半部が、第十二段落の「ロゴス的秩序に荘厳された文化の世界」に相当し、後半部が第十八段落の「……互いに他を排除することによって自己を主張しつつ、整然たる存在秩序の空間を形成している」に相当する。

〔問七〕傍線部⑼の前の段落に、荘子の「斉物」を指して「物と物とを区別する境界線を、きれいさっぱり取りのけてしまう、ということ」だとある。その理由は、「『渾沌』（窮極的には『無』）こそ存在の真相であり深層であるのだから」（傍線部⑺の直後）である。傍線部⑼の「窮極的本源性」とは、この、世界の「渾沌」たるありさまを指すことになる。渾沌に「引き戻」すためには「物と物とを区別する境界線を……取りのけてしまう」必要があるというのである。また、第十八段落には、「既成の秩序を取り払って全てをカオス化し、……現象的多者の世界を見なおしてみる」ともある。そこにこそ存在はその真相・深層をロテイする」ともある。言語意識によって区分けされた世界をもとの渾沌の世界に戻すことにより、存在の真相が見えてくる、としたDが正解。Aは、「程度の軽いもの」・「徹底したもの」という「普通の意味」と「荘子の『斉物』」を対比している点が不適切。本文は、「荘子の『斉物』」が既成存在の「破かもしれないとも思われる点では」といった表現が「可能態とか……考えるなら、物はすべて、そこに有るのかもしれない。だが実は、……物としての自己固定性を保持しない」の〝存在するはずなのに、存在しない〟という文脈に合わない。Eは、「物が確固として存在している」も、「可能態とか……考えるなら、物はすべて、そこに有るのかもしれない」の文脈に合わない。

〔問四〕傍線部⑷直前の「コトバと光の働き」は、傍線部⑵の後の第七段落で(i)「コトバ（『名』）こそ存在分節の根本原理である」、(ii)「光が、経験的に、存在顕現の源泉である」としてまとめられている。(i)は、第八段落の内容。「無差別無分節の存在（カオス的『無』）」がコトバによって固定され、「現実としての存在世界（経験的『有』）が成立する」ことだとある。コトバがカオスを「無数の存在区劃」に「固定」し、無数の事物に存在をもたらすと言っている。(ii)は、第九段落の内容。『光』とは、……物と物との境界がはっきりと見てとれ……存在のリアリティを分節態において提示するもの」とある。光がコトバによってうみ出された無数の事物に「整然たる存在秩序」を与えると言っている。(i)と(ii)をまとめて、(iii)「コトバと光との合力によって、現象界が、文字通り現象する」、すなわちコトバと光の相互作用によって秩序ある「世界」が生じた、と言っている。上記(i)・(ii)・(iii)の内容を踏まえたCが正解。なお、Cの「可視化される」は、本文の「はっきり見てとれる」を踏まえた表現。Aは、「神のコトバ」・「神の偉大な存在形成力を示している」が不適切。本文は、「創世記」の天地創造神話に基づいて「カオス」の象徴的意味を哲学的に考察したものであって、「神」の働きそのものを論じたものではない。Bは、「天地創造の経過を……表現」が(iii)の「現象界が、文字通り現象する」に反する。Dは、「何ものも存在していない『無』」がまず、(i)の「カオス的『無』」に合わない。また、「最初に『光』が創られ……種々の事物事象が生み出され」も、(i)の「無数の存在区劃」に分節するという内容に合わない。Eは、「自分自身のあるべき姿を見せる」が、(ii)の「境界がはっきりと見てとれ……存在のリアリティを分節態において提示する」といった、事物事象の明示の説明に合わない。

〔問五〕空欄⑸は「を容れず」に続いている。また、先に「神、光あれ、と言えば、光があった」との引用がある。「光」

めて現象的多者の世界を見なおそうとした。

◀解　説▶

〔問二〕 (i)「無」は「非有」であり（第一段落）、「非有」とは、「存在否定の意味ではなくて、……他から区別されていない存在状態」であると言っている。また、「全てのものが混融する存在昏迷（つまりカオス）」だともある（第二段落）。(ii)これに対し、「有」は、「『無』を源として、そこから」現れたものであり（第一段落）、「全てのものが互いにきっぱりと区別され……（るような）あり方、存在秩序、を意味」し、「『非有』から『有』への動きは、……カオスからコスモスへの存在論的変貌」であるとしている（第三段落）。(i)・(ii)の両方を正しくおさえたEが正解。Aは、「まったく何物も存在しない」が(i)の「存在否定の意味ではなくて」に反する。Bは、「人間は現実世界が有るという感覚を得る」が、(ii)の「カオスからコスモスへの存在論的変貌」にあたらない。Cは、「有」に全く触れていないので、「存在論的関係」の説明になっていない。Dは、「知覚可能なあり方」が(ii)の「存在秩序＝コスモス」にあたらない。

〔問三〕 ここは『聖書』の「曠々漠々」が、先に挙げた『ウパニシャド』のカオスに相当することを述べた部分。〔問二〕で触れた内容も参考になる。傍線部(2)の直前に「すなわち」とあり、この「奇妙な事態」とは、「可能態とか……考えるなら、物はすべて、そこに有るのかもしれない。だが実は、相互の区別がなく、無差別状態にある物は、物としての自己固定性を保持しない」という「矛盾的事態」を指している。〔問二〕の(i)の「存在否定の意味ではなくて、……他から区別されていない存在状態」の言い換えとも言える。「自己固定性を保持しない」は〝他から区別されていない存在状態」すなわち、存在の形をもたない状態〟ということになる。物として存在するはずなのに存在の形をもたない（＝「無」）、とするBが正解。Aは、「消失する可能性」がカオスの「物としての自己固定性を保持しない」状態にあたらない。Cは、「表現できる点では『有』……象徴にすぎない点では『無』」が「相互の……無差別状態」「物としての自己固定性」の説明に合わない。Dは、「物が存在するかもしれないと思われる点では」・「存在しない

国語

一

出典　井筒俊彦『意味の深みへ――東洋哲学の水位』〈八　渾沌――無と有のあいだ〉（岩波文庫）

解答

〔問一〕 (3)隆起（瘤起も可）　(6)示唆　(8)露呈

〔問二〕 E

〔問三〕 B

〔問四〕 C

〔問五〕 間髪

〔問六〕 C

〔問七〕 D

〔問八〕 B

◆要　旨◆

『ウパニシャド』は、ものが混融する存在昏迷の状態（＝カオス）を「非有」と捉えた。「非有」から「有」への動きは、カオスからコスモスへの存在論的変貌である。『旧約聖書』も、同じ思考パターンである。カオス的「無」が経験的「有」に転成する際には、まず光が創られ、それを創ったものがコトバである。コトバと光との合力によって現象界が、現象する。西洋文化はカオスに対して否定的である。東洋の思想は「無」を「有」の原点・生の始原としてきた。荘子は、「渾沌」こそが、存在の真相であり、深層だと捉えた。そこで、既成の秩序を取り払い、全てをカオス化することで、あらた

2022年度

問題と解答

■一般方式・英語外部試験利用方式

問題編

▶試験科目・配点

〔一般方式〕

教　科	科　　　目	配　点
外国語	コミュニケーション英語Ⅰ・Ⅱ・Ⅲ，英語表現Ⅰ・Ⅱ	150 点
選　択	日本史Ｂ，世界史Ｂ，「数学Ⅰ・Ⅱ・Ａ・Ｂ」から１科目選択	100 点
国　語	国語総合	100 点

▶備　考

- 「数学Ｂ」は「数列，ベクトル」から出題する。
- 日本史学専攻，心理学専攻，学びのパスポートプログラムの「外国語」は 150 点を 100 点に換算する。
- 国文学専攻の「国語」は 100 点を 150 点に換算する。
- 選択科目について，日本史学専攻は「日本史Ｂ」，東洋史学専攻・西洋史学専攻は「日本史Ｂ」もしくは「世界史Ｂ」の受験が必須。

〔英語外部試験利用方式〕

- 指定の英語外部試験のスコアおよび合格級により，中央大学独自の「英語」の受験が免除される。
- 合否判定は，一般方式の「国語」および「地理歴史・公民」または「数学」の２教科２科目の合計得点（200 点満点）で行う。
- 各外部試験のスコアおよび合格級は出願資格としてのみ使用される。

英語

(80分)

(注) 満点が150点となる配点表示になっていますが，日本史学専攻，心理学専攻，学びのパスポートプログラムの満点は100点となります。

I　次の(1)～(10)の対話文を完成させるために（　　）に入れるべき最も適切な語句を，それぞれ㋐～㋓の中から1つ選び，マーク解答用紙にその記号をマークしなさい。

(40点)

(1) A: Why didn't you like the movie?

B: The story was (　　　　　) it was almost impossible to follow.

㋐ much complicated that

㋑ only complicated than

㋒ slightly less complicated than

㋓ so complicated that

(2) A: Are you planning on buying that computer?

B: Well, it is nice.

A: You might want to wait. The newer model (　　　　　) at a recent convention. I heard it will be faster and lighter than the current model.

㋐ could be shown

㋑ has shown

㋒ was shown

㋓ will be shown

(3)　A：Where are you going tonight?

B：I have a reservation at that nice restaurant down by the beach.　It's famous (　　　　　　) its seafood dishes.

㋐　as
㋑　for
㋒　in
㋓　over

(4)　A：What are you doing?　You don't know that guy.

B：I'm going to tell him that smoking in public places is (　　　　　　) the law here.

㋐　against
㋑　break
㋒　contrary
㋓　out

(5)　A：Tom has returned from his business trip.

B：Are you sure?　He's supposed to be in Europe.

A：I saw him (　　　　　　) on the bus this morning.

㋐　catch
㋑　delay
㋒　get
㋓　take

(6)　A：I didn't mean to rush you.　It's my fault.　I woke up late.　I'm sorry.

B：That's okay.　We arrived on time.

A：I'm so glad we did.　We (　　　　　　) missed the train.

㋐ justly

㋑ nearly

㋒ relatively

㋓ shortly

(7) A：How is your arm?

B：Well, I still can't play baseball.

A：You should go see a doctor if it still (　　　　　　) tomorrow.

㋐ consults

㋑ cures

㋒ hurts

㋓ troubles

(8) A：It's nice to see you after all these years. Everyone thought you were going to live in Paris.

B：Well, I (　　　　　　) there if I hadn't attended college in California. The weather was so nice I ended up staying on the West Coast. In fact, I never left the country!

㋐ did go

㋑ should go

㋒ went as far

㋓ would have gone

(9) A：Did you hear about the office party on Friday?

B：Yes, but I'm not going.

A：Are you busy?

B：Not really. The truth is I'd (　　　　　　) not be seen with you there.

㋐ help

㋑ like

㋒ prefer

㋓ rather

⑽ A：I heard that most of the houses you sell are old.

B：In New England, many people choose them over newer apartments (　　　　) repairing them can be quite expensive.

㋐ all that much

㋑ even though

㋒ opposed to

㋓ with which

Ⅱ 次の⑴〜⑸の（　　）内の語群に１語を補って並べかえると，それぞれの日本語の文に相当する英文ができます。補うべき最も適切な１語を下の㋐〜㋞の中から選び，マーク解答用紙にその記号をマークしなさい。ただし，同じ語を２回以上選んではいけません。文頭に来る語の先頭の文字も小文字になっています。(20 点)

⑴ (anyone, for, is, look, place, the, this, where, would, you).
まさかこんな所に君がいるとはだれも思わないだろう。

⑵ (consenting, marriage, parents, talked, their, their, they, to).
彼らは両親を説得して結婚を認めてもらった。

⑶ (but, looked, matter, no, nothing, show, there, was, way, we).
どちらを見ても雪ばかりだった。

⑷ (at, describe, feelings, I, me, my, that, time, to, tried, when, words).
私はあのとき感じたことを説明しようとしたが，うまくできなかった。

(5) (a, at, ease, feels, house, in, one, stranger's).
知らない人の家にいると落ち着かない気分になるものだ。

㋐	bad	㋑	by	㋒	direction	㋓	dropped	㋔	failed
㋕	from	㋖	hard	㋗	how	㋘	ill	㋙	into
㋚	last	㋛	only	㋜	stopped	㋝	where	㋞	which

Ⅲ 次の(1)〜(5)の英文には，それぞれ１つだけ適切でない箇所があります。その箇所を㋐〜㋔の中から選び，マーク解答用紙にその記号をマークしなさい。(20 点)

(1) In schools, as well as㋐ in the workplace, choice is important. Naturally, students must learn to read㋑, but why not㋒ let the group decide what to read? When people participate on㋓ decisions about what to do, they will be more committed to㋔ the task.

(2) Language is what makes㋐ us human, so no wonder㋑ many great thinkers have come up with㋒ theories for how we became to㋓ speak. But looking back hundreds of thousands of years to work out㋔ whether one of our ancestors spoke a language is extremely challenging.

(3) The problem is that most of㋐ us believe that we are better lie detectors than we are liars. In fact, the truth is the other way back㋑: we are much better at fooling others than we are at spotting㋒ it. We tend to look out for㋓ certain signs that seem to indicate㋔ that a person is lying, but it doesn't always help.

(4) What is the difference between describing "how" and explaining "why"? To describe "how" means to trace㋐ back the series of events that leading from㋑ one point to another㋒. To explain "why" means to find㋓ causal connections that

出典追記：(1) Why We Do What We Do by Edward L. Deci and Richard Flaste, Grosset & Dunlap
(2)・(3) Now You're Talking by Trevor Cox, Vintage Books

㋔account for the occurrence of this particular series of events.

(5) Over the last ㋐few decades, we ㋑have invented many time-saving devices that are ㋒supposed to make life more relaxed. Once people ㋓get used to a certain luxury, they ㋔take for granted. Then, they reach a point where they can't live without it.

Ⅳ 次の文章を読んで，(1)~(11)の設問に答えなさい。＊の付いた語句は注を参照しなさい。(70点)

Eilis Lacey, sitting at the window of the upstairs living room in the house on Friary Street, noticed her sister walking briskly* from work. She watched Rose crossing the street from sunlight into shade, carrying the new leather handbag that she had bought in Clery's in Dublin in the sale. Rose was wearing a cream-colored cardigan over her shoulders. Her golf clubs were in the hall; in a few minutes, Eilis knew, someone would call for her and her sister would not return until very late in the evening.

Eilis's bookkeeping* classes were almost ended now; she had a manual on her lap about systems of accounting, and on the table behind her was a notebook where she had recorded, as her homework, the daily business of a company whose details she had taken down in notes in the Vocational School* the week (ア).

As soon as she heard the front door open, Eilis went downstairs. Rose, in the hall, was holding her pocket mirror (a) front of her face. She was (イ) herself closely as she applied lipstick and eye make-up before glancing at her overall appearance in the large hall mirror, settling her hair. Eilis looked on silently as her sister checked herself one more time in the pocket mirror before putting it away.

Their mother came from the kitchen to the hall.

"You look lovely, Rose," she said. "You'll be the beauty of the golf club."

"I'm starving," Rose said, "but I've no time to eat."

出典追記：(4)・(5) Sapiens by Yuval Noah Harari, HarperCollins Publishers

"I'll make a special supper for you later," her mother said. "Eilis and myself are going to have our supper now."

Rose reached into her handbag and took out her wallet. (ウ), she placed a one-shilling* piece on the table. "That's in case you want to go to see a movie," she said to Eilis.

"And what about me?" her mother asked.

"She'll tell you the story when she gets home," Rose replied.

(1) "That's a nice thing to say!" her mother said.

All three laughed as they heard a car stop outside the door and sound its horn. Rose picked up her golf clubs and was gone.

Later, as her mother washed the dishes and Eilis dried them, another knock came to the door. (2) When Eilis answered it, she found a girl whom she recognized from Kelly's grocery shop beside the cathedral.

"Miss Kelly sent me with a message for you," the girl said. "She wants to see you."

"Does she?" Eilis asked. "And did she say what it was about?"

"No. You're just to go and see her tonight."

"But why does she want to see me?"

"God, I don't know, miss. I didn't ask her. Do you want me to go back and ask her?"

"No, it's all right. But are you sure the message is for me?"

"I am, miss. She says you are to go and see her."

Since she had decided in any case to go to the movies some other evening, and being tired of her homework, Eilis changed her dress and put on a cardigan and left the house. She walked along Friary Street and Rafter Street into the Market Square and then up the hill to the cathedral. Miss Kelly's shop was closed, so Eilis knocked on the side door, which led to the upstairs part where she knew Miss Kelly lived. The door was answered (b) the young girl who had come to the house earlier, who told her to wait in the hall.

Eilis could hear voices and movement on the floor above, and then the young girl came down and said that Miss Kelly would be with her before long.

She knew Miss Kelly by sight, but her mother did not go to her shop as it was too expensive. Also, she believed that her mother did not like Miss Kelly, although she could think (c) no reason for this. It was said that Miss Kelly sold the best ham in the town and the best butter and the freshest of everything including cream, but Eilis did not think she had ever been in the shop, merely glanced into the interior as she passed and noticed Miss Kelly at the counter.

Miss Kelly slowly came down the stairs and turned on a light.

"Now," she said, and repeated it as though it were a greeting. She did not smile.

Eilis was about to explain that she had been sent for, and to ask politely if this was the right time to come, but Miss Kelly's way of looking her up and down made her decide to say nothing. Because of Miss Kelly's manner, (3)<u>Eilis wondered if she had been offended by someone in the town and had mistaken her for that person</u>.

"Here you are, then," Miss Kelly said.

Eilis noticed a number of black umbrellas resting against the table.

"I hear you have no job (d) all but a great head for figures."

"Is that right?"

"Oh, the whole town, anyone who is anyone, comes into the shop and I hear everything."

Eilis wondered if this was a reference to her own mother's consistent shopping at another grocery shop, but (4)<u>she was not sure</u>. Miss Kelly's thick glasses made the expression on her face difficult to read.

"And we are worked off our feet every Sunday here. Sure, there's nothing else open. And we get all sorts of customers. And, as a rule, I open after seven mass*, and between the end of nine o'clock mass until eleven mass is well over, there isn't room to move in this shop. I have Mary here to help, but she's slow enough at the best of times, so I was looking for someone sharp, someone who would know people and give the right change. But only on Sundays, mind. The rest of the week we can manage ourselves. And you were recommended. I made inquiries about you and it would be seven and six a week, it might help your mother a bit."

Ⓐ

Miss Kelly spoke, Eilis thought, as (e) she were describing a slight insult against her, closing her mouth tightly between each phrase.

"So that's all I have to say now. You can start on Sunday, but come in tomorrow and learn off all the prices and we'll show you how to use the equipment. You'll have to tie your hair back and get a good shop coat in Dan Bolger's or Burke O'Leary's."

Ⓑ

Eilis was already saving this conversation for her mother and Rose; she wished she could think of something smart to say to Miss Kelly without being openly rude. Instead, she remained silent.

Ⓒ

"Well?" Miss Kelly asked.

Eilis realized that she could not turn down the offer. It would be better than nothing and, at the moment, she had nothing.

Ⓓ

"And on Sunday you can go to seven o'clock mass. That's what we do, and we open when it's over."

"That's lovely," Eilis said.

"So, come in tomorrow, then. And if I'm busy I'll send you home, or you can fill bags of sugar while you wait, but if I'm not busy, I'll show you how to handle things."

"Thank you, Miss Kelly," Eilis said.

"Your mother'll be pleased that you have something. And your sister," Miss Kelly said. "I hear she's great at the golf. So go home now like a good girl. You can let yourself out."

Ⓔ

Miss Kelly turned and began to walk slowly (f) the stairs. Eilis knew as she made her way home that her mother would indeed be happy that she had found some way of making money of her own, but that Rose would think working behind the counter of a grocery shop was not good enough for her. She wondered if Rose would say this (5) to her directly.

注　briskly　きびきびと
bookkeeping　簿記
Vocational School　専門学校
shilling　アイルランドで使われていた通貨の単位
mass　キリスト教カトリックの礼拝集会

(1)　空所（ a ）～（ f ）のそれぞれに入れるのに最も適切なものを下の①～⑧から1つ選び，マーク解答用紙にその番号をマークしなさい。ただし，同じ語を2回以上選んではいけません。

①　at　②　away　③　by　④　during　⑤　in　⑥　of
⑦　though　⑧　up

(2)　空所（ ア ）に入れるのに最も適切なものを下の①～⑤から1つ選び，マーク解答用紙にその番号をマークしなさい。

①　after　②　ahead　③　before　④　behind　⑤　next

(3)　空所（ イ ）に入れるのに最も適切なものを下の①～⑤から1つ選び，マーク解答用紙にその番号をマークしなさい。

①　aiming　②　making　③　putting　④　smiling　⑤　studying

(4)　空所（ ウ ）に入れるのに最も適切なものを下の①～⑤から1つ選び，マーク解答用紙にその番号をマークしなさい。

①　Being it opened　②　Being opened it　③　Opened it　④　Opening
⑤　Opening it

出典追記：Brooklyn by Colm Toibin, Penguin

(5) 下線部(1)から読み取ることができる状況として最も適切なものを下の①～④から1つ選び，マーク解答用紙にその番号をマークしなさい。

① 母親は，いつもお金を出してくれるRoseに感謝している。
② 母親は，Eilisが映画の話をしてくれるのを楽しみにしている。
③ Roseと母親は，お互いに冗談を言い交わす仲である。
④ Roseは，母親に映画の話をする手間賃としてEilisにお金を出している。

(6) 下線部(2)から読み取ることができる状況として最も適切なものを下の①～④から1つ選び，マーク解答用紙にその番号をマークしなさい。

① Eilisがドアを開けると，そこにいたのは大聖堂近くのMiss Kellyの店で見たことがある女の子だった。
② Eilisがドアを開けると，Miss Kellyの店で働いている女の子が大聖堂の横に立っているのが見えた。
③ Eilisは，返事をしたとき，大聖堂近くのMiss Kellyの店にいる女の子のことを思い浮かべた。
④ Eilisは，返事をしたとき，以前Miss Kellyの店で一緒に働いていた女の子を思い出した。

(7) 下線部(3)から読み取ることができる状況として最も適切なものを下の①～④から1つ選び，マーク解答用紙にその番号をマークしなさい。

① Eilisは，間違ったことを言わなければ責められずにすむのではないかと思った
② Eilisは，町の人が自分を誰かと間違えて責めているのではないかと思った
③ Eilisは，Miss Kellyが自分を誰かと間違えているのではないかと思った
④ Eilisは，Miss Kellyに人違いだと知らせたほうがいいのではないかと思った

(8) 下線部(4)の内容として最も適切なものを下の①～④から1つ選び，マーク解答用紙にその番号をマークしなさい。

① 母親がほかの店をひいきにしていることを Miss Kelly が知っているかどうか, Eilis には分からなかった
② Miss Kelly 自身の母親が, いつもほかの店をひいきにしているかどうか, Eilis には分からなかった
③ Miss Kelly の言ったことが, 自分の母親が Miss Kelly の店に来ない理由なのかどうか, Eilis には分からなかった
④ Miss Kelly の言ったことが, 自分の母親に対するあてこすりなのかどうか, Eilis には分からなかった

(9) 下の文章を入れるのに最も適切な場所を本文中のⒶ～Ⓔから１つ選び, マーク解答用紙にその記号をマークしなさい。

"Oh, yes, Miss Kelly," she said. "I'll start whenever you like."

(10) 最後の段落にある下線部(5) this が指す内容として最も適切なものを下の①～④から１つ選び, マーク解答用紙にその番号をマークしなさい。

① 自分だったら食料雑貨店では働かないと Rose が考えていること
② 食料雑貨店で働くのは Eilis には似合わないと Rose が考えていること
③ Eilis が自分の力でお金を稼げるようになるのを母親は喜ぶだろうということ
④ Miss Kelly のような人の下で Eilis は働くべきではないと Rose が考えていること

(11) 下の①～⑩から本文の内容に合っているものを４つ選び, マーク解答用紙にその番号をマークしなさい。ただし, ５つ以上選んだ場合は０点になります。

① From the window, Eilis saw her sister approaching the house, so she took her golf clubs and went downstairs.
② After Rose came home, it took a long time before she went out again.
③ After Rose left the house, a girl appeared and asked Eilis to come to Miss Kelly's shop.

④ When Eilis arrived at Miss Kelly's shop, it was closed.

⑤ Miss Kelly did not go to mass because she opened her shop on Sundays.

⑥ Miss Kelly wanted to replace Mary with Eilis because Mary was a slow worker.

⑦ Miss Kelly wanted to hire Eilis because she was known to be good with numbers.

⑧ Miss Kelly asked Eilis to work at her shop six or seven days a week.

⑨ Eilis decided to take the job because her mother had always wanted her to work for Miss Kelly.

⑩ Eilis was not entirely comfortable talking with Miss Kelly, but she accepted her offer.

日本史

（60 分）

I　次の 1 と 2 の文章を読み，それぞれの設問に答えなさい。解答は，漢字を用いるべきところは正確な漢字で記述解答用紙の所定の解答欄に記入しなさい。選択問題についてはマーク解答用紙の記号をマークしなさい。なお，史料は読みやすさを考えて一部改変した部分がある。(20 点)

1　文献の少ない 7 ～ 8 世紀の歴史では，発掘調査などで見つかる出土文字資料が，歴史研究に大きな役割をはたしている。出土文字資料は，木簡・墨書土器①・漆紙文書などが代表的であるが，このうち木の札に文字を墨書した木簡は，堅牢で加工や削り直しが可能という木の特性を生かし，役所の日常的な文書や都への貢進物の荷札，漢字・漢文習得の練習などに利用された。藤原宮跡から出土した藤原宮木簡によって，大宝律令施行以前は地方行政単位の郡は，［　A　］と記されていたことがわかったほか，平城宮②跡の内裏北方官衙地区では，「肥後国益城郡［　B　］綿壹伯屯　四両　養老七年」と記された木簡が発見されており，絹・絁（あしぎぬ）・糸・綿・布など郷土の産物を朝廷に納めた，［　B　］の実例が確認されている。また，平城京の左京三条二坊にあった長屋王③邸跡から発見された長屋王家木簡によって，王家の生活，家政運営や家内で働く多数の人びとの実態などが明らかになった。

問 1　下線部①について，次の資料のような 7 ～ 8 世紀の土器は，古墳文化の土器と同様の特徴を持っている。当時の土器の状況を説明した適切な文章を，下のア～オの中から一つ選び，その記号をマークしなさい。

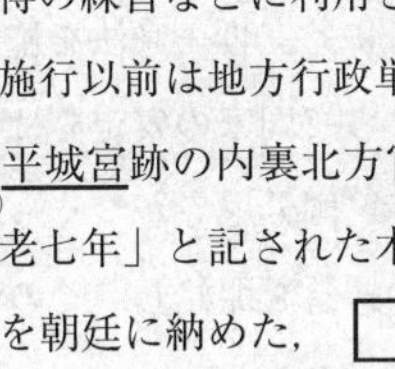
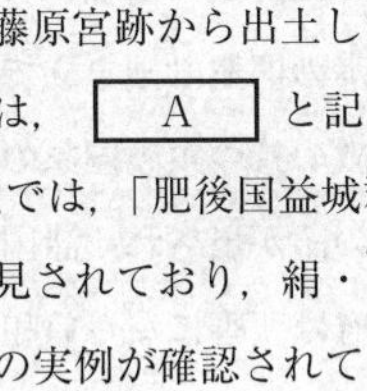

写真　左：栃木県教育委員会提供　右：奈良文化財研究所提供

ア．深鉢が多数を占め，草創期には円形丸底や方形平底の土器が作られた。

イ．釉（うわぐすり）を用いる中国の製法が伝わり，各地で陶器の生産が発展をとげた。

ウ．土師器とともに，朝鮮半島由来の須恵器が用いられた。

エ．縄（撚糸）を転がしてつけた文様を持った土器が用いられた。

オ．銅鐸の鋳造をともなう文化が始まり，甕や高杯などの土器が作られた。

問2　空欄Aに入る地方行政単位の名称を記しなさい。

問3　下線部②において，政務や儀礼の場となった施設の名称を，次のア～オの中から一つ選び，その記号をマークしなさい。

ア．駅家　　イ．正倉院　　ウ．寝殿　　エ．朝堂院　　オ．国庁

問4　空欄Bに入る税の名称を記しなさい。

問5　下線部③について，次のa～eのうち，長屋王が政権を握っていた時期の状況を説明した文章の適切な組み合わせを，下のア～オの中から一つ選び，その記号をマークしなさい。

a．藤原広嗣が吉備真備・玄昉の排除を要求して，九州で大規模な反乱を起こしたが，政府によって鎮圧された。

b．政府は，人口増加による口分田の不足を補い税の増収をはかるため，百万町歩の開墾計画を立てるとともに，三世一身法を施行した。

c．仏教の持つ鎮護国家の思想によって国家の安定をはかろうとし，国分寺建立の詔が出され，諸国に国分寺・国分尼寺がつくられた。

d．政府は，唐にならい和同開珎の鋳造を開始し，その流通をめざして蓄銭叙位令を発した。

e．渤海が，唐・新羅との対抗関係から，初めて日本に使節を派遣して国交を求め，日本も新羅との対抗関係から，渤海と友好的に通交した。

ア．a，b　　イ．a，e　　ウ．b，e　　エ．c，d
オ．c，e

2　摂政・関白を外戚としない後三条天皇は，延久の荘園整理令④を出すなど，強力に国政の改革に取り組んでいった。子の白河天皇も親政を行ったが，堀河天皇に譲位すると，自ら院として院庁を開き，天皇家の家長として，天皇を後見しながら政治の実権を握る院政⑤を開始した。院政では，上皇が人事権を掌握して太政官を動かすとともに，富裕な受領や后妃・乳母（めのと）の一族などが，院庁の職員である院司として上

皇に仕え，院近臣とよばれる一団が形成され，院庁からくだされる院庁下文や，院近臣が院の命令を伝える［　C　］が国政一般に効力を持つようになった。また，白河上皇・鳥羽上皇・後白河上皇と続いた院政期には，六勝寺など多くの大寺院や離宮の造営，および盛大な法会の開催などが行われたが，これらに要する多額の費用を調達するために［　D　］などの売位・売官が盛んとなり，行政機構は変質していった。特に，鳥羽上皇の時代になると，院の周辺に荘園の寄進が集中するとともに，知行国⑥の制度や，上皇自身が国の収益を握る院分国の制度が広まって，公領は上皇や知行国主・国司の私領のようになり，院政を支える経済的基盤となった。

問6　下線部④について，当時の状況を説明した適切な文章を，次のア～オの中から一つ選び，その記号をマークしなさい。

ア．荘園の所有者から提出された証拠書類と国司の報告とを合わせて審査し，年代の新しい荘園や証拠不備の荘園を停止した。

イ．勅旨田や院宮王臣家による空閑地・荒廃地の占有を禁止し，違法な土地所有を取り締まった。

ウ．官物・臨時雑役を免除する範囲や対象をめぐる荘園領主と国衙との対立をふまえて，検田使など国衙の使者の立入りを禁止した。

エ．開墾する田地の面積を身分によって制限する一方，これらの田地の所有を永年に渡って保障した。

オ．新たに成立した荘園を停止することを定めたが，その実施は国司にゆだねられていたので，不徹底であった。

問7　下線部⑤の状況を表した適切な史料を，次のア～オの中から一つ選び，その記号をマークしなさい。

ア．六波羅殿の御一家の君達(きんだち)（注1）といひてしかば，花族(かしょく)も栄耀(えいゆう)も面(おもて)をむかへ肩をならぶる人なし。（『平家物語』）

イ．宇治殿ノ時，一ノ所（注2）ノ御領御領トノミ云テ，庄園諸国ニミチテ受領ノツトメタヘガタシナド云ヲ，キコシメシモチタリケルニコソ。（『愚管抄』）

ウ．今日，女御藤原威子(いし)を以て皇后に立つるの日なり。（中略）太閤（注3）下官を招き呼びて云く，「和歌を読まむと欲す。必ず和すべし。」者(てえり)。（『小右記』）

エ．夫(そ)れ往生極楽の教行は，濁世(じょくせ)末代(注4)の目足(もくそく)なり。道俗貴賤，誰か帰せざる者あらんや。(『往生要集』)

オ．禅定法王(ぜんじょうほうおう)は，(中略) 天下の政(まつりごと)をとること五十七年，(中略) 意に任せ，法に拘(こだわ)らず，除目(じもく)・叙位(じょい)(注5)を行ひ給(たま)ふ。古今未(いま)だあらず。(『中右記』)

(注1) 上級貴族の子弟，子息。　(注2) 摂関家。

(注3) 摂政または太政大臣。　(注4) 末法の世。

(注5) 官位の人事。

問8　空欄Cに入る適切な語を漢字2文字で記しなさい。

問9　空欄Dに入る適切な語を漢字2文字で記しなさい。

問10　下線部⑥に至る，9～12世紀の地方支配について説明した次の文章a～eについて，古いものから年代順に正しく配列したものを，下のア～オの中から一つ選び，その記号をマークしなさい。

a．国家財政の維持が難しくなった政府は，国司の交替制度を整備し，任国に赴任する国司の最上席者である受領に，大きな権限と責任とを負わせた。

b．政府は，増えていた定員外の国司や郡司を廃止するとともに，勘解由使を設けて，国司の交替に際する事務の引継ぎをきびしく監督させた。

c．上級貴族は，有名無実化した俸禄の代わりに一国の支配権を与えられ，その国からの収益を取得した。彼らは，子弟や近親者を国守に任じた。

d．有力農民や地方に土着した国司の子孫たちの中に，国衙から臨時雑役などを免除されて一定の領域を支配するものが現れた。

e．受領は，交替の時以外，任国におもむかなくなり，代わりに目代を留守所に派遣し，在庁官人たちを指揮して政治を行わせた。

ア．a→b→e→d→c　　イ．b→a→d→e→c

ウ．a→b→d→c→e　　エ．b→d→a→e→c

オ．d→b→c→a→e

Ⅱ　次の1の史料と2の文章を読み，それぞれの設問に答えなさい。解答は，漢字を用いるべきところは正確な漢字で記述解答用紙の所定の解答欄に記入しなさい。選択問題についてはマーク解答用紙の記号をマークしなさい。なお，史料は読みやすさを考えて一部改変した部分がある。(20点)

1　史料

所領配分の事

嫡男大炊助(おおいのすけ)入道(注1)分　　相模国大友郷(注2)地頭郷司職(ごうじしき)(注3)

次男宅万(たくま)別当分　　豊後国大野庄(注4)内志賀村半分地頭職

大和太郎兵衛尉(たろうひょうえのじょう)分　　同庄内上村半分地頭職

八郎分　　同庄内志賀村半分地頭職

九郎入道分　　同庄内下村地頭職

女子犬御前(いぬごぜん)分　　同庄内中村地頭職

女子美濃局(みののつぼね)分　　同庄内上村半分地頭職

帯刀左衛門尉後家(ごけ)(注5)分　同庄中村内保多田名(ほただみょう)

右，件(くだん)の所領等は，故豊前々司能直朝臣(こぶぜんぜんじよしなおあそん)，代々の将軍家の御下文(おんくだしぶみ)を賜はり，相違無く知行し来たるところなり。而(しか)るに尼深妙(あましんみょう)，亡夫能直の譲りを得て，将軍家の御下文を賜はり，領掌(りょうしょう)せしむるところなり。これに依りて，能直の遺言(ゆいごん)に任せ，数子等をはぐくまん(注6)が為(ため)，かくのごとく配分するところなり。然らば均分の状に任せ，依違(いい)なく(注7)領掌せしむるところなり。但し，<u>関東御公事(みくうじ)仰せ下さるる時は，嫡男大炊助入道の支配(注8)を守り，所領の多少に随(したが)って，その沙汰を致すべきなり</u>①。仍(よっ)て後日の証文として惣配分の状，件(くだん)のごとし。

延応二年四月六日　　尼深妙（花押）

（注1）大友能直の子で家督相続人の大友親秀。以下の人名は彼の兄弟姉妹の名。

（注2）現神奈川県小田原市。

（注3）公領の単位である郷の支配にかかわる職務とそれにともなう収益権。職(しき)とは所領の領有権を意味する中世独特の概念（地頭職の職も同様）。

（注4）現大分県豊後大野市大野町・朝地町。　（注5）未亡人。

（注6）養育する。　（注7）誤りなく。　（注8）配分。

問1　この史料は，1240年（延応2年）のものであるが，その内容に関する説明文として**誤っているもの**を，次のア〜オの中から一つ選び，その記号をマークしなさい。

ア．大友能直は将軍家よりの「御恩」として下文を発給してもらうことで，所領支配の安定化をはかった。

イ．大友能直の死後しばらくの間，妻の深妙は後家として，夫から譲与された所領を一括管理していた。

ウ．1240年に深妙は，彼女の一存で，夫より譲り受けた所領を子息らに譲与した。

エ．息子のみならず，娘たちも深妙から所領の配分を受けた。

オ．この史料に見えるような相続形態を分割相続とよぶ。

問2　1330年の関連史料によると，尼深妙の曽孫に当たる志賀貞泰の代にはすでに，本人一代に限り所領の支配が認められ，死後は惣領に返却することが義務づけられた相続の方法が登場しており，それが女子に対し適用されたことがわかる。このような所領相続の方法は何とよばれているか，漢字3文字で記しなさい。

問3　下線部①に関わる制度について，この制度の説明文として**誤っているもの**を，次のア〜オの中から一つ選び，その記号をマークしなさい。

ア．関東御公事とは，将軍御所や鶴岡八幡宮の造営など，将軍・幕府に対する御家人の経済的負担（平時における奉公）を指す。

イ．史料中に見える嫡男大炊助入道は，一族を代表する惣領の地位に就いていた。

ウ．惣領は軍役を奉仕するために，一族に対する軍事統率権を有していた。

エ．幕府の政治・軍事体制はこの制度にもとづいており，幕府は惣領を通じて御家人の一族を掌握した。

オ．関東御公事は惣領を通さず，幕府より直接庶子に賦課された。

問4　鎌倉幕府をめぐる次のⓐ〜ⓔの出来事は，大友能直の晩年（1219年）から，この史料が作成された1240年より数年のちに至るまでの時期に発生した出来事である。これらの出来事を古い方から年代順に並べた時，正しいものを，下のア〜オの中から一つ選び，その記号をマークしなさい。

ⓐ　宝治合戦が起こる。　　ⓑ　御成敗式目が制定される。

ⓒ　評定衆が組織される。　ⓓ　六波羅探題が設置される。

ⓔ　源実朝が公暁に暗殺される。

ア．ⓐ→ⓒ→ⓑ→ⓓ→ⓔ　イ．ⓔ→ⓓ→ⓒ→ⓑ→ⓐ

ウ．ⓑ→ⓓ→ⓐ→ⓔ→ⓒ　エ．ⓒ→ⓓ→ⓐ→ⓔ→ⓑ

オ．ⓓ→ⓒ→ⓑ→ⓐ→ⓔ

2　中世において，本州の北端から当時蝦夷ヶ島とよばれた北海道にかけての北方地域と，奄美・沖縄をはじめとする南西諸島に属する南方地域は，いずれも日本国と外の世界（「異域」）との境界地域，あるいは「異域」そのものに当たる場所であったが，これらの地域は北方世界や，アジア諸国との交易・文化的な交流にもとづいて繁栄をとげた地域でもあった。

まずは北方に目を向けると，津軽半島の西海岸，日本海と十三湖にはさまれた砂州上に形成された十三湊は，中世を代表する港の一つとして，「廻船式目」という史料にもその名が見える港湾都市であった②。この十三湊の地を拠点にして，「異域」に当たる蝦夷ヶ島のアイヌとの交易により入手した北方世界の産物を畿内にもたらす日本海交易を推進し，莫大な利益を得ていた豪族が［　A　］氏である。［　A　］氏は鎌倉時代以来，蝦夷ヶ島南部の支配にも当たってきたが，同地に割拠した配下の豪族たちは，館とよばれる小規模な城塞に居住し，アイヌを圧迫するようになった③。

一方，南方に目を転じると，中世の日本国の境界は，鹿児島県の薩摩半島・大隅半島の南に連なる竹島・硫黄島・黒島（いずれも鹿児島県三島村）あたりと考えられており，それより南西に点在した島々は「異域」とみなされていたが，このうち，奄美大島以南の島々はしだいに地域的・文化的な一体性を強めていった。

その過程で沖縄本島においては［　B　］とよばれる首長たちの抗争が続き，14世紀には北山・中山・南山の三王国（三山）が成立したが，1429年に中山王の［　C　］は三山を統一し，琉球王国をつくり上げた。琉球王国は明より冊封を受けて朝貢関係をとり結び，明との朝貢貿易で入手した中国製品を用いてアジアの諸地域と貿易を行うことで繁栄した④。

問5　下線部②について，「廻船式目」に見える，「三津七湊」とよばれる港町をはじめ，室町時代には各地に都市（町場）が成立したが，ⓐに掲げた当時の都市に関し，ⓑこの都市が所在する国名，ⓒ都市の性格分類，ⓓ補足説明の組み合わせとして正しいものを，次のア～オの中から一つ選び，その記号をマークしなさい。

ア．ⓐ一乗谷—ⓑ越前国—ⓒ城下町—ⓓ朝倉氏の居館が中心

イ．ⓐ富田林—ⓑ河内国—ⓒ寺内町—ⓓ日蓮宗寺院

ウ．ⓐ坊津—ⓑ筑前国—ⓒ港町—ⓓ日明貿易の拠点

エ．ⓐ宇治・山田—ⓑ信濃国—ⓒ門前町—ⓓ自治組織による運営

オ．ⓐ春日山—ⓑ越後国—ⓒ港町—ⓓ隣接する直江津とともに繁栄

問6　空欄Aに当てはまる豪族の姓を，漢字2文字で記しなさい。

問7　下線部③に関わる説明文として**誤っているもの**を，次のア～オの中から一つ選び，その記号をマークしなさい。

ア．これらの館を道南十二館と総称する。

イ．函館市に所在する志苔館の近くから，甕(かめ)に入った大量の銅銭（中国銭）が出土したが，それはこの地域の経済的な繁栄を物語っている。

ウ．同地に進出した和人（本州系日本人の総称）による圧迫に対し，1557年に大首長のコシャマインが率いるアイヌが蜂起した。

エ．和人の豪族蠣崎(かきざき)氏は，コシャマインの蜂起を鎮圧して勢力を強め，しだいに蝦夷ヶ島の和人勢力の支配者となっていった。

オ．江戸時代になると，蠣崎氏は松前氏と名のる大名となった。

問8　空欄Bに当てはまる適切な語を，漢字2文字で記しなさい。

問9　空欄Cに当てはまる人物の名を，漢字3文字で記しなさい。

問10　下線部④に関わる説明文として**誤っているもの**を，次のア～オの中から一つ選び，その記号をマークしなさい。

ア．このような貿易の形態は一般に中継貿易とよばれている。

イ．那覇はこの貿易の拠点となる国際港として発展した。

ウ．琉球は室町幕府の将軍に国書を送り，日本とも国交を結んで貿易を行った。

エ．貿易を目的とする琉球船の行動範囲は，遠くインド（ヴィジャヤナガル王国）のカリカットにまで及んだ。

オ．琉球がこの貿易で繁栄した背景には，明の海禁政策で中国人商人の海外での活動が抑えられる中，かなり多くの回数に及ぶ朝貢貿易により，たくさんの中国製品を入手できたという事情があった。

Ⅲ 次の1の文章と2の史料を読み，それぞれの設問に答えなさい。解答は，漢字を用いるべきところは正確な漢字で記述解答用紙の所定の解答欄に記入しなさい。選択問題についてはマーク解答用紙の記号をマークしなさい。なお，史料は読みやすさを考えて一部改変した部分がある。(20 点)

1 江戸城の本丸御殿には，幕府の政治①に関わる公的空間としての表，将軍の日常生活や執務の場である奥，そして将軍とその正室・側室・家族らが生活する大奥があった。大奥には，将軍らに仕える女中たちも居住し，さながら女性の世界②であった。

大奥が表の政治に介入することは禁止されていたものの，実際には影響を及ぼすことがあった。一例をあげると，田沼時代③の大奥御年寄（有力女中）高岳は，仙台藩主の官位昇進運動の工作に関与したり，幕府中枢の人事に関与したりした。また，松平定信はこのような大奥の政治への介入を嫌って，大奥に対する規制を強めたこと④で大奥の反感を買っている。

また，大奥の女中は武家の子女が多くを占める中で，江戸近郊農村⑤から奉公に出た者もいた。武蔵国橘樹郡生麦村（現横浜市）の名主の娘関口千恵は 1797 年に生まれ，12 歳で大名屋敷に奉公に上がり，結婚・離婚を経て 32 歳から江戸城大奥で女中お美代の方の部屋子として 11 年間勤務した。この期間は徳川家斉⑥の晩年と重なっている。その後，43 歳で職を退いて生家に戻った後も，毎年のように江戸城との間を往復した。関口家で代々書き継がれた『関口日記』に，以上のような千恵の生涯が書き留められている。

問1 下線部①に関連して，武家諸法度に違反し無断で居城の広島城を修復したとして幕府から改易された人物の姓名を記しなさい。

問2 下線部②に関連して，江戸時代の女性に関する次のａ～ｃの文章の空欄に入る語の組み合わせとして正しいものを，下のア～オの中から一つ選び，その記号をマークしなさい。

ａ．徳川秀忠の娘和子が，［ A ］天皇のもとに入内した。

ｂ．近世前期に女歌舞伎がさかんになると，幕府はこれを［ B ］した。

ｃ．社会不安が増大する中，中山みきが［ C ］を創始して人びとの心をとらえた。

ア．空欄A＝後陽成　空欄B＝禁止　空欄C＝天理教

イ．空欄A＝後陽成　空欄B＝奨励　空欄C＝黒住教

ウ．空欄A＝後水尾　空欄B＝禁止　空欄C＝天理教

エ．空欄A＝後水尾　空欄B＝奨励　空欄C＝黒住教

オ．空欄A＝後陽成　空欄B＝禁止　空欄C＝黒住教

問3　下線部③に関連して，田沼時代の文化に関する記述として正しいものを，次のア～オの中から一つ選び，その記号をマークしなさい。

ア．大田南畝（蜀山人）が狂歌の作者として活躍した。

イ．大坂町人の出資により，町人の教育を担う懐徳堂が設立された。

ウ．式亭三馬が『浮世風呂』で，湯屋に通う庶民の姿を軽妙に描いた。

エ．伊能忠敬が地図作成のため全国の沿岸を測量して歩いた。

オ．荷田春満が『古事記』や『日本書紀』を研究し，国学を発展させた。

問4　下線部④に関連して，松平定信が進めた政治に関する記述として**誤っているもの**を，次のア～オの中から一つ選び，その記号をマークしなさい。

ア．出版統制令を出して政治批判をおさえ，風俗の取締りもおこなった。

イ．江戸・大坂周辺の大名・旗本の領知をとりあげて，幕府の直轄地にしようとした。

ウ．江戸の石川島に無宿人の収容施設を設け，収容者に職業技術を身につけさせた。

エ．漂流民をともない根室に来航したロシア使節ラクスマンに，長崎に入港する許可書を与えた。

オ．湯島聖堂の学問所で朱子学以外の学問を教えることを禁じた。

問5　下線部⑤に関連して，武蔵国川崎宿の名主の出身で，徳川吉宗に登用されて民政にあたった人物の姓名を記しなさい。

問6　下線部⑥に関連して，徳川家斉の存命中に起きた出来事について述べた次の文a～cについて，古いものから年代順に正しく配列したものを，下のア～オの中から一つ選び，その記号をマークしなさい。

a．幕府は，幕府の政策を批判する者たちを蛮社の獄で処罰した。

b．レザノフが長崎に来航して，通商を要求した。

c．幕府が異国船打払令を出して，海辺に近づく外国船を打ち払うよう命じた。

ア．a→b→c　　イ．a→c→b　　ウ．b→a→c

エ．b→c→a　　オ．c→a→b

2　**史料**

一，異国え奉書⑦船の外（ほか），舟遣すの儀，堅く停止の事。

一，奉書船の外，日本人異国え遣し申す間敷（まじく）候。若（もし）忍び候て乗まいり候者これあるに於ては，其者は死罪，其船并に船主ともに留置，言上仕るべき事。

一，⑧異国え渡り住宅仕りこれある日本人来り候は，死罪に申し付くべく候。

（後略）

問７　下線部⑦の「奉書」を出した者の幕府における役職名を記しなさい。

問８　下線部⑧に関連して，東南アジアに移住した日本人の中には日本町を作ったり，現地の王朝に登用されたりする者もいた。そのうちシャムの王朝（アユタヤ朝）に登用された人物の姓名を記しなさい。

問９　この法令が出された時の将軍の在任中の出来事に関する記述として正しいものを，次のア～オの中から一つ選び，その記号をマークしなさい。

ア．大坂夏の陣で大坂城が落城し，豊臣氏が滅亡した。

イ．輸入生糸の価格を統制するため，糸割符制度が設けられた。

ウ．明暦の大火によって江戸で大きな被害が発生した。

エ．島津氏の軍勢によって琉球王国が征服され，その支配下に入れられた。

オ．厳しい年貢取立とキリスト教弾圧に反抗する島原の乱（島原・天草一揆）が発生し，鎮圧された。

問10　**史料**に関連して，次の**年表**の空欄に入る語の組み合わせとして正しいものを，下のア～オの中から一つ選び，その記号をマークしなさい。

年表

1616 年	【D】船をのぞく外国船の入港を平戸・長崎に制限
1624 年	【E】船の来航を禁止
1633 年	**史料**の法令が出される
1635 年	日本人の海外渡航および帰国を全面禁止
1639 年	【F】船の来航を禁止
1641 年	オランダ商館を出島に移転

ア．空欄D＝中国　　空欄E＝ポルトガル　　空欄F＝スペイン
イ．空欄D＝中国　　空欄E＝スペイン　　空欄F＝ポルトガル
ウ．空欄D＝中国　　空欄E＝ポルトガル　　空欄F＝イギリス
エ．空欄D＝イギリス　　空欄E＝ポルトガル　　空欄F＝スペイン
オ．空欄D＝イギリス　　空欄E＝スペイン　　空欄F＝ポルトガル

Ⅳ　次の1と2の文章と3の史料を読み，それぞれの設問に答えなさい。解答は，漢字を用いるべきところは正確な漢字で記述解答用紙の所定の解答欄に記入しなさい。選択問題についてはマーク解答用紙の記号をマークしなさい。(20点)

1　江戸時代以来，琉球王国は，薩摩藩①の支配を受けながらも中国（明のちに清）を宗主国とする両属の状態にあった。明治政府は，琉球王国を日本領とすべく1872年に琉球藩を置き，琉球国王を琉球藩王とした。しかし，清国は宗主権を主張し，この措置を認めなかった。

1871年，台湾②で琉球漂流民が現地住民に殺害される事件が発生した。この事件について，清国は現地住民の行為に責任を負わない姿勢を示した。これに対して，日本は国内の強硬論に押される形で1874年に台湾出兵を行った。日清間には緊張が走ったが，イギリスの調停もあって清国は日本の出兵を正当な行動と認めて事実上の賠償金を支払った。

琉球の帰属問題には決着がつかないまま，日本は1879年に武力を背景として琉球藩を廃止し，沖縄県を設置した。これによって琉球は，日本の領土に組み込まれることになったが，沖縄県では旧慣温存策がとられ，本土とは異なる制度がしかれることになった③。しかし，清国は琉球処分を認めず，沖縄県の帰属問題が解決するのは日清戦争④後のことであった。

問1　下線部①に関する記述として**誤っているもの**を，次のア～オの中から一つ選び，その記号をマークしなさい。

ア．江戸時代後期の薩摩藩主島津斉彬は，反射炉や造船所を建設した。
イ．生麦事件が原因となり，1863年に薩英戦争が勃発した。
ウ．過激な尊王攘夷論を主張していた薩摩藩は，八月十八日の政変により長

州藩や急進派の公家とともに京都から追放された。

エ．薩摩藩の出身者は，長州藩・土佐藩・肥前藩出身者とともに明治政府の実権を握った。

オ．1877年，薩摩藩出身の士族を中心とした大規模な士族反乱が発生した。

問2　下線部②に関する記述として**誤っているもの**を，次のア～オの中から一つ選び，その記号をマークしなさい。

ア．1895年に結ばれた下関条約により，台湾は清国から日本に割譲された。

イ．日本の台湾領有に対して，現地住民の武力による抵抗が発生した。

ウ．台湾統治のために置かれた台湾総督府は，軍事指揮権のほか行政権も有したが，立法権はもたなかった。

エ．海軍軍令部長樺山資紀が，初代台湾総督に任命された。

オ．植民地経営のため，台湾の中央発券銀行として台湾銀行が設置された。

問3　下線部③に関する記述として正しいものを，次のア～オの中から一つ選び，その記号をマークしなさい。

ア．土地制度や地方制度は，旧来の制度が温存されたが，租税制度はすみやかに本土と同様の制度に改められた。

イ．琉球処分直後は旧来の制度が温存されたが，明治政府は1880年代前半に方針を転換して本土と一致させた。

ウ．琉球王国のすべての旧支配階層は，沖縄県設置直後から本土と同じ制度を施行するように明治政府へ求めた。

エ．沖縄県での諸制度の実施は本土と比較して大きく遅れ，1912年の衆議院議員総選挙において初めて沖縄県に選挙区が設定された。

オ．謝花昇らは，旧慣温存策を支持する運動を展開した。

問4　下線部④に関して，日清戦争のきっかけとなった朝鮮南部で発生した農民蜂起の名称を記しなさい。

2　明治初期における活版印刷技術の発達によって出版活動がさかんになり，日刊新聞や雑誌がつぎつぎと創刊された。1870年には，最初の日刊新聞として『横浜毎日新聞』が創刊され，『郵便報知新聞』や『朝野新聞』などがこれに続いた。福沢諭吉・加藤弘之・西周らが結成した団体は，機関誌『 A 』を通じて功利主義・自由主義思想などを紹介した。

1880 年代以降，出版活動は一層さかんになった。⑤ 新聞は，1880 年代から 90 年代にかけて自由民権運動や条約改正問題をめぐる世論の高まりなどを背景としてめざましく発達し，日清戦争では発行部数を大きく伸ばした。雑誌は，1880 年代後半には『日本人』など，明治後期には『太陽』などが創刊された。

日露戦争後から 1920 年代にかけて，メディアはさらに発達し，⑥ 新聞・雑誌の発行部数は飛躍的に伸びた。また，1925 年にラジオ放送が東京・大阪・名古屋で開始され，映画（活動写真）も普及した。

問 5　空欄Ａに入る機関誌の名称を記しなさい。

問 6　下線部⑤に関する記述として正しいものを，次のア～オの中から一つ選び，その記号をマークしなさい。

ア．政治評論を中心とした大新聞に対し，経済中心の新聞を小新聞といった。

イ．判の大きさが大きい新聞を大新聞，小さい新聞を小新聞といった。

ウ．徳富蘇峰は，民友社を設立して雑誌『国民之友』を発行し，政府による欧化主義政策を平民的欧化主義と評価して支持した。

エ．陸羯南は，新聞『日本』を創刊して，日本固有の伝統や思想にこだわらない近代化の推進を主張した。

オ．矢野龍溪の『経国美談』のほか，政治思想を宣伝・啓蒙するための政治小説が刊行された。

問 7　下線部⑥に関する記述として**誤っているもの**を，次のア～オの中から一つ選び，その記号をマークしなさい。

ア．メディアが急速に発達した理由の一つとして，就学率の向上による識字率の上昇があげられる。

イ．メディアが急速に発達する中で，文化の大衆化が進んだ。

ウ．１冊１円で購入できる円本が出版されるようになった。

エ．『サンデー毎日』『週刊朝日』などの週刊誌が創刊された。

オ．一般投資家向け雑誌『キング』が発行部数 100 万部を超えた。

3　次の史料は，1890 年に開かれた第 1 回帝国議会における首相演説の一部である。

又是ト同時ニ国家ノ独立ヲ維持シ，国勢ノ伸張ヲ図ルコトガ最(もっとも)緊要ノコト、存ジマス，此ノ事タルヤ諸君及我々ノ共同事務ノ目的デアツテ，独(ひとり)政府ノナスベキコトデ御座(ござ)リマスマイ，将来政事上ノ局面ニ於テ何等ノ変化ヲ現出スルモ，決シテ変化スルコトハ御座リマスマイト存ジマス，大凡帝国臣民タル者ハ協心同力シテ，此ノ一直線ノ方向ヲ取ツテ，此ノ共同ノ目的ニ達スルコトヲ誤ラズ，進マナケレバナラヌト思ヒマス，蓋(けだし)国家独立自営ノ道ニ二途アリ，第一ニ主権線ヲ守護スルコト，第二ニハ利益線ヲ保護スルコトデアル，其ノ主権線トハ国ノ疆(きょう)域(いき)ヲ謂ヒ，利益線トハ其ノ主権線ノ安危ニ，密着ノ関係アル区域ヲ申シタルノデアル，凡国トシテ主権線，及利益線ヲ保タヌ国ハ御座リマセヌ

（帝国議会衆議院議事速記録）

問８　この演説を行った首相の姓名を記しなさい。

問９　第一議会の動向を踏まえて，この演説に関する説明として適切だと判断できるものを，次のア～オの中から一つ選び，その記号をマークしなさい。

ア．国家の独立・自立を維持することは，政府の国民に対する責任である，と首相としての覚悟を表明した。

イ．国民は，国家を守るために率先して戦争に協力しなければならないと徴兵の義務を説いた。

ウ．首相は，軍備拡張を含む予算を成立させるため，国家の独立・自立には主権線・利益線の防衛が必要であることを述べた。

エ．主権線とは，日本の国土および朝鮮半島のことを指している。

オ．利益線とは，国家の安全・独立を保障する勢力範囲として樺太を指している。

問10　初期議会に関する記述として**誤っているもの**を，次のア～オの中から一つ選び，その記号をマークしなさい。

ア．政府は，政党の意向に左右されず政治を行う超然主義の立場をとった。

イ．第一議会において，政府は予算案をめぐって民党に攻撃されたが，立憲自由党の一部を切り崩し，予算を成立させた。

ウ．1892 年に行われた第 2 回総選挙に際して，内務大臣を中心に激しい選挙干渉を行ったが，民党の優勢をくつがえすことはできなかった。

エ．第四議会において，政府は海軍の予算をめぐって民党と衝突したが，天

皇の詔書の力もあって予算を成立させた。

オ．第四議会閉会後，自由党は国民協会とともに政府の条約改正交渉が軟弱であると攻撃した。

V　次の１の史料と２の文章を読み，それぞれの設問に答えなさい。解答は，漢字を用いるべきところは正確な漢字で記述解答用紙の所定の解答欄に記入しなさい。選択問題についてはマーク解答用紙の記号をマークしなさい。なお，史料は読みやすさを考えて一部改変した部分がある。(20 点)

1　次の史料は，1936 年に起こった二・二六事件に際して，その首謀者らが作成した蹶起(けっき)趣意書の一部である。

然るに頃来(けいらい)(注1)，遂に不逞(ふてい)凶悪の徒，簇出(そうしゅつ)(注2)して私心我慾(よく)を恣(ほしいまま)にし，(中略) 随つて外侮外患，日を逐(お)うて激化す。所謂(いわゆる)元老，重臣，軍閥，<u>財閥</u>①，官僚，<u>政党</u>②等はこの国体破壊の元兇(げんきょう)なり。

倫敦(ロンドン)軍縮条約，並に教育総監更迭に於ける統帥権干犯，至尊兵馬大権の僣窃(せんせつ)(注3)を図りたる三月事件，或は学匪(がくひ)，共匪(きょうひ)，大逆教団(注4)等の利害相結んで陰謀至らざるなき等は最も著しき事例にして，(中略) 中岡，佐郷屋(さごうや)(注5)，血盟団の先駆捨身，<u>五・一五事件</u>③の憤騰，相沢中佐の閃発(せんぱつ)(注6)となる，寔(まこと)に故なきに非ず。(中略) 内外真に重大危急，今にして国体破壊の不義不臣を誅戮(ちゅうりく)(注7)し，稜威(りょうい)(注8)を遮り御維新を阻止し来れる奸賊(かんぞく)を芟除(さんじょ)(注9)するに非ずして，宏謨(こうぼ)を一空せん(注10)。

(注1) ちかごろ。　(注2) むらがり出ること。

(注3) 臣下が主君に属するものを押領すること。

(注4) 自由主義学者，共産主義者，不敬罪で検挙された大本教団。

(注5) 原敬を暗殺した中岡艮一(こんいち)，浜口雄幸を狙撃した佐郷屋留雄(とめお)。

(注6) 1935 年の永田鉄山暗殺事件。　(注7) 罪ある者を殺すこと。

(注8) 天皇の威光。　(注9) 除き去ること。

(注10) 国家の大計が一挙に無に帰すること。

問1　この史料に関連して，二・二六事件に関係する人物の説明として**誤っているもの**を，次のア～オの中から一つ選び，その記号をマークしなさい。

ア．東条英機は陸軍内部において革新官僚や財閥と結んで総力戦体制の樹立を目指す皇道派に属した。

イ．岡田啓介は二・二六事件当時の内閣総理大臣であり，在職中に起こった天皇機関説問題に対して国体明徴声明を出した。

ウ．斎藤実は二・二六事件当時は内大臣の地位にあり，この事件で渡辺錠太郎教育総監らとともに殺害された。

エ．北一輝は『日本改造法案大綱』などの著作があり，二・二六事件の首謀者らは北の思想的影響を受けていた。

オ．広田弘毅は岡田啓介の後を受けて組閣したが，軍部の意向を無視できず，軍部大臣現役武官制を復活させた。

問2　下線部①について，戦前以来の財閥は，戦後，ＧＨＱ（連合国軍最高司令官総司令部）の指令により解体されたが，その一環として1947年に公布された，巨大独占企業を分割するための法律の名称を記しなさい。

問3　下線部②について，戦前の政党に関する説明として**誤っているもの**を，次のア～オの中から一つ選び，その記号をマークしなさい。

ア．立憲帝政党は1882年に結成された政府系政党だが，翌年解党した。

イ．進歩党の大隈重信は第2次松方正義内閣の外務大臣に就任した。

ウ．犬養毅を代表とする革新倶楽部は第二次護憲運動を推進した。

エ．立憲民政党は憲政会と政友本党の合同により結成された。

オ．1928年の衆議院議員総選挙では無産政党からの当選者は出なかった。

問4　下線部③の五・一五事件により，大正末期より続いた政党内閣は8年で終止符を打つこととなったが，この8年間の政党内閣継続の始まりとなった内閣の総理大臣の姓名として正しいものを，次のア～オの中から一つ選び，その記号をマークしなさい。

ア．原敬　　イ．高橋是清　　ウ．若槻礼次郎　　エ．加藤高明

オ．清浦奎吾

2　1993年6月，衆議院に提出された［　A　］内閣の不信任決議案が可決され，翌7月に行われた衆議院議員総選挙で，当時与党であった自由民主党（以下，自民

党）は大敗を喫した。その結果，日本新党代表の細川護熙を首班とする８党派連立政権が発足，自民党は野党にくだり，55年体制はここに崩壊した④。

そもそも「55年体制」とは，議席数の約３分の２を占めて政権を担当する自民党と，約３分の１を有する日本社会党（以下，社会党）が国会を形成する状態が1955年に成立したことに由来する。この年，日本民主党と自由党が合同して自民党が結成され，その翌年には［　B　］が初代総裁に就任した。一方，社会党はそれまで左右両派に分裂していたものが，日本国憲法⑤の改正阻止などを目指して再び統一した。55年体制は，親米保守の自民党と革新勢力の社会党という保革対立の構図としてとらえられる戦後日本の政治体制であった。

55年体制の成立から崩壊までの38年間⑥，日本は国際社会の一員として世界各国との関係を深め，一方国内では経済大国⑦への道を歩んだ。その反面で，環境破壊や公害などの様々な社会問題が発生したのである。

問５　空欄Ａに入る人物の姓名を記しなさい。

問６　下線部④について，55年体制崩壊後の政治に関する次のａ～ｃの記述に対する指摘として正しいものを，下のア～オの中から一つ選び，その記号をマークしなさい。

ａ．細川護熙内閣は小選挙区比例代表並立制の導入という選挙制度改革を行った。

ｂ．橋本龍太郎内閣の成立時点から，自民党は再び政権に復帰した。

ｃ．小渕恵三内閣は新たな大型間接税として消費税を実施した。

ア．ａは正しい，ｂ・ｃは誤り。　　イ．ａ・ｂは正しい，ｃは誤り。

ウ．ｂは正しい，ａ・ｃは誤り。　　エ．ｃは正しい，ａ・ｂは誤り。

オ．ｂ・ｃは正しい，ａは誤り。

問７　空欄Ｂに入る人物の姓名を記しなさい。

問８　下線部⑤に関する説明として正しいものを，次のア～オの中から一つ選び，その記号をマークしなさい。

ア．1945年10月，ＧＨＱは東久邇宮稔彦内閣に対して憲法改正を指示した。

イ．ＧＨＱは政府が設置した憲法問題調査委員会による憲法改正要綱をふまえて改正草案を作成した。

ウ．民間においても新憲法の検討が行われ，高野岩三郎らによる憲法研究会は「日本国憲按」をまとめた。

エ．日本国憲法の制定は大日本帝国憲法を改正する形式をとり，改正案は衆議院と参議院で修正可決された。

オ．日本国憲法の規定に基づき制定された地方自治法では，都道府県知事などの首長が公選制となった。

問9　下線部⑥について，55年体制下の内閣とその政策やスローガンの組み合わせとして正しいものを，次のア～オの中から一つ選び，その記号をマークしなさい。

ア．岸信介内閣―日ソ共同宣言調印

イ．池田勇人内閣―「寛容と忍耐」

ウ．佐藤栄作内閣―日中共同声明調印

エ．田中角栄内閣―日韓基本条約締結

オ．竹下登内閣―「戦後政治の総決算」

問10　下線部⑦について，戦後の日本経済に関する説明として**誤っているものを**，次のア～オの中から一つ選び，その記号をマークしなさい。

ア．「神武景気」とよばれる好景気のなか，1956年の『経済白書』には「もはや戦後ではない」と記された。

イ．1973年の石油危機などにともなう「狂乱物価」は，国民生活に多大な影響を与えた。

ウ．1980年代，日本はアメリカへの輸出を増やし貿易黒字が続いたため，日米間での貿易摩擦が激化した。

エ．1985年のプラザ合意は円安の急速な進行を招き，輸出産業を中心に不況が深刻化した。

オ．1980年代後半の「バブル経済」は90年代に入ると崩壊し，平成不況とよばれる景気の後退期が続いた。

世界史

（60 分）

I　次の文章を読み，下線部(1)〜(15)について下記の【設問】に答えなさい。解答は，記述解答用紙の所定の欄に正しく記入しなさい。（30 点）

ヨーロッパ世界では，<u>14 世紀のペスト（黒死病）</u>(1)以降にも，伝染病の流行が繰り返し発生した。検疫や隔離の制度，防疫のための行政組織の編成などの公衆衛生政策の基礎が次第に確立したが，1665 年の<u>ロンドンのペスト大流行</u>(2)では多数の死者が発生し，イギリス社会に大きな影響を与えた。ヨーロッパでペストの大規模な感染が見られなくなるのは，18 世紀のことである。同世紀後半には天然痘（てんねんとう）の伝播が拡大した。天然痘対策として開発された種痘（しゅとう）法は，免疫を生むウィルスを接種する予防措置であり，その登場によって天然痘は下火になった。しかし，19 世紀には<u>工業化</u>(3)と都市化の過渡期にあったヨーロッパで，労働者層や貧民が居住する地域を中心に，もともとは<u>インド</u>(4)の風土病であったコレラの大流行が起きた。

コレラの「パンデミック」（世界的な大流行）が発生した要因は多様である。ヨーロッパ諸国における産業革命の進展，商工業都市における<u>人口増大</u>(5)，貿易取引の拡大，鉄道と蒸気船の到来や<u>スエズ運河</u>(6)の開通による<u>世界の一体化</u>(7)，国際的な<u>移民</u>(8)の増加があげられる。交通・輸送網の発達によって人やモノの移動が増すことで，感染症の伝播が加速したのである。ヨーロッパ列強によるアジア・アフリカ諸地域への進出や軍事行動も，コレラの蔓延（まんえん）の引き金になったと考えられている。

とくに世界的な領土支配と<u>自由貿易</u>(9)を展開した<u>イギリス帝国</u>(10)の動向は，感染拡大に強い影響をおよぼした。ヨーロッパに到達したコレラは，公衆衛生，住宅事情，栄養状態が良好ではなかった大都市のスラムを中心に蔓延し，労働者層や貧民の生活を直撃した。公衆衛生や生活環境の改善が急務となり，最新の土木技術を用いた道路・街区の整備，上下水道の改良が進められた。<u>フランス第二帝政</u>(11)期にパリで行われた大規模な都市改造は，代表的な事例である。19 世紀末の細菌学や予防科学の発展は，コレラの流行拡大を防止するうえで前進であった。1883 年に<u>ドイツの細菌学者</u>(12)によってコレラ菌が発見されたことは，この伝染病の蔓延の抑制に重要な効果をもたらしている。

20世紀に入ると，第一次世界大戦の末期(13)には，「スペイン・インフルエンザ」の世界的な感染爆発が発生した。感染拡大の第一波ではアメリカ合衆国が流行の中心地となったが，1917年に合衆国が協商国（連合国）側で参戦(14)したことで，大量の兵士たちが動員され，ヨーロッパの戦地へ渡った。この兵士たちの移動が各地で病気の流行を拡大させる一因となったといわれる。多くの兵士を輸送する船や衛生状態の劣悪な戦場は，感染拡大の温床であった。「スペイン・インフルエンザ」はヨーロッパのみならず世界中で猛威を振るい，死者数は数千万人にのぼった。第一次世界大戦はパリ講和会議やヴェルサイユ条約などの一連の条約によって終結し，ヴェルサイユ体制(15)と呼ばれる国際秩序が形成された。「スペイン・インフルエンザ」の感染爆発も次第に収束にむかった。

【設　問】

(1)　14世紀半ばにはペスト（黒死病）が，モンゴル帝国が形成したユーラシア規模のネットワークにのって，ヨーロッパ世界だけではなく，エジプトやシリアを支配するマムルーク朝にも到達した。マムルーク朝では土地の徴税権を軍人に与える制度が施行されていた。この制度を何というか。

(2)　18世紀前半に出版されたイギリス小説『ロビンソン=クルーソー』の著者は，1665年にロンドンを襲ったペストの被害を題材にした作品を残している。この著者は誰か。

(3)　19世紀にはヨーロッパ大陸諸国で工業化が進んだ。七月革命の影響を受けて独立し立憲王国となったベルギーは，豊富な資源を背景に産業革命を達成した。1830年代初頭にベルギーはどの国から独立を果たしたか。

(4)　1877年にはヴィクトリア女王がインド皇帝に即位し，インド帝国が成立した。イギリスはインド内部の宗教の相違・利害の対立を利用して，植民地側の団結を防ごうとする政策をとった。この政策を何というか。〔解答欄：　　　　　　政策〕

(5)　産業革命期のイギリスでは商工業都市を中心に急速な人口増加が生じた。その動向を詳しく研究し，人口の増大と食糧生産・貧困の関係を論じる『人口論』をあらわした人物は誰か。

(6)　1870年代にイギリスはスエズ運河会社株の買収を通して運河の経営権をにぎ

ると，エジプトへの介入を強めた。外国による内政干渉や経済的支配に反抗して，1880年代初頭のエジプトでは国民的な抵抗運動が起こった。この運動を指導した軍人は誰か。

(7) 世界の一体化の進展は，さまざまな領域の国際的組織の形成や国境を越えた人々の連帯を促した。1889年にはパリで各国の社会主義政党と労働組合の連帯組織が結成された。この組織を何というか。

(8) 19世紀中葉以降，アメリカ合衆国に大量の移民が流入し，急速な経済成長や西部開拓を支える労働力となったが，その反動で移民労働者を排斥する動きが強まった。1882年にアメリカ合衆国への流入が禁止された移民を，次のア〜オの中から一つ選び，記号で答えなさい。

ア．東欧系移民

イ　ユダヤ人移民

ウ　中国人移民

エ　アイルランド人移民

オ　インド人移民

(9) イギリスの自由貿易について述べた文として**誤っているもの**を，次のア〜エの中から一つ選び，記号で答えなさい。

ア　1813年に東インド会社の中国貿易独占権が撤廃された。

イ　コブデンやブライトらが，反穀物法運動を主導した。

ウ　アダム=スミスは重商主義を批判し，自由放任政策の重要性を主張した。

エ　自由貿易の障害となっていた航海法が，1849年に廃止された。

(10) イギリス帝国はオセアニア諸地域にも進出し，先住民を迫害した。ニュージーランドでは1840年に統治権を獲得し，先住民の抵抗を武力でおさえこんだ。このニュージーランドの先住民は何と呼ばれるか。

(11) 第二帝政以降のフランスは積極的な対外政策を展開し，インドシナではカンボジアやベトナムへの介入によって支配地域を拡大した。ベトナムの宗主権を主張する清朝との戦争の結果，1885年にフランスは清朝と結んだ条約でベトナムに対する保護権を承認された。この条約を何というか。〔解答欄：　　　　条約〕

(12) このドイツの細菌学者は，結核菌の発見やツベルクリンの製造などの重要な業績をあげている。この人物は誰か。

(13) 第一次世界大戦末期のロシアでは，ボリシェヴィキが武装蜂起によって政権を

獲得し，1918 年にドイツと不利な条件で単独講和にふみきった。この講和条約を何というか。〔解答欄：　　　条約〕

(14)　第一次世界大戦への参戦を決断したウィルソン大統領の提案により，大戦の終結後に国際連盟が設立された。国際連盟の本部が置かれた都市の場所として正しいものを，次の地図中のア～オから一つ選び，記号で答えなさい。

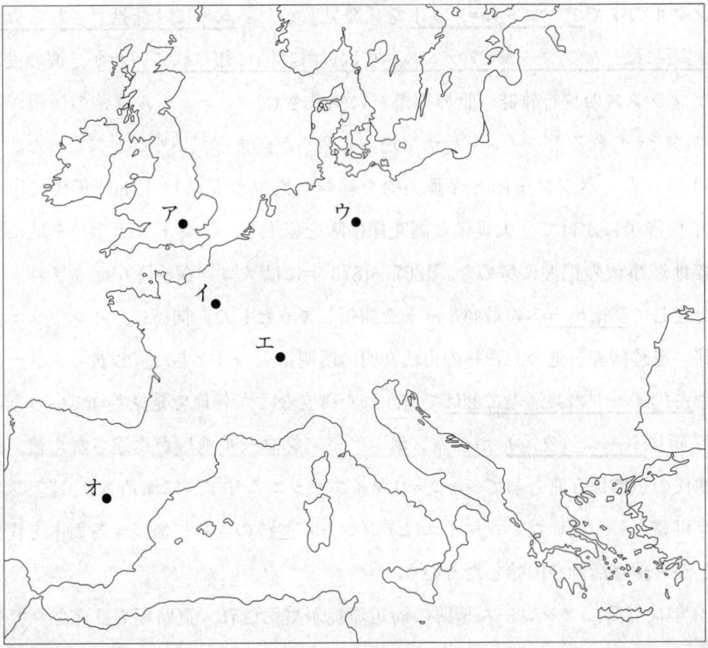

(15)　ヴェルサイユ体制下のドイツでは，フランスによるルール占領をきっかけに経済がさらに停滞し，激しいインフレーションが進んだ。1923 年にシュトレーゼマン内閣が，インフレーションを解消するために発行した通貨を何というか。

Ⅱ 次の文章を読み，下線部(1)～(10)について下記の【設問】に答えなさい。解答は，記述解答用紙の所定の欄に正しく記入しなさい。(20 点)

19 世紀後半の東南アジア大陸部，特にインドシナ半島はフランスによる植民地化が進められた時期であると同時に，探検の時代(1)でもあった。フランス人博物学者アンリ=ムオは，バンコクを拠点にしてインドシナ半島を 4 回にわたり踏査し，1860 年にジャングルの中でアンコール=ワット(2)を「発見」した。ムオに「発見」される以前の 17 世紀頃には，アンコール=ワットの存在は近隣諸国に知られていた(3)が，彼の没後に日記がフランスの旅行雑誌『世界周遊』に掲載され，アンコール遺跡の情報がヨーロッパに伝えられると，インドシナ半島への関心が高まっていくことになった。

1863 年，カンボジア王国と保護条約を締結したフランスは，1860 年代後半から 1880 年代後半にかけて，大規模な調査探検隊を組織し，インドシナ半島全域に送り出して地域事情の把握に努めた。1867～1873 年にはメコン探検隊が派遣され，メコン川を通じて雲南地方(4)への通商ルートを開拓しようとした。同時に，インドシナ半島内陸部の遺跡調査を進め，密林の古代文明の解明に迫ろうとした。以後，クメールの彫像や古代インドの共通のことば(5)で書かれた碑文などが各地で発見されていった。

1907 年にシャム（タイ）(6)からカンボジアにアンコール地域が返還された後，1908 年に初代の遺跡保存官としてジャン=コマイユがシエムリアプに派遣され，「アンコール保存事務所」を開いた。コマイユはアンコール遺跡の周りに繁茂する樹木を伐採することから保存活動を開始したという。

1910 年代以降，アンコール遺跡の周辺環境が整備され，道路網も拡充されて観光客が増えていった。そうした時期に起きたのが，いわゆる「マルロー事件」であった。1923 年，若き前衛作家アンドレ=マルロー(7)が，アンコール遺跡群の中のバンテアイ=スレイ寺院壁面の女神像を友人と共に剥ぎ取り，持ち去ろうとして捕まったのである。マルローは遺跡内彫像窃盗罪で起訴され，後に減刑されてフランス本国に帰国した。この時の経験をもとに執筆されたのが，アンコール遺跡を題材にした冒険小説(8)『王道』であった。

アンコール遺跡の調査研究や保存修復活動は，フランス領インドシナ連邦の学術研究機関である「フランス極東学院」によって担われた。その前身は，1898 年にサイゴンで「碑文・文芸アカデミー」の主導によって創設された「インドシナ考古学協会」で，1901 年にインドシナ総督府によって「フランス極東学院」と改名・再組織され，翌年ハノイに本部を移して本格的な調査研究活動を開始した。フランス極東学院は，南はインドから東は日本までのアジア地域を対象に，考古学，歴史学，碑文学，民族学などの学問研究，遺跡の調査研究や保存修復に携わった。(9) インドシナ戦争後の 1957 年にハノイから引き上げ，本部をパリに移転するまで，植民地の学術研究機関として学問分野の発展に寄与した。(10)

【設　問】

(1)　19 世紀後半は，リヴィングストンやスタンリーらによるアフリカ内陸部の探検が進む一方，中国奥地や中央アジアの学術調査も行われるようになっていた。1893 年以降に 4 回にわたって中央アジアを踏査し，楼蘭の遺跡を発見したスウェーデン人探検家・地理学者は誰か。

(2)　アンコール=ワットは 12 世紀にヒンドゥー教の寺院として建造された。ヒンドゥー教の神像の写真として正しいものを，次のア～ウの中から一つ選び，記号で答えなさい。

ア

イ

ウ

ユニフォトプレス提供
著作権の都合上，類似の写真と差し替えています。

(3)　17 世紀にアンコール=ワットを訪れた日本人参詣者が描いたらしい「最初のアンコール=ワット図面」とされる絵図が水戸市に残されており，この図面ではアンコール=ワットはインドの仏教発祥の地「祇園精舎」として表されている。前

6世紀頃の北インドに城壁で囲まれた都市国家として栄え，仏教が誕生したとされるこの国を何というか。〔解答欄：　　　　国〕

※設問(3)については，全員正解とする措置が取られたことが大学から公表されている。

(4) 10～13世紀に雲南地方を中心に存在し，フビライ（クビライ）の率いるモンゴル軍に滅ぼされた国を何というか。

(5) グプタ朝で公用語化され，学術・宗教・文芸のための共通語として広く使用されていたことばは何か。カタカナで答えなさい。〔解答欄：　　　　語〕

(6) 当時のシャム（タイ）ではチュラロンコン王（ラーマ5世）が，イギリスとフランスとの勢力均衡策を巧みに利用して植民地化を回避すると同時に，国内の行政・司法組織の改革を進め，外国留学を奨励するなどの近代化を推し進めていた。1782年に成立し，現在まで続くこの王朝を何というか。〔解答欄：　　　　朝〕

(7) マルローは，1936～1939年の人民戦線政府とフランコ将軍を中心とする反乱軍との間で戦われたスペイン内戦に，知識人の一人として人民戦線政府側に加わって戦った。この時，世界各国から共和国軍に参加した外国人部隊のことを何というか。漢字5文字で答えなさい。

(8) 19世紀後半から20世紀にかけて，未知の世界に繰り出す冒険小説が欧米で多数出版された。ポーランド出身の小説家ジョゼフ=コンラッドの代表作『闇の奥』は，ベルギー国王がアフリカに所有した土地を舞台にした一種の冒険小説である。この所有地を何というか。

(9) かつてフランス東インド会社が拠点としたインドのポンディシェリに，フランス極東学院は1955年に研究センターを開設した。ポンディシェリの位置として正しいものを，次の地図中のア～エから一つ選び，記号で答えなさい。

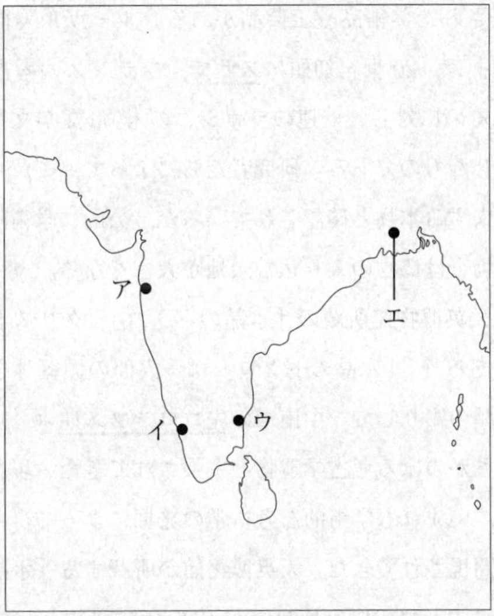

(10) 1954年5月にディエンビエンフーで大敗したフランスが，同年7月にベトナム民主共和国との間に結んだ協定を何というか。　〔解答欄：　　　　協定〕

Ⅲ　次の文章を読み，下線部(1)～(10)について下記の【設問】に答えなさい。解答は，マーク解答用紙の所定の欄に正しくマークしなさい。(20点)

博物館や美術館の展示品の中には，学術的な考古学の発掘に由来する遺物と，古物商や美術商から購入された美術品や工芸品がある。ルーヴル美術館を例にとると，「ハンムラビ法典碑」(1)は，20世紀初頭にスサ(2)で，フランスの考古学遠征隊によって発掘されたものであるのに対し，一連のラガシュの楔形(くさびがた)文字文書は，市場に出回っていた盗掘品を購入したものである。研究者たちによって，これらのラガシュ文書はシュメール時代に由来する本物と確認されているが，公的に学術隊が発掘した品々に比べると，購入品の場合は偽物の入り込む余地が大きくなる。

その一例として，大英博物館所蔵の「水晶のドクロ」(クリスタル・スカル)をあげることができるであろう。「水晶のドクロ」は，人間の頭蓋骨を模した石英，または，透明度の高い水晶の彫り物で，中南米の先コロンブス期(3)(コロンブスのアメリカ到着以前の時代)にさかのぼる考古学遺物と主張されてきた。現在，世界中に十数点あるとされているが，いずれも学術的な考古学の発掘によって得られたものではなく，それらの真正性が疑問視されてきた。大英博物館が所蔵する「水晶のドクロ」もそのような一点である。メキシコ(4)の国立博物館が1885年に偽物として購入を拒否したものを，1897年，大英博物館が，ニューヨークの宝石商から購入したのであった。この物体の真正性をめぐる判定はなかなか確定しなかったが，近年めざましく発展した科学技術がそれを助けた。すなわち，走査型電子顕微鏡を用いる調査研究により，大英博物館の「水晶のドクロ」に，当時の中南米の技術では不可能な，鉄(5)や鋼，および，その他の器具による彫り跡が見つかり，偽物であることが明白になった。

しかし，土の中から発見されたからといって，その出土品が本物であるとは限らない。その一例が，16世紀後半，スペイン(6)のグラナダで出土した「鉛の文書」である。これは，円い形をした鉛板を鉛の紐(ひも)で綴じた文書で，アラビア文字風の文字で記されている。当時，この文書をたちどころに解読したのは，キリスト教に改宗した2名のムスリムであった。彼らは，アラビア語はもちろん，スペイン語やラテン語などにも精通しており，文書に用いられている言語は1～2千年前のアラビア語であると主張した。しかし，それが，アラビア語のアンダルス方言を改変したものにすぎないことが判明し，17世紀(7)，インノケンティウス11世が偽書と宣言した。文書がイベリア半島における<u>イスラーム</u>(8)とキリスト教に関連した内容を持つことから，その解読者でもあった作成者の意図は，双方の信者に受け入れられる共通の教義を作ることだったのではないかと考えられている。

時代は前後するが，ここで，キリスト教世界に非常に大きな影響を与えた「コンスタンティヌスの寄進状」を見てみよう。この文書は，大半が偽書であるにもかかわらず，中世を通して本物の教会法例集と見なされていた『偽イシドルス教令集』に含まれている。ちなみに，イシドルスは，<u>西ゴート王国</u>(9)支配下の6～7世紀に実在したセヴィリアの司教であった。「コンスタンティヌスの寄進状」は，コンスタンティヌス帝が教皇シルウェステルによって洗礼を受けたこと，それに際して，コンスタンティヌス帝が，<u>皇帝に対する教皇の優位を認め</u>(10)，教皇にローマおよびイタリア各地の支配権を譲ることなどを記している。このため，ローマ教皇側の重要な文書であったが，ルネサンス期の人文主義学者ロレンツォ=ヴァッラによって，それが偽書であることが示された。その論拠の一つが，文書に用いられているラテン語が，コンスタンティヌス帝時代の用法にあてはまらないというものであった。しかし，「コンスタンティヌスの寄進状」が広く偽書と受け入れられたのは，18世紀になってからのことである。

【設　問】

(1) ハンムラビ法典は，ハンムラビ王によって発布された。ハンムラビ王の時代にもっとも近い出来事を，次の①～④の中から一つ選びなさい。

① アメンホテプ4世（イクナートン）が，アマルナ（テル=エル=アマルナ）に都を定めた。

② クシュ王国が，テーベに王朝を建てた。

③ クフ王が，ピラミッドを築かせた。

④ エジプト新王国が，ヒクソスを撃退した。

(2) アケメネス朝ペルシアは，スサに行政の中心をおいて広大な領土を治めた。アケメネス朝ペルシアについて述べた文として正しいものを，次の①～④の中から一つ選びなさい。

① ダレイオス1世が，フィリッポス2世の息子アレクサンドロスに敗れた。

② バビロン捕囚を行った。

③ リュディア（リディア）王国を滅ぼした。

④　マラトンの戦いに勝利した。

(3)　アメリカ古代文明について述べた次の文(a)と(b)の正誤の組み合わせとして正しいものを，下の①〜④の中から一つ選びなさい。

(a)　マヤ文明では，二十進法が用いられていた。

(b)　インカ帝国では，物資の輸送に馬が用いられていた。

①　(a)－正　(b)－正

②　(a)－正　(b)－誤

③　(a)－誤　(b)－正

④　(a)－誤　(b)－誤

(4)　メキシコについて述べた文として**誤っているもの**を，次の①〜④の中から一つ選びなさい。

①　ナポレオン3世が，メキシコに出兵した。

②　ディアス大統領のもとで，土地改革が断行された。

③　サパタは，メキシコ革命の指導者の1人であった。

④　北米自由貿易協定（NAFTA）を結んだ。

(5)　鉄について述べた文として波線部の**誤っているもの**を，次の①〜④の中から一つ選びなさい。

①　ヒッタイト人は，はやくから鉄製の技術を有していた。

②　メロエでは，製鉄が行われていた。

③　ヨーロッパ中世において，鉄を用いた重量有輪犂（有輪犂（ゆうりんすき））が，農業生産高の向上に貢献した。

④　19世紀に，ダービーがコークス製鉄法を発明した。

(6)　16世紀後半にスペインで活躍した画家と，16世紀後半の歴史的出来事の組み合わせとして正しいものを，次の①〜④の中から一つ選びなさい。

①　ゴヤ－無敵艦隊（アルマダ）の敗北

②　ゴヤ－トラファルガーの海戦

③　エル=グレコ－無敵艦隊（アルマダ）の敗北

④　エル=グレコ－トラファルガーの海戦

(7)　17世紀のヨーロッパで起こった出来事について述べた次の文(a)〜(c)が，年代の古いものから順に正しく配列されているものを，下の①〜⑥の中から一つ選びなさい。

(a)　トーリ（トーリー）党とホイッグ党の２党派が誕生した。

(b)　ナントの王令が廃止された。

(c)　ロマノフ朝が成立した。

①　(a)→(b)→(c)

②　(a)→(c)→(b)

③　(b)→(a)→(c)

④　(b)→(c)→(a)

⑤　(c)→(a)→(b)

⑥　(c)→(b)→(a)

(8)　イスラームの拡大・浸透について述べた文として**誤っているもの**を，次の①～④の中から一つ選びなさい。

①　イル=ハン国は，ガザン=ハンのもとでイスラーム化した。

②　アフリカの東岸部で，イスラーム文化の影響を受けたスワヒリ文化が生まれた。

③　ジャワ島で，イスラーム国家のマタラム王国（新マタラム）が成立した。

④　イスラームの影響を受けたシク教は，カーストによる差別を支持した。

⑼　西ゴート王国を滅ぼした王朝の都の名前と，その位置を示す次の地図中の**ア**または**イ**の組み合わせとして正しいものを，下の①～④の中から一つ選びなさい。

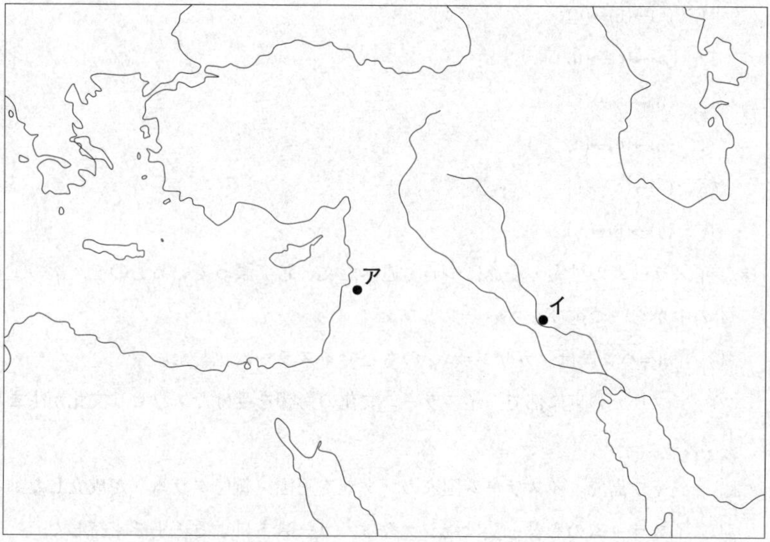

①　ダマスクス－**ア**

②　クテシフォン－**ア**

③　ダマスクス－**イ**

④　クテシフォン－**イ**

⑽　王と教皇について述べた次の文の空欄 ア と イ に入れる語の組み合わせとして正しいものを，下の①～④の中から一つ選びなさい。

ピピン3世（小ピピン）は， ア と戦って奪った イ 地方を教皇に寄進した。

①　**ア**－ブルグンド王国　　**イ**－ラヴェンナ

②　**ア**－ブルグンド王国　　**イ**－ガリア

③　**ア**－ランゴバルド王国　　**イ**－ラヴェンナ

④　**ア**－ランゴバルド王国　　**イ**－ガリア

Ⅳ　次の文章A～Cを読み，下線部(1)～(15)について下記の【設問】に答えなさい。解答は，マーク解答用紙の所定の欄に正しくマークしなさい。(30点)

A　キリスト教文化圏では，人類(1)の歴史を，天地創造から最後の審判に至る一つの大きな物語として捉えてきた。この考え方に基づき，ローマ帝政末期に活躍した正統教義の著述者(2)の1人アウグスティヌスは，歴史を神による人類教育の過程だとした。こうした歴史観は聖書に基づくものであったため，中世のヨーロッパの人々にとっては，聖書に登場する地域の歴史が，とりもなおさず「世界史」であった。

中世後期以降，人間の理性や感性を重視するルネサンス(3)や，カトリック教会の権威をゆるがす宗教改革などをとおして，歴史における人間の役割がしだいに重視されるようになった。さらに，15世紀以降の遠洋航海の拡大は，聖書に現れない諸地域との接触の機会を急増させた。とりわけ，極めて古い時代から詳細に記録されてきた中国の歴史(4)が聖書に書かれた歴史と矛盾することは，聖書に基づいて歴史を語ることに対する疑念を，ヨーロッパ人の間に生じさせた。こうした動きを受けて，18世紀には，人間の理性がもたらす「進歩」を歴史の動因とみなしたり，地球全体を視野に入れた人類史を構想するなど，聖書の枠組みから歴史を解き放つことが試みられるようになった。人類の進歩の軌跡の頂点にフランス革命(5)を位置づけるコンドルセ『人間精神進歩史』は，その代表例である。

【設　問】

(1)　先史時代の人類について述べた文として正しいものを，次の①～④の中から一つ選びなさい。

①　アウストラロピテクスは，磨製石器を用いた狩猟・採集生活を営んだ。

②　ネアンデルタール人は，ラスコーの洞穴絵画を残した。

③　ホモ＝エレクトゥスは，打製石器や火を使用した。

④　クロマニョン人は，約60万年前のアフリカに現れた。

(2)　ローマ帝政末期に活躍した正統教義の著述者について述べた次の文(a)と(b)の正誤の組み合わせとして正しいものを，下の①～④の中から一つ選びなさい。

(a)　こうした著述者たちは，教父と呼ばれた。

(b)　エウセビオスは，『神の国』を著した。

①　(a)－正　(b)－正

② (a)－正 (b)－誤

③ (a)－誤 (b)－正

④ (a)－誤 (b)－誤

(3) ルネサンス建築の作例として正しいものを，次の①～③の中から一つ選びなさい。

①

②

③

(4) 中国やその近隣地域の歴史について述べた文として正しいものを，次の①～④の中から一つ選びなさい。

① 清の雍正帝は，皇帝直属の軍機処を設けた。

② 北宋の神宗に起用された張居正は，新法を断行した。

③ 匈奴の冒頓単于は，漢の武帝の軍を破った。

④ 元の末期，白蓮教徒が黄巾の乱を起こした。

(5) フランス革命の前後に起こった出来事について述べた次の文(a)～(c)が，年代の古いものから順に正しく配列されているものを，下の①～⑥の中から一つ選びなさい。

(a) 第3回ポーランド分割によってポーランド国家が消滅した。

(b) ワシントンがアメリカ合衆国大統領に就任した。

(c) トゥサン=ルヴェルチュールが獄死した。

① (a)→(b)→(c)

② (a)→(c)→(b)

③ (b)→(a)→(c)

④ (b)→(c)→(a)

⑤ (c)→(a)→(b)

⑥ (c)→(b)→(a)

B 市民革命を経ていち早く近代化したイギリス・フランスやアメリカ合衆国では，19世紀，人類の歴史を「進歩」の量的増大の過程とみなす歴史観が広まった(6)。それに従えば，進歩の最先端にある彼らからみて異質な文化は，進歩の量が少ない，古く劣った段階にとどまっているということになる。この理屈は，アジア・アフリカ(7)・オセアニア(8)といった異文化圏への進出の口実とされた。一方，統一国家の形成が遅れたドイツでは，文化の違いは民族の個性の違いであるという主張が展開された。それを支えたのが，「進歩の量」のような歴史の外側にある基準によって歴史をはかるのではなく，各民族の各時代における状態を，時代背景との関連の中で，ありのままにかつ生き生きと捉えようとする歴史観であった。立場が異なれば，歴史がもつ意味も，また異なるのである。

戦後の日本では，前近代の世界をいくつかの小世界に分け，それぞれの小世界の歴史を内部の諸地域の相互関係の中で捉える理論が提唱された。世界史を構成する小世界の一つとして中国文化を共有する文化圏「東アジア世界」(9)を設定し，日本の歴史をその一部として説明することで，世界史の中に日本史を適切に位置づけ，戦中の独善的な歴史観を克服することが，日本の学者たちの目標であった。が，東アジアの他の地域からは，日本と東アジアの一体性が過度に強調されると，日本による東アジア支配の歴史(10)が肯定されかねないとの異論も出ている。

【設　問】

(6) 19世紀にアメリカ合衆国で起こった出来事について述べた文として正しいものを，次の①～④の中から一つ選びなさい。

① スペインからルイジアナを購入した。

② アメリカ労働総同盟（AFL）が結成された。

③ ジャクソン大統領のもとで，ホームステッド法が制定された。

④ 奴隷制拡大に賛成する勢力が，共和党を結成した。

(7) アフリカの歴史について述べた文として**誤っているもの**を，次の①～④の中から一つ選びなさい。

① マリ王国は，ムラービト朝に征服された。

② モノモタパ王国は，インド洋交易で栄えた。

③ アクスム王国は，キリスト教を受容した。

④ ベニン王国は，奴隷貿易を経済基盤とした。

(8) 次の地図は，20世紀初頭のオセアニアやその近隣地域における列強の勢力圏を示したものである。勢力圏(a)～(c)と国名の組み合わせとして正しいものを，下の①～⑥の中から一つ選びなさい。

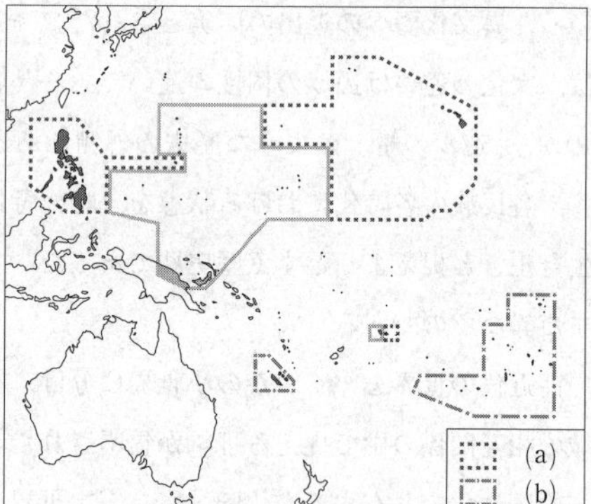

① (a)－アメリカ合衆国　(b)－フランス　(c)－ドイツ

② (a)－アメリカ合衆国　(b)－ドイツ　(c)－フランス

③ (a)－フランス　(b)－アメリカ合衆国　(c)－ドイツ

④ (a)－フランス　(b)－ドイツ　(c)－アメリカ合衆国

⑤ (a)－ドイツ　(b)－アメリカ合衆国　(c)－フランス

⑥ (a)－ドイツ　(b)－フランス　(c)－アメリカ合衆国

(9) 東アジアやその近隣地域における中国文化の受容や独自化について述べた文としてもっとも適当なものを，次の①～④の中から一つ選びなさい。

① 高麗では，中国的な官僚制とともに，身分制度として骨品制が行われた。

② 10世紀の日本では，国際性の豊かな天平文化が開花した。

③ ベトナムの黎朝は，儒教を振興し，中国的な官僚制を整えた。

④ 吐蕃では，漢字をもとにチベット文字が作られた。

(10) 日本による東アジア支配の歴史について述べた文として**誤っているもの**を，次の①～④の中から一つ選びなさい。

① 朝鮮や台湾で，皇民化政策が推し進められた。

② 溥儀を擁立して，満州国の建国を宣言した。

③ 伊藤博文は，初代韓国統監となった。

④ 下関条約により，旅順・大連の租借権を獲得した。

C 1996年，アメリカのサミュエル=ハンティントンは『文明の衝突』を発表して，東西冷戦後の世界(11)では異なる価値観をもった文明同士の軋轢(あつれき)が深刻化し，文明の境界線にあたるバルカン半島やカフカース(12)などの地域において「衝突」が激化すると説いた。ハンティントンの見解によれば，現代世界に存在する中華・ヒンドゥー・イスラーム・日本・東方正教会(13)・西欧・ラテンアメリカという7つの主要文明のうち，支配的な立場にある西欧文明と強力な中華文明・イスラーム文明との「衝突」が，もっとも重大なものになるという。2001年9月11日に起こったアメリカ同時多発テロ事件は，国家以外の組織が場所を問わずに「衝突」を引き起こすという現実を，世の人々に突きつけた。

さらに，20世紀末以降急速に進んだ情報や経済のグローバリゼーション(14)は，国家どころか，文明を単位とした情勢の説明をも困難にした。今日より深刻な問題になっているのは，社会のうちにはびこる格差や対立であり，価値観をめぐる「衝突」は，むしろ国内で生じているとも言える。そうした中にあって，立場の違いによる歴史観をめぐる論争も，激しさを増している。そもそもこれまで語られてきた歴史 history はみな「男性の物語」his story だとして，女性の視点から見た歴史の(15)

叙述 herstory を目指す動きもある。すべての国民が同じ歴史観を共有し，文明とか国家・民族とかいう枠組みを基本として人類の歴史を物語るような時代は，もはや過ぎ去った。

同じ時代を生きている人々でさえ，同じ世界を見てはいない。それでもすべての人々に等しく価値をもつ「世界史」を構想することは，はたして，可能なのだろうか。

【設　問】

⑾　東西冷戦後の世界で起こった出来事について述べた文として**誤っているもの**を，次の①～④の中から一つ選びなさい。

①　ヨーロッパ連合（EU）が共通通貨ユーロを導入した。

②　湾岸戦争により，イラクのフセイン政権が崩壊した。

③　温室効果ガスの削減目標値を定めた京都議定書が採択された。

④　北朝鮮が核拡散防止条約（NPT）からの離脱を宣言した。

⑿　次の年表に示した**ア**～**エ**の時期のうち，ロシアがカージャール朝からアルメニア（東アルメニア）を獲得した時期として正しいものを，下の①～④の中から一つ選びなさい。

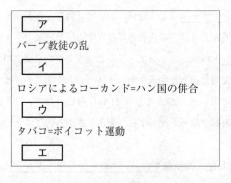

［ア］
バーブ教徒の乱
［イ］
ロシアによるコーカンド=ハン国の併合
［ウ］
タバコ=ボイコット運動
［エ］

①　**ア**　②　**イ**　③　**ウ**　④　**エ**

⒀　ハンティントンが東方正教会文明に分類した範囲には，ロシア・ウクライナ・ベラルーシなど旧ソ連の多くの国々と，ルーマニア・ブルガリアなどバルカン半島一帯の諸国が含まれる。これらの地域の歴史について述べた文として正しいも

のを，次の①～④の中から一つ選びなさい。

① オスマン朝はアンカラの戦いに勝利し，バルカン半島に支配を広げた。

② キエフ公国のイヴァン3世は，ツァーリの称号を用いた。

③ ギリシア正教布教のため考案されたアラム文字が，スラブ人の間に広まった。

④ ルーマニアのチャウシェスク大統領が処刑された。

⒁ 次のグラフは，日本・韓国・中国・タイ・インド・アメリカ合衆国の1995年から2014年までの実質経済成長率の推移を示している。このグラフの国(a)と(b)の組み合わせとして正しいものを，下の①～④の中から一つ選びなさい。

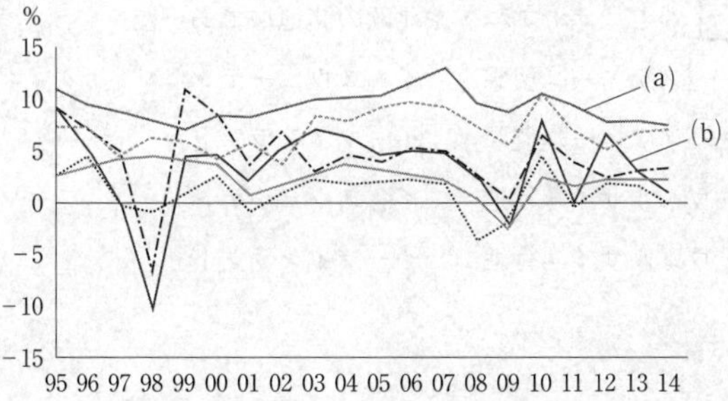

① (a)－韓国　(b)－タイ

② (a)－韓国　(b)－日本

③ (a)－中国　(b)－タイ

④ (a)－中国　(b)－日本

⒂ 近代化の過程の中で，男性たちは身分制度の打破を強く意識したが，男女間の差別には鈍感であり，近代以前よりも差別が強化される局面すらあった。しかも，現代社会にあってさえ，そうした歴史が語られる機会はほとんどない。近代社会における女性の政治参加の歴史について述べた次の文章中の空欄 ア と イ に入れる語の組み合わせとして正しいものを，下の①～④の中から一つ選びなさい。

フランス人権宣言は，すべての人間の自由と平等の実現に向けた偉大な一歩であった。その後まもなく，王家をパリに移送するため行われた ア において，女性たちはその先頭に立った。にもかかわらず，フランス革命は，女性にとって新たな抑圧の始まりとなった。それまで身分のために多くの男にも認められていなかった政治参加の道が，これ以降はもっぱら「女であること」を理由として，女性に対してのみ閉ざされるようになったからである。

こうした状況は，フランスに限ったことではない。フランスと同じく市民革命を経験した「進歩的」なイギリスやアメリカ合衆国でも，工業化の進行によって労働の場と生活の場が分離し，女性を家庭に縛りつける観念が広まったことで，女性の政治参加は阻まれ続けた。実際には多くの女性たちが工場労働に従事していたにもかかわらず，である。女性参政権をいち早く実現させたのは，イギリスの自治領ニュージーランドや，ロシアの支配下にあった　イ　など，オセアニアや北欧の諸地域であった。

①　**ア**－バスティーユ襲撃　　**イ**－スウェーデン
②　**ア**－バスティーユ襲撃　　**イ**－フィンランド
③　**ア**－ヴェルサイユ行進　　**イ**－スウェーデン
④　**ア**－ヴェルサイユ行進　　**イ**－フィンランド

数学

（60分）

I　座標平面上の点Aは1回の試行で，確率 $\dfrac{p}{2}$ で x 方向へ1移動し，確率 $\dfrac{p}{2}$ で x 方向へ -1 移動し，確率 $\dfrac{1-p}{2}$ で y 方向へ1移動し，確率 $\dfrac{1-p}{2}$ で y 方向へ -1 移動するものとする。ただし，$0<p<1$ とする。いま，点Aが原点 $(0,0)$ にあるとする。このとき，以下の問に答えよ。(30点)

(1) 試行を5回続けたとき，点Aが点 $(3,2)$ にある確率を求めよ。

(2) 試行を9回続けたとき，点Aが点 $(1,4)$ にある確率を求めよ。

(3) 試行を9回続けたとき，点Aが点 $(3,4)$ にある確率と点 $(4,3)$ にある確率が等しくなる p の値をすべて求めよ。

II　2つの関数 $f(x)$, $g(x)$ を $f(x)=\big||x-1|-1\big|$，$g(x)=\big||x^2-1|-1\big|$ とし，$a \geqq 0$ とする。以下の問に答えよ。(35点)

(1) $y=f(x)$ のグラフをかけ。

(2) $y=ax-\dfrac{1}{2}$ と $y=f(x)$ のグラフの交点の個数を求めよ。

(3) $y=g(x)$ のグラフをかけ。

(4) $y=ax-\dfrac{1}{2}$ と $y=g(x)$ のグラフの交点の個数を求めよ。

III　数列 $\{a_n\}$ を

$$a_1 = 1, \quad a_{n+1} = \frac{2a_n + 1}{2a_n + 3} \quad (n = 1, 2, \cdots)$$

によって定義するとき，以下の問に答えよ。(35 点)

(1) 方程式 $x = \dfrac{2x+1}{2x+3}$ の正の解を α とする。このとき α を求めよ。さらにすべての $n = 1, 2, \cdots$ に対して $a_n > \alpha$ を示せ。

(2) 問 (1) で求めた α に対して，$b_n = \dfrac{1}{a_n - \alpha}$ とおく。このとき，数列 $\{b_n\}$ の満たす漸化式を求めよ。

(3) 一般項 a_n を求めよ。

(4) $4^n a_n$ が自然数となる n をすべて求めよ。

B　人は幼い頃どんなに聞き分けがなかったとしても、成長につれて善良な「性」があらわれる。
C　人の「性」の実質は、幼い頃に父母や年長の家族から受ける愛情と教育によって形成される。
D　儒教では人の「性」が善であると考えるのに対し、仏教では人の「性」が悪であると考える。
E　人の「性」を的確に論じるためには、儒教の考え方のみならず、仏教の考え方も必要である。

注 孺子……幼児。 多嗔……怒りがちであること。 多貪……欲深いこと。 捽……つかみかかること。
兄長……兄。 凌……ばかにすること。 義理之性……天が人々に与える本来の「性」。
気質之性……後天的に形成される実際の「性」。 二性……別のふたつの「性」。 夫子……孔子。 仏氏……仏門。

〔問一〕 傍線⑴「何待｣習」にもっともよく対応する本文中の語句を左の中から選び、符号で答えなさい。

A 善而 B 生而 C 天下 D 然則 E 定論

〔問二〕 空欄⑵に入る語としてもっとも適当なものを左の中から選び、符号で答えなさい。

A 父母 B 兄長 C 義理 D 気質 E 定論

〔問三〕 傍線⑶「従」と同じ読みの文字を左の中からひとつ選び、符号で答えなさい。

A 焉 B 教 C 盍 D 自 E 習

〔問四〕 傍線⑷「有謂義理之性善而気質之性不善者」は「ぎりのせいはぜんにしてきしつのせいはぜんならずといふものあり」と読む。これに従って、「者」字の下に付く返り点を解答欄に書きなさい。（返り点以外に何も書かないこと）

〔問五〕 本文の内容に合致するものを左の中からひとつ選び、符号で答えなさい。

A 人の「性」の善悪に定論がないとしても、多くの人が善良であることは天下に明らかである。

三　次の文章を読んで、後の問に答えなさい。（設問の都合上、返り点・送り仮名を省いた箇所がある）（20点）

性善之説千古未明。以性善而習不善者、非也。今孺子生而怒啼、則多嗔、見彩色而喜、則多貪。等皆不善類也。(1)何待習。以性之善不可見而情之善可見、謂性本善者、亦非也。孺子雖知愛父母、亦能捽父母、長雖知敬兄長、亦能凌(2)。見食則争、見色則妬。其善(3)従第一念出、其悪亦従第一念出也。情亦何嘗善。(4)有謂義理之性善而気質之性不善者、亦非也。天下無二性。苟性中有気質之性、則性亦不得謂之善矣。然則性善之説尚紛紛無定論也。乃予則断之曰、論性者必以夫子之言合仏氏之言、而後其説始明。

（明・袁中道「論性」による）

(9) 沙汰し
A うわさをして
B 自ら進んで
C 手配して
D 急いで

〔問四〕 傍線(7)「速やかにおのれを彼の祭の都状に注せ」と僧が言った理由としてもっとも適当なものを左の中から選び、符号で答えなさい。

A 自分はこのままでは仏道に何も貢献できそうにないが、智興の身代わりになれば大きな貢献ができるから。
B 常日頃地味な生活をしているので、師の代わりに泰山府君の祭に出ることを自分の晴舞台としたかったから。
C 自分の人生を考えると、ひとに評価もされず将来性がまったくないので、この世に嫌気がさしてしまったから。
D 智興にはすばらしい弟子がたくさんいるので、目立たない自分が頭角を出すには絶好の機会だと思ったから。
E 智興には評価されていない自分でも、師を思う気持ちは他の弟子たちよりも強いことを示したかったから。

〔問五〕 傍線(10)「師この僧をあはれびて、事に触れてやむごとなき弟子どもよりも重くしてありける」とあるが、智興は以前この僧をどのように思っていたか、本文中から十字以内で抜き出して答えなさい。(句読点を含む)

D　仏教を篤く信仰している智興の命は、陰陽師の力ではどうすることもできないと考えたから。
E　自分の力が未熟なので、普通に泰山府君の祭を行っても命を救うことはできないと考えたから。

〔問三〕　傍線(4)(5)(8)(9)の解釈としてもっとも適当なものを、左の各群の中からそれぞれ選び、符号で答えなさい。

(4)　顔をまもりて
A　表情を動かさないで
B　人目を気にして
C　顔をみつめて
D　顔を伏せて

(5)　半ばに過ぎぬ
A　まだ年端もいかない
B　修行中の身に過ぎない
C　中途半端に生きてきた
D　人生の中程を過ぎた

(8)　祭の験あるに似たり
A　あたかも祭をしたかのような素振りをしている
B　様子から見て祭の効果が出ているようである
C　祭の効き目があったような振りをしている
D　祭の効験がないのに、ありそうに見えるは必ず死なむとすれば、穢るべき所など沙汰し取らせたりければ、僧いささかなる物の具なむどしたため、言ふべきことなど言ひ置きて、死なむずる所に行きて独り居て念仏唱へて居たり。夜もすがら傍の人聞けども忽に死ぬとも聞こえぬに既に夜明けぬ。僧は死ぬらむと思ふに僧いまだ死なず。師は既に病癒えぬれば、「僧今日など死なむずるにや」と思ひ合ひたる程に、朝に晴明来りていはく「師今は恐れたまふべからず。また代はらむと言ひし僧も恐るべからず。ともに命を存することを得たり」と言ひて帰りぬ。師も弟子もこれを聞き喜びて泣くこと限りなし。その後、師この僧をあはれびて、事に触れてやむごとなき弟子どもよりも重くしてありける。

（『今昔物語集』による）

注　泰山府君……人の生死を司る神。　都状……神に祈祷する文章。　壺屋住み……小部屋に住んでいること。

〔問一〕傍線⑴⑶⑹の文法的な説明としてもっとも適当なものを、左の中からそれぞれ選び、符号で答えなさい。

A　意志　B　推量　C　勧誘　D　適当　E　仮定

〔問二〕傍線⑵「さらに力およばぬことなり」と晴明が判断したのはなぜか、その説明としてもっとも適当なものを、左の中から選び、符号で答えなさい。

A　智興のことを深く思う人が身代わりを申し出ることで、泰山府君の心を動かせると考えたから。

B　誰か他の人の命と引き替えにする手段でしか、智興の命を救うことができないと考えたから。

C　弟子たちが智興のことを思うならば、自ら泰山府君に願い出るのが筋であると考えたから。

E　性差について理解するためにはセックス（身体的な性差）の概念だけでは不十分であり、ジェンダー（社会的・文化的な性差）やセクシュアリティ（性実践や性欲望や性幻想）といったより細かい概念化を行う必要がある。

二　次の文章を読んで、後の問に答えなさい。（30点）

今は昔、智興といふ人ありけり。三井寺の僧なり。やむごとなき人にてありければ公（おほやけ）私（わたくし）に貴ばれてありける間、身に重き病を受けて悩み煩ひけるに日かず積もりて病重くなりぬれば、やむごとなき弟子どももありて嘆き悲しんでかたがたに祈祷（きたう）すといへどもさらにその験（しるし）なし。しかる間安倍晴明（あべのせいめい）といふ陰陽師（おんみやうじ）ありけり。道につきてはやむごとなかりける者なり。しかるにその晴明を呼びて泰山府君の祭（まつり）といふことをせしめて、この病を助けて命を存せむとするに、晴明来（きた）りていはく「この病をうらなふに極めて重くしてたとひ泰山府君に祈請すといへども叶（かな）ひがたかりな(1)む。ただし、この病者の御代はりに一人の僧を出（い）だしたまへ。さらばその人の名を祭の都状に注（しる）して申し代へ試みむ。さらずは(2)さらに力およばぬことなり」と。弟子どもこれを聞きて「我、師に代はりて忽（たちまち）に命を棄て(3)む」と思ふ者一人もなし。互ひに(4)顔をまもりて言ふこともなくして居並みたるに、年ごろそのこととともなくて相ひ副（そ）へる弟子あり。師もこれをねむごろにも思はねば、身貧しくして壺屋（つぼや）住みにてある者ありけり。このことを聞きていはく「おのれ年既に(5)半ばに過ぎぬ。生きたらむこと今いくばくにあらず。また身貧しくしてこれより後善根（ぜんこん）を修せむに堪へず。されば同じく死にたら(6)むことを今師に代はりて死なむと思ふなり。(7)速やかにおのれを彼の祭の都状に注せ」と。

晴明これを聞きて、祭の都状にその僧の名を注して丁寧にこれを祭る。師もこれを聞きて「この僧の心、かくばかりあるべしとは年ごろ思はざりつ」といひて泣く。既に祭果てて後、師の病頗（すこぶ）る減気ありて(8)祭の験あるに似たり。しかれば、代はりの僧

D　男女の二分法とその両者の権力関係によって社会を維持するジェンダー規範は、社会の成員の総意によって決められているのではなく、規制を当然とする一部の人たちの合意に基づいているということ。

E　身体的性差よりも社会的性差を重視するジェンダー規範は、私たちの身体とは無関係に作り出された制度ではなく、私たちが社会的な性差を演じ続けることで身体に染みこませている制度であるということ。

〔問八〕この文章の筆者の立場を表すとすれば、どのような言葉が適当か。もっとも適当なものを左の中から選び、符号で答えなさい。

A　社会構築主義　　B　男女平等主義　　C　文化多元主義　　D　人間中心主義　　E　生命至上主義

〔問九〕この文章の主旨に合致するものとしてもっとも適当なものを左の中から選び、符号で答えなさい。

A　現在の性の体制においては生殖＝出産とは無関係な身体部位や振る舞いまでをも性的に意味づけているが、それらは歴史的な性の意味づけではあっても実用的なものではないので、社会の存続にとって不利に働いてしまう。

B　社会の成員を男女に二分するジェンダー規範は、次代再生産に関係する身体的な性差を根拠としてはいたが、人々によって繰り返し反復されるうちに当初の目的とは異なる事象にまで男女の二分法が機能するようになった。

C　身体はありのままに存在しているのではなく認識されたものとしてのみ存在するのであり、私たちの頭の中に身体についてのイメージがなければ、私たちの身に起こった出来事を「身体的な」出来事と把握することはできない。

D　身体的な性差（セックス）がジェンダーやセクシュアリティの原因であるという考え方は因果関係を誤って捉えたものであり、実際にはジェンダー規範が繰り返し演じられることによって身体的な性差が虚構的に生産される。

〔問五〕　空欄(5)に入れるのにもっとも適当なものを左の中から選び、符号で答えなさい。

A　皮膚の色はありのままの事実だが、人種は総合的な差異である
B　皮膚の色は観念による分類だが、人種は文化的な虚構である
C　皮膚の色は誕生時の印象だが、人種は客観的な分類である
D　皮膚の色は所与のものだが、人種は社会的な意味づけである
E　皮膚の色は一度限りの区別だが、人種は反復される差別である

〔問六〕　傍線(6)「パフォーマティヴ（行為遂行的）に反復しておこなわれる「男」「女」の性別化」とあるが、これとほぼ同様の内容を述べた一文をこれより後の文章から探し、最初の五字を抜き出しなさい。（句読点、かっこ類も一字と数える）

〔問七〕　傍線(9)「ジェンダー規範は、社会的規制として人の外部にあるのではなく、規制を内面化している人の〈認識〉そのものである」とあるが、その説明としてもっとも適当なものを左の中から選び、符号で答えなさい。

A　男と女という「二種類の身体」を虚構的に作り上げるジェンダー規範は、人々の社会活動を抑制するために作られているわけではなく、円滑な社会生活を望む人々の意志によって作られているということ。
B　人を男女に二分する社会的なジェンダー規範は、社会の成員が準拠すべきものとしてあるのではなく、人々が常に自分たちを男か女かに二分しつづけるという精神作用によって維持されているということ。
C　私たちの身体を繰り返し性的にしるしづけるジェンダー規範は、身体の外面に〈存在〉する性的な差異に基づくものではなく、身体の外面に対する〈認識〉によって作られた規範にすぎないということ。

B　身体を存在と切り離して捉える点

C　身体を物質のように認識する点

D　身体を精神作用の結果と考える点

E　身体を意識に先行するものとする点

〔問三〕　空欄⑵には慣用的な表現の一部が入る。もっとも適当な漢字二字の語を答えなさい。

〔問四〕　傍線⑷「この皮肉」とあるが、その説明としてもっとも適当なものを左の中から選び、符号で答えなさい。

A　前近代の社会においては乳幼児の死亡率が高いにもかかわらず女が出産や育児に専念できる期間が短かったが、近代の社会においては医学が発達した上に出産にかかわる期間も長くなったということ。

B　過酷な労苦が課されるために身体的な性差への配慮が必要な労働においては身体的な性差が軽視され、身体的な性差を問題とする必要のない状況においては性差が重要視されるということ。

C　性差を重要な弁別手段とする必要があった近代以前の社会では性差に関する差異が少なく、性差による労働の分化を必要としない近代社会では性差による区別が根深く存在するということ。

D　性差の別なく社会活動に参加できるようになった近代社会においては、性差の弁別を必要とする階層の人たちに対しても身体的な性差を考慮した優遇措置が設けられなくなるということ。

E　貧農の妻は不衛生な環境の中で出産した後すぐに農作業に戻っていかなければならないのに対して、地主の妻は産婦のために設けられた環境の中で出産し十分に養生することができるということ。

したがって「ジェンダーはセックスのうえに構築される社会的・文化的な性差である」という定義は十分なものではなく、「社会的・文化的な性差であるジェンダーによって、セックスという虚構が構築される」と定義しなおさなければならない。しかもこの虚構の構築は、一回だけでは終わらない。たとえば人の一生で言えば、誕生時にそのときだけ、身体が性的にしるしづけられるわけではない。セックスという虚構を「事実」とみなすために、わたしたちは、あたかもジェンダーがその事実の「うえに」構築されたものであるかのように、繰り返し繰り返しジェンダーを演じつづけている。演じること（おこなうこと）によって、事実性を（再）生産するパフォーマティヴィティ（行為遂行性）のメカニズムは、ジェンダー規範のもっとも根幹をなすものである。ゆえに(9)ジェンダー規範は、社会的規制として人の外部にあるのではなく、規制を内面化している人の〈認識〉そのものであると言えるだろう。

（竹村和子『フェミニズム』による）

注　スラヴォイ・ジジェク……スロベニアの思想家。代表作に『イデオロギーの崇高な対象』がある（一九四九〜）。
　　バトラー……アメリカのフェミニズム理論、セクシュアリティ研究者（一九五六〜）。

〔問一〕　傍線(3)(7)(8)のカタカナを漢字に改めなさい。（楷書で一画一画明確に書くこと）

〔問二〕　傍線(1)「この答えは、問いと矛盾することになる」とあるが、「この答え」のどのような点が「問いと矛盾する」のか。もっとも適当なものを左の中から選び、符号で答えなさい。

A　身体を認識と不可分なものとする点

それらの意味づけのなかには、次代再生産と無関係なだけでなく、種の存続にとっては不利なもの、それとは矛盾するものもある。たとえば現代の極端な痩身願望や、イスラム圏でおもにおこなわれている女性性器切除は、文化的・歴史的な性的意味づけではあっても、種の存続にとっての最良の身体把握ではない。

　これらの身体の性的意味づけは――そのあるものは、すでに明白に社会的な性役割を反映したものだが――社会の成員を男女に二分し、両者の権力関係で社会を維持するジェンダー規範に基づいてなされている。社会通念では、性欲望は、性本能から発したものと捉えられている。しかしバトラーが語っているように、セクシュアリティはつねにすでにジェンダーであって、性の権力関係を支える男女の二分法につねにすでに汚染されている。そしてセックス（身体的な性差）はセクシュアリティを実現する〈器〉であるとか、セクシュアリティを用意する〈所与の条件〉であるとみなす考え方――つまりセックスが原因であり、セクシュアリティやジェンダーは結果であるとみなす因果関係――はじつは転倒されたもので、ジェンダーこそがセクシュアリティの物語を捏造し、セックスという身体的性差を事実として(8)ソキュウ的に生産しているものである。

　先に述べたように、性役割も性実践・性欲望・性幻想も生殖＝出産に収斂するものではなく、むしろそれを斟酌していなかったり、それとは直接関係のない事柄である。しかしそれにもかかわらず、あたかも生殖が中心的な要件であるかのように人を男女に二分する社会的なジェンダー規範が、性に関する身体把握において、何よりもまず外性器の形状を特権化し、それを中心に身体を意味づけ、「二種類の身体」という虚構を作り上げて、人を男女どちらかに振り分けていく。この振り分けがけっして事実に基づいたものではなく、イデオロギーに基づいたものであること、また事実を客観的に記述していると考えられている「科学的」な言説が、イデオロギー的な男女の二分法の「偏見」に染まっていることは、アン・フォスト＝スターリングの『ジェンダーの神話――〈性科学の〉偏見とトリック』（一九八五）、および彼女の説を引用したバトラーの『ジェンダー・トラブル』（一九九〇）で論じられている。

「男」「女」の性別化は異なるものであり、後者の社会的な性差を正当化するために、前者の身体的な性差がその「起源」としてつねに想起されているにすぎない。では社会的な性差（ジェンダー）は虚構であるが、身体的な性差（セックス）はありのままの事実なのだろうか。この思想は、「ジェンダーはセックスのうえに構築される社会的・文化的な性差である」という定義の延長上の思想である。

先のところで、「わたしの身体とはどのようなものか」という問いは、身体の〈存在〉を問いかけているのではなく、身体についての〈認識〉を問いかけているものであると述べた。このように問いかけること自体が、身体はありのままに存在しているのではなく、つねに認識されたものとしてのみ存在していることを語っている。「セックスと呼ばれている身体的な性差についてはどうか」という二番目の問いもまた、先の問いと同様に――こちらの方が具体的であるからなおさらに――身体的な性差はわたしたちの認識の結果であることを物語っている。なぜならこの問いは、無意識のうちに二つの見方を前提としているからである。一つは性を外性器の形状によって分類する見方、もう一つは性を二つに分類する見方である。

いったい外性器の形状は、それによってその後説明されることになるわたしたちの性実践や性欲望や性幻想（セクシュアリティ）に、どれだけ中心的な役割を果たしているのだろうか。もしもわたしたちの性行為が動物の交尾のように、性器の接触――射精と受胎――だけのものならば、またそれが妊娠可能な排卵期だけに特定されるのなら、外性器は中心的な役割を果たすかもしれない。だがわたしたちにとってセクシュアリティが意味をもつのは、スラヴォイ・ジジェクが言うように、わたしたちにとって性的な事柄が、動物の交尾から連想される性本能からは隔たったところに存在しているからである。もしもわたしたちの性生活が交尾だけで説明されるのであれば、セクシュアリティという概念は必要ではない。わたしたちは交尾とは無関係で不必要なさまざまな身体部位（たとえば髪や顔だち、胸、ふくらはぎ、二の腕、指、体型など）を性的な身体として意味づけ、さらには衣服や装飾品、身のこなしや態度や社会的地位までも、身体の延長や身体的(7)ケンゲンとして性的に意味づける。しかもたときには、畑仕事のさなかに出産し、それほど間をおかずに男と同様の農作業に戻っていったが、夫が土地を得て成功したのちには、地主の妻としての「女の領域」があてがわれた。

したがって身体的な性差は、近代であろうと前近代であろうと――階層的に、また人種・民族的に――労働を搾取するときにはさして考慮が払われず、他方で社会活動へのアクセスが性差の別なく可能であるはずの制度のなかでは、身体的な性差が個人の弁別の最重要事項とみなされる。だがこのパラドックスは、以下に述べるように、身体的な性差がじつは「身体的な」性差ではないことを示すものである。

わたしたちは誕生と同時に、その「身体」の形状によって性別化される。そして一度性別化されれば、その判定は、性同一性障害や半陰陽といった「科学的」に扱われる事例を除いては、たいていは翻されることはない。では性別化は一度だけおこなわれて、そののち語られることはなく、子供を産むという話題が発生したときにのみ、付随的に言及されるのか。たとえばたまたま性器的な接触をする／接触をした人間たちが異性同士のときに、受胎の可能性をめぐって話題にされたり、異性と性器的な接触をせずに子供を望む人間（たち）が人工受精や代理母や養子縁組を考えるときに、時期的な事柄として登場するだけなのか。そうではない。性差は次代再生産が問題になるときにのみ浮上する話題ではなく、つねに繰り返しわたしたちを分類しつづけている差異化軸である。現在の性の体制のなかにいるかぎり、次代再生産とは無関係なエロスの実践（異性愛であれ非異性愛であれ）は言うに及ばず、セクシュアリティとはおよそ無縁な社会活動にいたるまで、わたしたちはつねに「男」か「女」のどちらかであるとみなされ続ける――あるいは自らみなし続けている。

わたしたちはともすれば、誕生時におこなわれる性別化を決定的なものと考えがちである。だがそれ以降も「女」であること「男」であることをつねに確認し続けなければ、誕生時の性別化は単なる外性器による分類にとどまるだけである。（5）と語られるのと同様に、誕生のさいの身体的な性別化と、それ以降に(6)パフォーマティヴ（行為遂行的）に反復しておこなわれるしかしその問いなくして、身体は存在しない。「身体」というものを何らかの形で知っていないかぎり、わたしたちはそれを「身体」として感じたり、意識したり、考えたりすることはできない。ただ状況的で偶発的に起こっている事柄は、身体の出来事とは意識されずに、通り過ぎていく。

ではセックスと呼ばれている身体的な性差についてはどうだろうか。セックスは目に見える〈存在〉であり、現実にはたらいている〈機能〉だという答えが返ってきそうである。セックスは欲望が宿る場所であり、欲望が芽生えるまえから存在していた所与の条件である。そして身体的な性差なしには、子供は産まれず、社会は再生産しないので、身体的な性差は、身体のなかでもとくに重要な機能を果たす存在であって、ゆめゆめ軽視するべきではない。そのような答えが聞こえてきそうである。しかしはたして、そうなのだろうか。

産まれてきた赤ん坊は――最近のテクノロジーの発達によって、ときに産まれるまえから――外性器によって、 (2) を言わせず男の子か女の子に分けられる。もしもその理由が、性別が将来子供を産むときの機能として重要だからというのであれば、そのような事態が出現したときに、その必要に応じて、性別を話題にすれば済むことではないだろうか。生殖＝出産とは無縁な子供たちや、ある年齢以上の人々、またその中間年齢層であっても生殖＝出産にかかわらない時期――何らかのかたちで産む人数を人々が調整している社会では、生殖＝出産にかかわらない時期は中間年齢期間のほとんどを(3)シめる――においては、性差はそれほど重要な差異ではないはずだ。少なくとも医学の発達によって乳幼児の死亡率が劇的に減少し、また社会構造の変容によって性差の別なく社会活動にアクセスできるようになった近代社会においては、性差を特権的な個人の弁別手段にする必要はない。しかも皮肉なことに、性差によって労働が分化されると考えられてきた前近代の社会においても、被搾取階級は、性差の別なく過酷な労苦を強いられ、女に対して妊娠・出産・授乳期間の優遇措置が設けられることはきわめて少なかった。パール・バックの小説『大地』（一九三一）に登場する阿蘭（アーラン）の一生は、(4)この皮肉を典型的にあらわしている。彼女が貧農の妻であっ

国語

（六〇分）

（注）満点が一〇〇点となる配点表示になっていますが、国文学専攻（英語外部試験利用方式を除く）の満点は一五〇点となります。

一　次の文章を読んで、後の問に答えなさい。（50点）

自分の身体をわたしたちはどのように把握しているだろうか。心〈精神〉が宿る〈器〉と考えているだろうか。それとも知恵〈精神〉が芽生えるまえから存在していた〈所与の条件〉と考えているだろうか。もしもこのように答えるなら、(1)この答えは、問いと矛盾することになる。なぜなら「自分の身体をどのように把握するか」という問いは、「身体は精神の〈器〉である」とか「身体は精神の〈所与の条件〉である」という答えを無効にしてしまうからだ。前者について言えば、精神によって「把握される」身体は、身体そのものではなく、精神を介して出現する。つまり〈器〉であるものは、〈器〉とみなされたものであり、「みなす」という精神作用を抜きには存在しない。後者の答えについても同様である。精神が芽生えるまえから存在していたということを、身体のあとに出現した精神はどのように知りえるだろうか。つまり「わたしの身体とはどのようなものか」という問い自体が、身体のありのままの〈存在〉を問いかけているのではなく、身体についての〈認識〉を問いかけているのである。

解答編

英語

I

解答　(1)—㊁　(2)—㊂　(3)—㋑　(4)—㋐　(5)—㊂　(6)—㋑
(7)—㊂　(8)—㊁　(9)—㊁　(10)—㋑

◀解　説▶

(1)A：「なんであの映画好きじゃなかったの？」
　B：「話が複雑すぎて，ほとんど筋が追えなかったんだよ」
　対句の表現として成立しているのは㊁である。so ～ that …「あまりに～なので…だ」

(2)A：「あのコンピューター買うつもりなの？」
　B：「うん，良い感じだし」
　A：「たぶん，待ちたくなると思うよ。このあいだの発表会で新しいモデルがお披露目されたし。現行モデルより速くて軽いらしいよ」
　主語が「新しいモデル」となっているので，動詞の show は受動態にする。at a recent convention「このあいだの発表会で」とあるので，時制は過去が適切。could には過去の可能性を表す用法もあるが，後の文から，新製品の発表は確定したことなので不要。㊂が正解。

(3)A：「今夜はどこにお出かけですか？」
　B：「海岸近くのあの素敵なレストランに予約を取っているんです。シーフードで有名なところなんです」
　be famous for ～「～で有名である」の成句。for は理由を表す語句を導く。

(4)A：「どうするつもり？　あの人知り合いじゃないでしょ」
　B：「公の場でたばこを吸うのは，ここでは法律違反だってことを言わなくちゃ」
　be against the law で「法に反している」の意味の成句。

(5)A：「トムが出張から帰ってきたよ」

B：「それ，確か？　トムならヨーロッパにいるはずよ」

A：「今朝，彼がバスに乗るところを見たんだ」

後続部分に前置詞の on があるのがポイント。get on ～「～に乗る」

(6)A：「君を急がせるつもりはなかったんだよ。僕のせいだね。僕が寝坊したから。ごめんね。」

B：「大丈夫だよ。時刻通りに到着したんだし」

A：「うん，間に合ってよかった。電車，ギリギリだったね」

間に合っているので，電車に乗り遅れたわけではない。よって，㋑の nearly「危うく～，ほとんど～」を選び，「危うく乗り遅れるところだった」とする。

(7)A：「腕の具合はどう？」

B：「うん，まだ野球は無理かな」

A：「もし明日まだ痛むんだったら，医者に診てもらいに行った方がいいよ」

it は your arm を指しているので，㋒の hurts「痛む」が正解。

(8)A：「数年ぶりにお会いできてよかったです。皆，あなたがパリに住むつもりだと思っていました」

B：「カリフォルニアの大学に進まなければそうしたでしょうね。でも，気候がとてもよかったので，結局西海岸に住むことにしたんです。もっと言えば，アメリカを出たこともないんですよ！」

if 以下から仮定法過去完了になるとわかるので，帰結文をつくる語句を選ぶ。

(9)A：「金曜日にある会社のパーティーのこと聞いた？」

B：「うん，でも行かないつもり」

A：「忙しいの？」

B：「いや，そうじゃないけど。本当のこと言うと，君とそこにいるのを見られたくないんだ」

空所の後にあるのが原形の be と not なので，would rather not だと判断する。would rather (not) *do*「むしろ～したい（したくない）」

(10)A：「君が売りに出している家は，大半が古いらしいじゃないか」

B：「ニューイングランドじゃ，たとえ修理に多額の費用がかかっても，多くの人が新しいアパートよりも古い住宅を選ぶんだ」

当てはめてみて，文法・意味的に成立するものを選ぶ。even though S V「たとえ〜でも」

II　解答　(1)—㋚　(2)—㋙　(3)—㋞　(4)—㋔　(5)—㋘

◀解　説▶

(1)正文は，This is the last place where anyone would look for you. となり，㋚が正解。the last 〜「最も可能性が低い〜」

(2)正文は，They talked their parents into consenting to their marriage. となり，㋙が正解。talk *A* into *doing*「(説得して) *A* に〜させる」

(3)正文は，No matter which way we looked, there was nothing but snow. となり，㋞が正解。「どちらを見ても」を「どの方向に目を向けても」と考えること。

(4)正文は，When I tried to describe my feelings at that time, words failed me. となる。words fail 〜「言葉が〜を見捨てる」より「言葉にならない，言葉を失う」の意味になり，㋔が正解。

(5)正文は，One feels ill at ease in a stranger's house. となり，㋘が正解。feel ill at ease は「落ち着かない，居心地が悪い」の意味の成句。

III　解答　(1)—㋓　(2)—㋓　(3)—㋑　(4)—㋑　(5)—㋔

◀解　説▶

(1)㋓が不適切。participate の後に置く前置詞は in。participate in 〜「〜に参加する，加わる」

(2)㋓が不適切。became を came にすべき。come to *do*「〜するようになる」

(3)㋑が不適切。back ではなく around〔round〕にすべき。the other way around〔round〕「逆で，あべこべで」

(4)㋑が不適切。直前の that が関係代名詞なので，leading を lead にしないと述語動詞として成立しない。

(5)㋔が不適切。take の後に a certain luxury を表す代名詞 it が必要。take *A* for granted「*A* を当然のことと思う，見なす」

Ⅳ 解答

(1)a―⑤ b―③ c―⑥ d―① e―⑦ f―⑧
(2)―③ (3)―⑤ (4)―⑤ (5)―③ (6)―① (7)―③
(8)―④ (9)―Ⓓ (10)―② (11)―③・④・⑦・⑩

◆全　訳◆

≪ミス=ケリーとの出会い≫

フライアリー通りにある自宅の２階のリビングルームで窓際に座っていたエイリス=レイシーは，姉が仕事から颯爽と歩いて帰ってくるのに気がついた。エイリスは，ダブリンのクレリスでセール中に買った新しい革のハンドバッグを持って，ローズが日向から日陰へと通りを渡るところを見た。ローズはクリーム色のカーディガンを肩から羽織っていた。ローズのゴルフクラブはホールに置いてある。数分もすれば誰かがローズを呼びにきて，彼女が夜遅くまで帰ってこないだろうとエイリスは思っていた。

エイリスの簿記の授業は，ほぼ終わりに近づいていた。彼女の膝の上には会計制度のマニュアルがあり，後ろのテーブルには，前の週に専門学校でその詳細をノートに書き留めたとある会社の日常業務を，宿題として記したノートが置かれていた。

玄関のドアが開く音がすると，エイリスは１階に降りた。玄関ホールでは，ローズがポケットミラーを顔の前でのぞき込んでいた。ローズは，ホールの大きな鏡で自分の全身を確認し，髪を整える前に，口紅を塗りアイメイクをしながら自分のことをよく観察していた。エイリスは，ローズがもう一度ポケットミラーで自分の姿を確認し，それを片付けるところを黙って見ていた。

台所から母親がホールにやってきた。

「素敵よ，ローズ。あなたはゴルフクラブの華になるわ」と彼女は言った。

「お腹が空いたけど，食べる時間はないわね」とローズ。

「後で特別な夕食を作ってあげるわ。エイリスと私は今から食べるわね」と母親は言った。

ローズはハンドバッグに手を入れて財布を取り出した。それを開け，彼女は１シリングをテーブルの上に置いた。「あなたが映画を観に行きたくなった時のためよ」と彼女はエイリスに言った。

「それで私はどうしたらいいの？」と母親は尋ねた。

「エイリスが帰ったら，筋を教えてくれるわ」とローズは答えた。

「それは素敵ね！」と母親は言った。

ドアの外に車が止まり，クラクションを鳴らす音を聞きながら3人は笑った。そしてローズはゴルフクラブを持ち上げて，行ってしまった。

しばらくして，母親が皿を洗い，エイリスがそれを乾かしていると，ドアをノックする音が聞こえた。エイリスが応えると，そこには大聖堂の横にあるケリーの食料品店で見たことのある少女がいた。

「ケリーさんから伝言があります」とその女の子は言った。「あなたに会いたいそうです」

「ケリーさんが？　それでどのような御用かしら？」とエイリスは尋ねた。

「いえ，用ではなく，ただ今夜あなたとお会いしたいとのことです」

「でも，どうしてケリーさんは私に会いたいの？」

「すみません，存じ上げません。お聞きしなかったので。戻って聞いてきた方がよろしいでしょうか？」

「いいえ，大丈夫よ。でも，本当にそれは私宛てのメッセージなのかしら？」

「はい，ケリーさんがあなたにお会いしたいとのことです」

いずれにせよ，映画は別の夜に行くことにしていたし，宿題にも飽きていたので，エイリスは服を着替え，カーディガンを羽織って，家を出た。彼女はフライアリー通り，ラフター通りと歩き，マーケット広場に入り，坂を上って大聖堂へと向かった。ミス=ケリーの店は閉まっていたので，エイリスは店の横にあるドアをノックした。その場所はミス=ケリーの住居だとエイリスが知っている，店の2階部分に通じていた。ドアが開き，先に戻っていたさっきの若い女の子が出てきて，エイリスに玄関ホールで待ってくれるように告げた。

エイリスは上の階で声と物音がするのを耳にした。その後，あの少女が降りてきて，ミス=ケリーはもう間もなくやってくることをエイリスに告げた。

エイリスはミス=ケリーの顔は知っていたが，彼女の母親は，値段が高いのでミス=ケリーの店には行かなかった。また，エイリスはきっと自分の母親はミス=ケリーのことが嫌いなのだろうとも思っていた。もっとも，エイリスがそう考える根拠は何もなかったのだが。ミス=ケリーの店では，町で一番おいしいハムと，一番おいしいバターと，クリームを含めて，何でも一番新鮮なものを売っていると言われてはいたが，エイリスはその店に入ったことはないはずで，通りすがりにちらりと店内を見た時にカウンターにいるミス=ケリーに気付いたことがあっただけだった。

ミス=ケリーはゆっくりと階段を下りてきて，明かりをつけた。

「さあ，どうぞ」と彼女は言うと，まるでそれが挨拶であるかのように繰り返した。彼女はにこりともしなかった。

エイリスは，自分がここに呼ばれたことを説明し，こんな時間にお邪魔してもよかったのかと丁寧に尋ねようとしたが，ミス=ケリーの，自分に対する品定めのような目つきに閉口して，何も言わずにいることにした。ミス=ケリーの態度のせいで，エイリスは，彼女がこの町の誰かに腹を立てて，自分をその人と間違えたのではないかと思案した。

「いいかい」と，ミス=ケリーは言った。

エイリスは，テーブルに黒い傘がいくつも立て掛けられているのに気付いた。

「あんたは何の仕事もしてないのに，数字に強いと聞いているけど」

「そうなの？」

「ああ，うちの店にはね，町中の誰もが，それにお偉方がやってくるのさ。そして私はいろんなことを聞かされるの」

エイリスは，これは自分の母親が一貫して別の食料品店で買い物をしていることを指しているのだろうかと思ったが，その実は不明だった。ミス=ケリーの分厚い眼鏡のせいで，彼女の表情は読みにくかった。

「それに毎週日曜日，私たちはここで立っていられなくなるほど働かされるのさ。確かに他に開いている店はないからね。そしていろんなお客さんがやってくる。私は原則として，7時のミサが終わったら店を開ける。そうすると，9時のミサが終わった時から11時のミサが終わってしばらく経つまでの間，この店は人混みで身動きがとれないほどになる。メアリーが手伝ってくれてるけど，あの子は調子が良い時でもひどく仕事が遅いから，切れ者で人当たりがよくて，お釣りをちゃんと渡してくれるような人を探していたんだよ。忙しいのは日曜日だけで，他の日は何とかできてるがね。そこにあんたが推されたわけ。あんたのことを訊いてみたら，週に7シリング6ペンスで大丈夫そうだった。少しはあんたの母親の助けにもなるだろうしさ」

ミス=ケリーは，しゃべり終わるたびに固く口を閉じながら，まるで自分に対するちょっとした侮辱を述べるかのように話すんだなとエイリスは思った。

「あんたに言わなきゃいけないことはこれで全部だよ。日曜日から働いてくれるかい。あ，でも，物の値段を覚えたり，機械の使い方を教えたりしなきゃいけないから，明日おいで。髪は後ろでくくること。それと，ダン=ボルジャーかバーク=オリアリーの店で良いショップコートを調達しておいで」

エイリスはあとでこの会話を母親とローズに話せるようにすでに頭に記録しつつあった。彼女は，ミス=ケリーに返す，あからさまに失礼にならない，何か気の利いた言葉を思いつけばいいのにと思っていたが，そうする代わりに黙ったままでいた。

「わかったかい？」 ミス=ケリーはそう尋ねた。

エイリスはこの申し出を断れないと悟った。することが何もないよりはましだろうし，今のところエイリスには何もすることがなかった。

「ええ，わかりました，ミス=ケリー。いつでもお好みの日から伺います」と彼女は言った。

「それと，日曜は7時のミサに行けるからね。私たちはいつもそうしてる。店はそれが終わってから開けてるし」

「素敵ですね」とエイリスは言った。

「それじゃ明日ね。忙しかったら帰らせるし，それか待ってる間に袋に砂糖を詰めてもいいよ。でも，忙しくなかったら，やり方を教えることにするよ」

「ありがとうございます，ミス=ケリー」とエイリスは言った。

「あんたのお母さんは，あんたに働き口ができたことを喜んでくれるだろうよ。そしてお姉さんもね」とミス=ケリーは言った。「彼女はずいぶんとゴルフが得意らしいじゃないか。さあ，じゃあもう帰っていいし，まっすぐ帰るんだよ。もう出てっていいよ」

そう言ってミス=ケリーは振り返ると，ゆっくりと階段を上り始めた。家路につきながら，母親は娘がお金を稼ぐ自分自身の方法を見つけたことを本当に嬉しく思うだろうとエイリスにはわかっていた。しかしローズは食料品店のカウンターで妹が働くことはあまりよいことではないと思うこともわかっていた。エイリスは，ローズは自分に直接そう言うだろうかと思った。

◀解　説▶

⑴a．in front of～「～の前で」の成句。

b．受動態の動作主に用いられるbyである。

c．think of～「～を思いつく」の成句。

d．否定語＋at all「まったく～ない」の成句。

e．as though S V「まるでSがVするかのように」の成句。

f．用件を終えて，２階に戻って行くシーンなので，⑧のupが正解。

⑵過去完了時制の文なので，③のbeforeが適切。the week before「先週」

⑶鏡に映った自分の姿に対して行うことなので，「～をよく見る，調べる」の意味を持った語を選ぶ。

⑷選択肢中にあるitはher walletを指しているので，She opened itを分詞構文にしたものを選ぶ。能動態なので，現在分詞の⑤が正解。

⑸後続の文に「３人は笑った」とあるので，母親がローズのこの発言を真に受けていないことがわかる。

⑹文中のfoundは「出会った，見かけた」の意味。beside以下はKelly's grocery shopを修飾している。recognized (her) from Kelly's … は「(彼女が) ケリーの店からの子（＝店の関係者）だと気付いた」という意味。

⑺文中の代名詞を正しく解釈できるかがポイント。she had been offendedのsheはミス=ケリーのことであり，and had mistaken herのherはエイリスのことである。下線部の大意は「ミス=ケリーはエイリスをその人（＝腹を立てさせた人）と間違えたのではないか」である。

⑻下線部の前にある主語thisが指す内容は，直前の発言「いろんな人が自分（＝ミス=ケリー）の店に来ていろんな話をする。だから私は何でも知っている」である。これが，母親が他の店で買い物をすることへのreference「言及」かどうかわからなかったというのが下線部の意味である。よって，「何でも知っている」という発言が「あんたの母親が他で買い物している（＝うちで買い物をしない）ことも知っている」という意味

なのかどうか，つまり遠回しに嫌味を言っているのかどうかわからなかったというのが下線部の内容である。

⑼挿入すべき文を分析すると，ミス=ケリーが尋ねたことに対して同意した上で，（仕事は）いつからでも始められると言っている。よって，この文が答えとなる問いかけがある箇所を探す。Ⓒの直後に Miss Kelly asked.とあり，これが問いかけだから，この後のⒹが答えとなる。

⑽ this は，前文中の working behind the counter of a grocery shop was not good enough for her の部分を指すと考えられる。her はエイリスのことである。

⑾①第3段第1文（As soon as …）の内容に反する。エイリスはローズのゴルフクラブを手にしていない。

②下線部⑴の直後の段落第2文（Rose picked up …）でローズが外出したことが述べられているが，時間的に彼女が帰ってきてからほどなくしてなので，誤り。

③下線部⑵を含む段落第2～4文（When Eilis answered …）の内容と一致する。

④空所 b を含む段落の第3文（Miss Kelly's shop …）の内容に一致する。

⑤Ⓓの直後でミス=ケリーが「日曜は，7時のミサに行ける。私たちもそうしている」と述べており，ミサに行っているので誤り。

⑥Ⓐの直前の段落の第5文（I have Mary …）でミス=ケリーはメアリーの仕事の遅いことについては不満を述べているが，メアリーをやめさせて，エイリスを彼女の後任にしたいという記述は文中に見られないので誤り。

⑦エイリスが数字に強いことをミス=ケリーが知っているのは空所 d を含む文（"I hear you have …）からわかる。その後の流れから有無を言わさずエイリスに仕事を手伝わせる気でいるとわかるので，正解。

⑧Ⓐの直前の段落の第6文（But only on …）より，ミス=ケリーがエイリスに働いてほしいのは日曜日だけなので誤り。

⑨エイリスの母親がミス=ケリーのために娘を働かせたいと思っていたという記述は文中に見られないので，誤り。

⑩下線部⑶を含む段落（Eilis was about to …）以降，例えばⒶの直後の段落（Miss Kelly spoke, …）にある describing a slight insult against her から，エイリスがミス=ケリーとの話に不快感を持っていたのは明ら

かであるが，最終的に彼女はミス=ケリーの店で働くことに同意している。この内容に合うので正解。

❖講　評

2022 年度は，すべてマークシート法で大問 4 題の構成であった。2020 年度まで出題されていた英文和訳，和文英訳問題が姿を消してから 2 年目の入試となるが，かつての形式に戻ることも考えられるので，授業レベルの英文和訳，和文英訳問題はきちんとこなせるようになっておいてほしい。

長文読解問題の英文量は 2021 年度同様に多めであり，英文を読む際に根気と速度が要求される。扱われている題材に目を向けると，2022 年度は過去にも見られた物語文であった。もちろん，社会問題や環境問題などを扱った文章がまた出題されることも十分考えられるので，様々なテーマが盛り込まれた問題集などを用いて，怠ることなく準備をしておくことをお勧めする。

解答の際には，量の多い課題文を素早く読み，内容を理解することが必要である。それぞれの段落の内容はもちろんのこと，課題文全体の段落構成を意識して英文を読む練習をしておくこと。基本的な語彙力・文法力を身につけ，長い英文を読むことに慣れておいてほしい。

日本史

I 解答

問1．ウ　問2．評　問3．エ　問4．調　問5．ウ
問6．ア　問7．オ　問8．院宣　問9．成功
問10．イ

◀解　説▶

≪飛鳥時代～院政期の政治・文化≫

問1．ウ．正文。ア．誤文。縄文時代の説明文である。

イ．誤文。「釉を用いる中国の製法」を導入した瀬戸焼が先駆となり，各地で陶器の生産が発展したのは鎌倉時代である。

エ．誤文。縄文時代の説明文である。

オ．誤文。弥生土器の説明文である。

問3．エ．正解。朝堂院は政務や儀礼の場となった宮廷内の中心的な施設である。他の選択肢はどれも平城宮にない。アの駅家は五畿七道の駅路に設置された駅の建物。イの正倉院は東大寺旧境内の倉庫が有名だが，もともと中央・地方の寺院や官庁の主要な倉庫を指す。ウの寝殿は，平安時代以降の貴族住宅において，その中心に建てられた建物をいう。オの国庁は国司が政務を執行する官庁である。

問5．ウ．正解。a・c．誤文。藤原広嗣の乱が起こり（740年），国分寺建立の詔が出された（741年）のは，橘諸兄が政権を握っていた時期である。d．誤文。和同開珎の鋳造を開始し（708年），蓄銭叙位令を発した（711年）のは藤原不比等が政権を握っていた時期である。よって，残ったbとeが正しい。なお，bの三世一身法は723年の施行，eの渤海が初めて使節を派遣してきたのは727年である。

問6．ア．正文。イ．誤文。延喜の荘園整理令の内容である。

ウ．誤文。「検田使など国衙の使者の立入りを禁止」するのは荘園に不入の権を与えることであり，荘園整理とは逆の内容である。

エ．誤文。墾田永年私財法の内容である。

オ．誤文。「その実施は国司にゆだねられていたので，不徹底であった」のは延久の荘園整理令以前の状況である。延久の荘園整理令では，記録荘

園券契所を設けて券契の確認を徹底的に実施した。

問7．オ．正解。「禅定法王」とは白河上皇であり，「57年間政権を主導した間，思うままに，法に拘わらず，官位の人事を行った」と，院政の状況を叙述している。

ア～ウ．誤り。アは平氏政権の，イ・ウは摂関政治の隆盛期の状況を記す史料である。

エ．誤り。10世紀末に著された極楽往生するための教えや修行について説くもので，院政の状況ではない。

問10．イ．正解。b．「勘解由使を設け」たのは桓武天皇である。→a．「国司の最上席者である受領に，大きな権限と責任とを負わせ」るようになったのは9世紀末～10世紀前半。→d．「国衙から臨時雑役などを免除されて一定の領域を支配するものが現れた」のは10世紀後半。→e．受領の代わりに目代が留守所で在庁官人たちを指揮して政治を行わせるようになったのは，11世紀後半。→c．上級貴族などが「一国の支配権を与えられ，その国からの収益を取得」する知行国制は，院政期（11世紀末～）から盛んになる。

II　解答

問1．ウ　問2．一期分　問3．オ　問4．イ
問5．ア　問6．安藤〔安東〕　問7．ウ　問8．按司
問9．尚巴志　問10．エ

◀解　説▶

≪鎌倉時代の惣領制，中世の蝦夷地と琉球≫

問1．ウ．誤文。「彼女の一存で」ではなく，「能直の遺言に任せ」とあるから，夫の大友能直の遺言に従って，が正しい。

問3．オ．誤文。「惣領を通さず，幕府より直接庶子に賦課された」ではなく，惣領の嫡男大炊助が庶子の所領の多少に応じて賦課した。

問4．イ．正解。ⓐは5代執権北条時頼の時代，ⓑ・ⓒは3代執権北条泰時の時代，ⓓ・ⓔは2代執権北条義時の時代の出来事である。ⓐが最後というだけで正解はイに限定できる。なお年号は，ⓔ1219年→ⓓ1221年→ⓒ1225年→ⓑ1232年→ⓐ1247年である。

問5．ア．正解。イ．誤り。ⓓ日蓮宗寺院ではなく，浄土真宗寺院。

ウ．誤り。ⓑ筑前国ではなく薩摩国。

エ．誤り。ⓑ信濃国ではなく伊勢国。

オ．誤り。ⓒ港町ではなく城下町。

問 7．ウ．誤文。1557 年ではなく 1457 年である。

問 10．やや難。エ．誤文。琉球船の行動範囲は，インドの「カリカット」ではなく，スマトラ島・ジャワ島（インドネシア）やインドシナ半島などにまで及んだ，が正しい。ウの情報はやや詳細だが，正文。1414 年に琉球は室町幕府の 4 代将軍足利義持に国書を送り，日本とも正式な国交を結んで貿易を行った。

Ⅲ 解答

問 1．福島正則　問 2．ウ　問 3．ア　問 4．イ
問 5．田中丘隅　問 6．エ　問 7．老中
問 8．山田長政　問 9．オ　問 10．イ

◀解　説▶

≪江戸時代の政治・外交・文化≫

問 3．ア．正文。イ．誤文。懐徳堂の設立は享保期（1724 年）である。

ウ．誤文。式亭三馬が『浮世風呂』を著したのは，文化期（1809～13 年）である。

エ．誤文。伊能忠敬が測量したのも文化期を中心とした時代（1800～16 年）である。

オ．誤文。荷田春満は享保期に国学を発展させた。

問 4．イ．誤文。上知令であり，老中水野忠邦が進めた天保の改革での政策である。

問 6．エ．正解。因果関係で配列すれば，b．ロシア使節のレザノフが通商要求（1804 年。幕府は拒否）→c．（フェートン号事件以後，イギリス・アメリカ船の出没が相次ぎ，船員と住民との衝突を懸念した幕府が 1825 年）異国船打払令を出した→a．（日本人漂流民を送還しようとしたアメリカ商船モリソン号が打ち払われた事件を）批判する者たちが蛮社の獄で処罰された（1839 年），となる。

問 7．奉書船の「奉書」は，正式には老中奉書と言われ，老中が将軍の意を受けて出した公文書である。

問 9．オ．正文。島原の乱は 1637 年に発生した。

ア・エ．誤文。豊臣氏の滅亡（1615 年），琉球王国が征服された（1609

年）のは，ともに2代将軍徳川秀忠の時代。

イ．誤文。糸割符制度が設けられた（1604年）のは初代将軍徳川家康の時代。

ウ．誤文。明暦の大火（1657年）は4代将軍徳川家綱の時代である。

Ⅳ　**解答**　問1．ウ　問2．ウ　問3．エ

問4．甲午農民戦争〔東学（党）の乱〕

問5．明六雑誌　問6．オ　問7．オ　問8．山県有朋　問9．ウ

問10．オ

◀解　説▶

≪江戸幕末～大正の政治・外交・文化≫

問1．ウ．誤文。八月十八日の政変では，薩摩・会津藩の公武合体派が長州藩や急進派の公家を京都から追放した。

問2．やや難。ウ．誤文。「立法権はもたなかった」ではなく，立法権ももった。エ．正文。海軍軍令部長の樺山資紀は1895年に初代台湾総督に任命された。

問3．やや難。エ．正文。ア．誤文。租税制度も旧来の制度がしばらくは温存された。

イ．誤文。明治政府は1899年に土地整理法（地租改正）を公布し，1903年に人頭税を廃止した。

ウ．誤文。旧支配階層は本土と同じ制度を施行されると自らの身分や経済的特権が失われるため，本土と同じ制度の施行には反対した。明治政府も県政運営に困難をきたすことを嫌い，旧支配階層への懐柔策として旧慣温存を進め，彼らの経済的特権を保障した。

オ．誤文。「支持する」ではなく，旧慣温存策に反対する運動を展開した。

問6．やや難。オ．正文。ア・イ．誤文。「政治評論を中心とした大新聞に対し」，娯楽・報道中心の大衆紙を小新聞といった。

ウ．誤文。「平民的欧化主義と評価して支持した」ではなく，貴族的欧化主義と評して批判した。

エ．誤文。正しくは，政府が進める「日本固有の伝統や思想にこだわらない近代化」に反対した。

問7．オ．誤文。「一般投資家向け雑誌」ではなく，大衆娯楽雑誌である。

問９．ウ．正文。「蓋国家独立自営ノ道ニ二途アリ，第一ニ主権線ヲ守護スルコト，第二ニハ利益線ヲ保護スルコトデアル」とある。

ア．誤文。「政府の国民に対する責任である」ではなく，政府だけではなく，国民と政府の共同の問題である，が正しい。

イ．誤文。特に徴兵の義務は説いていない。

エ．誤文。主権線とは，日本の国土を指している，が正しい。

オ．誤文。「樺太」ではなく朝鮮半島を指している。

問10．オ．誤文。「自由党」ではなく，立憲改進党である。

V 解答

問１．ア　問２．過度経済力集中排除法
問３．オ　問４．エ　問５．宮沢喜一　問６．ア
問７．鳩山一郎　問８．オ　問９．イ　問10．エ

◀解　説▶

≪昭和戦前～平成の政治・経済≫

問１．ア．誤文。東条英機は皇道派ではなく統制派に属した。ゆえに，「二・二六事件に関係する人物」でもない。

問３．オ．誤文。無産政党から８名の当選者が出た。

問４．エ．正解。大正末期から五·一五事件までの政党内閣の時代は，第１次・第２次加藤高明内閣→第１次若槻礼次郎内閣→田中義一内閣→浜口雄幸内閣→第２次若槻礼次郎内閣→犬養毅内閣の順である。

問６．難問。ア．正解。ａ．正文。ｂ．誤文。やや詳細な知識になるが，自民党は橋本龍太郎内閣の前の村山富市内閣で日本社会党・新党さきがけと連立して政権に復帰した。ｃ．誤文。「小渕恵三内閣」ではなく，竹下登内閣が 1989 年に消費税を実施した。よって「55 年体制崩壊後」でもない。ｂの判断が難しかった。

問８．オ．正文。ア．誤文。「東久邇宮稔彦内閣」ではなく，幣原喜重郎内閣である。

イ．誤文。「憲法改正要綱をふまえて」ではなく，憲法改正要綱を拒否して，独自の改正草案を作成した。

ウ．誤文。「日本国憲按」ではなく，「憲法草案要綱」である。

エ．誤文。「参議院」ではなく貴族院である。

問９．イ．正解。ア．誤り。岸信介内閣ではなく鳩山一郎内閣。

ウ．誤り。佐藤栄作内閣ではなく田中角栄内閣。

エ．誤り。田中角栄内閣ではなく佐藤栄作内閣。

オ．誤り。竹下登内閣ではなく中曽根康弘内閣。

問 10．エ．誤文。「円安」ではなく円高である。

❖講　評

Ⅰ　1は7～8世紀の出土文字資料について，2は後三条天皇の親政と院政についての問題文を用いて，飛鳥時代～院政期の政治・文化などが出題された。問5は正文2択の組み合わせ問題，問7は史料の選択問題，問10は5文の配列問題と出題形式が多様である。問10は地方支配の変容について，消去法が駆使できない配列法での出題だけに，テーマ史学習を重視していたかどうかで得点差がついたであろう。ただし特に難問はなく，全て教科書学習で対応可能な標準的問題である。

Ⅱ　1は鎌倉時代の惣領制に関する史料，2は中世の蝦夷地と琉球をテーマとした問題文を軸に，当該期の政治・社会・外交について問われた。問10は琉球の貿易に関しての詳細な内容に触れる誤文選択問題であり，やや難である。その他には教科書学習範囲を超える難問はない。特に問1・問3は本格的な史料読解に基づく誤文選択問題であり，標準的な知識をもとにした思考力を問う良問である。

Ⅲ　1は江戸城の大奥についての問題文に関連して，江戸初期～天保期までの政治・外交・文化が出題された。2は「寛永十年鎖国令」の史料をもとに，江戸前期の外交・政治が出題された。全て基本～標準レベルの問題で構成されている。ただ出題される時代が行きつ戻りつしているために，受験生は時代を混乱しないように注意して解き進める必要がある。

Ⅳ　1は明治の沖縄について，2は明治～大正のマスメディアについての問題文，3は史料「山県有朋の施政方針演説」を用いて，江戸幕末～大正の政治・外交・文化が出題された。問2・問3は教科書記述頻度の低い細密な内容の正文・誤文選択問題であり，やや難。ほかは基本～標準レベルであるが，10問中7問が正文・誤文選択問題であり，誤りの箇所の特定には細心の注意と時間を要しただろう。

Ⅴ　1は史料「二・二六事件蹶起趣意書」，2は55年体制の成立から崩壊までに関する問題文を用いて，昭和戦前～平成の政治・経済に関して問われた。問6は，平成の政治史に関する緻密な内容についての正誤問題で，難問である。それ以外は入試頻出の基本～標準レベルであり，取りこぼすことのないようにしたい。

総括すれば，2022 年度は，2021 年度に続き大問5題構成であり，総設問数も50 問で変化はなく，全体の分量も 2021 年度とほぼ同程度である。また出題形式が配列法・正誤法など多様で，正文・誤文選択問題の割合も多く，時間的な余裕があまりないのも例年通りだろう。しかし，平成の本格的な政治史の問題が出題されたこと，また本格的な視覚資料問題はなかったものの，**I**の問7では選択肢で史料が用いられ，**Ⅱ～V**ではそれぞれ史料を問題文にしており，史料読解を伴う設問が増加したことの2点は特記すべき点である。それらの要素や難問・やや難問の数を勘案すると，問題全体では 2021 年度より「やや難化」したといえるだろう。

世界史

I 解答

(1)イクター制 (2)デフォー (3)オランダ
(4)分割統治（政策） (5)マルサス (6)ウラービー
(7)第2インターナショナル (8)—ウ (9)—ア (10)マオリ人
(11)天津（条約） (12)コッホ (13)ブレスト=リトフスク（条約） (14)—エ
(15)レンテンマルク

◀解 説▶

≪ヨーロッパ世界における伝染病の流行≫

(1)イクター制はイスラーム世界で行われた制度。それまでのアター制（俸給制度）にかわり，官僚・軍人に分与地（イクター）の徴税権を与えるもので，ブワイフ朝のバグダード占領（946年）後に始まり，セルジューク朝，マムルーク朝でも採用された。

(3)ベルギーはウィーン会議（1814～15年）の結果，オランダに併合されたが，1830年，七月革命の影響を受け武装蜂起して独立を宣言，翌31年にレオポルド1世が即位して立憲王国となった。

(6)ウラービーは「エジプト人のエジプト」をスローガンに掲げ，エジプトの独立をめざして武装蜂起した（ウラービーの反乱：1881～82年）。しかし，反乱はイギリス軍によって鎮圧され，エジプトは事実上イギリスの保護国となった。

(7)第2インターナショナルは各国社会主義政党と労働者のゆるやかな連合体で，ドイツ社会民主党が主導的立場にあった。しかし，第一次世界大戦がおこると，加盟政党がそれぞれ自国の戦争政策を支持したため活動は停滞した。

(8)ウ．正解。アメリカ合衆国は1882年の中国人移民禁止法で，中国人の移民を全面的に禁じた。

(9)ア．誤文。東インド会社の中国貿易独占権が廃止されたのは1833年（実施は34年）。1813年に廃止されたのは対インド貿易独占権である（茶は除く）。

(10)マオリ人はポリネシア系の先住民。イギリスによる植民地化後，入植者に対する土地戦争を展開した（マオリ戦争：1860～72年）。

⑾1885年の天津条約で，フランスはベトナムに対する保護権を承認させるとともに，清国南部における通商・鉄道建設などの特権も獲得した。

⑿コッホは結核菌・コレラ菌を発見したほか，細菌培養法・染色法の開発やツベルクリンの製造など細菌学研究の基礎を築いた人物で，日本の北里柴三郎も彼に師事した。

⒀ブレスト=リトフスク条約のソヴィエト政権代表はヨッフェやトロツキー。ソヴィエト政権はポーランドやバルト海地域などを失い，多額の賠償金を課せられたが，ドイツの敗戦で破棄された。

II 解答

⑴ヘディン　⑵―イ　⑶※
⑷大理〔大理国〕⑸サンスクリット（語）
⑹ラタナコーシン〔チャクリ〕（朝）　⑺国際義勇軍　⑻コンゴ自由国
⑼―ウ　⑽ジュネーヴ休戦（協定）

※設問⑶については，全員正解とする措置が取られたことが大学から公表されている。

◀解　説▶

≪インドシナ半島の探検・調査研究活動≫

⑵イ．正解。写真はヒンドゥー教のシヴァ神。三大神の一つで，破壊神であると同時に再生や生殖を司る。また，舞踏の神としても知られる。

⑷大理（大理国：937～1254年）は南詔滅亡後，白蛮系の豪族である段氏が雲南地方に建てた国。

⑹ラタナコーシン朝（チャクリ朝：1782年～）はアユタヤ朝滅亡後に成立したトンブリー朝（1767～82年）にかわり，軍司令官のチャクリ（ラーマ1世）がバンコクを都に建てた王朝である。

⑺国際義勇軍に参加した知識人はマルローの他にヘミングウェー（米）やオーウェル（英）らがいる。その経験をもとにマルローは『希望』，ヘミングウェーは『誰がために鐘は鳴る』，オーウェルは『カタロニア賛歌』を著した。

⑻コンゴ自由国はベルリン会議（ベルリン=コンゴ会議：1884～85年）の結果，ベルギー王レオポルド2世の私有領として認められ，1908年にベルギー領コンゴとなった。「ベルギー国王がアフリカに所有した土地」が問われているので，解答は「コンゴ」ではなく「コンゴ自由国」が正しい。

⑽ 1954年に結ばれたジュネーヴ休戦協定では，北緯17度線を暫定軍事境界線とし，南北統一選挙の実施が決定された。しかし，アメリカ合衆国が参加せず，選挙も実施されなかったことで，情勢は悪化した。

Ⅲ 解答

⑴―④　⑵―③　⑶―②　⑷―②　⑸―④　⑹―③
⑺―⑤　⑻―④　⑼―①　⑽―③

◀解　説▶

≪遺物と偽物≫

⑴④が正解。エジプト新王国がヒクソスを撃退したのは前16世紀で，ハンムラビ王が活躍した前18世紀にもっとも近い。①のアメンホテプ4世（イクナートン）がアマルナ（テル=エル=アマルナ）に都を定めたのは前14世紀，②のクシュ王国がテーベに王朝を建てたのは前8世紀，③のクフ王がピラミッドを築かせたのは前26世紀頃の出来事である。

⑵①誤文。アレクサンドロスに敗れたのはアケメネス朝最後の王であるダレイオス3世。

②誤文。バビロン捕囚を行ったのは新バビロニアのネブカドネザル2世である。アケメネス朝のキュロス2世はバビロンを解放した。

④誤文。マラトンの戦いでアケメネス朝軍はアテネに敗北した。

⑶②が正解。⒜正文。⒝誤文。アメリカ古代文明では馬や車は利用されなかった。

⑷②誤文。ディアス大統領（在任1877～80，84～1911年）は大地主階級を保護し，メキシコ革命を招いた。

⑸④誤文。ダービーがコークス製鉄法を発明したのは18世紀のことである。

⑺難問。⑤が正解。⒜のトーリ（トーリー）党とホイッグ党は1679年の王位継承排除法案をめぐる対立で生まれた。⒝のナントの王令が廃止されたのは1685年，⒞のロマノフ朝が成立したのは1613年。したがって古い順から正しく配列すると⒞→⒜→⒝となる。

⑻④誤文。シク教はカーストによる差別を否定した。

⑼西ゴート王国を滅ぼした王朝はウマイヤ朝（711年）で都はダマスクス。クテシフォンはパルティアやササン朝ペルシアの都である。

Ⅳ 解答

A．⑴―③　⑵―②　⑶―②　⑷―①　⑸―③
B．⑹―②　⑺―①　⑻―①　⑼―③　⑽―④
C．⑾―②　⑿―①　⒀―④　⒁―③　⒂―④

◀解　説▶

≪歴史観の変遷≫

A．⑴①誤文。アウストラロピテクスが用いたのは原始的な打製石器である。
②誤文。ラスコーの洞穴絵画を残したのはクロマニョン人。
④誤文。クロマニョン人が登場したのは約4万年前である。
⑵②が正解。(a)正文。(b)誤文。『神の国』を著したのはアウグスティヌス。エウセビオスの代表的著書は『教会史』『年代記』である。
⑶②のサン=ピエトロ大聖堂が正解。①はゴシック様式の代表的建造物であるシャルトル大聖堂，③はロマネスク様式を代表するピサ大聖堂である。
⑷②誤文。北宋の神宗に起用されて新法を断行したのは王安石。張居正は明の万暦帝に仕えた政治家である。
③誤文。匈奴の冒頓単于が破ったのは漢の高祖（劉邦）である。
④誤文。元の末期に白蓮教徒が起こした反乱は紅巾の乱（1351～66年）。黄巾の乱は後漢末に太平道首領の張角が起こした反乱である（184～192年）。
⑸難問。③が正解。(a)の第3回ポーランド分割によってポーランド国家が消滅したのは1795年，(b)のワシントンがアメリカ合衆国大統領に就任したのは1789年，(c)のトゥサン=ルヴェルチュール（ハイチ独立運動の指導者）が獄死したのは1803年。したがって古いものから順に正しく配列すると(b)→(a)→(c)となる。
B．⑹①誤文。スペインから購入したのはフロリダ。ルイジアナはフランスから購入した土地である。
③誤文。ホームステッド法はリンカン大統領のもとで制定された。
④誤文。共和党は奴隷制に反対する勢力によって結成された。
⑺①誤文。ムラービト朝が征服したのはガーナ王国（11世紀後半）。マリ王国は内紛とソンガイ王国の勃興によって崩壊した。
⑼①誤文。骨品制は新羅で行われた制度である。
②誤文。天平文化が開花したのは8世紀。

④誤文。チベット文字はインド文字をもとに作成された。

⑽④誤文。日本はポーツマス条約でロシアが所有していた旅順・大連の租借権を獲得した。

C．⑾②誤文。フセイン政権はイラク戦争で崩壊した。

⑿①が正解。ロシアがカージャール朝からアルメニア（東アルメニア）を獲得したのは1828年のトルコマンチャーイ条約。したがって1848～50年にかけて展開されたバーブ教徒の乱より前のアの時期になる。

⒀①誤文。アンカラの戦いはオスマン朝がティムール帝国に敗れた戦い。

②誤文。ツァーリの称号を用いたイヴァン3世はモスクワ大公国の君主（在位1462～1505年）である。

③誤文。ギリシア正教布教のため考案され，スラブ人の間に広まったのはキリル文字。

⒁難問。③が正解。1997～98年の落ち込みはアジア通貨危機の影響によるものである。アジア通貨危機は1997年，タイの通貨バーツの急落をきっかけに東南アジア諸国に広がった通貨危機で，その影響は韓国にも及んだ。したがって1997～98年に大きく落ち込んでいる⒝がタイで，⒜は直接的な影響を受けなかった中国である。

❖講　評

Ⅰ　伝染病をテーマに14～20世紀におけるヨーロッパの政治・社会・文化について問う大問で，記述と語句・誤文の選択で構成されている。⒁の地図から都市の位置を選ぶ問題を含め，おおむね標準的なレベルである。

Ⅱ　インドシナ半島における探検・調査研究活動を中心に，東南アジアだけでなくインド・アフリカ・ヨーロッパに関しても問う。記述が中心で，これに⑵の写真と⑼の地図を用いた選択問題が加わる。⑻の正解は〔解説〕にも記したように「コンゴ」では不十分で，「コンゴ自由国」とする。この大問もおおむね標準レベルである。

Ⅲ　遺物と偽物を題材に古代から17世紀までの各地の情勢について問う大問。正誤文の選択，正誤や正しいものの組み合わせ選択，配列法で構成されているが，⑺の配列法は年代が非常に近いものがあり，難問といえる。

Ⅳ　歴史観の変遷をテーマに先史時代から21世紀にいたる世界各地の政治・社会・経済・文化について幅広く問う大問。形式も正誤文の選択，正誤や正しいものの組み合わせ選択，配列法となっており，⑶の写真・⑻の地図・⒁のグラフなどバラエティー豊かに出題されている。⑸の配列法はⅢの⑺と同様に年代が接近しており，難問といえる。また，⒁のグラフの読み取りも現代史の知識が必要で難問である。

数学

I 解答

(1) 5回の試行で点 (3, 2) にあるのは

x 方向に $+1$, $+1$, $+1$, y 方向に $+1$, $+1$ の移動であるから，求める確率は

$${}_5C_3\left(\frac{p}{2}\right)^3\left(\frac{1-p}{2}\right)^2=\frac{5}{16}p^3(1-p)^2 \quad \cdots\cdots(答)$$

(2) 以下，x 方向に 1 移動する回数を a, -1 移動する回数を b, y 方向に 1 移動する回数を c, -1 移動する回数を d とする。

9回の試行で点 (1, 4) にあるのは

$$(a,\ b,\ c,\ d)=(1,\ 0,\ 6,\ 2),\ (2,\ 1,\ 5,\ 1),\ (3,\ 2,\ 4,\ 0)$$

となるときである。

x 方向，y 方向に 1 移動する確率と，x 方向，y 方向に -1 移動する確率はそれぞれ等しく，$\frac{p}{2}$, $\frac{1-p}{2}$

であるから

$$\frac{9!}{1!0!6!2!}\left(\frac{p}{2}\right)\left(\frac{p}{2}\right)^0\left(\frac{1-p}{2}\right)^6\left(\frac{1-p}{2}\right)^2+\frac{9!}{2!1!5!1!}\left(\frac{p}{2}\right)^2\left(\frac{p}{2}\right)\left(\frac{1-p}{2}\right)^5\left(\frac{1-p}{2}\right)$$
$$+\frac{9!}{3!2!4!0!}\left(\frac{p}{2}\right)^3\left(\frac{p}{2}\right)^2\left(\frac{1-p}{2}\right)^4\left(\frac{1-p}{2}\right)^0$$

$$=\frac{9\times28}{512}p(1-p)^8+\frac{84\times18}{512}p^3(1-p)^6+\frac{126\times10}{512}p^5(1-p)^4$$

$$=\frac{63p(1-p)^4}{128}\{(1-p)^4+6p^2(1-p)^2+5p^4\}$$

$$=\frac{63p(1-p)^4}{128}(12p^4-16p^3+12p^2-4p+1) \quad \cdots\cdots(答)$$

(3) 9回の試行で点 (3, 4) にあるのは

$$(a,\ b,\ c,\ d)=(3,\ 0,\ 5,\ 1),\ (4,\ 1,\ 4,\ 0)$$

である。

x 方向，y 方向に 1 移動する確率，x 方向，y 方向に -1 移動する確率はそれぞれ等しく，$\frac{p}{2}$, $\frac{1-p}{2}$

であるので

$$\frac{9!}{3!0!5!1!}\left(\frac{p}{2}\right)^3\left(\frac{p}{2}\right)^0\left(\frac{1-p}{2}\right)^5\left(\frac{1-p}{2}\right)+\frac{9!}{4!1!4!0!}\left(\frac{p}{2}\right)^4\left(\frac{p}{2}\right)\left(\frac{1-p}{2}\right)^4\left(\frac{1-p}{2}\right)^0$$

$$=\frac{84\times6}{512}p^3(1-p)^6+\frac{126\times5}{512}p^5(1-p)^4$$

$$=\frac{42p^3(1-p)^4}{512}\{12(1-p)^2+15p^2\}\quad\cdots\cdots①$$

9 回の試行で点 (4, 3) にあるのは

$$(a,\ b,\ c,\ d)=(4,\ 0,\ 4,\ 1),\ (5,\ 1,\ 3,\ 0)$$

である。

x 方向，y 方向に 1 移動する確率，x 方向，y 方向に -1 移動する確率はそれぞれ等しく，$\frac{p}{2}$，$\frac{1-p}{2}$ であるので

$$\frac{9!}{4!0!4!1!}\left(\frac{p}{2}\right)^4\left(\frac{p}{2}\right)^0\left(\frac{1-p}{2}\right)^4\left(\frac{1-p}{2}\right)+\frac{9!}{5!1!3!0}\left(\frac{p}{2}\right)^5\left(\frac{p}{2}\right)\left(\frac{1-p}{2}\right)^3\left(\frac{1-p}{2}\right)^0$$

$$=\frac{126\times5}{512}p^4(1-p)^5+\frac{84\times6}{512}p^6(1-p)^3$$

$$=\frac{42p^4(1-p)^3}{512}\{15(1-p)^2+12p^2\}\quad\cdots\cdots②$$

①＝② より

$$\frac{42p^3(1-p)^4}{512}\{12(1-p)^2+15p^2\}=\frac{42p^4(1-p)^3}{512}\{15(1-p)^2+12p^2\}$$

$$(1-p)\{4(1-p)^2+5p^2\}=p\{5(1-p)^2+4p^2\}$$

$$18p^3-27p^2+17p-4=0,\quad(2p-1)(9p^2-9p+4)=0$$

p は実数より，$p=\frac{1}{2}$ であり，$0<p<1$ を満たす。

ゆえに　　$p=\frac{1}{2}$　……(答)

◀解　説▶

≪点の移動に関する確率，独立試行の確率，3 次方程式≫

(1)　x 方向，y 方向を合わせた 5 回の試行で，原点 O(0, 0) から，点 (3, 2) に移動する場合の数を求めると，x 方向に $+1$，$+1$，$+1$，y 方向に $+1$，$+1$ の移動であり，それぞれは 1 通りである。そして，$+1$ の移動

の確率が各$\dfrac{p}{2}$，$\dfrac{1-p}{2}$であることから，独立試行の確率計算式で求めることができる。

(2)　x方向，y方向を合わせた9回の試行で，原点O(0，0)から，点(1，4)に移動する場合の数を求める。

そして，1移動する確率，-1移動する確率がそれぞれ$\dfrac{p}{2}$，$\dfrac{1-p}{2}$であることから，独立試行の確率計算式で求めることができる。

(3)　x方向，y方向を合わせた9回の試行で，原点O(0，0)から，点(3，4)と点(4，3)に移動する確率をそれぞれ計算し，等しくするとよい。pについての3次方程式になることから，pの値を求める。

II　解答　(1)　$f(x)=||x-1|-1|$について

[i]　$x \geqq 1$のとき

$$f(x)=|(x-1)-1|=|x-2|$$

となるから

$1 \leqq x \leqq 2$のとき

$$f(x)=-x+2$$

$x \geqq 2$のとき

$$f(x)=x-2$$

[ii]　$x \leqq 1$のとき

$$f(x)=|-(x-1)-1|=|-x|=|x|$$

となるから

$0 \leqq x \leqq 1$のとき　$f(x)=x$

$x \leqq 0$ のとき　$f(x)=-x$

[i]，[ii]より，$y=f(x)$ のグラフは右図（実線の部分）。

(2)　直線$y=ax-\dfrac{1}{2}$のグラフは点$\left(0,\ -\dfrac{1}{2}\right)$を通り，傾きが$a\,(a \geqq 0)$である。

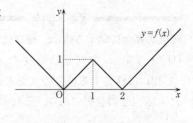

点（1, 1）を通るとき

$1=a-\frac{1}{2}$ から　　$a=\frac{3}{2}$

点（2, 0）を通るとき

$0=2a-\frac{1}{2}$ から　　$a=\frac{1}{4}$

直線 $y=x$, $y=x-2$ に平行なとき

$a=1$

したがって右図より，2つのグラフの交点の個数は

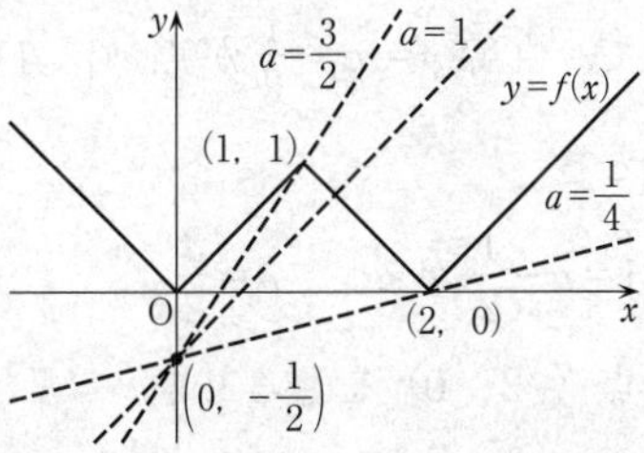

$$\begin{cases} 0\leqq a<\frac{1}{4} \text{ のとき} & 0\text{個} \\ a=\frac{1}{4} \text{ のとき} & 1\text{個} \\ \frac{1}{4}<a<1 \text{ のとき} & 2\text{個} \\ 1\leqq a \text{ のとき} & 1\text{個} \end{cases}$$ ……(答)

(3)　$g(x)=\left||x^2-1|-1\right|$ について

［i］　$x\geqq1$, $x\leqq-1$ のとき

$g(x)=|x^2-2|$

となるから

$x\geqq\sqrt{2}$ のとき

$g(x)=x^2-2$

$1\leqq x\leqq\sqrt{2}$ のとき

$g(x)=-x^2+2$

$-\sqrt{2}\leqq x\leqq-1$ のとき

$g(x)=-x^2+2$

$x\leqq-\sqrt{2}$ のとき

$g(x)=x^2-2$

［ii］　$-1\leqq x\leqq1$ のとき

$g(x)=|-(x^2-1)-1|=|-x^2|=|x^2|=x^2$

となる。

［ i ］，［ ii ］より，$y=g(x)$ のグラフは右図（実線の部分）。

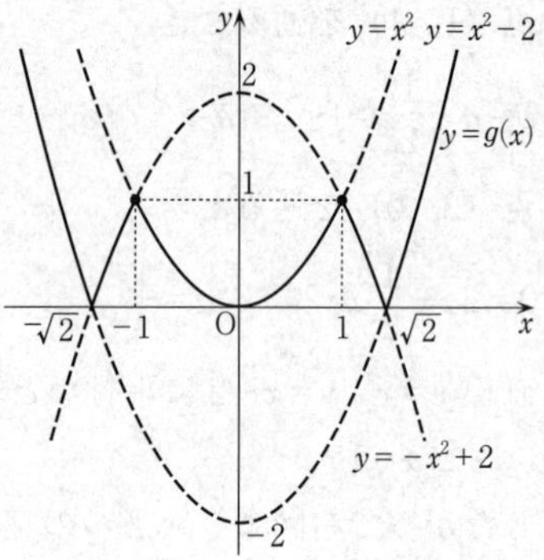

(4)　直線　$y=ax-\frac{1}{2}$ のグラフは点 $\left(0,\ -\frac{1}{2}\right)$ を通り，傾きが $a\ (a\geqq 0)$ である。

$y=g(x)$ のグラフの $x\geqq 0$ の範囲を考えて，直線 $y=ax-\frac{1}{2}$ が点（1，1）を通るとき

$1=a-\frac{1}{2}$ から　　$a=\frac{3}{2}$

点（$\sqrt{2}$，0）を通るとき

$0=\sqrt{2}a-\frac{1}{2}$ から　　$a=\frac{1}{2\sqrt{2}}$

$y=ax-\frac{1}{2}$ と $y=x^2$ が接するとき

$x^2=ax-\frac{1}{2}$ より

$$2x^2-2ax+1=0$$

この判別式を D とすると

$\frac{D}{4}=0$ より　　$a^2-2=0$

$a\geqq 0$ より　　$a=\sqrt{2}$

したがって右図より，2つのグラフの交点の個数は

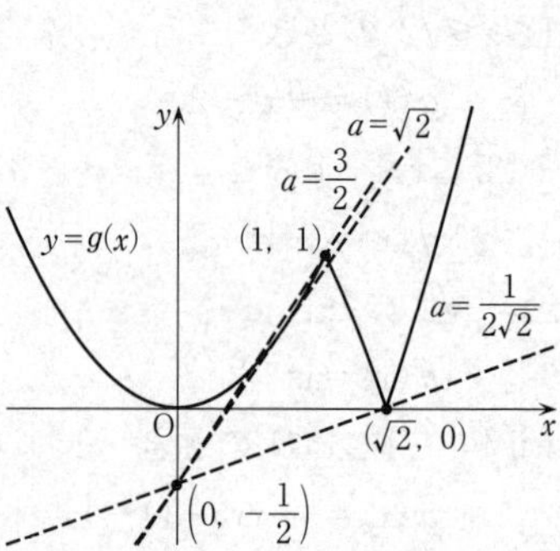

$$\begin{cases} 0 \leqq a < \dfrac{1}{2\sqrt{2}} \text{ のとき} & 0\text{個} \\ a = \dfrac{1}{2\sqrt{2}} \text{ のとき} & 1\text{個} \\ \dfrac{1}{2\sqrt{2}} < a < \sqrt{2} \text{ のとき} & 2\text{個} \\ a = \sqrt{2} \text{ のとき} & 3\text{個} \\ \sqrt{2} < a < \dfrac{3}{2} \text{ のとき} & 4\text{個} \\ a = \dfrac{3}{2} \text{ のとき} & 3\text{個} \\ a > \dfrac{3}{2} \text{ のとき} & 2\text{個} \end{cases} \quad \cdots\cdots\text{(答)}$$

◀解　説▶

≪絶対値のついた関数のグラフ，直線と曲線との交点の個数≫

(1)　絶対値の外し方

$$|x| = \begin{cases} x & (x \geqq 0) \\ -x & (x < 0) \end{cases}$$

を用いて，絶対値を外してグラフを描く。

$f(x) = ||x-1|-1|$ は，二重の絶対値がついているが，まず，[i] $x \geqq 1$，[ii] $x \leqq 1$ として，$|x-1|$ の絶対値を外して考える。

そして，$f(x) = |x-2|$，$f(x) = |x|$ として，さらに絶対値を外してグラフを描くこと。絶対値を外すときの x の範囲に注意することが大切である。

(2)　直線 $y = ax - \dfrac{1}{2}$ は点 $\left(0,\ -\dfrac{1}{2}\right)$ を通り，傾きが a $(a \geqq 0)$ であり，(1)で求めたグラフとの交点を調べることである。直線が点 $(1,\ 1)$，$(2,\ 0)$ を通るときの a の値を求め，傾き a の値の範囲によって，交点の個数が異なることに注意が必要である。

(3)　$g(x) = ||x^2-1|-1|$ も，二重の絶対値がついているが，まず，[i] $x \leqq -1$，$x \geqq 1$，[ii] $-1 \leqq x \leqq 1$ として，$|x^2-1|$ の絶対値を外して考える。

そして，$g(x) = |x^2-2|$，$g(x) = |x^2|$ として，さらに絶対値を外してグラフを描く。ここでも絶対値を外すときの x の範囲に注意する。

(4)　直線 $y=ax-\frac{1}{2}$ は点 $\left(0,\ -\frac{1}{2}\right)$ を通り，傾きが $a\ (a\geqq 0)$ であり，(3) で求めたグラフとの交点を調べることである。直線が点 (1, 1)，$(\sqrt{2},\ 0)$ を通るときの a の値を求め，さらに，$y=ax-\frac{1}{2}$ と $y=x^2$ が接するときの a の値を求める。そして，傾き a の値の範囲によって，交点の個数を調べることである。

Ⅲ　解答

$a_{n+1}=\frac{2a_n+1}{2a_n+3}$　$(a_1=1,\ n=1,\ 2,\ 3,\ \cdots)$　……①

(1)　$\alpha=\frac{2\alpha+1}{2\alpha+3}$ より

$$\alpha(2\alpha+3)=2\alpha+1$$

であるから

$$2\alpha^2+\alpha-1=0$$
$$(2\alpha-1)(\alpha+1)=0$$

$\alpha>0$ より　　$\alpha=\frac{1}{2}$　……(答)

$n=1,\ 2,\ 3,\ \cdots$ に対して $a_n>\frac{1}{2}$ であることを数学的帰納法で示す。

[i]　$n=1$ のとき，$a_1=1>\frac{1}{2}$ で成り立っている。

[ii]　$n=k$ のとき，成り立つと仮定すると　　$a_k>\frac{1}{2}$

①より

$$a_{k+1}-\frac{1}{2}=\frac{2a_k+1}{2a_k+3}-\frac{1}{2}=\frac{2(2a_k+1)-(2a_k+3)}{2(2a_k+3)}=\frac{2a_k-1}{2(2a_k+3)}$$

$a_k>\frac{1}{2}$ より　　$2a_k-1=2\left(a_k-\frac{1}{2}\right)>0,\ 2(2a_k+3)>0$

であるから

$$a_{k+1}-\frac{1}{2}>0,\ a_{k+1}>\frac{1}{2}$$

となり，$n=k+1$ のときも成り立っている。

［ i ］，［ ii ］より，すべての自然数 $n=1,\ 2,\ 3,\ \cdots$ について，$a_n>\frac{1}{2}$ が成り立つ。　　(証明終)

(2)　$b_n=\dfrac{1}{a_n-\frac{1}{2}}$ より

$$a_n-\frac{1}{2}=\frac{1}{b_n}$$

となり，①より

$$a_{n+1}-\frac{1}{2}=\frac{2a_n+1}{2a_n+3}-\frac{1}{2}=\frac{2a_n-1}{2(2a_n+3)}=\frac{2\left(a_n-\frac{1}{2}\right)}{4\left(a_n-\frac{1}{2}\right)+8}$$

よって

$$\frac{1}{b_{n+1}}=\frac{\frac{2}{b_n}}{\frac{4}{b_n}+8}=\frac{1}{4b_n+2}$$

となり

$$b_{n+1}=4b_n+2$$

ゆえに，数列 $\{b_n\}$ の漸化式は　$b_{n+1}=4b_n+2\quad(b_1=2)$　……(答)

(3)　(2)の結果より，$b_{n+1}+\frac{2}{3}=4\left(b_n+\frac{2}{3}\right)$ と変形して，数列 $\left\{b_n+\frac{2}{3}\right\}$ は公比 4，初項 $b_1+\frac{2}{3}=\frac{8}{3}$ の等比数列であるから，$b_n+\frac{2}{3}=\frac{8}{3}\cdot4^{n-1}=\frac{2}{3}\cdot4^n$ より

$$b_n=\frac{2}{3}\cdot4^n-\frac{2}{3}=\frac{2}{3}(4^n-1)$$

よって

$$a_n=\frac{1}{b_n}+\frac{1}{2}=\frac{1}{\frac{2}{3}(4^n-1)}+\frac{1}{2}=\frac{4^n+2}{2(4^n-1)}\quad\text{……(答)}$$

(4)
$$4^na_n=4^n\cdot\frac{4^n+2}{2(4^n-1)}=\frac{1}{2}\cdot\frac{(4^n)^2+2\cdot4^n}{4^n-1}=\frac{1}{2}\cdot\frac{(4^n+3)(4^n-1)+3}{4^n-1}$$

$$=\frac{1}{2}\cdot\left(4^n+3+\frac{3}{4^n-1}\right)$$

4^n+3 は奇数であるから，4^na_n が整数になるためには $\dfrac{3}{4^n-1}$ が奇数であることが必要であるので

$$4^n-1=\pm1,\ \pm3$$

n は自然数であるから　　$n=1$

逆に $n=1$ のとき，$4^na_n=4a_1=4$ となり 4^na_n は自然数。

よって　　$n=1$　……(答)

◀解　説▶

≪分数の漸化式，数学的帰納法，数列の整数条件≫

(1)　分数方程式 $x=\dfrac{2x+1}{2x+3}$ を解き，$x=-1,\ \dfrac{1}{2}$ を求める。$x>0$ に注意する。

次に，$a_n>\dfrac{1}{2}$ であることを数学的帰納法で証明する。

(2)　$a_{n+1}-\dfrac{1}{2}=\dfrac{2a_n+1}{2a_n+3}-\dfrac{1}{2}=\dfrac{2\left(a_n-\dfrac{1}{2}\right)}{4\left(a_n-\dfrac{1}{2}\right)+8}$ を導き，

$b_n=\dfrac{1}{a_n-\dfrac{1}{2}}$ より $a_n-\dfrac{1}{2}=\dfrac{1}{b_n}$ を代入し，b_{n+1}，b_n の関係式を求める。

(3)　$b_{n+1}=4b_n+2$ について，一般に 2 項間漸化式 $a_{n+1}=pa_n+q\ (p\neq1)$ の一般項は $a_{n+1}-\beta=p(a_n-\beta)$ を満たす β を求め，数列 $\{a_n-\beta\}$ が初項 $a_1-\beta$，公比 p の等比数列として計算し，求めることができる。

すなわち，$b_{n+1}=4b_n+2$ より，$b_{n+1}-\beta=4(b_n-\beta)$ とし，$\beta=-\dfrac{2}{3}$ を求めて，$b_{n+1}+\dfrac{2}{3}=4\left(b_n+\dfrac{2}{3}\right)$ と変形するとよい。

そして，b_n を求めてから，$a_n=\dfrac{1}{b_n}+\dfrac{1}{2}$ より，a_n を求める。

(4)　$4^na_n=\dfrac{1}{2}\cdot\left(4^n+3+\dfrac{3}{4^n-1}\right)$ を導くことである。

4^n+3 は奇数であるから，4^na_n が整数になるには $\dfrac{3}{4^n-1}$ が奇数であればよい。

よって，$4^n-1=\pm 1,\ \pm 3$ を満たすことが必要条件になる。

❖講　評

大問３題の出題で，「数学Ａ（確率）」，「数学Ⅰ（２次関数）」，「数学Ｂ（数列）」から各１題ずつの出題である。

Ⅰ　(1)・(2)　５回と９回の試行で，原点 O(0, 0) から，それぞれ，点（3, 2）と点（1, 4）に移動する確率を求める問題である。x 方向に $+1$，-1 の移動の確率が等しく $\dfrac{p}{2}$，y 方向に $+1$，-1 の確率が等しく $\dfrac{1-p}{2}$ であることから，独立試行の確率計算で求めるとよい。注意することは５回と９回の試行で，点（3, 2）と点（1, 4）に移動するときの場合の数も考えることである。

(3)　点（3, 4）と点（4, 3）に移動する確率を求め，３次方程式を解くとよい。

Ⅱ　(1)・(3)　$f(x)=\big||x-1|-1\big|$，$g(x)=\big||x^2-1|-1\big|$ は，二重に絶対値がついているが，まず，$|x-1|$，$|x^2-1|$ の絶対値を外して，さらに，絶対値を外すとよい。絶対値を外すときの x の範囲に注意する。グラフは直線と放物線の一部となるので簡単に描くことができる。

(2)・(4)　交点の個数については，直線 $y=ax-\dfrac{1}{2}$ は点 $\left(0,\ -\dfrac{1}{2}\right)$ を通る傾き a の直線であり，$y=f(x)$，$y=g(x)$ のグラフを活用して交点の個数を求めること。

また，直線と放物線 $y=x^2$ が接するときの a の値にも注意をすること。

Ⅲ　(1)　分数方程式 $\alpha=\dfrac{2\alpha+1}{2\alpha+3}$ を解き，数学的帰納法によって $a_n>\dfrac{1}{2}$ を証明する。

(2)　$a_{n+1}-\dfrac{1}{2}=\dfrac{2\left(a_n-\dfrac{1}{2}\right)}{4\left(a_n-\dfrac{1}{2}\right)+8}$ を導き，$\dfrac{1}{a_n-\dfrac{1}{2}}=b_n$，$\dfrac{1}{a_{n+1}-\dfrac{1}{2}}=b_{n+1}$ を代入する。

(3)　2 項間漸化式 $b_{n+1}=4b_n+2$ は $b_{n+1}+\frac{2}{3}=4\left(b_n+\frac{2}{3}\right)$ と変形する。数列 $\left\{b_n+\frac{2}{3}\right\}$ が等比数列より，b_n を求め，一般項 a_n を求める。

(4)　$4^n a_n=\frac{1}{2}\cdot\left(4^n+3+\frac{3}{4^n-1}\right)$ を導き，$\frac{3}{4^n-1}$ が奇数になればよいことより，n の値を求めるとよい。

いずれも難問ではなく，取り組みやすい問題である。全てが記述式であるから論理的にわかりやすい答案を作成することが大切である。また，証明問題もあり注意したい。**I** の計算はやや面倒であるが，全体的にそれほど複雑な計算がないので，途中のケアレスミスをしないことが重要である。全問が基礎・基本的な知識を問う良問である。

❖講　評

　現代文一題、古文一題、漢文一題の大問三題の出題で、試験時間は六〇分。

　一の現代文は、性のあり方を通して人間と社会との関係について論じた評論文。男女平等や女性の地位向上を訴える論説ではなく、人間を二つのカテゴリーに分けてしまうことへの考察と批判が述べられている。〔問二〕は哲学的で設問の意味を理解することもやっかいである。思い切って〈〈認識〉が先。〈存在〉は後〉などと第一段落の内容を図式化すると正解が見えやすくなる。〔問九〕は、〈ジェンダーがセックス（身体的性差）により決定されているものではなく、演じることで人々の認識の中で構築されている〉という筆者の主張を把握しておく必要がある。なお「社会構築主義」を選ぶ〔問八〕は、〔問七〕とこの〔問九〕の正答と連動した問題でもあった。筆者の主張を正確にとらえていないとBにひっかかる。

　二の古文は『今昔物語集』からの出題。瀕死の師の身代わりになって死のうとした弟子の僧の話で、内容は追いやすい。設問も基本的な語彙や文法事項が理解できていれば問題ないだろう。〔問二〕・〔問四〕の選択肢は、深読みし過ぎずに本文の内容と照らし合わせること。

　三の漢文は、儒教の性善説に疑問を呈し仏教の考え方を付け加えるべきだと主張した明代の評論文。〔問一〕は、性善説をめぐって、現実に悪が存在するのはなぜかという問いが発生し、それに対して性善説に立つ側がその原因を後天的な習慣によるものだと主張していたことを知っていないと難しかっただろう。これに対して筆者は、現実に悪が存在するのは習慣によるものではなく生まれながらの性質によるものだと述べている。〔問二〕は対句による文の構造をおさえる問題。〔問五〕はこの文章の筆者が明の時代の人であることも実はヒントになっている。明は中国史において仏教が取り入れられた時代であった。

分である。現実の悪が生後の習慣によらないのであれば、それは〝生まれながら〟の性質ということになるのでBが正解。

〔問二〕空欄⑵を含む文が前半と後半（「長じて」以降）で対句になっている点をおさえたい。この部分は〝幼児は父母を愛しているけれど同時に父母につかみかかることもある〟という内容と〝兄を敬うけれど同時に［⑵］をばかにすることもある〟という構成になっている。したがって空欄には〝兄〟を意味するB「兄長」を入れるのがよい。

〔問三〕「従」「自」はともに「より」と読み、ものごとの起点を表す漢文の基本単語。

〔問四〕有㆘謂㆓義理之性善而気質之性不㆒㆑善者㆖となる。

「不」は打消の〝ず〟。下の「善なり」からレ点で返り、「と」と送って「謂ふ」に返せばよい。与えられた読みの最後に「ものあり」とあるので最後の「者」から最初の「有」に返すのだが、すでに「不」から「謂」へ返す時に一二点を使っているので上下点を使用する。したがって「者」に付く返り点は「上」である。

〔問五〕Aは「多くの人が善良である」が不可。第三文には、幼児が生まれながらに〝怒りがち〟で〝欲深い〟と書かれているし、第七文には幼児は父母に〝つかみかかる〟こともあると書かれている。筆者は人間の「性」を悪だと言っているわけではないが、少なくとも善とは言いきれないと述べている。Bも「成長につれて善良な『性』があらわれる」が不可。第七文では、幼児が成長したのち兄を敬うこともあるが、兄をばかにすることもあると書かれている。Cは本文にない内容。DとEが残るが、Dは「仏教では人の『性』が悪であると考える」が不可。そのような記述は本文中にない。本文の主旨からすると、儒教は人の性を善と悪に分けるのに対し、仏教はそもそも人を善悪で区別しないものと考えられる。なお、仏教については最後の一文に「仏氏之言（＝仏教の説）」と出てくるだけなので、これを見逃さないようにしたい。

見て（人の）性はもともと善なのだとするのも、また間違っている。幼児は父母を愛することを知っているが、また父母につかみかかることもあり、成長して兄を敬うことを知っていても、また兄をばかにすることもある。食うものを見れば（その所有をめぐって）争うのであり、美しい人を見れば妬むのである。その（人の）善は第一念（＝人の最も基本となる性）から出現するのであり、その悪もまた（人の）第一念から出現するのである。（だとすれば）情がどうしていまだかつて善であったことがあろうか。義理の性（＝天が人に与える本来の性）は善であって気質の性（＝後天的に形成される性）が善ではないのだとするのも、また間違っている。この世に二つの性などないのである。もし性のうちに（不善を働く）気質の性（＝後天的性）があるのなら、性はまたこれを善だなどと言うことはできないのである。そうであるから性善の説は依然としてごたごたと乱れ定説は無いのである。そこで私は断じて言おう、性を論ずるなら、必ず孔子の説に仏教の説も合わせ、そうして初めてその言説は明らかになるのである。

読み　性善の説千古未だ明らかならず。性は善にして習ひは善ならずと以ふ者、非なり。今孺子生まれながらにして怒り啼くは、則ち多嗔に、彩色を見て喜ぶは、則ち多貪なり。等しく皆善ならざるの類なり。何ぞ習ふを待たんや。性の善は見るべからずして情の善は見るべきを以て、性本より善なりと謂ふ者、亦非なり。孺子父母を愛するを知ると雖も、亦能く父母を捽み、長じて兄長を敬ふを知ると雖も、亦能く兄長を凌ぐ。食を見れば則ち争ひ、色を見れば則ち妬む。其の善第一念より出で、其の悪亦第一念より出づるなり。情亦何ぞ嘗て善ならんや。義理の性は善にして気質の性は善ならずと謂ふ者有るは、亦非なり。天下に二性無し。苟しくも性の中に気質の性有らば、則ち性亦之を善なりと謂ふを得ず。然らば則ち性善の説は尚ほ紛紛として定論無きなり。乃ち予は則ち之を断じて曰はく、性を論ずる者必ず夫子の言を以て仏氏の言を合はせ、而る後に其の説始めて明らかなりと。

▲解　説▼

〔問一〕「何待習」は「何ぞ習ふを待たんや」と読み、反語で〝どうして習慣によるものであろうか、いや、そうではない〟といった意。現実に悪が存在することを、生まれた後の悪い習慣のせいだとする性善説を筆者が批判している部

「晴舞台としたかった」、Dの「自分が頭角を出すには絶好の機会だ」、Eの「師を思う気持ちは他の弟子たちよりも強いことを示したかった」のような利己的な理由ではない。Cは「将来性がまったくない」や「この世に嫌気がさしてしまった」が言い過ぎで、これだと単に死にたがっていることになり、「師に代はりて死なむ」という要素がない。

〔問五〕弟子の僧の記述は文章の半ば、傍線(4)を含む文で「年ごろそのことともなくて相ひ副へる弟子あり（＝〝長年これといって言うこともなく仕えていた弟子がいる〟）」の部分で初めて出てくる。このすぐ後に「師もこれをねむごろにも思はねば（＝〝師もこれを特に可愛がってはいないので〟）」とあり、この部分が智興の弟子の僧への以前の思いであり、傍線(10)の反対の内容であることがわかる。

三

出典　明・袁中道『論性』

解答

〔問一〕B

〔問二〕B

〔問三〕D

〔問四〕者上

〔問五〕E

◆全　訳◆

（儒教で言う）性善の説は、大昔からいまだかつて明らかになったことはない。（人が生まれながらに持っている）性は善であり（生まれた後に身に着ける）習慣が良くないのだとするのは、間違いである。今幼児が生まれながらにして怒り泣くのは、つまり（人の性が）怒りがちだからであり、美しく飾られたものを見て喜ぶのは欲深いからである。どうして習慣によるものであろうか。（生まれながらの）性は目に見えないのに、目に見えている人の情（＝感情の現れ）だけをくいくのが難しい）」の連用形。「な」は強意の助動詞の未然形。「む」は推量の助動詞の終止形。全体で〝きっと（治癒が）かなうのは難しいであろう〟となる。⑶は弟子の僧が師に代わって自分が〝命を棄てよう〟と申し出ている部分なので「む」は意志ととるのがよい。⑹は〝どうせ同じ死ぬのであれば〟と弟子の僧が述べている部分なので仮定と判断する。

〔問二〕傍線⑵は〝まったく（私の）力の及ばないことである〟といった意味。直前に「さらずは」とあり、〝そうでないならば〟の意で、その「さ」が指示するのはさらにその前の「この病者の御代はりに……申し代へ試みむ」である。身代わりを差し出すのでないならば、私にできることは何もない、ということでBが正解。Aは「身代わり」という点では合っているが、「深く思う人」という条件は本文になく、「泰山府君の心を動かせると考えた」という積極的な考えも、「さらずはさらに力およばぬことなり」とは異なっている。

〔問三〕⑷の「まもる」は〝じっと見つめる〟と訳す基本古語。もともとは「ま（目）」で「もる（守る）」こと、つまり〝目でじっと見守る〟の意であった。⑸の「ぬ」は終止形なので完了の助動詞。AとBは「ぬ」を打消で訳しているので不可。打消なら「過ぎず」となるはずである。Cは「中途半端」が不可。「中途半端」と訳すのは「なかなか」である。ここは弟子の僧が〝自分の人生はすでに半ばを過ぎもういくらも残っていない〟と述べている部分なのでDが正解。⑻の「験」は「しるし」と読み、〝効果〟〝効き目〟の意。傍線の直前に「師の病頗る減気あり（＝〝師の病はずいぶん勢いが衰えた〟）」とあるので、晴明の儀式の効果はあったのである。効果が出ているとしているのはBしかない。⑼の「沙汰す」は「さたす」と読み、〝処置する〟〝手配する〟の意。ここでは弟子の僧が死ぬことになる部屋を周囲にいる僧たちが前もって手配していることを指している。

〔問四〕弟子の僧が〝すぐに私をあの儀式の文章に記載せよ〟と言った理由は、この傍線⑺の直前に書かれている。〈自分はもう余命いくばくもなく、貧しくて善根（＝良い報いを招く行い）を積むこともできない。同じ死ぬのであれば師の身代わりになって死にたい〉と述べている。「善根を修」す、つまり仏道に貢献するためとするAが正解。Bのるよう（泰山府君に）申し出てみよう。そうでないならばまったく（私の）力の及ばないことである」と。弟子たちはこれを聞いて「私が、師に代わってすぐに命を棄てよう」と思う者は一人もいない。互いに顔をじっと見つめて何も言わずに居並んでいたのだが、（その弟子たちの中で）長年これといって言うこともなく（平凡に）仕えていた弟子がいる。師もこれを特に可愛がってはいないので、身は貧しく小部屋に住んでいる者であった。（その弟子が）このことを聞いて言うには「私の年齢はすでに（人生の）半ばを過ぎてしまった。生きることももう（この先）どれほどでもない。また我が身は貧しくてこれからのち善根（＝良い報いを招く行い）を積むこともできない。だから同じ死ぬならば今師に代わって死のうと思うのである。すぐに私をあの儀式の文章に記せ」と。

晴明はこれを聞いて、儀式の文章にその僧の名を記して丁寧にこれを祈祷する。師もこれを聞いて「この僧の心は、これほどであろうとは長年思ってもみなかった」と言って泣く。すっかり儀式が終わった後、師の病はずいぶん回復し儀式の効果が出ているようであった。そうであれば、身代わりの僧は必ず死ぬであろうから、穢れるはずの所（＝死の穢れがあっても差し支えない場所）を手配して与えていたところ、（その弟子の）僧は少しの持ち物などを片付け、言っておくべきことなどを言い置いて、死のうとする所に行って一人で座って念仏を唱えていた。一晩中そばにいた人は（その念仏を）聞いていたがすぐに死ぬようには聞こえない（＝念仏は途切れずにずっと続いていた）うちにすっかり夜も明けてしまった。僧は死んでいるだろうと（皆が）思うのだがいまだに死なない。師はすっかり病が癒えたので、「（弟子の）僧は今日あたり死ぬだろうか」と（皆が）お互いに思っている時に、朝に晴明が来て言うには「師はもう恐れることはない。また身代わりになろうと言った僧も恐れることはない。ともに存命することができた」と言って帰っていった。師も弟子もこれを聞いて喜んで泣くこと限りない。その後、師はこの僧を可愛がって、事あるごとに位の高い弟子たちよりも重用したのだった。

◀解　説▶

〔問一〕 (1)を含む部分は「叶ひがたかり」＋「な」＋「む」となっている。「叶ひがたかり」は形容詞「叶ひがたし（＝うまろ「繰り返し」ジェンダーを演じるメカニズムによって、セックスという虚構が事実化されると述べている。Cは「『身体的な』出来事」が不可。本文には「身体の出来事」（第一段落）とある。Eは「セックス」の概念に加えて、「ジェンダー」や「セクシュアリティ」をさらに細かく概念化せよとしている点が不可。筆者はそうした概念がすべて「虚構」だと述べているのであり（最終段落第二文他）、「虚構」の細分化を主張するはずがない。

二

出典　『今昔物語集』〈巻十九第二十四話　師に代はりて泰山府君の祭の都状に入ること〉

解答

〔問一〕　(1)—B　(3)—A　(6)—E

〔問二〕　B

〔問三〕　(4)—C　(5)—D　(8)—B　(9)—C

〔問四〕　A

〔問五〕　ねむごろにも思はねば

◆全　訳◆

今は昔、智興という人がいた。三井寺の僧である。学識の高い人であったので公的にも私的にも尊敬されていたところ、身に重い病を受け苦しみ患っていたのだが（闘病の）日数がかさんで病は（さらに）重くなったので、位の高い弟子たちがいて嘆き悲しんであちらこちらで（平癒のための）祈祷をするがまったくその（回復の）徴候がない。当時安倍晴明という陰陽師がいた。（陰陽道の）道に関しては並大抵でなかった者である。そこでその晴明を呼んで泰山府君の祭（＝延命を祈祷する儀式）ということをさせて、この病気から助けて（智興の）命を救おうとするのだが、晴明が来て言うには「この病を占ってみたが極めて重篤でたとえ泰山府君に祈祷してみてもきっと（治癒が）かなうことは難しいであろう。ただし、この病人の代わりに一人の僧を差し出されよ。そうすればその人の名を儀式の文章に記して身代わりにしてくれ

〔問六〕　傍線(6)は、人間が社会的な性差（＝ジェンダー）を確かなものにするために、誕生時に決められた身体的性差（セックス）をその後の人生の中で反復して確認するという内容。「反復」という言葉に注意して本文を読み進めていくと、最終段落第二文に「しかもこの虚構の構築は、一回だけでは終わらない」という表現があるのに気づく。その二文後には、「この虚構」の内容が「セックスという虚構」であることが書かれており、ここが内容的にも傍線(6)と同じであることがわかる。同文中には「繰り返し繰り返し返しジェンダーを演じつづけている」という表現もあることを確認する。

〔問七〕　Bが傍線(9)の三つの部分をそれぞれ適切に言い換えている。Aは「意志によって作られている」が不適切。Cは、「ジェンダー規範」ではなく「セックスという虚構」の説明になっている（「ジェンダー規範」を「セックスという虚構」、「作られた規範」を「作られた虚構」と書き換えれば、「セックスという虚構」の正しい説明になるが、「ジェンダー規範」の説明にはなっていない）。Dは「ジェンダー規範」を「一部の人たちの合意」としている点が本文にはない内容。Eは「私たちの身体とは無関係に作り出された制度ではなく」と、「ジェンダー規範」と「身体」との結びつきを示唆している点が不可。

〔問八〕　Aの「社会構築主義」とは現実の社会現象は人間の認識によって作られているという考え方。ジェンダー規範は、人間の〈認識〉が生み出したものだと述べている本文に合致する。Bの「男女平等主義」は、男女を分ける前提が筆者と反対の立場。Cの「文化多元主義」とは、異なる民族の文化を尊重し共存しようとする考え方。Dの「人間中心主義」とは、世界はすべて人間の利益のためにあるという考え方。Eの「生命至上主義」とは、人間の生命に絶対的な価値をおくという考え方。これらは本文の内容とは関連の薄い選択肢である。

〔問九〕　Dが最終段落に合致する。Aは、筆者によれば「現在の性の体制」は「社会の成員を男女に二分し、両者の権力関係で社会を維持する」（第九段落第一文）ために行われているのであり、むしろ「実用的」といえる。Bは、「繰り返し反復されるうちに当初の目的とは異なる事象にまで男女の二分法が機能するようになった」が不可。筆者はむし男女に二分し、両者の権力関係でこの社会を維持しようとしている。それこそがジェンダー規範であり、その規範の基礎となるセックスという虚構を事実とみなすために、繰り返し社会的な性差であるジェンダーを演じつづけるのである。

▲解　説▼

〔問二〕　第一段落の内容は哲学的で難解だが、要するに〈認識〉は「身体」に先立つということである（＝私たちがまず考えなければ、私たちはそこに身体があることにも気づかない。そして気づかないということはないのと同じだということ）。ポイントは「身体」と〈認識〉は切り離せないということで、しかも、まず〈認識〉があってその後「身体」が存在できるということである。したがって、矛盾しているのは「身体」が「意識〈認識〉」に先行すると書いてあるE。

〔問三〕　「有無を言わせず」で〝本人の意向には関係なく〟〝無理やり〟といった意味の慣用句。

〔問四〕　傍線⑷の「この皮肉」とは、一つ前の文の「しかも皮肉なことに……きわめて少なかった」ことである。これは、次の段落で「身体的な性差は、近代であろうと前近代であろうと……労働を搾取するときにはさして考慮が払われず、他方で……性差の別なく可能であるはずの制度のなかでは、身体的な性差が個人の弁別の最重要事項とみなされる」と説明されている。したがって、Bが正解。AとCは前近代と近代の比較になっており不適切。Dは近代社会のみに限定している点が不適切。また、「労働を搾取」「過酷な労苦」という点に言及がない。Eは「地主の妻は……養生することができる」が本文にないし、「貧農の妻」と「地主の妻」を比較しているだけで、「皮肉」の説明になっていない。

〔問五〕　空欄⑸は「……と語られるのと同様に」と続けられるのだから、後に空欄と比較可能な内容がくるはずである。そして空欄⑸を含む文の直後には〈「誕生のさいの身体的な性別化」とそれ以降の社会的な「『男』『女』の性別化」は異なる〉といった内容が書いてある。正解のDは「身体的」なものとしての「皮膚の色」、「社会的」なものとしての「人種」という対応がこれらと合致する。

国語

一

出典　竹村和子『フェミニズム』〈Ⅱ　どこへ行くのか　第1章　1　身体的性差という虚構〉（岩波書店）

解答

〔問一〕 (3)占　(7)顕現　(8)遡及

〔問二〕 E

〔問三〕 有無

〔問四〕 B

〔問五〕 D

〔問六〕 セックスと

〔問七〕 B

〔問八〕 A

〔問九〕 D

◆要　旨◆

わたしたちは、身体を精神が宿る〈器〉であり精神に先立って存在する〈所与の条件〉と考えがちだ。これと同じように、身体的性差であるセックスもそれがまず存在し、その結果として性幻想であるセクシュアリティや社会的性差であるジェンダーが生まれると一般には考えられている。しかし、身体が〈認識〉があって初めて〈存在〉に成り得るように、セックスもまたジェンダーという規範を成り立たせるための虚構なのである。わたしたちは無意識のうちに社会の成員を

2021年度

問題と解答

■一般入試・英語外部検定試験利用入試

問題編

▶試験科目・配点

教　科	科　　目	配　点
外国語	コミュニケーション英語Ⅰ・Ⅱ・Ⅲ，英語表現Ⅰ・Ⅱ	150点
選　択	日本史B，世界史B，「数学Ⅰ・Ⅱ・A・B」から1科目選択	100点
国　語	国語総合	100点

▶備　考

- 「数学B」は「数列，ベクトル」から出題する。
- 日本史学専攻，心理学専攻，学びのパスポートプログラムの「外国語」は150点を100点に換算する。
- 国文学専攻の「国語」は100点を150点に換算する。
- 選択科目について，日本史学専攻は「日本史B」，東洋史学専攻・西洋史学専攻は「日本史B」もしくは「世界史B」の受験が必須。

▶英語外部検定試験利用入試

- 指定の英語資格試験・検定試験のスコアおよび合格級により，中央大学独自の「英語」の受験が免除される。
- 合否判定は，一般入試の「国語」および「地理歴史・公民」または「数学」の2教科2科目の合計得点（200点満点）で行う。
- 各検定試験のスコアおよび合格級は出願資格としてのみ使用される。

英語

（80 分）

（注）満点が 150 点となる配点表示になっていますが，日本史学専攻，心理学専攻，学びのパスポートプログラムの満点は 100 点となります。

I 次の(1)～(10)の対話文を完成させるために（ ）に入れるべき最も適切な語句を，それぞれ㋐～㋓の中から 1 つ選び，マーク解答用紙にその記号をマークしなさい。（40 点）

(1) A：I heard you and Tom are leaving for California. That's a long drive!
B：As long as we keep on driving, it should（ ）no more than three days.

㋐ lead
㋑ pass
㋒ run
㋓ take

(2) A：My brother and I grew up here in Dublin.
B：Did you ever leave?
A：My brother did ten years ago, then he（ ）back because he missed us too much.
B：And the accent?
A：He never lost it.

㋐ came
㋑ left

㋒ returned

㋓ went

(3) A：That was such a nice dinner. Are you sure you can pay for all of this?

B：I insist.

A：I thought you were broke.

B：I don't have any cash, so I will pay (　　　　　) my credit card. What's wrong?

A：I'm sorry, but they don't accept cards.

㋐ for

㋑ on

㋒ to

㋓ with

(4) A：So how did the interview go?

B：They offered me the job.

A：That's great! You deserve it. No one worked as (　　　　　) as you did.

㋐ far

㋑ good

㋒ hard

㋓ many

(5) A：You look so familiar. I'm sure we've met once before.

B：No, we really haven't.

A：Are you sure? I would remember (　　　　　) like you.

㋐ beauty

㋑ handsome

㋒ nobody

㋓ someone

(6) A：So you're going on a date with Dave.

B：He actually said yes. I made sure I could leave work early.

A：That won't be necessary.

B：Why?

A：It's (　　　　　) he'll be late. He always is.

㋐ likely

㋑ possibly

㋒ probably

㋓ surely

(7) A：I heard you completed all your assignments one month in advance.

B：I'm always worried I'm going to (　　　　　).

㋐ drop late

㋑ fail off

㋒ fall behind

㋓ miss over

(8) A：Do you remember that sunny day in the park?

B：Yes, you were wearing a white scarf, blue trench coat, and a pair of white boots. You looked wonderful. People stopped to (　　　　　) at you.

A：Ah, those were the days.

㋐ address

㋑ stare

㋒ take photos

㋓ view

(9) A: I cannot believe you invited them over.

B: They are my friends!

A: They're so messy though.

B: I know. Let's ( ) them meet us at the fast-food restaurant.

㋐ call

㋑ get

㋒ have

㋓ take

(10) A: Did you hear about Josh and Sandy?

B: They were best friends. Then they got involved. Now they can't ( ) each other.

A: I guess it's a love-hate relationship.

B: Tell me about it.

㋐ commit

㋑ relate

㋒ separate

㋓ stand

Ⅱ　次の(1)〜(5)の（　　　）内の語群に１語を補って並べかえると，それぞれの日本語の文に相当する英文ができます。補うべき最も適切な１語を下の㋐〜㋞の中から選び，マーク解答用紙にその記号をマークしなさい。ただし，同じ語を２回以上選んではいけません。(20 点)

(1)　This presidential race (being, closest, contest, could, the, up) ever.
この大統領選は，これまででいちばんの接戦となってしまうかもしれない。

(2)　I (been, days, few, haven't, last, out, the).
わたしはここ数日エクササイズしていない。

(3)　I (college, friends, in, keep, more, my, often, with) than with my high school ones.
わたしは，高校時代の友人より，大学時代の友人とよく連絡を取りあっている。

(4)　I (an, attorney, finding, of, the, took, you) to defend you.
勝手ながら，きみの弁護をしてくれる弁護士を見つけておいたよ。

(5)　I (a, and, around, five, know, languages, my, read) computer.
ぼくは五つの言語が読めるし，コンピュータのことはよくわかっている。

㋐ advantage	㋑ become	㋒ chance	㋓ communicate	㋔ end
㋕ fitness	㋖ freedom	㋗ inform	㋘ liberty	㋙ line
㋚ prove	㋛ running	㋜ touch	㋝ way	㋞ working

Ⅲ　次の(1)〜(5)の英文には，それぞれ１つだけ適切でない箇所があります。その箇所を㋐〜㋔の中から選び，マーク解答用紙にその記号をマークしなさい。(20 点)

(1) The woman seated herself among㋐ the sunken wall in㋑ spite of the increasing chill, still holding the child, and rocking to and fro like one in㋒ despair. The child woke up and began to cry a little in that strange, lonely place, and after㋓ a few minutes, perhaps to quiet it, they went on㋔ their way.

(2) Of course this was a long time ago, and until last week I hadn't seen Joe Bell during several years㋐. Off and on㋑ we'd contacted each other, and occasionally I'd stopped by㋒ his bar when passing through㋓ the neighborhood; but actually we'd never been strong friends except㋔ in as much as we were both friends of Holly Golightly.

(3) I am a 16-year-old girl in my junior year of high school, generally on good terms㋐ with my parents. But my mother thinks that I am isolating myself. She does not like the fact that I do not go out with friends after school. I have a handful㋑ of friends at school, though we are not tightly knit㋒. I really rather㋓ to be alone most of㋔ the time.

(4) No㋐ African American figure in the nineteenth century spoke more strongly about the coming of photography than㋑ Frederick Douglass. Although it is mostly for his power of speech that㋒ Douglass remembered㋓, Douglass himself understood that the new age was one㋔ of pictures more than words.

(5) It's not really possible to grow up㋐ in the United States or spend any significant time here without developing㋑ opinions on racism. And people's opinions on racism tend being㋒ strong. Yet race relations are extremely complex. We must be willing to㋓ consider that unless we have studied the subject carefully, our opinions are almost certainly prejudiced㋔.

出典追記：(2) Breakfast At Tiffany's & Other Voices, Other Rooms by Truman Capote, Random House
(4) Pictures and Progress by Maurice O. Wallace and Shawn Michelle Smith, Duke University Press
(5) White Fragility by Robin DiAngelo, Penguin Books

Ⅳ 次の文章を読んで，(1)〜(11)の設問に答えなさい。＊の付いた語句は注を参照しなさい。(70 点)

Some thought they would be the Fort Knox* of rubbish bins*. Well, sort of. Resistant to hungry raccoons*, or at least that was the hope. To residents of Toronto, Canada, raccoons are a familiar pest*. The animals love searching through household waste, seeking out scraps of food. But a few years ago, the city launched new rubbish bins with securely locking covers. And yet, the smartest raccoons still found a way to get inside them. Video captured by a reporter at local newspaper *The Star* shows one of the animals upsetting a bin, and—impressively—turning the handle lock on the cover to gain access to the contents. Before the bins were placed, they were tested with "dozens and dozens" of raccoons by Suzanne MacDonald at York University, Toronto, who studies the animals. None ever managed to break in so she was surprised when she saw that the bins could, in fact, be breached. "Only a few raccoons have figured out how to break into the bins," she says, two years later. "I can't imagine how they would be modified, frankly, because some raccoons will always figure out how to break things." Ⓐ

It raises a question, though. Do the secure locks, traps, and barriers we use to keep so-called pests away actually prompt them to learn or evolve in order to overcome such measures? We already know that, in trying to poison urban rats, we are encouraging them to develop resistance to those same chemicals. Could the same thing be happening with the intelligence, or cognitive* skills, of pests? The first thing to note, says MacDonald, is that (1) Toronto's raccoons are not dependent on cracking into the locked bins for food, so there is no selection pressure in favor of the survival of the raccoons that know how to break open a bin. Plus, she adds that raccoons are not social learners, so the raiders* of the locked bins won't have taught others how they did it. "The only way the few that have broken in have done it is to upset the bin onto the lock mechanism, which breaks it," adds MacDonald. Those instances were, she says, "a matter of luck." Ⓑ

And yet a certain degree of curiosity is required to even attempt opening a bin like this. Intelligence has probably been quite important in allowing certain animals to do well in human-altered places, says Emilie Snell-Rood at the University of Minnesota. Take the elephants that can break electric fences or move spike beds out (a) the way to get into a property. Or the Japanese crows that famously drop nuts into the middle of a road so that vehicles will drive over them and crack them open. They've even figured out that it's better to do it near traffic lights so they can go and grab the cracked nut when traffic stops. On the other hand, a particular species might simply have evolved in a way that happens to make it likely to succeed in urban environments, says Snell-Rood. They're what is known as "pre-adapted." (2) "A typical story for that is pigeons," she says. "Historically, they presumably nested on cliffs*—high-rise buildings are kind of like cliffs so it wasn't (ア) for them to shift into cities. But they're not particularly smart birds." Still, they may fairly be described as natural-born urban settlers. In London, there is a certain charm to the sight of pigeons that pick up food scraps from subway station platforms, jump on to a train when it pulls in, and then hop out at the next station, where their food-hunting resumes. Ⓒ

Intelligence can help an animal adjust to urban environments, though. Characteristics such as boldness, behavioral flexibility or attraction to novelty can all come (b) play, says Sarah Benson-Amram at the University of Wyoming. She and colleagues described how these characteristics can help animals cope with specific challenges in towns and cities in a paper published last year. Being curious and brave enough to engage with unfamiliar objects could help an individual gain access to food or shelter, for example. Like their bin-breaching cousins in Toronto, raccoons in Wyoming have demonstrated a surprising ability to respond to human-made objects. Benson-Amram's colleague, Lauren Stanton, a researcher at the University of Wyoming, is studying how raccoons in the town of Laramie handle puzzle boxes that release food rewards. Battery-powered containers are placed in suburban areas and only give out a reward, a piece of dog food, if the raccoon presses one of two buttons inside the box. Once the raccoons learn that it's the left button they need to press, the switch mechanism is reversed. Gradually, they learn that they now need to press the button on the right instead. "They are making rapid (イ) and they are able to alter their behavior," says Stanton. "And they get better at this over time." The full results of the study are yet to be published, but the work suggests yet again that this species possesses cognitive gifts that might be useful in urban situations. Ⓓ

It's still not clear, though, if urban environments are actually making pests cleverer over time than they otherwise would be. "We may actually be creating smarter urban wildlife," says Benson-Amram, but she notes that it's hard to prove that there are big differences (c) cognitive performance between urban and rural individuals of the same species. Or, in fact, whether urban pests today are smarter than their ancestors one hundred years ago. "That's actually the hundred million dollar question," says Christopher Schell at the University of Washington. He gives the example of coyotes*. They often raid rubbish bins like raccoons do to get an easy meal. A paper published last year tracked the behavior of coyotes at sixty sites (d) the United States—half of them urban, half rural. The urban coyotes were by and large bolder and explored their environment more than their rural counterparts. That might be because, in the wild, it's smarter to use (ウ) whereas love of (エ) can yield rewards in the city. And animals may be using different strategies depending on what kind of resistance they meet in a town or city. One research paper about Cape Town baboons* explored whether they changed their behavior depending on the specific locality they were raiding for food. GPS data revealed that the baboons were particularly good at targeting areas where guards on patrol demonstrated disagreement in how to manage them—over whether to chase them away or not, for example. In other words, the baboons were taking advantage of the guards' lack of consistent policies. Wherever they had improved chances of slipping through the net, (3) that's where they concentrated their efforts. Ⓔ

Proving that pest control makes species cleverer over time remains difficult. There's very little evidence to support that idea for now. Stanton says she hopes to try out her button-pressing experiment with a variety of raccoon populations in the future, to see whether there are differences between urban and rural populations. Snell-Rood says she's confident that human-altered environments are demanding that some species, at least, use intelligence to survive. And there are probably evolutionary changes going on (e) a result of that. But she raises an interesting idea—towns and cities might not always <u>challenge nature in this way</u>(4). Urban environments, on an evolutionary timescale, are very new. Plants and animals around us are presumably being forced to adapt to some extent but perhaps, after a very long period, the pressure to evolve will die down. "While human-altered environments are favoring cognition and ability to adapt right now, in a million years that might not be the case," she says. That's because humans make relatively predictable environments. Animals may become more and more (オ) in urban spaces and depend on clever strategies less and less. Why learn how to solve a complex puzzle when you can, say, survive on foods out of drain pipes? There may be some appeal in the notion that, having challenged nature to adapt so suddenly, we could end up shaping a whole range of species to become happily adjusted to human environments. Yet, when it comes (f) pests, that might be something we come to regret. Ⓕ

注　Fort Knox　フォート・ノックス《米国 Kentucky 州の Frankfort にある軍事施設。金塊を保管している》
rubbish bin　ごみ箱
raccoon　アライグマ
pest　有害小動物
cognitive　認識の（cognition 認識）
raider　襲撃者（raid 襲撃する）
cliff　崖
coyote　コヨーテ《北米・メキシコの草原産のイヌ科の動物》
baboon　ヒヒ

(1)　空所（ a ）～（ f ）のそれぞれに入れるのに最も適切なものを下の①～⑧から１つ選び，マーク解答用紙にその番号をマークしなさい。ただし，同じ語を２回以上選んではいけません。

出典追記：Does city life make animals smarter?, BBC Future on April 17, 2020 by Chris Baraniuk

① across ② as ③ by ④ for ⑤ in ⑥ into ⑦ of ⑧ to

(2) トロントのアライグマに関する下線部(1)の内容として最も適切なものを下の①～④から１つ選び，マーク解答用紙にその番号をマークしなさい。

① ゴミ箱の開け方を知っていると生存が有利になるということ
② ゴミ箱の開け方を知っていても生存競争で有利になるわけではないということ
③ 生き残るためにゴミ箱の開け方を好んで学習するということ
④ 生き残るためにゴミ箱を選ぶよう圧力がかかっているということ

(3) 下線部(2)の内容として最も適切なものを下の①～④から１つ選び，マーク解答用紙にその番号をマークしなさい。

① 新しい環境を利用して繁栄すること
② 新しい環境の変化を予測していること
③ 新しい環境に合うように自分を作り変えること
④ 新しい環境に合った能力をすでに持っていること

(4) 空所（ ア ）に入れるのに最も適切なものを下の①～⑤から１つ選び，マーク解答用紙にその番号をマークしなさい。

① a better opportunity ② logical ③ a safe choice ④ that hard ⑤ too appropriate

(5) 空所（ イ ）に入れるのに最も適切なものを下の①～⑤から１つ選び，マーク解答用紙にその番号をマークしなさい。

① associations ② communication ③ promises ④ services ⑤ signs

(6)　文脈に合うように，空所（　ウ　）（　エ　）に入れる語の組み合わせとして最も適切なものを下の①～⑤から１つ選び，マーク解答用紙にその番号をマークしなさい。

	（　ウ　）	（　エ　）
①	caution	adventure
②	curiosity	danger
③	instinct	safety
④	memory	planning
⑤	stamina	steadiness

(7)　下線部(3)の内容として最も適切なものを下の①～④から１つ選び，マーク解答用紙にその番号をマークしなさい。

①　その場所がどこか特定するために監視員たちは協力した。
②　その場所に監視員たちは努力を集中させた。
③　その場所をヒヒは協力して集団で守った。
④　その場所をヒヒは重点的に狙って食べ物を手に入れた。

(8)　下線部(4)の内容として最も適切なものを下の①～④から１つ選び，マーク解答用紙にその番号をマークしなさい。

①　野生動物が都会での生活に適応するため，摂取する食物を変えさせること
②　都会で生きる動物に，環境に適した身体能力を発達させること
③　都会の環境で生き残るように，野生動物に知能を使わせること
④　野生動物が適応できないほど，自然環境を急速に変化させること

(9)　空所（　オ　）に入れるのに最も適切なものを下の①～⑤から１つ選び，マーク解答用紙にその番号をマークしなさい。

①　comfortable　　②　competitive　　③　creative　　④　precise

⑤ scared

⑽ 下の文を入れるのに最も適切な場所を本文中のⒶ～Ⓕから１つ選び，マーク解答用紙にその記号をマークしなさい。

That's the thing about life in the city—practically everyone must depend on public transportation at some point after all.

⑾ 下の①～⑩から本文の内容に合っているものを４つ選び，マーク解答用紙にその番号をマークしなさい。ただし，５つ以上選んだ場合は０点になります。

① When the locked bins were introduced in Toronto, Suzanne MacDonald expected that a few raccoons would be able to breach them.
② According to MacDonald, raccoons in Toronto do not share their skills regarding the locked bins.
③ MacDonald believes that some raccoons in Toronto have understood the mechanism of the locked bins.
④ Raccoons in both Toronto and Wyoming have shown their ability to survive in wild areas.
⑤ Pigeons are capable of taking advantage of human technology for habitat and food-hunting.
⑥ We do not know if animals living in cities are cleverer than their ancestors one hundred years ago.
⑦ Unlike coyotes, raccoons raid rubbish bins because they love the challenge of hunting.
⑧ Experiments have yet to show that pest control makes species smarter.
⑨ Urban environments are probably putting some pressure on animals to evolve but not on plants.
⑩ For animals, human activities are so diverse that every city is unique.

日本史

（60分）

Ⅰ　次の図と文章について，それぞれの設問に答えなさい。解答は，漢字を用いるべきところは正確な漢字で記述解答用紙の所定の解答欄に記入しなさい。選択問題についてはマーク解答用紙の記号をマークしなさい。（20点）

日本列島に暮らす人々は，3万8千年前ころに渡来してきてのち，何度かの大陸からの人や文化の移入を受けながら，豊かな自然と資源に恵まれて，地域ごとに異なりながらも大きくは共通する文化圏を形成してきた。太古の暮らしを考古学的に探る上では，図に示すように暮らしに用いる「道具」，住まいのありようを示す「住居・集落」，死生観を反映する「墓」，心のありようを示す「祭祀」の遺物・遺跡によって復元していく道筋をとっている。

旧石器時代は，地質年代でいう第四紀に相当し，氷河時代にあたる。日本列島では，旧石器時代の人骨は少数例しかみつかっていないが，群馬県［　A　］遺跡においてはじめて旧石器時代の石器（図のａ～ｃなど）①が発見されて以来，土器を伴わない後期旧石器遺跡が日本列島各地において多数みつかり，後期旧石器時代に人類が存在していたことは，あきらかとなった。

縄文時代は，ＡＭＳ法炭素14年代測定法による年代で約1万5千年前ころの氷期が終わるころに，はじまったと考えられている。縄文時代は，図のｄ～ｆなどのように信仰に関わる道具や生活様式②が増え，煮炊きに用いる土器が一般化して多様な土器文化が発展した。人々は定住の暮らしをはじめ，図のＢのように，地面を掘りさげて建物を構築する［　B　］をムラの中につくっていた。

弥生時代になると水田稲作を伴う集落が地域ごとに統合され，次第にクニとしてのまとまりをもつようになった。初期の水田は，菜畑遺跡や板付遺跡など，西日本に多く認められる。東北地方にも水田稲作が広がったが，北海道では水田は営むことができなかった。稲作には木製農具，弥生後期には鉄製の農耕具も使用され，普及していった。集約的な農耕がはじまると土地や水利，労働力としての奴隷を求めて戦争が激しくなり，図のＣに示すような形の［　C　］集落と呼ばれる防衛的な構造をもつ集落が各地につくられた。信仰に係わる道具として，図のDに示す日本独自の形態の［　D　］と呼ばれる青銅製の器物が，西日本中心に多くつくられた。弥生時代後期には，各地に大規模な墳丘をもつ墳丘墓が出現した。

3世紀半ばごろに，畿内の弥生墳丘墓が発達した形態である円形と方形の墳丘が連続する図のEのような形の古墳③が，九州から東北南部まで広がっていき，琉球諸島や北海道島を除く日本列島は，古墳時代となる。日本列島で最古となる図のEの形の古墳は，奈良県の［　E　］古墳である。大形の図のEの形の古墳からは，図のFに示す，断面形や背面の文様が特徴的な［　F　］鏡が出土することが多い。

ヤマト政権が力を強め，下線部③の形の古墳が各地でつくられなくなっていく中で，朝鮮半島や中国大陸の諸国との外交関係が倭国にとって大きな問題となってきた。6世紀には仏教が伝来し，新興勢力の氏族やその氏族と結びついた皇族は，図のGに示すような寺院を建立する④などその力を利用しつつ，新たな国家体制の構築を目指した。6世紀末から飛鳥に宮都が営まれる。天武天皇のあとを継いだ持統天皇は，694年に本格的な宮都を造営し遷都した。その宮殿跡から出土した木簡によって，701年の大宝令施行以前は，「郡」は「評」と表記されていたことが確認されている。その後，天智天皇の皇女で，天武・持統天皇の皇子の妃であった人物が，図のHに示す［　H　］京へと遷都するのである。

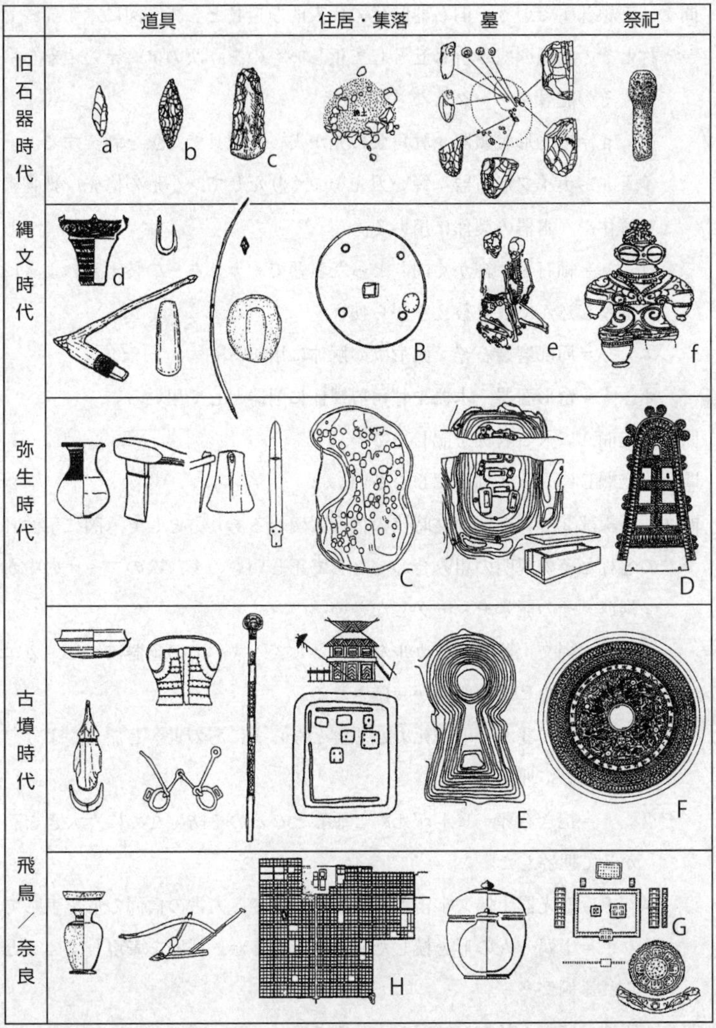

日本第四紀学会 1992『図解・日本の人類遺跡』（東京大学出版会）改変

問１　下線部①でいう，旧石器時代の代表的な道具として，図に示すａ～ｃの名称とその説明の組み合わせとして正しいものを，次のア～オの中から一つ選び，その記号をマークしなさい。

ア．ａ＝槍先形尖頭器　骨角製の先が尖った道具で，魚を刺突する。

イ．ａ＝ナイフ形石器　鋭い刃先をつくりだして，小形の槍先，獲物の獣の解体や，木器の製作に用いる。

ウ．ｂ＝細石刃　細かく削りとった石器で，カッターの替え刃のように，柄に差し込んで取り替えながら使う。

エ．ｂ＝局部磨製石斧　大形獣の解体に用いる。

オ．ｃ＝台形石器　木器や骨角器製作に削器として用いる。

問２　空欄Ａに入る名称を記しなさい。

問３　空欄Ｂに入る名称を記しなさい。

問４　下線部②でいう，縄文時代の信仰に関わるあり方として，図に示すｄ～ｆの名称とその説明の組み合わせとして正しいものを，次のア～オの中から一つ選び，その記号をマークしなさい。

ア．ｄ＝縄文土器　マジカルな文様として，すべての土器にヘビ，カエル，イノシシやヒトの顔面が装飾される。

イ．ｅ＝伸展葬　ヒトが死ぬと悪霊とならずにあの世へと旅立つよう，手足を伸ばして埋葬した。

ウ．ｅ＝抱き石葬　ヒトが死ぬと悪霊となるのを防ぐために，大きな石を抱かせて埋葬した。

エ．ｆ＝遮光器土偶　宇宙人を模した形態で，太古の信仰の形を表している。

オ．ｆ＝土偶　人の形を模した土人形であるが，妊婦を表現していると考えられる例が多い。

問５　空欄Ｃに入る名称を漢字で記しなさい。

問６　空欄Ｄに入る名称を漢字で記しなさい。

問７　下線部③の図のＥで空欄Ｅに入る古墳の名称とその説明の組み合わせとして正しいものを，次のア～オの中から一つ選び，その記号をマークしなさい。

ア．箸墓古墳―奈良県桜井市に所在し，全長 270 ｍ 以上である。

イ．箸墓古墳―近年，百舌鳥・古市古墳群の一部として，世界遺産に認定された。

ウ．大仙古墳―ワカタケル大王とされる人物名が象嵌された鉄剣が発見された。

エ．大仙古墳―特殊な鏡33面が，木棺の外側に並ぶようにして発見された。

オ．黒塚古墳―倭の五王の讃に比されている大王の墓と考えられる。

問8　空欄Fに入る鏡（図のF）の名称とその説明の組み合わせとして正しいものを，次のア～オの中から一つ選び，その記号をマークしなさい。

ア．人物画像鏡―すべての天皇陵に副葬されている，中国伝来の鏡である。

イ．人物画像鏡―弥生時代中期よりみられる，日本列島で最も古い鉄製鏡である。

ウ．三角縁神獣鏡―卑弥呼が漢の武帝から贈られた鏡百枚に比定されている青銅鏡である。

エ．三角縁神獣鏡―造山古墳出土鏡など，倭の元号が銘として刻まれる例が出土している。

オ．三角縁神獣鏡―腕輪形石製品などとともに，前期古墳の代表的な副葬品の一つである。

問9　下線部④および図のGに示す寺院について，適切な寺院の名前とその建立者の組み合わせとして正しいものを，次のア～オの中から一つ選び，その記号をマークしなさい。

ア．薬師寺　―蘇我倉山田石川麻呂

イ．広隆寺　―蘇我蝦夷

ウ．大官大寺―中大兄皇子

エ．四天王寺―斉明天皇

オ．斑鳩寺　―厩戸皇子

問10　空欄Hに入る都城の名称を記しなさい。

Ⅱ　次の1の文章と2の写真について，それぞれの設問に答えなさい。解答は，漢字を用いるべきところは正確な漢字で記述解答用紙の所定の解答欄に記入しなさい。選択問題についてはマーク解答用紙の記号をマークしなさい。なお，史料は，読みやすさを考えて，一部改変している。(20点)

1　律令制度における地方政治①は，国・郡・里（のち郷）がおかれて治められたが，東北地方にはさらに城柵が築かれるなどして，中央政府による支配の浸透が図られた。だが，そうした支配への抵抗が乱へと発展することがあり，たとえば780年に［　A　］が蜂起し，多賀城を襲うなど大きな乱となった。その後も東北地方では戦乱が止まなかったが，桓武天皇が征夷大将軍に任命した坂上田村麻呂の活躍で，ようやく相次ぐ乱を鎮めることができた。

一方で，桓武天皇は新たな都として長岡京を造営したが，造営を主導した藤原種継②が暗殺され，その暗殺事件に関わったとして桓武天皇の弟早良親王③が配流されるなど，混乱が大きくなった。やがて桓武天皇は長岡京からさらに都を平安京に遷し，大規模な造都を推進した。

東北地方での戦いと大規模な造都は国家財政や民衆にとって大きな負担となった。805年，藤原緒嗣と菅野真道が政治課題について議論した際，緒嗣は，東北地方での戦いと都の造営が世の中を苦しめており，これらをやめれば安寧が訪れるだろう④，という意見を述べた。桓武天皇は緒嗣の意見を入れ，それまで推し進めてきた二つの政策を転換することにした。

勘解由使の設置など，桓武天皇の下で地方政治の改革が行われたが，やがて律令制度による政治が行きづまると，中央政府は国司の最上席者に任国の政治を任せるようになった。人を中心に課税する律令制度の原則も崩れ，土地を対象とする課税方法にかわり，名を徴税単位として官物や封戸aを徴収した。こうした名の耕作と租税の納入を請け負った者は負名bと呼ばれた。他方，国司が任国に赴かない遙任cが増えると，かわりに目代を留守所dに派遣し，在庁官人たちを指揮して地方政治を行わせるやり方が見られるようになっていった。

問1　下線部①に関する説明文として**誤っているもの**を，次のア～オの中から一つ選び，その記号をマークしなさい。

ア．全国を畿内・七道に区分した。七道とは，東海道・東山道・北陸道・山陰道・山陽道・南海道・西海道である。

イ．朝鮮半島・大陸との外交・軍事の重要地である九州北部には大宰府がおかれ，外交や南海道の統轄にあたった。

ウ．国司には中央の貴族が任じられて現地に赴き，国庁（政庁）のある国府（国衙）を拠点として地方統治にあたった。

エ．郡司にはかつて国造だった一族などの地方豪族が任命され，任期はなく，地域の統治にあたった。

オ．中央と地方を結ぶ交通路として官道が整備され，約 16 km ごとに駅家が設けられ，都と諸国の国府（国衙）との連絡に利用された。

問２　空欄Ａに入る人物の姓名を記しなさい。

問３　下線部②の人物は，藤原不比等の４人の子息がおこした藤原四家のうち，式家の出身である。次に示した藤原氏の人物について，人名―家名―事柄の組み合わせとして正しいものを，次のア～オの中から一つ選び，その記号をマークしなさい。

ア．藤原広嗣―式家―橘奈良麻呂の変

イ．藤原仲麻呂―南家―長屋王の変

ウ．藤原百川―式家―光仁天皇の擁立

エ．藤原仲成―北家―蔵人頭就任

オ．藤原冬嗣―京家―平城太上天皇の変（薬子の変）

問４　下線部③に関して，この人物は，死後，怨霊として恐れられ，その祟り(たた)による災いを避けるために祭礼が行われた。こうした怨霊や疫神をまつって安穏を祈る祭礼を何と呼ぶか。漢字３字で記しなさい。

問５　下線部④に関して，この内容を表す史料として正しいものを，次のア～オの中から一つ選び，その記号をマークしなさい。

ア．我よりも　貧しき人の　父母は　飢ゑ寒(ここ)ゆらむ　妻子(めこ)どもは　吟(によ)び泣くらむ　此の時は　如何にしつつか　汝(な)が世は渡る

イ．率土(そつど)の百姓，四方に浮浪して課役を規避(きひ)し，遂に王臣に仕へて，或は資人を望み，或は得度を求む。

ウ．天下の諸人競ひて墾田を為(な)し，勢力の家は百姓を駆役(くえき)し，貧窮の百姓は自存するに暇(いとま)無し。今より以後は，一切禁断して加墾せしむること勿(なか)れ。

エ．方今，天下の苦しむ所は軍事と造作となり。此(こ)の両事を停(とど)めば百姓安んぜむ。

オ．諸国の役民，郷に還るの日，食糧絶へ乏しくして，多く道路に饉(う)ゑて，溝壑(こうがく)に転塡(てんてん)すること，其の類少なからず。

問６　最終段落の波線部ａ～ｄに関する指摘として適切なものを，次のア～オの中から一つ選び，その記号をマークしなさい。

ア．ａは誤りで，正しくは臨時雑役。

イ．ｂは誤りで，正しくは所従。

ウ．ｃは誤りで，正しくは重任。

エ．ｄは誤りで，正しくは預所。

オ．ａ～ｄはすべて正しく，誤りはない。

２　次に示した写真ａから写真ｅを見ながら設問に答えなさい。

写真ａ

写真ｂ

写真ｃ

写真ｄ

写真 e

問 7　写真 a の仏像がつくられた頃，仏や菩薩を一定の枠の中に配置し，仏教の世界観を描く図が重視された。これに該当する図の名称を漢字 3 字で記しなさい。

問 8　写真 b の仏像と同じ時期につくられたものを，次のア～オの中から一つ選び，その記号をマークしなさい。

ア．経国集　　イ．往生要集　　ウ．文華秀麗集　　エ．懐風藻

オ．日本往生極楽記

問 9　写真 a から写真 e の解説として適切なものを，次のア～オの中から一つ選び，その記号をマークしなさい。

ア．写真 a は，浄土教と関わりの深い如意輪観音像で，頭部と胴体が一本の木材でつくられる一木造の仏像である。

イ．写真 b は，八部衆像の一つである阿修羅像で，中国南朝様式の影響を受けた仏像である。

ウ．写真 c は，中国盛唐文化の影響を受けた半跏思惟像で，渡来人が伝えた文化が反映している。

エ．写真 d は，密教の広まりとともに盛んにつくられた阿弥陀如来像で，寄木造の技法を完成させた定朝の作品である。

オ．写真 e は，興福寺仏頭で，金銅像の顔面部が現存している。もとは山田寺の薬師三尊の本尊の頭部であったと推定されている。

問10　写真 a から写真 e の仏像を古い順に並び替えたものを，次のア～オの中から一つ選び，その記号をマークしなさい。

ア．b→c→e→a→d　　イ．c→b→a→e→d

ウ．c→e→b→a→d　　エ．b→c→a→d→e

オ．e→b→c→a→d

Ⅲ　次の1の史料および2の文章を読み，それぞれの設問に答えなさい。解答は，漢字を用いるべきところは正確な漢字で記述解答用紙の所定の解答欄に記入しなさい。選択問題についてはマーク解答用紙の記号をマークしなさい。なお，史料は，読みやすさを考えて，一部改変している。(20点)

1　史料

関東より六波羅に送らるる御事書の法

一　越訴(注1)を停止すべき事

(中略)

一　質券売買地の事

右，所領をもって或いは質券に入れ流し，或いは売買せしむるの条，御家人等侘傺(注2)のもといなり。向後(注3)においては，停止に従ふべし。以前沽却(注4)の分に至りては，本主(注5)領掌(注6)せしむべし。ただし，或いは御下文・下知状(注7)を成し給ひ，或いは知行(注8)廿箇年を過ぐるは，公私の領を論ぜず，今更相違有るべからず。若し制符(注9)に背き，濫妨(注10)をいたすの輩有らば，罪科に処せらるべし。

次に非御家人・凡下(注11)の輩の質券買得地の事。年紀を過ぐといえども，売主知行せしむべし。

一　利銭出挙の事

(後略)

(注1) 判決に不服で再審を求めること　(注2) 困窮
(注3) 今後　(注4) 売却
(注5) その所領のもとの所有者である御家人　(注6) 所領を領有すること
(注7) どちらも幕府が発給した公文書で，所領の売却・譲渡を正式に認めた書類
(注8) 所領を実効支配すること　(注9) 禁止事項を明記した文書
(注10) 他人の所領を理不尽に強奪すること　(注11) 一般庶民

上記の史料は，中世を代表する法令の一つであるが，そこには今日の私たちの常識では理解しづらい規定も含まれている。だが，この法令が発令された背景には，①災害や戦乱をはじめとする社会の混乱によって人々が疲弊した時や，為政者の代替わりが行われた時などに，社会のさまざまな関係が一新されるという，中世独特の

社会通念が存在しており，こうした時，為政者には政治の刷新を断行する責務があるとされた。以上のような中世社会の常識を踏まえると，この法令が発布された理由も理解しやすくなってくる。

問 1　史料中の「質券売買地の事」の条文に関する説明として**誤っているもの**を，次のア～オの中から一つ選び，その記号をマークしなさい。

ア．今後は御家人が質入れした所領を流したり，所領を売却したりすることを認めない。

イ．御家人が以前に売却した所領については，原則として売却者である御家人がその所領を取り戻すことを認める。

ウ．御家人が購入した所領に関し，下文・下知状によって幕府がその所領の領有を公認している場合，所領を手放した相手が御家人であったとしても，所領の取り戻しを認めない。

エ．御家人が他の御家人に売却した所領については，売却後 20 年以上経ったとしても，その所領を取り戻すことができる。

オ．御家人ではない者が質流れにより入手した所領や購入した所領については，たとえその所領を領有してから 20 年以上経ったとしても，所領を手放した御家人は同地を取り戻すことができる。

問 2　この法令が発令された時の執権（得宗）の姓名を記しなさい。

問 3　問 2 の人物の外戚として実権を握り，得宗の代替わり直後に幕政の改革を断行した人物の姓名と，彼が滅ぼされた事件の組み合わせとして正しいものを，次のア～オの中から一つ選び，その記号をマークしなさい。

ア．長崎高資―正中の変　　イ．平頼綱―中先代の乱

ウ．安達泰盛―霜月騒動　　エ．三浦泰村―宝治合戦

オ．名和長年―元弘の変

問 4　下線部①について，1428 年に発生したはじめての土一揆も，将軍の代替わりを背景としたものだったが，翌年に新将軍に就任した人物の姓名と，その人物に関わる記述の組み合わせとして正しいものを，次のア～オの中から一つ選び，その記号をマークしなさい。

ア．足利義教―関東に軍を送り，鎌倉公方足利持氏を討伐した。

イ．足利義持―父の死後，朝廷は太上法皇の称号を贈ろうとしたが，これを

辞退した。

ウ．足利義政—異母兄弟の足利政知を東国に派遣し，足利成氏と対抗させた。

エ．足利義教—京都の室町に「花の御所」を建造した。

オ．足利義政—彼が将軍の時に山城国一揆が発生した。

問５　問４の将軍が死去した直後にも，代替わりを背景とした大規模な土一揆が発生した。この土一揆の名称を記しなさい。

〔解答欄〕　＿＿＿＿の土一揆

2　日本列島と朝鮮半島は，原始・古代以来，長い交流の歴史がある。それは中世から近世にかけても同様であった。たとえば，「蒙古襲来」のおり，高麗王直属の精鋭部隊であった三別抄は，高麗がモンゴルに服属した後も抵抗を続け，日本に援軍を要請してきたが，この三別抄の抵抗が元の日本侵攻を遅らせることにつながり，結果的に日本側は幕府による防衛体制構築の時間を稼ぐことができたといわれている。

室町時代に至ると，1392 年に高麗を滅ぼして成立した朝鮮王朝は，倭寇の禁圧を日本に求めてきた。しかし，その効果があらわれないとみるや，②1419 年，倭寇の根拠地と目される対馬に攻め寄せ，10 日あまりにわたり同島を占拠した。

この事件を契機に，対馬の島主宗氏が発行する通航許可書を持つ者が朝鮮との交易に携わることができる体制が確立したが，彼らの中には交易のために朝鮮側が開いた港に住みつく者もいた。しかし，③1510 年にこれらの港に住む日本人が起こした暴動が原因で，日朝貿易は衰えていった。

その後，豊臣秀吉の二度にわたる朝鮮侵略戦争によって，日朝間の国交は絶たれたが，朝鮮より来日した使者と 1605 年に伏見で面会した徳川家康は，朝鮮との国交回復を目指し，翌年，対馬藩主宗氏に本格的な外交交渉を命じた。そして，1609 年には宗氏と朝鮮との間で［　A　］約条が結ばれ，釜山に倭館が設置されて，対馬藩を窓口とする交易が再開された。

この約条の締結と前後して，朝鮮は 1607 年，1617 年，1624 年の３回にわたり，捕虜を連れ帰ることを主な目的とした使節を日本に送ったが，朝鮮側ではこの使節のことを回答兼［　B　］と呼んだ。朝鮮からの使節は室町時代より断続的に来日しており，④江戸時代には先の３回も含め，1811 年まで都合 12 回の来日に及んだが，４回目の 1636 年以降は，新将軍就任等の際の祝賀を名目とする修好が来日の主な目的となった。

問 6　下線部②の事件名として適切なものを，次のア～オの中から一つ選び，その記号をマークしなさい。

ア．壬辰倭乱　　イ．刀伊の入寇　　ウ．寧波の乱　　エ．丁酉倭乱

オ．応永の外寇

問 7　下線部③の事件名を記しなさい。

問 8　空欄Ａに入る語として適切なものを，次のア～オの中から一つ選び，その記号をマークしなさい。

ア．丙午　　イ．丁未　　ウ．戊申　　エ．己酉　　オ．庚戌

問 9　空欄Ｂに入る語を漢字３文字で記しなさい。

問10　下線部④について，６代将軍家宣・７代将軍家継のもとで政治改革を担ったある人物は，朝鮮よりの使節来日に関しても改革を行った。その人物の姓名と，改革の内容の説明の組み合わせとして正しいものを，次のア～オの中から一つ選び，その記号をマークしなさい。

ア．間部詮房―使節の待遇をより丁重にした。

イ．荻原重秀―使節の待遇を簡素化した。

ウ．新井白石―使節の待遇をより丁重にした。

エ．間部詮房―将軍宛国書の宛名を「日本国大君」に改めさせた。

オ．新井白石―将軍宛国書の宛名を「日本国王」に改めさせた。

Ⅳ 次の1から3の文章・史料を読み，それぞれの設問に答えなさい。解答は，漢字を用いるべきところは正確な漢字で記述解答用紙の所定の解答欄に記入しなさい。選択問題についてはマーク解答用紙の記号をマークしなさい。(20 点)

1 将軍徳川家光は，大名①統制策の一環として参勤交代を大名に義務づけた。この時の定めでは，在府1年・在国1年とされ，関東の大名は半年交代とされた。大名の妻子は江戸に住むことを強制されたほか，大名行列や江戸藩邸の維持は，大名にとって経済的な負担となった。一方で，大名の御用通行は，街道の整備を進め，交通を発展させることにもなった。

こうした負担は，徳川吉宗が進めた享保の改革の中で一時期緩められた。吉宗は，幕府財政の再建策の一環として上げ米を実施し，その代わりに参勤交代の在府期間を半減した。幕府内には，負担の緩和に反対する意見もあったが，吉宗に信任されていた荻生徂徠②などは諸藩の財政難の原因となっている参勤交代制度のあり方を批判していた。ただし，これは一時的な政策となり，幕府の財政再建に見通しが立った段階で元に戻された。

ふたたび参勤交代制度が改められたのは，1862 年のことであった。文久の改革③の中で参勤交代の頻度を3年に1度とし，在府を 100 日とするなどの変更が実施された。これは，大名の負担を軽減することで全国の海岸防備・軍備を増強することを目的に行われたが，結果的に大名に対する統制力が弱まり幕府権力の弱体化を招いた。

問1 下線部①に関する記述として**誤っているもの**を，次のア～オの中から一つ選び，その記号をマークしなさい。

ア．原則として石高1万石以上の領地を与えられた将軍直属の武士が大名とされた。

イ．関ヶ原の戦い前後に徳川氏に臣従した大名は外様とされた。

ウ．大名が将軍から与えられた領地を支配する制度を地方知行制という。

エ．幕府は，大名に対して江戸城の修築や河川工事などの普請役を課した。

オ．版籍奉還によって旧大名は，政府が任命する地方官となった。

問2 下線部②について，荻生徂徠が参勤交代の弊害や武士の土着論を主張した著書の書名を記しなさい。

問3 下線部③に関する記述として正しいものを，次のア～オの中から一つ選び，その記号をマークしなさい。

ア．薩摩藩主島津久光が勅使大原重徳を奉じて江戸へ下向し，幕政改革を要求した。

イ．将軍後見職に一橋慶喜，政事総裁職に山内容堂が任命された。

ウ．会津藩主松平容保が，京都の治安維持にあたる京都守護職に任命された。

エ．幕府は，江戸湾に台場を築き，大船建造の禁を解いた。

オ．フランスの軍事顧問団を招き，新式の軍事調練を開始した。

2　1797年，林家の家塾を切り離し，幕府直営の教育機関として昌平坂学問所が成立した。全国の大名は，藩士やその子弟の教育のために藩校を設けた。萩藩の明倫館，米沢藩の興譲館，水戸藩の［ A ］などが設立されている。民間でも武士や学者・町人などによって私塾が開かれた。また，都市や村々で村役人・宗教者・町人などが運営する寺子屋④がつくられ，民衆の教育を担った。

近世後期には，学者たちによって私塾が設けられた。緒方洪庵による適々斎塾，吉田松陰の叔父玉木文之進が設けた松下村塾などがそれである。こうした私塾の出身者の中からは，幕末から明治期にかけて中央政治で活動する人物も現れた。

幕府が倒れ，明治政府が発足すると教育のあり方も大きく変わった。1872年には学制が公布され，近代的な学校制度が定められた⑤。また，1877年には東京開成学校，東京医学校を統合して東京大学が設立され，専門教育もスタートした。

問4　空欄Aに入る藩校の名称を記しなさい。

問5　下線部④に関する記述として**誤っているもの**を，次のア～オの中から一つ選び，その記号をマークしなさい。

ア．寺子に，読み・書き・算盤を主として教えた。

イ．出版された書物を教科書として実用教育が行われた。

ウ．寺子屋の師匠には，牢人や女性もいた。

エ．女子の教訓書である「庭訓往来」が教科書として利用された。

オ．寺子屋は，庶民教育の水準を高め，近世後期の民衆文化発展を支える基盤となった。

問6　下線部⑤に関する記述として**誤っているもの**を，次のア～オの中から一つ選び，その記号をマークしなさい。

ア．フランスの制度がモデルとされた。

イ．全国を8大学区に分け，その中に中学区を設け，さらに中学区の中に小学区を設置することとした。

ウ．国民皆学・教育の機会均等の原則がうたわれた。

エ．政府は，功利主義的な教育観によって学制を公布した。

オ．小学校の建築費・維持費などは民衆の負担とされたが，授業料は無償であったため民衆の反発はなかった。

3　次の史料は，幕末の日本に滞在したイギリスの外交官アーネスト・サトウの手記の一部である。

この時代に，一八六八年⑥の革命（訳注　明治維新）ともいうべき事件にまで発展する運動が，すでに始まっていた。そして，この革命によって日本の封建制度は破壊され，古(いにしえ)の王政に復帰したのである。

一，二の例外はあるが，外国人はまだほとんどこの時代の趨勢(すうせい)に気づいてはいなかった。(中略)

条約締結の名義人である元首，すなわち将軍が政治上の主権者であって，御門(ミカド)，すなわち天皇は単に宗教上の頭首，ないしは精神界の皇帝(エンペラー)に過ぎないのだ⑦と，当時はまだそのように信じられていたのである。

日本の国体に関するこうした考えは，ヨーロッパ人が最初にこの国について知り得た古い知識と何ら変わるところがないのだ。(中略) しかし，十六，七世紀の間に日本で活動した耶蘇会(やそかい)の宣教師⑧は，いずれも天皇(ミカド)を宗教上の頭首と信じこみ，将軍を日本の本当の支配者，俗界の王，いや皇帝(エンペラー)とさえ称していたのである。日本の事情に関する権威者の中で最も有名で，一番よく引用されているケンペルは，十八世紀の初めに一書を著わして⑨，この二人の主権者の一方を宗教上の皇帝，他方を俗界の皇帝と呼んでいる。

(坂田精一訳『一外交官の見た明治維新　上』岩波書店，1960 年)

問 7　下線部⑥について，1868 年に起きた出来事に関する記述として**誤っているもの**を，次のア～オの中から一つ選び，その記号をマークしなさい。

ア．鳥羽・伏見の戦い以降，約 1 年半にわたる内戦が続いた。

イ．天皇が，神々に誓約する形で五箇条の誓文が示された。

ウ．旧幕府の政策を否定する内容の高札が全国で掲げられた。

エ．元号が明治と改元され，一世一元の制が採用された。

オ．江戸が東京と改められた。

問 8　下線部⑦について，近世の朝幕関係に関する記述として**誤っているもの**を，次のア～オの中から一つ選び，その記号をマークしなさい。

ア．武家伝奏に任命された公家が，朝廷と幕府をつなぐ窓口となった。

イ．幕府は，京都所司代をおいて朝廷を監視した。

ウ．尊王論を説き，幕政批判を行った山県大弐は死罪となった。

エ．幕末には，尊王論が攘夷論と結びつき尊王攘夷運動が展開した。

オ．公武合体による朝廷権威の弱体化が図られ，徳川家茂と和宮の婚姻が実現した。

問 9　下線部⑧について，キリシタン禁制に関する記述として正しいものを，次のア～オの中から一つ選び，その記号をマークしなさい。

ア．幕府は，鎖国政策の中で禁教を進めたが，外国との国交をすべて断絶したわけではなかった。

イ．島原・天草一揆の制圧をきっかけとしてキリシタンは九州から根絶された。

ウ．幕府は，全国の民衆を神社に氏子として帰属させ，キリシタンでないことを証明させた。

エ．宗門改めの実施によってつくられた宗門改帳は，のちに検地帳とあわせて作成されるようになり，租税台帳としての役割を果たした。

オ．明治政府は，欧米諸国から強い抗議を受けたが禁教政策を維持した。

問10　下線部⑨について，ケンペルの著書を翻訳した人物の姓名を記しなさい。

V 次の1の文章と2の史料を読み，それぞれの設問に答えなさい。解答は，漢字を用いるべきところは正確な漢字で記述解答用紙の所定の解答欄に記入しなさい。選択問題についてはマーク解答用紙の記号をマークしなさい。(20 点)

1 近現代の政治史において重要な役割を果たした存在に元老がいる。大日本帝国憲法をはじめとする法令上に明文化された規定はないが，天皇の諮問にこたえる最高顧問として，内閣の辞職にともなう後継の内閣総理大臣の選定など，国家の重要事項に関する審議に参画した。当時の新聞は元老の動向についても詳細に掲載しており，なかには元老にあたる人々を「黒幕」と呼び，彼らの会合を「黒幕会議」と表現するものなどもあった。

[A]や山県有朋①など，ほとんどの元老が薩摩・長州といった藩閥出身の政治家であったのに対し，唯一公家出身の元老が西園寺公望②である。1849 年に生まれた西園寺は戊辰戦争への従軍を経験しており，1870 年にはフランス留学のため渡航，帰国後は貴族院議員や文部大臣，枢密院議長などを経て，内閣総理大臣を務めた。西園寺は[A]の後を受けて[B]の総裁に就任し，明治末から大正初めにかけて桂太郎と交代で政権を担当した「桂園時代」はよく知られている。1912 年の第 2 次西園寺内閣退陣の後から，元老の会合に参加するようになった。

1924 年に元老の松方正義が死去すると，西園寺はただ一人の元老となった。その後，③西園寺が存命した 1940 年までの間は，政党内閣の確立や軍部の台頭といった政治・社会情勢の目まぐるしい変化の時期であったが，西園寺は最後の元老として，その役割を果たし続けたのである。

問1 空欄Aに入る人物に関する説明として正しいものを，次のア～オの中から一つ選び，その記号をマークしなさい。

ア．憲法草案作成の中心人物として作業にあたり，貴族院での審議を経て，1889 年に大日本帝国憲法が発布された。

イ．井上馨外務大臣・青木周蔵駐英公使の交渉により成功した日英通商航海条約調印の際の内閣総理大臣である。

ウ．1884 年に発生した甲申事変により悪化した日清関係の回復のため清国に派遣され，天津条約を締結した。

エ．日清戦争の講和会議に日本全権として出席し，清国全権袁世凱との間で下関条約を締結した。

オ．1905 年に結ばれた第 1 次日韓協約により，韓国の外交権を統轄する統監府がおかれ，初代統監となった。

問 2　下線部①について，山県有朋は 2 度内閣総理大臣を務めているが，このうち第 2 次山県内閣時代に実施された政策として**誤っているもの**を，次のア～オの中から一つ選び，その記号をマークしなさい。

ア．治安警察法の制定　　　イ．軍部大臣現役武官制の確立

ウ．北清事変への出兵　　　エ．文官任用令の改正

オ．日英同盟の締結

問 3　下線部②について，西園寺公望が首席全権大使となって派遣された，1919 年開催のパリ講和会議において調印された条約の名称を記しなさい。

問 4　空欄Ｂに入る政党の名称を記しなさい。

問 5　下線部③に関連して，1940 年に起きた政治・社会における出来事に関する記述として正しいものを，次のア～オの中から一つ選び，その記号をマークしなさい。

ア．東条英機が中心となり新体制運動が推進され，ナチ党やファシスト党にならって挙国一致の政治体制の樹立を目指し，大政翼賛会が結成された。

イ．日独伊三国の相互援助を協定した日独伊三国同盟が締結され，アメリカはこれに対して，くず鉄や鉄鋼の対日輸出禁止といった経済制裁措置をとった。

ウ．第二次世界大戦への不介入方針をとった平沼騏一郎内閣の総辞職を受けて，海軍出身の米内光政が親英米路線の内閣を組閣した。

エ．「労使一体・産業報国」をスローガンとして組織された大日本産業報国会は，各職場の労働組合を通じて，労働者の動員や統制にあたった。

オ．マッチや砂糖などの物資を切符と交換でわたす配給の方法である切符制が導入され，同時に米の配給制も 1940 年から開始された。

2　次の史料は，終戦後，ＧＨＱ（連合国軍最高司令官総司令部）の最高司令官マッカーサーから，当時の内閣総理大臣幣原喜重郎に対して口頭で指示されたものである。

一，選挙権付与による日本婦人の解放④――政治体の一員たることに依り，日本婦人は家庭の福祉に直接役立つが如き政府に関する新しき観念を齎すべし。

二，労働組合⑤の結成奨励――右は労働者を搾取と酷使より保護し，その生活水準を向上せしむるために有力なる発言を許容するが如き権威を労働組合に賦与せんが為なり。又現在行はれ居る幼年労働の弊害を矯正するに必要なる措置を講ずべきこと。

三，より自由なる教育⑥を行ふ為の諸学校の開設――国民が事実に基く知識によりその将来の進歩を形作り，政府が国民の主人たるよりは寧ろ公僕たるが如き制度を理解することに依り利益を受くる為なり。

四，秘密検察及びその濫用に依り国民を不断の恐怖に曝し来りたるが如き諸制度の廃止――即ち右に代り人民を圧制的専断的且不正なる手段より保護し得るが如き司法制度を確立すべきこと。

五，所得並に生産及商業上の諸手段の所有の普遍的分配を齎すが如き方法の発達に依り，独占的産業支配が改善せらるゝやう日本の経済機構を民主主義化すること。

問6　この指示は一般に何と呼ばれるものか，その名称を記しなさい。

問7　この指示を受け取った幣原喜重郎は，戦前には長く外務大臣を務め，協調外交を推進した人物として知られているが，戦前の協調外交に関する記述として正しいものを，次のア～オの中から一つ選び，その記号をマークしなさい。

ア．日本の協調外交政策は，1922年のジュネーヴ会議以降に推進された，英・米との協調や中国への内政不干渉方針をとるものである。

イ．協調外交のもとで，すでに国交を樹立していたソ連との関係改善にも努め，1925年に日ソ基本条約が締結された。

ウ．田中義一内閣は幣原を外務大臣として起用し，欧米諸国との協調外交の方針を継続させ，1928年にはパリ不戦条約に調印した。

エ．1930年のロンドン海軍軍縮条約調印に対し，天皇の統帥権を干犯するものとの批判を受け，浜口雄幸内閣は同条約の批准をあきらめた。

オ．日本の満蒙権益に対する中国側の国権回復運動が進むと，それへの危機感から「満蒙の危機」が叫ばれ，幣原の協調外交が批判された。

問 8　下線部④について，近現代の女性と政治に関する記述として**誤っているもの**を，次のア～オの中から一つ選び，その記号をマークしなさい。

ア．1920 年に設立された新婦人協会は，女性の政治活動を禁止した治安維持法第 5 条の改正運動に取り組み，1922 年に改正が実現した。

イ．1925 年に成立したいわゆる普通選挙法は，満 25 歳以上の男性に選挙権を認めたが，これに女性は含まれなかった。

ウ．1942 年，政府はすべての婦人会を統合して大日本婦人会を結成し，後には大政翼賛会の傘下に入り，総力戦体制の推進に協力した。

エ．1945 年に衆議院議員選挙法が改正され，女性参政権が認められるとともに，選挙権付与の資格が満 20 歳以上に引き下げられた。

オ．1946 年に実施された戦後初の総選挙は，日本自由党が第一党となる結果となったが，この選挙において 39 名の女性議員が誕生した。

問 9　下線部⑤に関連して，明治末期から大正期における労働組合に関する下記の説明文の空欄Ｃ・Ｄに入る語句の組み合わせとして正しいものを，次のア～オの中から一つ選び，その記号をマークしなさい。

日清戦争以降，労働者による劣悪な労働条件の改善を求める労働争議が増加し，1897 年，高野房太郎や片山潜らによって［　C　］が結成されると，その指導のもとに各地で労働組合が結成された。その後，第一次世界大戦後のいわゆる大戦景気によりふたたび労働争議が増加すると，1912 年に鈴木文治らによって結成された［　D　］が労働組合の中心となった。

ア．空欄Ｃ＝日本労働組合評議会　　空欄Ｄ＝友愛会

イ．空欄Ｃ＝日本労働組合評議会　　空欄Ｄ＝全日本産業別労働組合会議

ウ．空欄Ｃ＝労働組合期成会　　空欄Ｄ＝友愛会

エ．空欄Ｃ＝労働組合期成会　　空欄Ｄ＝全日本産業別労働組合会議

オ．空欄Ｃ＝日本労働総同盟　　空欄Ｄ＝友愛会

問10　下線部⑥に関連して，戦後の教育改革の一環として 1947 年に制定された，六・三・三・四制による単線型学校体系を規定した法律の名称を記しなさい。

■世界史■

(60分)

I　次の文章を読み，下線部(1)〜(15)について下記の【設問】に答えなさい。解答は，記述解答用紙またはマーク解答用紙の所定の欄に正しく記入しなさい。(30点)

ボードゲームの中でもとくに起源が古いのは，すごろくである。初期王朝時代のエジプトや，シュメール人が築いた都市国家ウル，アッシリア(1)のサルゴン2世宮殿などの古代オリエントの遺跡からは，盤・駒やサイコロ代わりの投げ棒といった用具がいくつも見つかっている。中国でも，戦国時代から漢の時代にかけて，六博(りくはく)と呼ばれるすごろくの一種らしきものが大いに流行した。漢の高祖の孫にあたる景帝は，若いとき呉王国の太子と六博をしてトラブルになり，六博の盤で呉の太子を殺害した。この事件は，呉王を含む諸王が紀元前154年に起こした反乱(2)の遠因の一つともいわれる。

現在一般的な立方体のサイコロは，モエンジョ=ダーロ（モヘンジョ=ダロ）(3)などインダス文明の遺跡からの出土例が多いが，古代オリエントではそれ以前から，動物のくるぶしの骨あるいは木・石などを加工した多面体を投げて乱数を求めていた。古代ローマ(4)や中国では6面以上の多面サイコロも使われており，秦漢時代の墓葬からは，数を表す面以外に「酒(5)が来る」とか「妻は恐ろしい」といった短文を記した面をもつものが発掘されている。「酒が来る」が出たら酒を飲んだのだろうが，「妻は恐ろしい」が出ると何をしたのかはわかっていない。

チェスや将棋のように駒を闘わせるゲームは，インドで遊ばれていたチャトランガから派生したとみられている。チャトランガとチェスの関係は早くから指摘されており，18世紀末にイギリス東インド会社(6)の判事としてベンガルに赴任した東洋学者(7)ウィリアム=ジョーンズも，このことをテーマとした論文を残している。古いチェス駒としては，スコットランド北西にあるルイス島で発見されたものが有名で，材質にはセイウチの牙が用いられている。これは12世紀頃にスカンディナヴィアで製作され，当時北海や北大西洋一帯で勢力をふるっていたノルマン人(8)によってルイス島にもたらされたものと考えられている。またチャトランガは東南アジアにも伝わり，タイ将棋マックルックなどを生んだ。スコータイ朝(9)の遺跡から出土した陶製のマックルックの駒は，当時タイで栄えたスワンカローク窯(よう)で焼かれたものとされる。モンゴル帝国の時代には中国から多くの陶磁器が輸出されていたが(10)，明の海禁政策によって供給量が減少したため，14〜15世紀の東南アジアでは陶磁器が盛んに作られるようになった。スワンカロークはその代表的な生産地の一つであった。

カードゲームの起源は中国にあるという。一説によると，すでに唐代には，竹や木をうすく削ったものに模様を描いたカードで遊ぶゲームがあった。中国では製紙法と印刷技術(11)が早くに発達していたことから，カードはやがて紙製の印刷物に変わった。こうした紙製のカードは，海上交易が盛んになった宋代以降西方に伝播していったものとみられ，トルコのトプカプ宮殿博物館にはマムルーク朝時代(12)のカードが収められている。こうしたカードはヨーロッパのトランプやタロットの原型ともなり，さらにポルトガルやオランダ(13)の東シナ海進出に伴い16〜17世紀の日本(14)に伝えられて，かるたや花札へと変化した。清末に創出された麻雀もカードゲームを母胎としており，19世紀末(15)には宮中でも遊ばれるほど普及して，西太后を夢中にさせた。

【設　問】

(1) アッシリアについて述べた文として**誤っているもの**を，次の①〜④の中から一つ選び，その番号をマークしなさい。

① 鉄製武器や騎馬隊を用いた。

② 征服地を州に分け，総督を派遣した。

③ ペルセポリスに宮殿を建設した。

④ 国内に駅伝制を施行した。

(2) この反乱を何というか。漢字4字で答えなさい。

〔解答欄〕 ＿＿＿＿＿＿＿＿の乱

(3) モエンジョ=ダーロの位置として正しいものを，次の地図1の①〜④の中から一つ選び，その番号をマークしなさい。

地図1

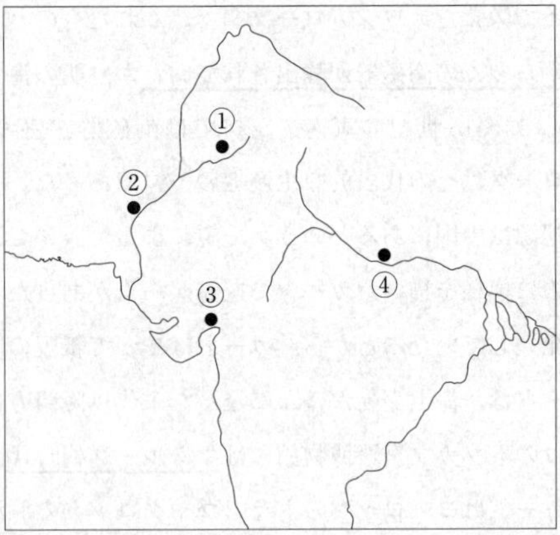

(4) ローマで前287年に定められた，平民会の決議を元老院の承認なく国法とする法を何というか。

〔解答欄〕＿＿＿＿＿＿＿＿＿＿法

(5) 世界史上の酒や酒場に関係する出来事について述べた文として波線部の**誤っているもの**を，次の①～④の中から一つ選び，その番号をマークしなさい。

① 漢の武帝は塩や鉄・酒を専売品とした。

② イングランドとフランスは，百年戦争でワインの産地ギュイエンヌ地方を争った。

③ 1920年代のアメリカで，禁酒法が行われた。

④ ヒトラーが1923年にヴァイマルで試み，失敗に終わったクーデターは，ビアホール一揆とも呼ばれる。

(6) イギリス東インド会社について述べた次の文(a)～(c)を年代の古いものから順に正しく並べ替えたものを，下の①～⑥の中から一つ選び，その番号をマークしなさい。

(a) 茶法によって植民地への茶の独占販売権を与えられた。

(b) 中国貿易の独占権が撤廃された。

(c) プラッシーの戦いでフランスとベンガル太守の連合軍を破った。

① (a)→(b)→(c)

② (a)→(c)→(b)

③　(b)→(a)→(c)

④　(b)→(c)→(a)

⑤　(c)→(a)→(b)

⑥　(c)→(b)→(a)

(7)　19世紀初頭以降，ヨーロッパの東洋学者たちが古文字の解読を進めた。1822年にヒエログリフ（神聖文字）を解読したフランス人は誰か。

(8)　ノルマン人が建てた国家として正しいものを，次の①～④の中から一つ選び，その番号をマークしなさい。

①　ボヘミア王国

②　ハンガリー王国

③　ブルガリア王国

④　シチリア王国

(9)　スコータイ朝では上座部仏教が信仰された。上座部仏教の遺跡の写真として正しいものを，次の①～③の中から一つ選び，その番号をマークしなさい。

①

②

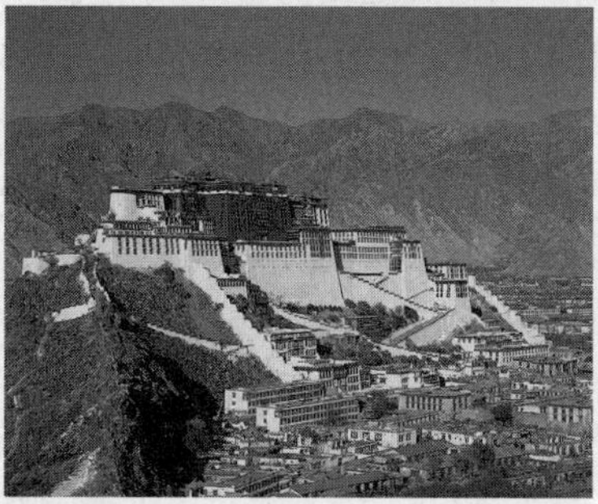

③

⑽ モンゴル帝国の時代，西アジアから運ばれたコバルト顔料を用いて中国で作られた磁器を何というか。漢字2字で答えなさい。

⑾ 世界史における印刷文化について述べた文として**誤っているもの**を，次の①～④の中から一つ選び，その番号をマークしなさい。

① 明では出版活動が盛んになり，小説が広く読まれた。

② 16世紀半ば，グーテンベルクによって活版印刷術が実用化された。

③ 19世紀，印刷技術の広まりがパン=イスラーム主義の普及を助けた。

④ 高麗では，木版印刷によって大蔵経が刊行された。

⑿ マムルーク朝時代に地中海と紅海・インド洋方面を結ぶ交易を担って活躍したムスリム商人の集団を，とくに何と呼ぶか。カタカナで答えなさい。

〔解答欄〕 ＿＿＿＿＿＿＿＿商人

⒀ 1650年代にオランダがポルトガルを駆逐して拠点としたインド洋上の島を何というか。

⒁ 17世紀初頭に徳川家康によって促進された許可制の海外貿易のことを何というか。漢字3字で答えなさい。 〔解答欄〕 ＿＿＿＿＿＿＿＿貿易

⒂ 19世紀末に清に関わって起こった出来事について述べた文として正しいものを，次の①～④の中から一つ選び，その番号をマークしなさい。

① 孫文が東京で興中会を組織した。

② 光緒帝の下で，康有為が戊戌の変法を行った。

③ 義和団は，滅満興漢を掲げて清朝打倒を目指した。

④ ドイツは宣教使殺害事件を口実に，威海衛を租借した。

Ⅱ　次の文章を読み，空欄（　A　）〜（　C　）に適切な語句を入れ，下線部(1)〜(5)に関わる下記の【設問】(1)〜(5)と［　あ　］［　い　］に関わる下記の【設問】(6)に答えなさい。解答は，記述解答用紙またはマーク解答用紙の所定の欄に正しく記入しなさい。(30点)

ヨーロッパ史上の中世は，いつ始まり，いつ終わるだろうか。時期区分はもとより便宜的なものである。それゆえ，始期にしても終期にしても見方次第でかなり異なり，諸説あるのがふつうである。中世ヨーロッパの場合はどうであろうか。

中世ヨーロッパの始まりは，一般的に［　あ　］世紀に求められることが多い。西ローマ帝国の滅亡や，メロヴィング朝<u>フランク王国</u>(1)の成立がその指標である。これ以外にも，西暦800年のカール大帝の戴冠を画期と見なす考え方もある。フランク人の首長カールに教皇（　A　）がローマ皇帝の冠を授けたことは，古典古代・キリスト教・ゲルマンの三要素の融合を象徴するという理由からである。他方，終期については，東ローマ（ビザンツ）帝国の滅亡や，主権国家体制形成の端緒となった（　B　）戦争の勃発に着目して，15世紀とするのが一般的である。しかし，教会中心の中世的価値観からの転換点とされる<u>ルネサンス</u>(2)がイタリアで始まったのは14世紀であるし，またカトリック的中世を破壊した<u>宗教改革</u>(3)が起こったのは16世紀であったりと，終期も決して一様ではない。

中世ヨーロッパを特徴づける政治的しくみ，法的しくみとしては，主君と家臣の間で結ばれる封建的主従関係を挙げることができる。これに注目した場合に中世はいつ始まり，いつ終わるといえるだろうか。<u>封建的主従関係は一般に，ローマの制度とゲルマンの慣習が結合して徐々に形成された</u>(4)ものといわれる。そのため成立年を特定することはできない。しかし，<u>神聖ローマ帝国</u>(5)や（　C　）朝のフランス王国が成立する10世紀にはその形を整えていたと考えられる。そして，これらの国では，たとえ形式的であっても，皇帝（国王）と家臣の間の封建的主従関係は最後まで維持されたため，仮に神聖ローマ帝国の滅亡をその終焉とするなら，中世ヨーロッパの終期は［　い　］世紀初頭ということになる。

【設　問】

(1)　a．次の文(a)〜(c)の中で，フランク人の説明としてもっとも適切なものはどれか。また［語群］ア〜エの中で，フランク人ともっとも関係の深い地名はどれか。その組み合わせとして正しいものを，下の①～⑨の中から一つ選び，その番号をマークしなさい。

(a) フン人による一時的支配を脱した後，オドアケルの王国を倒した。

(b) フン人に圧迫されてローマに侵入し，これが大移動のきっかけになった。

(c) 原住地を拠点として，ガリア北部に拡大進出した。

語群 ア 北アフリカ イ ライン川 ウ ブリタニア エ ドナウ川

① (a)－ア ② (a)－イ ③ (a)－エ

④ (b)－ア ⑤ (b)－ウ ⑥ (b)－エ

⑦ (c)－イ ⑧ (c)－ウ ⑨ (c)－エ

b．フランク王クローヴィスは，ゲルマン諸王の中ではじめてアタナシウス派に改宗した。このアタナシウス派を正統教義と定めた公会議の開催地はどこか。

(2) a．次の文章は，イタリア・ルネサンスを代表するある文学作品について述べたものである。作品名として正しいものを，下の①～④の中から一つ選び，その番号をマークしなさい。

この著作は地獄篇，煉獄篇，天国篇の三部構成になっていて，著者自身がこの三つの世界を遍歴して回るという内容である。地獄から煉獄の山頂までは，彼が師と仰ぐ古代ローマの詩人に案内され，その後永遠の淑女ベアトリーチェの手引きで彼は天国に昇っていく。トスカーナ方言で書かれたこの著作は，ルネサンス文学の先駆として高く評価されている。

① 愚神礼讃 ② デカメロン ③ 叙情詩集 ④ 神曲

b．この作品で案内人として登場する古代ローマの詩人は，ラテン文学の最高傑作といわれる『アエネイス』を書いた人物である。この詩人は誰か。

(3) a．右の図版は，「神の水車」と呼ばれる，宗教改革時代の有名な木版画ビラである。この図版を説明した次の文章の空欄（ a ）～（ c ）に入る語句を **語群** ア～カから選び，その組み合わせとしてもっとも適切なものを，下の①～⑧の中から一つ選び，その番号をマークしなさい。

イエスが袋から製粉機に注ぐのは，（ a ）を構成する福音書の著者の象徴である。粉を集めるのはエラスムスで，彼と背中合わせで粉をこねるのがルターである。両者の協力作業は（ b ）と宗教改革の深い結びつきを示している。ルターが作ったもの，そしてそれを拒絶する教皇の様子から，このビラの狙いは，宗教改革の重要な理念の一つである（　c　）を示すことであったと考えられる。

語群　ア　旧約聖書　　イ　新約聖書　　ウ　人文主義
　　　エ　予定説　　　オ　啓蒙主義　　カ　聖書主義

①　ア－ウ－エ　　②　ア－ウ－カ　　③　ア－オ－エ
④　ア－オ－カ　　⑤　イ－ウ－エ　　⑥　イ－ウ－カ
⑦　イ－オ－エ　　⑧　イ－オ－カ

b．図版の［　x　］の人物は，スイスのチューリヒで宗教改革を開始し，カトリックとの戦いで戦死した人物と推定されている。この人物は誰か。

(4)　a．封建的主従関係の起源の一つとされるローマの制度を述べた文として正しいものを，次の①～④の中から一つ選び，その番号をマークしなさい。

①　自由人の子弟が，有力者に忠誠を誓って従者となる代わりに，有力者はこれを家臣として自邸に住まわせ保護する。

②　大土地所有に成功した有力者が，戦争によって得られた奴隷を多数使って大規模な農場経営を行う。

③　有力者に土地を預けてその保護下に入った者が，一定の奉仕と引き替えにその土地を再び貸し与えてもらう。

④　軍管区の兵士に土地が与えられ，彼らが平時に農作業に従事することで，軍事力の確保と租税収入の安定を図る。

b．封建的主従関係は人的なつながりのため，近代以降とは大きく異なる領域形成がなされることがあった。例えば「あるイングランド王」は，元来アンジュー伯としてフランス王の封臣であったが，ノルマン朝の断絶に伴い，イングランド国王にもなった。彼は封臣でありながら，その領土は英仏にまたがり，主君のフランス王のそれをも上まわる広大なものとなった。この「あるイングランド王」は誰か。

(5)　a．神聖ローマ帝国に関係する次の文(a)～(d)を年代の古いものから順に正しく並べ替えたものを，下の①～⑧の中から一つ選び，その番号をマークしなさい。

(a)　ルターはヴォルムスの帝国議会で自己の教説の撤回を拒否した。

(b)　三十年戦争では帝国の諸地域が戦場となり，激しく荒廃した。

(c)　皇帝選挙の手続きを定める金印勅書が発布された。

(d)　アウクスブルクの和議により帝国の宗派統一は不可能になった。

①　(a)→(c)→(d)→(b)　②　(a)→(d)→(c)→(b)　③　(a)→(c)→(b)→(d)
④　(a)→(d)→(b)→(c)　⑤　(c)→(a)→(d)→(b)　⑥　(c)→(d)→(a)→(b)
⑦　(c)→(a)→(b)→(d)　⑧　(c)→(d)→(b)→(a)

b．神聖ローマ帝国では三十年戦争後も封建的主従関係は機能していた。例えばフランスとともにこの戦争の勝者になった「ある国」は，戦後に北ドイツの西ポンメルンなどを獲得したが，それは形式的には皇帝から封土として与えられたものであった。それゆえ「ある国」の君主は本領では国王だが，北ドイツの領主としては皇帝の臣下の立場にあった。この「ある国」とはどこか。

(6)　a．東アジアの情勢を述べた次の文(a)～(e)のうち，［　あ　］世紀と［　い　］世紀にもっとも近いものはどれか。その組み合わせとして正しいものを，下の①～⑥の中から一つ選び，その番号をマークしなさい。

(a)　北魏の孝文帝は均田制や三長制を実施して社会的安定を図るだけでなく，鮮卑の習俗を禁止する漢化政策を推し進めた。

(b)　朝鮮半島南部には東に新羅，西に百済が成立し，高句麗と合わせて朝鮮史上の三国時代が現れた。

(c)　北周の有力者で，禅譲を受けて隋を建てた楊堅は，南朝の陳を滅ぼして南北朝時代に終止符をうった。

(d)　四川と湖北の山間部で白蓮教徒の大反乱が起こり，清朝はその鎮圧に十年近い歳月と多額の費用を費やした。

(e)　明の滅亡後，鄭成功は台湾を占領して清に抵抗したが，康熙帝による厳しい海禁政策の結果，鄭氏は清朝に降伏した。

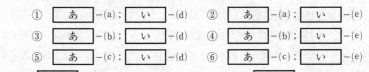

① [あ]-(a)；[い]-(d)　② [あ]-(a)；[い]-(e)
③ [あ]-(b)；[い]-(d)　④ [あ]-(b)；[い]-(e)
⑤ [あ]-(c)；[い]-(d)　⑥ [あ]-(c)；[い]-(e)

b．[あ] 世紀における西ローマ帝国の滅亡と [い] 世紀における神聖ローマ帝国の滅亡のほぼ真ん中にあたる時期に，フランスではゴシック建築を代表するパリ司教座聖堂の建設が着工されている。この大聖堂は何というか。

〔解答欄〕＿＿＿＿＿＿＿＿大聖堂

Ⅲ　次の文章を読み，下線部(1)〜(10)について下記の【設問】に答えなさい。解答は，記述解答用紙またはマーク解答用紙の所定の欄に正しく記入しなさい。(20 点)

天山山脈と崑崙(コンロン)山脈に挟まれたタリム盆地のオアシス地域（現在の中華人民共和国新疆ウイグル自治区南部）は，東西交易・交渉路上の要衝として歴史上重要な役割を担ってきた。そのことを背景に，匈奴や突厥をはじめとして，北方の遊牧集団の政治的影響下に断続的に組み込まれてきた。突厥の後にモンゴル高原での覇権を握った<u>トルコ系遊牧民のウイグル</u>(1)は，9 世紀半ばにキルギスの攻撃により解体され，<u>その一部がトゥルファン盆地やタリム盆地東部を含む領域に移住した</u>(2)。彼らはやがてオアシス地域に定着していった。これにともない，当該地域のトルコ化が進展することとなる。定住化したウイグル人が，<u>自らのウイグル文字</u>(3)による文字文化を発達させたことは注目に値する。彼らが建てた天山ウイグル王国は，モンゴル帝国の支配下においても命脈を保ち，ウイグル人はその高度なリテラシーをもとにモンゴル帝国の行政官僚として活躍した。しかし，その王国自体は<u>帝国内の政治的混乱</u>(4)の中で消滅した。

その後も，チャガタイ=ハン国が東西分裂して成立した東チャガタイ=ハン国，そしてモンゴル系遊牧勢力ジュンガルなど，当該地域は遊牧勢力の支配下に置かれる時期が長かった。ところが，18 世紀になるとタリム盆地をめぐる状況は転換する。清朝がジュンガルを打倒して，18世紀半ばにこの地域を版図に加えたのである。タリム盆地と天山山脈北方の地域を含む領域は新疆と呼称され，いわゆる「藩部」として位置づけられた。これにともない，タリム盆地では主要都市に清朝の軍隊(5)と役人が駐在するとともに，現地のウイグル人有力者(6)に実質的な行政が任された。

19世紀半ば以降の清朝(7)は，内憂外患に苦しむこととなる。このような情勢を背景として，タリム盆地の諸オアシスで反乱が勃発し，その結果，清朝領に隣接するコーカンド=ハン国(8)から到来した勢力により政権が樹立された。清朝はこれを鎮圧すると，新疆省を設置して統治体制の中国内地との統合化を図った。

しかし中華民国期になると新疆の政治情勢は不安定化し，1930年代・40年代にウイグル人などによる大規模な反乱が起こったが，1949年の中華人民共和国の建国(9)に際して，その領域に編入された。1955年には新疆ウイグル自治区が設立され，現在に至っている。タリム盆地のオアシス地域を軸として，独自の言語・文化をもつ少数民族が多数居住する新疆は，チベット(10)などとともに，民族問題を抱える地域の一つと見なされている。

【設　問】

(1)　遊牧民時代のウイグル人はおもにマニ教を信仰したといわれる。マニ教に関する記述として正しいものを，次の①～④の中から一つ選び，その番号をマークしなさい。

①　唐代の中国でマニ教は景教と呼ばれた。

②　キリスト教の教父アウグスティヌスは，青年期にマニ教の影響を受けた。

③　マニ教は唯一神であるアフラ=マズダの崇拝を教義の中核としていた。

④　マニ教の教祖であるマニは，4世紀のイランで活動した。

(2)　トゥルファン盆地の石窟寺院の壁画に描かれたウイグル貴族の肖像として正しいものを，次の①～③の中から一つ選び，その番号をマークしなさい。

①

②

③

⑶　ウイグル文字のもとになった文字をA，モンゴル文字をもとに創始された文字をBとすると，AとBの組み合わせとして正しいものを，次の①～⑥の中から一つ選び，その番号をマークしなさい。

①　A－突厥文字；B－満洲文字

②　A－突厥文字；B－パスパ文字

③　A－突厥文字；B－女真文字

④　A－ソグド文字；B－満洲文字

⑤　A－ソグド文字；B－パスパ文字

⑥　A－ソグド文字；B－女真文字

⑷　この混乱はおもに，次のモンゴル帝室の系図における［　A　］の人物とフビライ=ハン（ハーン）との間の争いにより引き起こされたものである。フビライ=ハンと対立した［　A　］の人物は誰か。

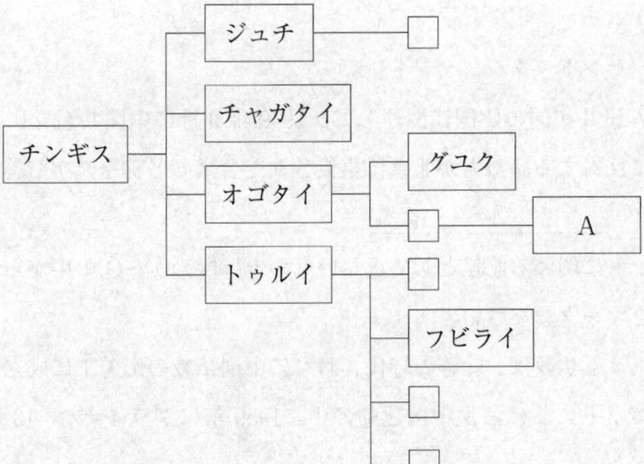

(5) 清朝の軍制において，満洲・モンゴル・漢の3軍から編成される八旗とは別に，漢人で編制された部隊を何というか。漢字で答えなさい。

(6) 清朝の統治下においては，清朝から派遣された監督官のもと，ウイグル人の有力者が現地の実質的な支配者として存続した。彼らを何というか。

(7) この時期に起こった出来事について述べた次の文(a)～(c)を年代の古いものから順に正しく並べ替えたものを，下の①～⑥の中から一つ選び，その番号をマークしなさい。

(a) アロー戦争の際に，英仏軍によって円明園が破壊された。

(b) ロシアは清朝とアイグン条約を結んだ。

(c) 清朝軍は天京を陥落させ，太平天国を打倒した。

① (a)→(b)→(c)

② (a)→(c)→(b)

③ (b)→(a)→(c)

④ (b)→(c)→(a)

⑤ (c)→(a)→(b)

⑥ (c)→(b)→(a)

(8) ロシアがコーカンド=ハン国など中央アジアを征服する過程で，1867年に設置したトルキスタン省の省都として正しいものを，次の①～④の中から一つ選び，その番号をマークしなさい。

① アルマアタ

② サマルカンド

③ ウルムチ

④ タシケント（タシュケント）

(9) 中華人民共和国の建国に関連して，1949年9月に中国共産党により，国民党の統治に反対する諸勢力が北京に招集された会議の名称を漢字で答えなさい。

〔解答欄〕 ＿＿＿＿＿＿＿＿＿＿ 会議

(10) チベットに関わる記述として正しいものを，次の①～④の中から一つ選び，その番号をマークしなさい。

① チベット仏教は，吐蕃の時代，おもに中国仏教の影響下に成立した。

② チベットにおける反中国運動の中，1959年にダライ=ラマ13世はインドに亡命した。

③　アルタン=ハン（ハーン）はチベット仏教ゲルク派（黄帽派）の教主にダライ=ラマの称号を贈った。

④　清朝はホンタイジ（太宗）の時代にチベットを支配下に収めた。

Ⅳ　次の文章を読み，下線部(1)～(10)について下記の【設問】に答えなさい。解答は，記述解答用紙またはマーク解答用紙の所定の欄に正しく記入しなさい。なお，問題の最後に南北両アメリカ大陸の地図2があります。適宜参照しなさい。(20 点)

(1)1796 年，アメリカ合衆国初代大統領ワシントンは，辞任するときの「告別の辞」で，ヨーロッパの大国との同盟関係に入ることはヨーロッパの紛争に巻き込まれるばかりでなく国内対立も引き起こし，国益にならないと論じた。しかし，その後ヨーロッパ各地でナポレオン軍との戦いが行われ，ワシントンが危惧したように遠く南北両アメリカ大陸まで影響が及んだ。アメリカ合衆国は中立を守ろうとしたものの，通商妨害などで対英感情が悪化し，1812 年にイギリスに宣戦布告した。(2)この戦争自体はどちらも決定的な勝利を得ずに終わった。しかし，アメリカ合衆国では，この戦争でイギリス製品の輸入が途絶えたことを契機に(3)綿工業を中心に独自の工業化の機運が高まり，経済的自立を目指すことになった。第二の独立戦争といわれる所以である。

ナポレオンのスペイン侵攻は，(4)スペインを宗主国としていた中南米諸国の独立運動を促した。19 世紀後半，中南米諸国の政治が安定すると，欧米市場に向けた資源開発のために外国資本が殺到した。イギリスをはじめとする外国資本による経済開発は，欧米諸国の重工業化の進展による原料や食料需要の高まりを背景に，(5)限られた種類の商品作物や資源を欧米諸国に輸出し，工業製品を輸入する体制をつくった。この経済体制では，国内工業の成長は進まず，欧米諸国に対する中南米諸国の従属関係が強まった。このような中南米諸国に対する非公式な支配は，(6)自由貿易帝国主義といわれる。

アメリカ合衆国は，経済進出だけでなく，(7)中米およびカリブ海域諸国に武力干渉を行った。しかし，1929 年の大恐慌以後，ドル=ブロックに引き入れるために，アメリカ合衆国は中南米およびカリブ海域諸国に対する介入と干渉を控える外交方針を示した。中南米およびカリブ海域諸国においても，欧米諸国の苦境でこれまでの経済体制が打撃を受けたために，自力による工業化と資源の国有化および民族主義を掲げた政治が試みられた。さらに，第二次世界大戦後，冷戦を主導していたアメリカ合衆国は，自らの陣営にとどまらせるために中南米およびカリブ海域諸国との協力関係を一層強めようとした。しかし，同時に，アメリカ合衆国の陣営に入らない諸国には経済や軍事による介入を行ったのである。(8)キューバは，1961年，アメリカ合衆国と断交して社会主義を宣言した。(9)1979年にサンディニスタ民族解放戦線による社会主義革命が起こった中米の国では，アメリカ合衆国が反革命勢力を支援して内戦状態になった。(10)他の中南米諸国においても，アメリカ合衆国と距離を置いて，資源ナショナリズムや独自の工業化の推進を求める政権が相次いで樹立された。しかし，どの政権も不安定であったため軍事政権によって倒され，アメリカ合衆国が軍事政権を援助することもめずらしくなかった。これらの軍事政権は積極的な外国資本導入によって経済発展を目指した。しかし，債務が累積し，貧富の格差が増大したため，政権への反発が高まり，1990年代までには民主政治体制に多くの国が移行した。

【設　問】

(1) 独立戦争時にフランスの参戦に助けられたアメリカ合衆国は，フランス革命期のフランスとの関わりに苦慮し，国家の基盤も脆弱であったため1793年の第1回対仏大同盟に対しては中立を宣言した。この第1回対仏大同盟を主導した国はどこか。また，その国のこの時の首相は誰か。二つあわせて正答とする。

(2) この戦争の間に，ヨーロッパでは，ナポレオンがいったん退位に追いやられた。1813年10月，ナポレオンの敗北が決定的となった戦いは何という都市で行われたか。

(3) 独自の工業化といっても，最新技術はイギリスから導入せざるを得なかった。力織機の導入によりマサチューセッツ州に工場が作られたのだが，この力織機を発明したのは誰か。

(4) スペインが西半球の植民地支配から完全に撤退したのは19世紀末だった。地図2に示された国または地域の記号A，G，H，Fをスペイン支配の終わりが早い順に正しく並べ替えたものを，次の①～⑥の中から一つ選び，その番号をマークしなさい。

① F→H→A→G

② A→H→G→F

③ H→G→F→A

④ H→F→G→A

⑤　G→A→H→F

⑥　A→G→F→H

(5)　代表的な輸出産物の中には，冷凍技術の発達によって輸出可能になった牛肉，火薬の重要な原料であった硝石などがある。それぞれ南米諸国のどこの国の主要産物か。地図２に示された国または地域の記号と輸出産物の組み合わせが正しいものを，次の①～⑥の中から一つ選び，その番号をマークしなさい。

①　牛肉－A；硝石－C

②　牛肉－C；硝石－B

③　牛肉－B；硝石－A

④　牛肉－B；硝石－C

⑤　牛肉－A；硝石－B

⑥　牛肉－C；硝石－A

(6)　イギリスは清に対しても自由貿易の原則を掲げ，1842 年の南京条約では広州で外国貿易を独占している商人組合の廃止を求めた。この組織を何というか。漢字で答えなさい。

(7)　19 世紀末からウィルソン政権期までの間にアメリカ合衆国が中米およびカリブ海域諸国に対して行ったことについて述べた文として**誤っているもの**を，次の①～④の中から一つ選び，その番号をマークしなさい。

①　ハイチを軍事占領した。

②　キューバを保護国化した。

③　グレナダに侵攻した。

④　パナマ運河地帯の租借権を獲得した。

(8)　キューバのカストロ政権を支援したソ連がキューバにミサイル基地を建設すると，それに反発したアメリカ合衆国とソ連との間で緊張が高まった。このキューバ危機の翌年締結された核に関する条約を何というか。漢字で書きなさい。

〔解答欄〕＿＿＿＿＿＿＿＿＿＿条約

(9)　この国の国名を書き，地図２に示された国または地域の記号の中からこの国を示している記号を書きなさい。二つあわせて正答とする。

(10)　次の(a)～(c)の出来事を年代の古いものから順に正しく並べ替えたものを，下の①～⑥の中から一つ選び，その番号をマークしなさい。

(a)　アルゼンチンでペロン大統領が初めて政権を取った。

(b)　チリではアジェンデ政権が成立したが，３年後には，ピノチェト大統領による軍政が敷かれた。

(c)　グアテマラでは，アイゼンハワー大統領政権下に，アメリカ合衆国が介入して軍事政権が樹立された。

①　(a)→(b)→(c)

②　(b)→(c)→(a)

③　(c)→(a)→(b)

④　(a)→(c)→(b)

⑤　(b)→(a)→(c)

⑥　(c)→(b)→(a)

地図 2

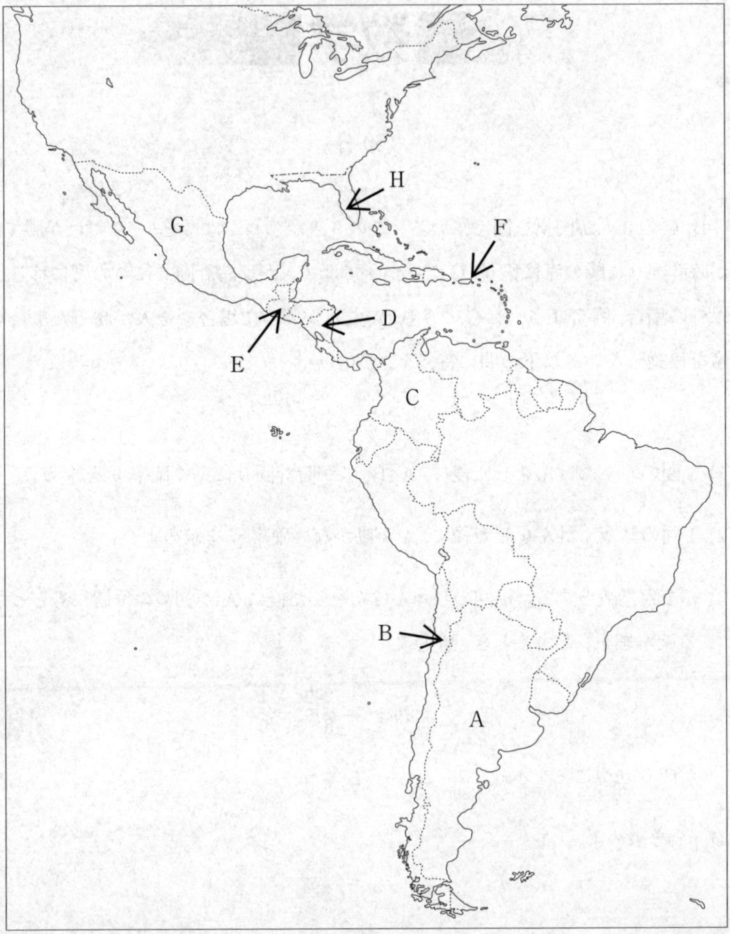

数学

（60 分）

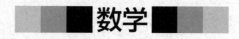

I　A, B, C の 3 人が円卓を囲んでいる。この 3 人がじゃんけんをし, B だけが勝てば 3 人が時計回りに隣の席に移り, C だけが勝てば 3 人が反時計回りに隣の席に移る。それ以外の場合, 例えば A, B, C のうち, A だけが勝った場合や 2 人が勝った場合などは席を移動しない。以下の問に答えよ。(30 点)

(1) 1 回のじゃんけんをした後に, A, B, C が時計回りに動く確率 q を求めよ。

(2) 1 回のじゃんけんをした後に, A が動かない確率 p を求めよ。

(3) n を自然数とする。n 回のじゃんけんをした後に A が初めの位置にもどっている確率を p_n とするとき, 漸化式

$$p_{n+1} = \frac{2}{3}p_n + \frac{1}{9}$$

が成り立つことを示せ。

(4) p_n を求めよ。

II 座標平面上の 3 点 A, B, C を, それらの座標が

$$\mathrm{A}\,(1+\cos\alpha, \sin\alpha), \quad \mathrm{B}\,(2+2\cos\beta, 2\sin\beta), \quad \mathrm{C}\,(1,0)$$

なるものとする。ただし, α, β は

$$(*) \quad 0<\alpha<\pi, \quad -\pi<\beta<\pi$$

を満たすとする。以下の問に答えよ。(35 点)

(1) 直線 AC の方程式を求めよ。

(2) 点 B と直線 AC との距離 d を α と β を用いて表わせ。

(3) α を固定して β を $(*)$ の範囲で動かすとき, d の最大値を α で表わせ。

(4) α, β を $(*)$ の範囲で動かすとき, $\triangle\mathrm{ABC}$ の面積 S が最大となる点 A, B の座標と S の最大値を求めよ。

III　k を $0<k<1$ を満たす定数とし, 曲線

$$y=x(x-1)^2 \quad \cdots\cdots①$$

と直線

$$y=kx \quad \cdots\cdots②$$

が原点以外の 2 つの異なる点 (a, ka), (b, kb) で交わるものとする。ただし, $0<a<b$ とする。以下の問に答えよ。(35 点)

(1) k を b で表わせ。

(2) 曲線 ① と直線 ② とが囲む 2 つの図形の面積が等しいとき, k と b の関係式を求めよ。

(3) (2) の条件のもとで, k の値を求めよ。

〔問五〕　本文の内容に合致するものを左の中からひとつ選び、符号で答えなさい。

A　暴力で対処すれば、盗賊はますます慎重な行動をするようになる。
B　李粛之が盗賊を攻撃する武器を用意したのは浪費のようだと思う。
C　盗難に遭ったことを知らせない被害者も、犯人と同様に罪に問う。
D　近隣の人々が互いに被害を無視することの罪は犯人と同等である。
E　盗品が何であれ、被害者を装い犯人と結託した人物は罪に値する。

坐……連座させること。　失主……窃盗などの被害者。　四隣……近隣の者。
協拿……力を合わせて捕まえること。

〔問一〕空欄(1)に入る語としてもっとも適当なものを左の中から選び、符号で答えなさい。

A　不　B　鼓　C　況　D　梆　E　既

〔問二〕傍線(2)「輒」の現代仮名遣いによる読みとしてもっとも適当なものを左の中から選び、符号で答えなさい。

A　ややもすれば　B　すなわち　C　よく　D　かつて　E　ついに

〔問三〕傍線(3)「止須家置一梆」は「ただすべからくいへごとにいちはうをおくべきのみ」と読む。これに従って、「須」字の下に付く返り点を解答欄に書きなさい。(返り点以外に何も書かないこと)

〔問四〕傍線(4)「何盗賊足㆑慮乎」の解釈としてもっとも適当なものを左の中から選び、符号で答えなさい。

A　盗賊のことなど心配するまでもない。
B　盗賊の逃走を未然に防ぐべきである。
C　どんな盗賊も追い詰めるべきである。
D　共犯者の意図など探るには及ばない。
E　盗んだものが何かは問題にならない。

三 次の文章を読んで、後の問に答えなさい。（設問の都合上、返り点・送り仮名を省いた箇所がある）（20点）

盗賊未レ起防守為レ要。盗賊 [(1)] 起擒捕為レ要。昔李崇刺二兗州一。令下村中建二一楼一、楼懸中一鼓上。諸村聞二楼鼓声一、各守二要路一、遇レ盗輒(2)擒。李粛之為レ宰。不二必建レ楼、比戸置レ鼓。盗発輒撃、遠近相応、盗遂斂レ跡。吾以為建レ楼置レ鼓、猶レ有レ所レ費。(3)<u>止須家置一梆。</u>或竹、或木。一処起レ梆、各処四応。有二被レ窃而不レ伝レ梆者一、罪坐二失主一。一家伝レ梆而四隣不レ応、及応而不二出身協拏一者、査明責究。(4)<u>亦何盗賊足レ慮乎。</u>

（清・陳慶門『仕学一貫録』による）

注 擒捕……捕まえること。　李崇……人名。　刺……州の長官。　兗州……地名。　村中……村中の人。
要路……重要な地点。　李粛之……人名。　宰……地方官吏。　比戸……家々。　斂跡……姿を消すこと。
費……無駄遣いすること。　梆……打ち鳴らして合図を出す竹筒や木片。　各処四応……あちこちから反応すること。

B 女一宮が了承してくれたことで、自分の思い通りに犬宮に琴を伝授できるようになったことに安堵（あんど）している。
C 女一宮をうまく言いくるめることができたので、隠していた計画を悟られないように実行できると喜んでいる。
D 女一宮が別れ話に反発してくれたことで、ようやく自分に対する愛があることが確認できてほっとしている。
E 女一宮を説得する方法を考えていたが、その通りに納得してくれたことになんとなく違和感を感じている。

〔問五〕 傍線(9)「いとあはれにをかしう覚えたまひ」とあるが、その理由としてもっとも適当なものを左の中から選び、符号で答えなさい。

A これから父の厳しい訓練があることも知らないで、人形遊びを楽しんでいることが子どもらしくてかわいいから。
B 母と離れることを決意しながらも、もう二度と会えなくなることをまだ知らないでいることが気の毒だったから。
C 母と離れることが悲しくて母の形見の人形を連れていきたいと思うけなげな気持ちが、かわいらしく思えたから。
D 大将の特訓が、たとえ人形であっても聞かせないほど秘密のものであることを、子どもながらに感じていたから。
E 琴が弾きたくて母と離れる覚悟をした大人っぽさと、人形を人間のように思う子どもっぽさが共存していたから。

(4)「あさましく」
A　意外で
B　情けなくて
C　興ざめで
D　腹立たしくて

(6)「念じてこそあらめ」
A　考え直してくれ
B　残念なことだろう
C　我慢していよう
D　成功を祈るべきだ

〔問二〕傍線(3)「怨じきこえたまへば」とあるが、その原因となった言葉を本文中から十五字以内で抜き出して答えなさい。（句読点を含む）

〔問三〕傍線(5)(7)の文法的説明としてもっとも適当なものを、それぞれ左の中から選び、符号で答えなさい。
A　断定の助動詞　B　当然の助動詞　C　推定の助動詞　D　存在の助動詞　E　完了の助動詞

〔問四〕傍線(8)「今ぞ思ふやうなる心地したまふ」の説明として、もっとも適当なものを左の中から選び、符号で答えなさい。
A　女一宮は必ずしも申し出に納得してくれていないが、とりあえず計画の妨げにならないので安心している。

えたまひ、「などてか。率(ゐ)ておはせ。雛遊びは時々をしたまへ。琴を心に入れたまへ」など聞こえたまふ。

（『宇津保物語』による）

注　宮……女一宮。　離れたてまつりたまひて……母と別れて父とともに楼閣に籠もって。

ここには教へたてまつらじ……今住んでいるこの邸では琴を教え申し上げない。　雛……人形。

〔問一〕傍線(1)(2)(4)(6)の解釈としてもっとも適当なものを、左の各群の中からそれぞれ選び、符号で答えなさい。

(1)「心もとなきこと」

A　気にくわないこと
B　待ち遠しいこと
C　気がかりなこと
D　よくわからないこと

(2)「おぼつかなからず」

A　何時とははっきり言えないが
B　あやしいことがないように
C　あなたに会いたいので
D　あなたが不安にならないように

二　次の文章は『宇津保物語』の一節である。大将藤原仲忠(ふじわらのなかただ)は、祖父清原俊蔭(きよはらのとしかげ)・母尚侍(ないしのかみ)から受け継いだ琴の秘伝を息女犬宮(いぬみや)に伝授することを決意し、妻女一宮(おんないちのみや)を説得する。これを読んで後の問に答えなさい。(30点)

大将、宮に「犬宮は、いとよく離れたてまつりたまひてあらむとのたまふ。御前(おまへ)はおはしまさせで、ただ一所なむ渡したてまつりたるとて、門も開けはべらじとす」と聞こえたまへば、「いく久しさかは」とのたまへば、「いかでかは、いとよくはえ習はせたまはじ。尚侍四つより三年(みとせ)こそ異遊び(ことあそび)せられで習ひたまひけれ。これは六つになりたまひぬ。いとよく。さりともいとく弾きたまひてむ。今まで習ひたまはぬ、(1)いと心もとなきことなり。なほ一年(ひととせ)ばかりとなむ思ひはべる」

宮「いかで、いとさまで。恋しく見ではあらむ。時々は渡りてこそは見め」とのたまへば、「仲忠は、(2)おぼつかなからず、夜などは参り来なむ。それを御覧ぜば慰ませたまひてむ」など聞こえたまへば、「それはやがて見ずともありなむ。犬宮のこと」といとまめやかにのたまへば、「いとまがまがしきことのたまはす。いと心憂く戯れ憎く。かかることは仰せらるべしやは」と(3)て怨じきこえたまへば、「これこそまがまがしかめれ。静かなる所はさもありなむ。一年ばかりはとあればいと(4)あさましく。幼ければ、何心なくていつとも知らで、離れてあらむとものしけるにこそ(5)あなれ」といと心苦しげにのたまへば、大将「理(ことわり)なれど、何ごとも心に入れて習ひ移すにのみこそ人より殊(こと)にはべれ。思ふやうはべるものを。さらば聞こえさせじ。ともかくも御心なり。ここには教へたてまつらじ」とまめやかに聞こえたまへば、宮もこのことを心殊にいかでとおぼすことなれば、「さらば(6)念じてこそあらめ。いと忍びてあからさまになどはなどかものせざらむ。なほここには聞かせじと(7)なめり」とのたまへば、「いかがは。さこそは。それも末つ方になむ」と聞こえたまひて、(8)今ぞ思ふやうなる心地したまふ。

宮、明けぬれば暮るるまで、犬宮雛(ひひな)遊びしたまふ。「ほかにては恋しく思ひたまふべしや」とのたまへば「いかがは。琴の弾かまほしければ念じてあらむ。みそかにはおはせかし。この雛にもや聞かせじとする」とのたまへば、(9)いとあはれにをかしう覚き方が適応的だから。

C　個人が多元的な人生のステージを生きることになる高年齢社会においては、それぞれの人生の段階に相応しい行動を取ることが適応的だから。

D　関連企業への出向が容赦なく行われる合理的な社会においては、新しい職場ですぐに活躍できるような技術を持っておくことが適応的だから。

E　経済状況や生活環境の未来に対する確実な予測が不可能になった変動社会においては、柔軟に対応しつつ大成を望まない存在が適応的だから。

〔問八〕この文章の内容に合致するものとしてもっとも適当なものを左の中から選び、符号で答えなさい。

A　高度経済成長が終焉（えん）をむかえ、これを支えていた組織適応型の生き方が困難になってきた。中高年層は職場でお客さま化することで低成長時代に適応する傾向にあるが、こうしたあり方はモラトリアム人間の心理と同型である。

B　日本の経済的繁栄を可能にした人々の心理傾向として、古典的な人間像である日本的マゾヒズムが指摘できる。しかし、青年層のモラトリアム人間化が急速に進行したことで、我が国の経済成長は停滞することになってしまった。

C　リフトンはギリシャ神話のプロテウスという神をモデルとして、現代社会に適応できない中高年層のための新しい生き方を提案した。それは新しい職種に次々に適応することができる刹那的な同一性を身につけた生き方である。

D　一般社会心理は一定の経済条件を背景として成立する。現代日本の場合、それぞれの時代の経済環境の移り変わりに従って、モラトリアム人間、日本的マゾヒズム、プロテウス的人間の順序で一般社会心理は推移してきた。

E　青年層のモラトリアム人間化が顕著になるにつれて、中高年層の青年心理化も進行することになる。新しい変化に対応可能な可変的アイデンティティが一般化することにより、急速な経済変動にも対応可能な社会が生み出される。

D 上司の評価を高めるため、率先して会社の仕事に取り組む存在。

E アイデンティティを限定せず、常に自己を変身させ続ける存在。

〔問五〕 傍線(6)「エコノミック・アニマルの深層心理」とあるが、その説明としてもっとも適当なものを左の中から選び、符号で答えなさい。

A 自分が帰属する会社や集団の利益を最大化するためであれば、取引先の不都合など顧みない心理傾向のこと。

B 自分より上位のものが繁栄するためであれば、自己犠牲的な行動を取ることをも躊躇(ちゅうちょ)しない心理傾向のこと。

C 自らが属する国家の経済発展を推進するためであれば、公平な競争に背く行動をも辞さない心理傾向のこと。

D 自らが仕える主人の損失を回避するためであれば、自分に対する正当な報酬も受け取らない心理傾向のこと。

E 自分の生き方に対する周囲からの尊敬を得るためであれば、不正な仕事であっても断らない心理傾向のこと。

〔問六〕 空欄(7)には慣用的な表現の一部が入る。もっとも適当な漢字二字の語を答えなさい。

〔問七〕 傍線(9)「今やこのプロテウス的人間が現代の適者になろうとしている」とあるが、その理由としてもっとも適当なものを左の中から選び、符号で答えなさい。

A 一時的・暫定的な生き方が主流になってきたモラトリアム人間の時代においては、自分の生き方を肯定できる前向きな精神が適応的だから。

B 不安定な経済環境のなかで安定的な人生設計が望めなくなった現代においては、自分自身の同一性を固定させない生ら選び、符号で答えなさい。

A　これまで中高年層は、経済の低迷に遭遇しても心理状態の質的変化は被らずに過ごしてきたが、経済環境の変化にともなって、会社の存続に疑念を抱き始めるようになったから。

B　これまで中高年層は、自らの能力を頼りに優れた成果を挙げようと努力してきたが、経済環境の変化にともなって、これまでの判断が通用しなくなり自信喪失の状態になったから。

C　これまで中高年層は、自分たちの当事者意識が職場を支えていると強く思ってきたが、経済環境の変化にともなって、仕事量がますます増えて負担を感じるようになったから。

D　これまで中高年層は、会社との一体感を感じながら粉骨砕身して働いてきたが、経済環境の変化にともなって、会社側が彼らに対する配慮を行わないことが多くなったから。

E　これまで中高年層は、長年の功績が評価され職場での地位が着実に上昇すると信じてきたが、経済環境の変化にともなって、有能な青年社員を評価するシステムに変化したから。

〔問四〕　傍線(3)「現代社会における企業組織の中の人々のモラトリアム人間化を、われわれはどのように主体的に受けとめたらよいのだろうか」とあるが、「モラトリアム人間化」を「主体的」に受けとめている存在の説明としてもっとも適当なものを左の中から選び、符号で答えなさい。

A　中高年の生き方に倣い、企業への帰属意識を稀薄化させる存在。

B　自分本位の権利は主張せず、不当な扱いも進んで耐え忍ぶ存在。

C　職場に過度の思い入れを持たず、自分の時間を大切にする存在。

注　ヒッピー……既成の社会体制や価値観を否定し、脱社会的行動をとった若者たちのこと。一九六〇年代にアメリカで生まれ、世界中に広まった。

全共闘……「全学共闘会議」の略称。当時の学生運動の中心的存在となった。

窓際族……中高年サラリーマンのうち、第一線のポストからはずされ、閑職においやられた一群の人々を揶揄していう言葉。

エコノミック・アニマル……経済上の利潤追求を第一義として活動する人間を侮蔑的にいう言葉。高度成長期の日本人に対して欧米人が呼んだ語。

〔問一〕　傍線(4)(5)(8)のカタカナを漢字に改めなさい。（楷書で一画一画明確に書くこと）

〔問二〕　傍線(1)「『モラトリアム人間』心理」とあるが、その説明としてもっとも適当なものを左の中から選び、符号で答えなさい。

A　社会的な常識に対して反発し、若者文化をアピールすることだけに全力を注ぐような人間の心理。
B　現代社会の成人の奥深くに眠っている、他人に縛られない自由な生き方を追い求める人間の心理。
C　経済状況が停滞している時代に特有の精神傾向で、直面している問題に向き合わない人間の心理。
D　裕福な家庭で青年時代を過ごしたことが要因で、常に特別待遇されることを期待する人間の心理。
E　成熟することを拒否し、組織の中でも当事者意識を持たずに部外者のように振る舞う人間の心理。

〔問三〕　傍線(2)「最近の経済環境の変化は、いわゆる中高年層の人々の企業組織内におけるモラトリアム人間化をむしろ促進している」とあるが、「中高年層の人々」が「モラトリアム人間化」した理由の説明としてもっとも適当なものを左の中か淋（さみ）しく、苦痛なものになってゆくおそれがある。

むしろ、ここで私はすでに現代青年たちについて見出される、新しいタイプの適者像＝プロテウス的人間を青年世代のみならず、中高年層の人々も、積極的に自らの生き方として身につけていくことを提案したい。

「プロテウス的人間」とは、米国の精神科医ロバート・J・リフトンが一九五〇年代に命名した現代社会の新しい人間のスタイルのことである。ギリシャ神話の中のプロテウスは変幻自在で、恐ろしい大蛇、ライオン、竜、火、洪水など、何にでもなることができる神である。それになぞらえたプロテウス的人間は、プロテウスのように変幻自在である。あくまでも自分を一時的・暫定的な存在とみなし、次々に新しい仕事、職種・役割に同一化して変身を遂げてゆく。しかも彼らは、自己の人生の各段階における、それぞれの自分について、自己の能力を十分に発揮し、一定期間は、その道での専門家・第一人者になる。

しかしそれにもかかわらず彼らは、どの段階での自分も最終的な自分とは限定しない。最終的な自己選択を回避し、常により新たな自己実現の可能性をのこす。つまり彼らは、永久的にモラトリアムを保つと同時に、このモラトリアムに居直り、むしろそれ自身を自分のアイデンティティにする。プロテウス的人間は、アイデンティティの拡散を、積極的に肯定し、暫定的・一時的な社会的存在であること自身を新しい同一性（アイデンティティ）として自己を実現してゆく人間である。

かつてこのタイプの人間は、意志薄弱型青年に多くみられ、とてもものにならない、と考えられていたのであるが、(9)今やこのプロテウス的人間が現代の適者になろうとしている。いやむしろプロテウス的人間としての資質がなければ、とてもこの変動社会を生き抜いてゆくことはできない。一人の人間の人生周期（ライフ・サイクル）一つをとりあげても、高年齢社会に生きる人々は、同一人物がいくつかの時代を人生の各年代で次々に経験し、そのたびに古い自分を棄（す）て、新しい自分の生き方、価値観、社会的役割を身につけ、自己を変身させねばならない。

（小此木啓吾『モラトリアム人間の時代』による）

社精神がない、帰属意識＝忠誠化が乏しいとひそかに非難の言葉を投げかけていたのもつい最近のことのように思われるが、今や、彼ら自身の愛社精神が裏切られ、今はただひたすら自分自身の行末を案じ、「この年になって、一体どういう新しい自分を発見したらよいのか」という、社会人としてのアイデンティティの危機に見舞われている。やがては、ひたすら定年まで無事にすごすことを志す存在になることによって、あるいは、どこかの出向先でお客さま的存在として任期を全うすることしか考えぬ存在になることによって、この状況に適応することしかできなくなってしまう。

このような状況での中高年層の心理は、期せずして、かつて青年層に目立ったあのモラトリアム人間心理と非常によく一致している。

現在、企業組織の中で生き抜く課題は、受身的、他動的にひきおこされるモラトリアム人間化を、どのように主体的に受けとめ、これを能動化し、自らの生き方へと(8)ショウカしてゆくかにある、ということができよう。

高度成長時代であればまず、能力主義で一定の実績をあげ、その一方で、組織の一員としての安定した存在を保つ上で、モラトリアム人間心理を身につけ、さらに、年とともに、日本的マゾヒズムを体現することで、人の上に立つ資格がそなわってゆく、というのが、わが国における企業組織の中の人間の、ライフ・サイクルに即した、着実な歩みであり、それが組織適応型の人間の日本的原型であった。ところが、最近の経済環境の変化に伴う中高年層のモラトリアム人間化は、もはやこのような高度成長時代の日本的人生設計の図式の達成を困難にしている。

もはや、年とともに、人の上に立つ自信も深まり、その企業との一体感もますます強まるというふうな人生コースを思い描くわけにはゆかない。むしろこの企業内の自分も、一時的・暫定的な存在であり、企業外での、退職後、転職後の自分を常に準備する心構えが期待される。しかし、もしこのような心理傾向をただ受身的に経験しているだけでは、中高年層の今後はまことに偉大な実績をあげながら、自分本位の権利は主張せず、むしろ酬われることがない。ときには周囲の誤解や不当さを耐え忍んで、自らを犠牲にする。われに七難八苦を与えたまえというこのマゾヒズムは、そのつくす対象、たとえばお家との一体感に支えられている。つまりこの日本的マゾヒズムは、①組織・集団への帰属意識が強く、むしろ組織・集団との一体感が生き甲斐であり、②たとえ正当であっても、自己の権利の主張は控え、組織・他人の利益・満足を優先させ、自分自身は我慢し耐え忍ぶつつましさを旨とする心理傾向である。しかも、この種の自分の生き方を周囲が評価し、みんなからの尊敬を得るであろうというひそかな願望を内にひめている。

ところが今やこの種の日本的マゾヒズムが、欧米的な合理化の進んだ現代の企業組織で、なかなか旧来ほどにその期待通りの成果をあげることができない場合も多くなってきた。つまり、組織や部下から、彼らマゾヒストたちがその期待を裏切られることが多くなってきたのである。この悲劇は、日本的マゾヒズムを身につけて、人の上に立っていた中堅管理者や中高年層の人々にとくにおこりがちである。そのような生き方を貫き、周囲からの信望も厚く、本人もそのことで、安定感を得ていたのに、企業組織の側は、いわばこの彼らの、無言・暗黙の期待――こうやって、黙々とやっても、どこかで、会社も上司も、自分のことを配慮し、評価してくれている――を、一挙に裏切るような処遇を行うといった事態が、低成長時代とともにますますおこりがちになってきたのである。いやそれだけではない。中高年の管理職の人々は、自分たち当事者意識の持ち主が職場を支えているのに対して、会社側が、それをいいことにして、若い職員たちのお客さま意識はそのまま許容する結果、若い連中は、たのしく、好き勝手に振舞い、自分たちは、いつも、我慢し、骨を折り、損ばかりしているという不満を味わう。そして、これらの中高年者は次第にフラストレーションにとりつかれ、悩みをかかえることになり、やがて、たとえ顕わな職場不適応はおこさなくても、定年、退職のことのみを待つ存在になり、いつの間にか、職場での当事者意識を失い、お客さま化していく。

そして、企業の中の中高年層を構成する日本的マゾヒストたちが、当事者意識をもたぬお客さまみたいな青年社員たちに、愛狂いが生じ、会社にかなりの損害を与えてしまった。そこで彼が配置転換された先は、四十歳代、五十歳代のいわゆる中高年層の溜(たま)り場である。そこは関連企業への出向や定年まで窓際族的な日々を送る人々……からなる職場である。

それまでのA氏は、モーレツ社員型の仕事ぶりで、よい成果さえあげれば手段を選ばぬ式のやり方で活躍してきた人物だが、このやり方が結果的には、今日の失敗につながってしまった。同時に彼は、たとえ一身を犠牲にしても、率先してやってゆけば部下もついてくるし、上司の評価もおのずから高まるという自信にみちてやってきた。ところが、最近の低成長時代ともなると、彼のようなやり方に対する評価は低まり、ひとたび大きなミスを犯すと、会社側はいたく冷淡に、彼を部下から切り離してしまった。そして、エリート・コースからはずされた彼は、定年待ち同様の職場に棚上げされたのである。

これらの挫折体験のために彼は、それまで強く抱いていた会社との一体感を失い、その忠誠心のやり場に苦悩している。「今まで、無言の信頼関係で結ばれている、と思っていたんですが……」と訴える彼は、その日本的マゾヒズムがもろくも(4)ハタンした現実を嘆く。

固定した階級が存在しない能力本位の人材評価を(5)キチョウとする日本的能力主義と、日本的マゾヒズムこそ、わが国の高度成長を支えた原動力であり、中高年層の人々は、その多くがこの心理傾向の持ち主である。

ここでいう「日本的マゾヒズム」とは、企業組織の中に見出される「モラトリアム人間」と対照的なもう一つの心性である。モラトリアム人間が超現代的な人間像であるのに対して、むしろそれはもっとも古典的な日本的人間像である。そして私はこの日本的マゾヒストたちが、企業組織を支え、お客さま的なモラトリアム人間たちを指導し、わが国の今日の繁栄をもたらしてきた、と考えている。つまり、それは、いわゆる(6)エコノミック・アニマルの深層心理とみなすこともできよう。

たとえば、むかしから［(7)］びいきという言葉があるが、源義経、真田幸村、山中鹿之助、大石内蔵助といった少年講談の英雄は、いずれも日本的マゾヒズムを美化した人間像である。彼らの共通点は、主君とかお家とか、自分以上のものにつくし、そもそも、「モラトリアム人間」は、「猶予状態にある人間」という意味であり、その発生の要因として、社会が豊かになり、物心両面にゆとりを生じたという先進産業社会の経済条件があげられる。したがって、経済環境の変化と関連して右の疑問がおこるのは、ごく当然である。しかも現象面では、たしかに求人難から就職難へと、青年と社会の出会いの状況にも質的変化がみられ、いつまでもおとなにならない、どの社会組織にも帰属しないお客さまでいる「モラトリアム人間」のゆとりは、失われはじめたようにみえる。

しかし、実際には、ひとたび〝社会的性格〟になってしまった「モラトリアム人間」心理は、一つの心理構造として、もはや現代青年の深層に定着してしまっているので、不況や求人難そのものに対しても、モラトリアム人間的にしか対応しないものが多いように見受けられる。いやそれだけではない。(2)最近の経済環境の変化は、いわゆる中高年層の人々の企業組織内におけるモラトリアム人間化をむしろ促進している。そして、この事実は、モラトリアム人間が「各世代を超えて、現代社会に暮すすべての人々の深層心理に共有される社会的性格となった」という私の認識をますます裏書きすることになるのではなかろうか。

しかも、この特徴は、さらに新たな心理的状況を企業内につくり出してゆく可能性がある。高度成長時代には、青年心理としてのモラトリアム人間が次第に企業組織内の中高年層に影響してゆくプロセスが観察されたが、今やその逆の方向のプロセス、つまり、中高年層の企業内でのお客さま化や帰属意識の稀薄化という現実を目のあたりにすることによる青年社員たちの心的な変化が、この低成長時代には、改めて注目されねばならない。自分たちの未来の姿を眼前にすることで、青年社員たちの企業内での生き方も、ますます自己中心的で、一時的・暫定的なかかわりを求めるようになってゆくのではないか。

そして、このような(3)現代社会における企業組織の中の人々のモラトリアム人間化を、われわれはどのように主体的に受けとめたらよいのだろうか。

それまで営業の第一線で、数々の輝かしい成果をあげてきたA氏（四十五歳）は、最近の経済環境の変化の中で、その判断に

国語

（六〇分）

（注）満点が一〇〇点となる配点表示になっていますが、国文学専攻（英語外部検定試験利用入試を除く）の満点は一五〇点となります。

一　次の文章は一九七八年に発表されたものである。これを読んで、後の問に答えなさい。（50点）

一九六〇年代から七〇年代初頭にかけて、高度経済成長が頂点に達し、豊かな社会の中で青年期は延長し、若者文化がその花を咲かせた。

この状況の中で、成人（おとな）世代がこの若者文化の影響を受け、逆に青年心理に適応するというプロセスがおこった。ヒッピー、長髪、ジーンズ、全共闘といった、さまざまの形での社会に対する青年の自己主張が公然化した。そしてこのプロセスを通して一般社会心理そのものの革新的な変化＝青年心理化をひきおこした。しかも、歴史的にみると、この青年心理そのものにも現代に特有な質的変化がみられる。このようにして(1)「モラトリアム人間」心理は、世代を超え、現代社会に暮すすべての人々の深層心理に共有される「社会的性格」となった。

ところが、低成長、不況、減量時代を迎え、これらの経済環境の変化が、「モラトリアム人間」心理にどう影響するかが問われている。

解答編

英語

I

解答　(1)—㋓　(2)—㋐　(3)—㋓　(4)—㋒　(5)—㋓　(6)—㋐
(7)—㋒　(8)—㋑　(9)—㋒　(10)—㋓

◀解　説▶

(1)A：君とトムはカリフォルニアに（車で）行くらしいじゃないか。ずいぶん時間がかかるだろうに！
B：走り続けてりゃ，３日とかからないよ。
「時間がかかる」という場合の表現は take＋時間を用いる。

(2)A：兄と私はこのダブリンで育ったんだ。
B：外に出たことはないの？
A：兄は 10 年前に移住してたけど，家族が恋しすぎて戻ってきたよ。
B：言葉は変わってなかった？
A：昔のままだったよ。
ダブリンでの会話なので，動詞には go ではなく come を用いる。leave を用いるなら目的語が必要で，return を用いるなら back が不要。

(3)A：素晴らしい食事だったよ。本当におごってもらっていいの？
B：もちろん。
A：でも，持ち合わせがないんじゃない？
B：現金は持ってないから，クレジットカードで支払うつもりだけど，何か問題でも？
A：ここ，クレジットカード使えないと思うよ。
「カードを使って」なので答えは㋓。また，broke には「無一文で，金欠で」という形容詞の意味がある。

(4)A：で，面接はどうだった？
B：職にありつけたよ。
A：そりゃおめでとう！　君にはその資格があるしね。君ぐらい一生懸命働く人はいないよ。

比較表現を取り払っても成り立つ語は㋒ hard のみ。

(5)A：君には既視感があるんだけど，どこかで会ったことあるよね。

B：いや，まったくの初対面だよ。

A：そうかなあ？ 君のような人とは一度会ったら忘れそうにないんだけど。

someone like *A* はよく用いる表現で，「*A* のような人」を意味する。

(6)A：あしたはデイブとデートだったわよね。

B：ええ，彼と約束もしてるし，仕事も早く上がれることも確認済みよ。

A：あー，それは必要ないんじゃないかしら。

B：なんで？

A：たぶん彼遅れてくるわよ。いつもそうだから。

選択肢の中で形容詞は㋐ likely だけで，これを選ぶと it is likely that S V「おそらく S は V であろう」という構文ができる。

(7)A：君が一カ月も早く宿題を済ませたって聞いたけど。

B：うん，期限に間に合わないんじゃないかっていつも心配だから。

fall behind *A* で「*A* に遅れる」の意味。

(8)A：公園でのあの晴れた日の事覚えてる？

B：ああ，君は白いスカーフを巻いて，青のトレンチコートを着て，白いブーツを履いていたよね。とても素敵だったよ。誰もが君を見て立ち止まっていた。

A：ああ，あの頃はよかったわ。

stare at *A*「*A* をじっと見る」

(9)A：あいつらを誘うなんて信じられないよ。

B：友達なんだ！

A：でも，連中，だらしないし。

B：わかってる。だからファストフードレストランで会うことにしてもらおうよ。

後続の語句が名詞＋原形不定詞となっており，その用法を持つのは㋒ have のみ。

(10)A：ジョシュとサンディのこと聞いた？

B：２人は仲のいい友人で，付き合うようになって，今じゃお互い犬猿の仲なんでしょ？

A：それが，それって愛憎関係らしいのよね。

B：へぇ，詳しく聞かせてよ。

文章の流れから判断して，人間関係を述べる語を選ぶ。stand *A*「*A* を我慢する」

Ⅱ　解答　(1)―㋔　(2)―㋞　(3)―㋜　(4)―㋘　(5)―㋝

◀解　説▶

(1)完成文は，(This presidential race) could end up being the closest contest (ever.) となり，㋔が正解。end up *doing*「～に終わる」

(2)正文は，(I) haven't been working out the last few days(.) となり，㋞が正解。work out「トレーニングをする」

(3)完成文は，(I) keep in touch with my college friends more often (than with my high school ones.) となり，㋜が正解。keep in touch with *A*「*A* と接触を保つ，連絡を取り合う」

(4)完成文は，(I) took the liberty of finding you an attorney (to defend you.) となり，㋘が正解。take the liberty of *doing*「勝手に～する，自由に～する」　attorney「弁護士」

(5)完成文は，(I) read five languages and know my way around a (computer.) となり，㋝が正解。know *one's* way around *A*「*A* に明るい，詳しい」

Ⅲ　解答　(1)―㋐　(2)―㋐　(3)―㋓　(4)―㋓　(5)―㋒

◀解　説▶

(1)後続の名詞が sunken wall「壁が落ちくぼんだところ」となっているので，場所を表す前置詞として㋐ among は不適切。

(2) during の後には通常特定の期間を意味する語句を用い，その期間中の継続をあらわすので，㋐は誤り。

(3)㋓ rather は動詞ではないので誤り。

(4)㋓は受動態の形にしなければ意味をなさない。

(5) tend はあとに to 不定詞を伴って用いられるので，㋒が誤り。

Ⅳ 解答

(1) a—⑦ b—⑥ c—⑤ d—① e—② f—⑧
(2)—② (3)—④ (4)—④ (5)—① (6)—① (7)—④
(8)—③ (9)—① (10)—Ⓒ (11)—②・⑤・⑥・⑧

◆全 訳◆

≪動物は都市で暮らすことで賢くなれるか≫

人々の中には，それらはゴミ箱界のフォート・ノックスになると思った者もいたことだろう。まあ，それはあながち外れてはいないが…。それは腹を空かせたアライグマに対する対抗策であり，少なくとも期待はされていた。カナダのトロント市の住民にとって，アライグマは有害小動物としてなじみが深い。アライグマは食べ物の残り物を探して家庭ゴミを荒らすのが大好きな生き物である。しかし，数年前，トロント市は強固なロックがかかるカバーのついた新型のゴミ箱を設置した。それでもアライグマの賢い個体はゴミ箱をあさる方法を見つけ出したのである。地元紙のザ・スター社が撮ったビデオには，ゴミ箱をひっくり返し，見事に蓋についたロックハンドルを回して中身にたどり着いた一匹のアライグマが映っていた。その新型のゴミ箱が設置されるまでに，それらはトロント市にあるヨーク大学で動物の研究をしているスザンヌ＝マクドナルド氏によって，「何十匹もの」アライグマを使ってのテストがされていた。テストでは侵入に成功した個体は一匹もいなかったので，実際にゴミ箱の鍵が外されたのを見たとき，彼女は驚きをあらわにした。そしてその２年後，彼女はこう述べた。「これまで新型のゴミ箱の開け方を発見したのは，ほんの数匹でした。でも正直なところ，アライグマたちの中には物を壊す方法を見つけ出す者が何匹かいるので，彼らがどのように変貌してゆくのか想像もつきません」

しかしここで疑問が生じる。いわゆる有害小動物を避けるために人間が用いる安全錠や罠や柵などは，彼らがそうした対策を克服するために学習したり進化したりすることを実際に促しているのだろうか。都市に住むドブネズミたちを毒殺しようとすることが，毒に対する耐性を彼らが持つことを促す結果になっていることはすでにわかっている。それと同じことが，有害小動物の知能，すなわち認識能力にも起こりつつあるのだろうか。マクドナルド氏によると，まず注目すべきは，トロント市のアライグマたちは，食べ物を得るための手段として鍵付きのゴミ箱に侵入することに依存しているのではないので，ゴミ箱の開け方を知っている個体が生き残ることに有利になるような淘汰圧というものは存在しないこと。加えて，アライグマは社会的に学習する生き物ではないので，ゴミ箱を襲撃した個体は，他の個体にその方法を教えたりすることはないだろうということである。さらにマクドナルド氏は「ゴミ箱を壊したことのある数匹が取ったやり方は，鍵をかけるための装置部分に力が加わる形でゴミ箱をひっくり返すというもので，それが結果的に鍵の破壊につながっています」と述べており，こうした事例は「たまたまうまくいった」ということのようだ。

しかし，このようにゴミ箱を開けようとすることには，ある程度の好奇心というものが必要である。ある種の動物たちが，人間によって手を加えられた場所でうまくやっていくためには，おそらく知能というものが極めて重要なものとなってきたのだろう，とミネソタ大学のエミリー=スネルルード氏は述べている。例えば，電気柵を破壊したり，スパイクベッドをどけて敷地に侵入したりする象の存在や，車が轢いて殻を割って開けるように，道路の真ん中に木の実を落とすことで有名な日本のカラスなどがそうである。カラスに至っては，車が止まったときに割れた木の実を取りに行けるように，信号の近くでそれを行う方が良いということさえ知っているのだ。また，ある種の動物は，たまたま都市環境で生きて行きやすいように進化した可能性があるとスネルルード氏は述べている。そうした種は「前もって適応していた」者たちなのだそうだ。「その典型例は鳩です。歴史的に言って，鳩は崖の上に巣を作っており，高層ビル群は一種の崖のようなものなので，鳩たちが都市の生活に移行するのは難しいことではなかったのです。しかし，鳩は他の鳥に比べて，特に賢いというわけではありません」と彼女は言う。それでも，鳩は生まれながらにして都市適応できる存在だと言ってよいのかもしれない。長い間ロンドンっ子たちは，地下鉄の駅のプラットホームでパンくずをついばんで，列車が入ってくるとそれに飛び乗り，次の駅で降り，再びパンくず探しを始める鳩たちを見ることに，ある種惹かれるものを感じてきた。そしてそれが都市での生活であり，実際に，結局は誰もがどこかで公共交通機関のお世話になるのである。

知能があることで動物は都会の環境になじむことができる。大胆さ，行動の柔軟性，そして新しいものに惹かれるなどの特性すべてがそのことに関係している，とワイオミング大学のサラ=ベンソンアムラム氏は言う。サラ=ベンソンアムラム氏らは，こうした特性により動物は町や都市における特定の課題に対処することができると，昨年発表した論文の中で説明している。たとえば，見慣れないものに対処するに足るほど好奇心旺盛で勇敢になることで，動物は食料や住処を手に入れることができるかもしれないのだ。トロントでゴミ箱を漁る同族のように，ワイオミング州のアライグマは人間が作ったものに反応するための驚くべき能力を有している。ベンソンアムラム氏の同僚で，ワイオミング大学の研究者であるローレン=スタントン氏は，ララミーの町のアライグマが，食べ物という報酬を与えてくれるパズルボックスにどのように対処するかを研究している。電池式の容器が郊外に設置され，アライグマが箱の中の２つのボタンのうちの片方を押した場合にのみ，それはドッグフードというご褒美を与えるようになっている。押すべきボタンが左だとアライグマが学習すると，スイッチの仕組みは逆にされ，アライグマは，今度は右のボタンを押す必要があることを徐々に学習する。「アライグマは急速にスイッチの関連づけを行い，自らの行動を変えることができるのです。そして時間が経つにつれて，それが上達するのです」とスタントンは言う。この研究の完全な結果はまだ発表されていないが，ここでもアライグマが都市環境で役に立つかもしれない認知能力を持っていることが示されているのである。

都市以外で暮らすよりも，都市で暮らす方が有害小動物を実際に時間とともに賢くしているかどうかは，まだ明らかになっていない。ベンソンアムラム氏は，「私たちは実際に，より賢い野生動物を都市部で生み出しているのかもしれません」と言うが，同じ種に属する都市で暮らす個体と地方に暮らす個体の間で認知能力に大きな差があること，また，実際，現在の都市部の有害小動物が100年前の彼らの祖先よりも賢いかどうかを証明するのは困難であり，「それは実際に１億ドルの価値がある問題なのです」とワシントン大学のクリストファー=シェル氏が述べるほどである。彼はコヨーテの例を挙げる。コヨーテはアライグマのようにゴミ箱を荒らして安易に食べものを得ることが多い。昨年出された論文では，半分は都市部，残り半分は地方という米国内の60カ所で，コヨーテの行動が追跡されていた。都市部のコヨーテは，概して地方のコヨーテよりも大胆で，まわりの環境をもっとよく探検していた。これは，自然界では慎重に行動する方が賢明であるのに対して，都市部では大胆さを好む方が得るものが多いからかもしれない。また，動物たちは，街や都市でどのような抵抗に直面するかに応じて異なる戦略をとっているのかもしれない。ケープタウンのヒヒに関するある研究論文では，ヒヒは餌を求めて襲撃を行う特定の場所によって行動を変えるかどうかが調べられていた。GPS データによると，ヒヒは，例えば彼らを追い払うか否かなど，どのように彼らを管理するかに関してパトロール部隊が意見の相違を示している場所を狙うことに長けていることが判明している。言い換えれば，ヒヒはパトロール部隊に一貫した政策がないことを利用していたのである。取り締まりの網の目をくぐり抜ける確率の高い場所があればどこであっても，ヒヒはそこに努力を集中して行動していたのである。

有害小動物をコントロールすれば，やがて彼らが賢くなるということを証明するのはまだ困難である。その考えを裏付ける証拠は今のところわずかしかない。スタントン氏は，都市部と地方のアライグマの個体群の間に違いがあるかどうかを確認するために，今後，さまざまなアライグマの個体群を使ってボタンを押す実験を試すことを望んでいると述べている。スネルルード氏は，人間が改変した環境が，少なくとも一部の種に対して生き延びるために知能を使うことを要求し，その結果として，おそらく進化的な変化が起こっているのだろうと確信していると述べている。しかし，彼女は，町や都市の環境は，必ずしもこのような形で自然を挑発するのではないかもしれないという興味深い考えも述べている。つまり，都市の環境というものは進化のタイムスケールで見ると非常に新しいものである。我々の周りの植物や動物は，ある程度の適応を余儀なくされているものの，もしかしたら非常に長い期間が経過した後には進化への圧力が弱まるかもしれないというのである。「今は人為的な環境によって認知力と適応能力が促されていますが，100 万年後にはそうではなくなっているかもしれません」と彼女は言う。それは，人間が比較的予測可能な環境を作るからである。その結果，動物はますます都市空間に特化して適応するようになり，賢い戦略に頼ることが少なくなっていくかもしれない。つまり，下水管から得られる食べ物で生き延びることができるのに，なぜ複雑なパズルを解く方法を学ぶ必要があるのかということである。自然に突然の適応を求めた結果，我々は，人間が作った環境に巧みに適応することをあらゆる種族に対して強いることになるかもしれないという主張が起こるかもしれない。しかし，こと有害小動物に関しては，おそらくそれは我々が後悔する結果に終わることだろう。

◀解　説▶

(1) a．move *A* out of the way で「邪魔にならないように *A* をどける」の意味。

b．come into play で「（物事が）機能し始める」を意味する。

c．difference in *A* で「*A* における違い」の意味。

d．他の語も解答の候補として挙がるが，同じ語を２度使えないという条件からすると，ここには across が入る。across *A*「*A* の至る所に」

e．as a result of *A* で「*A* の結果として」を意味する。

f．when it comes to *A* は「*A* のこととなると」の意味の成句。

(2) be dependent on *A* for *B*「*A* に *B* を依存している」の成句と，selection pressure「（個体）淘汰の圧力」の意味がわかれば正答を得られる。

(3) pre-adapted は，直訳すると「前もって適応している」となるので④が正答。

(4)この文の前半部分には鳩が歴史的に巣作りしていたであろう「崖」と都市の「高層ビル」が似通っていることが述べられているので，空所には④が入る。

(5)前述の内容が「左のボタンを押さなければならないことをアライグマが学んでしまう」ということと，「押さなければならないボタンが右に変更される」というものなので，その２つの事柄の間になすべきことは，① associations「関連付け」であると判断する。

(6)前文（The urban coyotes …）に，「都市部のコヨーテは，概して地方のコヨーテよりも大胆で，まわりの環境をもっとよく探検していた」とあることから，空所エに入る語が adventure であると推測できる。また，この文自体が野生のコヨーテと都市部のコヨーテの〈対比〉であることから，空所ウに入るのは adventure と対をなす語であると考えればよい。

(7)直訳すると，「そこが，ヒヒたちが努力を集中させた場所である」となるので④が正解。

⑻「このような形で自然を挑発する」とはつまり，最終段第4文（Snell-Rood says she's …）の「人間が改変した環境が，少なくとも一部の種に対して生き延びるために知能を使うことを要求する」という部分を指していると考えられるので，③が正解。

⑼直前文（That's because humans …）に述べられているように，「人間が比較的予測可能な環境を作る」と，都市空間における動物はその環境になじんで暮らしに困らなくなると考えられる。

⑽挿入すべき文の中に「公共交通機関」ということばが用いられていることに着目するとよい。

⑾①「トロント市で鍵付きのゴミ箱が導入されたとき，スザンヌ=マクドナルド氏はそれを開けられるアライグマが数匹いることを予期していた」この文の内容通りなら，彼女は第1段第10文（None ever managed …）のような反応は示さないと考えられる。

②「マクドナルド氏によると，トロント市に住むアライグマたちは，鍵付きのゴミ箱についての知識を共有したりしない」 第2段第6文（Plus, she adds …）の内容に一致する。

③「マクドナルド氏は，トロント市のアライグマの中に，鍵付きのゴミ箱のメカニズムを理解しているものがいると考えている」 第2段最終文（Those instances were, …）の内容に反する。

④「トロント市とワイオミング州のアライグマたちは，野生状態で生き延びるための能力を示してきた」 問題文中には，人間が作った環境の中で生き延びるための能力を有していることは述べられているが，野生状態のことについては記述がない。

⑤「鳩は住居と食糧確保のために，人間のテクノロジーを利用する能力を持っている」 第3段第9文（"Historically, they presumably …）で住居，同段第12文（In London, there ··）で食糧について述べられている内容と一致する。

⑥「我々は，都市に暮らす動物が100年前の彼らの祖先よりも利口であるかどうかを知らない」 第5段第3文（Or, in fact, …）に述べられた内容と一致する。

⑦「コヨーテと違い，アライグマは狩りに挑戦することが好きなのでゴミ箱を襲撃する」 アライグマは狩猟好きであるがゆえにゴミ箱を襲撃する

のではなく，第 1 段第 5 文（The animals love …）にあるように，食べ物を探して家庭ゴミを漁るのが好きなのである。

⑧「有害小動物をコントロールすると賢くなるという実験の結果は，まだ現れていない」 最終段第 1 文（Proving that pest …）の内容に一致する。

⑨「都市環境は，おそらく動物に対しては進化するように圧力をかけているが，植物についてはその限りではない」 最終段第 8 文（Plants and animals …）の内容に反する。

⑩「動物にとって人間の活動は非常に多様であるので，どの都市も独特な姿をしている」 問題文には，これを述べた文は見られない。

❖講　評

2021 年度は，記述形式で出題されていた和文英訳と英文和訳が姿を消し，すべてマークシート方式で大問 4 題の構成となるという，それまでの出題形式が大きく転換した入試であった。英文和訳，和文英訳の対策を重点的に行ってきた受験生は，肩透かしを食らったかもしれない。

長文読解問題の英文量は 2020 年度入試からやや増加し，英文を読む際に根気と速度が要求される。扱われている題材に目を向けると，2021 年度は生物の進化と生存環境との関わりに関する考察文であり，例年のごとく変化に富む題材で作問がなされているので，世の中の様々なことに目を向けておきたい。

2021 年度の形式が踏襲されると，量の多い読解問題を素早く読み，内容を理解する必要性が今後ますます高まりそうだと言えよう。内容真偽問題で時間を浪費することがないように，それぞれの段落内の内容構成，パッセージ全体での段落構成を考慮し，英文の趣旨を素早く読み取る練習をしておくことが基本的な重要事項である。基本的な語彙力・文法力を身につけ，多くの英文を読むことに慣れておいてほしい。

日本史

I **解答** 問1．イ　問2．岩宿　問3．竪穴住居　問4．オ
問5．環濠　問6．銅鐸　問7．ア　問8．オ
問9．オ　問10．平城

◀解　説▶

≪旧石器時代〜奈良時代の文化・外交≫

問1．難問。イ．正しい。

ア．誤り。aはナイフのように刃先が鋭いことからナイフ形石器で，「小形の槍先，獲物の獣の解体や，木器の製作」に用いた。

ウ・エ．誤文。bはaより大きいので細石刃ではなく，形状から石斧でもなく，（槍先形）尖頭器である。槍先につけて獣を刺突した。

オ．誤文。cは形状から楕円形石器であり，打撃用であって「木器や骨角器製作」で削るためには用いられない。

問4．オ．正文。

ア．誤文。「すべての土器にヘビ，カエル，イノシシやヒトの顔面が装飾される」が誤り。縄文時代草創期には無文土器もある。また，縄目文様をもつものが一般的である。

イ・ウ．誤文。eからは体を折り曲げている様子がうかがえる。よって，これは屈葬である。

エ．誤文。遮光器土偶は，「宇宙人を模した形態」ではなく，北方民族が用いる雪の反射を防ぐ遮光器を表現したとする説が有力である。

問7．ア．正文。

イ・オ．誤文。百舌鳥・古市古墳群に属しているのは大仙陵古墳（仁徳天皇陵）や誉田御廟山古墳（応神天皇陵）。倭の五王の讃については応神天皇や仁徳天皇などをあてる諸説がある。

ウ．誤文。「ワカタケル大王とされる人物名が象嵌された鉄剣が発見された」のは稲荷山古墳である。

エ．誤文。33面の「特殊な鏡」（三角縁神獣鏡）が発見されたのは黒塚古墳である。

問8．オ．正文。

ア・イ．誤文。人物画像鏡は和歌山県隅田八幡神社に伝わる日本製の銅鏡である。「癸未年八月」以下48文字の銘文から，443年あるいは503年につくられたと考えられている。

ウ．誤文。卑弥呼は魏の皇帝から鏡百枚などを贈られた。

エ．誤文。三角縁神獣鏡は，島根県雲南市の神原神社古墳出土鏡など，魏の年号が銘として刻まれているものが出土している。

問9．オ．正解。図Gは，中門からみて，回廊の中に西に塔，東に金堂が左右対称に配置される法隆寺式伽藍配置であるから，厩戸皇子が建立した斑鳩寺である。なお，伽藍配置が読み取れなくとも，他の誤りは明らか。アの薬師寺は天武天皇，イの広隆寺は秦河勝，エの四天王寺は厩戸皇子の創建。ウの大官大寺は舒明天皇の創建とされる百済大寺を起源とする。

II 解答

問1．イ　問2．伊治呰麻呂　問3．ウ　問4．御霊会
問5．エ　問6．ア　問7．曼荼羅　問8．エ
問9．オ　問10．ウ

◀解　説▶

≪平安時代の政治，古代の仏像≫

問1．イ．誤文。大宰府が統轄したのは西海道である。

問3．ウ．正解。

ア・イ．誤り。正しくは，藤原仲麻呂－南家－橘奈良麻呂の変。式家出身の藤原広嗣は，740年に自らが反乱を起こした（藤原広嗣の乱）。

エ．誤り。北家出身で蔵人頭に就任したのは藤原冬嗣。

オ．誤り。平城太上天皇の変に関わったのは式家出身の藤原仲成。

問5．エ．正解。藤原緒嗣は，蝦夷征討と平安京造営を「方今，天下の苦しむ所は軍事と造作となり」と，天下の民が苦しんでいる二大事業としてあげ，「此の両事を停めば百姓安んぜむ」とそれらの停止を建言した。

問7．写真aは観心寺如意輪観音像であり，つくられたのは弘仁・貞観文化期（＝平安時代前期）である。この時代には，密教における仏の世界を図示した曼荼羅が盛んに描かれた。

問8．エ．正解。写真bは興福寺阿修羅像であり，つくられたのは天平文化期（＝奈良時代）である。この時代には，最古の漢詩文集の『懐風藻』

が編まれた。アの『経国集』とウの『文華秀麗集』は弘仁・貞観文化期に編纂された勅撰漢詩文集，イの『往生要集』とオの『日本往生極楽記』は，国風文化期の作品である。

問9．オ．正文。写真eの興福寺仏頭は，もとは山田寺にあった本尊の頭部と推定されている。

ア．誤文。写真aの観心寺如意輪観音像は密教と関わりが深い仏像。

イ．誤文。写真bの興福寺阿修羅像は盛唐文化の影響を受けた仏像。

ウ．誤文。写真cの中宮寺半跏思惟像は中国南朝様式の影響を受けたとされる仏像。

エ．写真dの平等院鳳凰堂阿弥陀如来像は浄土教の流行を背景につくられた仏像。

問10．ウ．正解。c．飛鳥文化→e．白鳳文化→b．天平文化→a．弘仁・貞観文化→d．国風文化。

III 解答

問1．エ　問2．北条貞時　問3．ウ　問4．ア
問5．嘉吉（の土一揆）　問6．オ
問7．三浦の乱　問8．エ　問9．刷還使　問10．オ

◀解　説▶

≪中世の徳政令，中世・近世の日朝関係≫

問1．エ．誤文。史料は永仁の徳政令。御家人同士の所領売買の場合は，売却後20年以上経ったら，その所領は取り戻せないとされた。それは，御成敗式目第8条に規定された「年紀法」といわれる一種の時効の考え方に基づいている。

問4．ア．正文。1428年に発生したのは正長の土一揆であり，翌年に将軍に就任したのは6代足利義教である。よって，イ・ウ・オは将軍名が違うから除外できる。足利義教は永享の乱で鎌倉公方足利持氏を討伐した。

エ．誤文。室町に「花の御所」を建造したのは，3代将軍足利義満である。

問9．やや難。朝鮮から江戸幕府に派遣された使節のうち，最初の3回は，豊臣政権が行った朝鮮出兵の際に拉致された捕虜を連れ帰ることも目的だったため，回答兼刷還使と呼んだ。

問10．オ．正文。6代将軍家宣・7代将軍家継のもとで政治改革・正徳の治を行ったのは，側用人の間部詮房と朱子学者で将軍侍講の新井白石で

ある。よって，イは除外できる。

ア・ウ．誤文。朝鮮からの使節の待遇を簡素化した。

エ．誤文。将軍宛国書の宛名を「日本国大君」から「日本国王」に改めさせた。

Ⅳ 解答

問1．ウ 問2．政談 問3．ウ 問4．弘道館
問5．エ 問6．オ 問7．ウ 問8．オ 問9．ア
問10．志筑忠雄

◀解 説▶

≪江戸〜明治維新期の政治・社会・文化≫

問1．ウ．誤文。「大名が将軍から与えられた領地を支配する制度」を大名知行制という。地方知行制は，大名が家臣に領地を与えて支配させる制度のこと。

問3．ウ．正文。

ア．誤文。文久の改革（1862 年）のときの島津久光は，「藩主」ではなく藩主の父である。

イ．誤文。政事総裁職に任命されたのは松平慶永である。

エ．誤文。台場建設が行われたのは，老中阿部正弘が主導した安政の改革のときである。

オ．誤文。フランスの軍事顧問団招聘などは，15 代将軍徳川慶喜による慶応の改革で行われた。

問5．エ．誤文。女子の教訓書は，「庭訓往来」ではなく「女大学」や「女今川」などである。

問6．オ．誤文。授業料も民衆の負担とされたため，民衆の反発はつよく，各地で学制反対一揆がおきた。

問7．ウ．誤文。1868 年には，旧幕府の政策をそのまま引き継いだ内容の高札が掲げられた。これは五榜の掲示のことである。

問8．オ．誤文。徳川家茂と和宮の婚姻は，「朝廷権威の弱体化」をねらったものではなく，公武合体による政局安定，幕府権威の回復を図るために行われたものであった。

問9．ア．正文。

イ．誤文。島原・天草一揆の制圧後もキリシタンは根絶されず，隠れキリ

シタンが存在した。

ウ．誤文。幕府は，全国の民衆を寺院に檀家として所属させた（寺請制度）。

エ．誤文。「検地帳とあわせて作成」「租税台帳としての役割」が誤り。宗門改めは，のちに人別改という人口調査と同時に行われるようになり，あわせて宗門人別改帳が作成され，これは戸籍の役割を果たした。

オ．誤文。明治政府は，欧米諸国からの強い抗議を受けて，1873 年に切支丹禁制の高札を撤廃し，キリスト教の布教を事実上認めた。

問 10．ケンペルの『日本誌』の一部を『鎖国論』と題して訳出したのは，志筑忠雄である。

V　解答

問 1．ウ　問 2．オ　問 3．ヴェルサイユ条約
問 4．立憲政友会　問 5．イ　問 6．五大改革指令
問 7．オ　問 8．ア　問 9．ウ　問 10．学校教育法

◀解　説▶

≪明治～昭和戦後の政治・外交・社会≫

問 1．ウ．正文。空欄Ａに入る人物は伊藤博文である。西園寺公望がその後を受けて政党の総裁になったとあることから，立憲政友会の初代総裁にあたる人物だと判断したい。

ア．誤文。大日本国憲法の草案を審議したのは枢密院。

イ．誤文。日英通商航海条約調印の際の外務大臣は陸奥宗光。

エ．誤文。下関条約締結時の清国全権は李鴻章。

オ．誤文。1905 年に結ばれたのは第 2 次日韓協約。

問 2．オ．誤り。「日英同盟の締結」は 1902 年で，これは第 1 次桂太郎内閣のときのことである。

問 5．やや難。1940 年の出来事として正しいものを選ぶ問題。

イ．正文。

ア．誤文。新体制運動の中心となったのは近衛文麿。

ウ．誤文。米内光政は，阿部信行内閣の総辞職を受けて組閣した。

エ．誤文。大日本産業報国会が組織されたときには，労働組合はすべて解散している。各職場に結成された産業報国会を通じて労働者の動員にあたり，労資一体で国策に協力する体制を構築した。

オ．誤文。米の配給制が開始されたのは1941年である。

問7．オ．正文。

ア．誤文。戦前日本の協調外交政策は，1921～22年のワシントン会議以降に推進された。

イ．誤文。「すでに国交を樹立していた」が誤り。1925年の日ソ基本条約締結によってソ連との国交が樹立した。

ウ．誤文。田中義一内閣の外務大臣は幣原喜重郎ではない。田中義一自身が外務大臣を兼任した。

エ．誤文。ロンドン海軍軍縮条約の調印に関しては「統帥権を干犯するものとの批判を受け」たが，浜口雄幸内閣は枢密院の同意を得て同条約の批准に成功した。

問8．ア．誤文。新婦人協会が改正運動に取り組んだのは治安警察法第5条である。

問10．学校教育法は，「六・三・三・四制による単線型学校体系を規定した」。同じ1947年，日本国憲法の精神に則り，教育の基本理念を明示した教育基本法も制定された。両者の混同に注意したい。

❖講　評

Ⅰ　旧石器時代～奈良時代の文化を中心に，一部で外交についても問われた。問1は，局部磨製石斧・台形石器といった教科書学習の範囲を超える語句が選択肢に使用され，図からは実物の大きさがつかみにくいこともあり，難問であった。しかし他は基本～標準的な問題である。

Ⅱ　1は平安時代を中心とする政治，2は古代の仏像について出題された。問6の誤り部分とその訂正語句の組み合わせを選択する問題，問10の仏像の写真5点を年代順に並べる配列問題など，出題形式は多様であるが，すべて標準レベルの問題であり，取りこぼすことのないようにしたい。

Ⅲ　1は史料「永仁の徳政令」を素材に，中世の政治・社会について，2は中世・近世の日朝関係について出題された。問9は「(回答兼）刷還使」の記述問題で，やや難。それ以外は基本的内容を問うものが中心である。確実に得点を稼いでおきたい。

Ⅳ　1は参勤交代を軸とした政治史，2は寛政期～明治初頭の教育史，

3は史料『一外交官の見た明治維新』を用いて，幕末～明治維新期の政治史・社会史が出題された。『一外交官の見た明治維新』を史料引用した出題は2020年度商学部会計学科，商業・貿易学科にもあり，2年連続となった。全体的に目立った難問は含まれず，すべて標準的なレベルであるが，問10の「志筑忠雄」の記述問題は，漢字ミスによる失点に注意したい。

Ⅴ　1では元老に関する文章，2では「五大改革指令」を用いて，明治中期～昭和戦後までの政治・外交・社会について出題された。問5は，教科書学習で対応可能ではあるが，選択肢の内容がかなり細かく，正誤判断がやや難しい。それ以外の設問は，基本～標準レベルである。

2021年度は，2020年度まで続いた大問4題構成から，大問5題構成となった。総設問数が50個であること，出題形式が訂正法・配列法など多様であることに変化はないが，問題文の長文化や図・史料の増加もみられるため，受験生にとってはこれまでより負担が重いものであったろう。これらは史資料の読解を重視する入試制度改革を反映したものかと推察される。また，旧石器時代～昭和戦後まで広く出題されたが，**Ⅲ**で江戸時代中期まで，**Ⅳ**では江戸初期～明治，再び明治～江戸初期・江戸後期，そして**Ⅴ**で明治中期からを扱うなど，問題を順番に解いていても時代が戻ることがあり，これにも戸惑った受験生もいたのではないかと思われる。全体の難易度は，難問数などから考えると平年並みであったが，大問数とともに問題文の分量の増加もあるため，時間配分に注意して取り組むことが肝要である。

世界史

I

解答　⑴―③　⑵呉楚七国（の乱）　⑶―②
⑷ホルテンシウス（法）　⑸―④　⑹―⑤
⑺シャンポリオン　⑻―④　⑼―①　⑽染付〔青花，呉須〕　⑾―②
⑿カーリミー（商人）　⒀セイロン島〔スリランカ〕　⒁朱印船（貿易）
⒂―②

◀解　説▶

≪ゲームの歴史≫

⑴③誤文。ペルセポリスはダレイオス1世によって建設が始まったアケメネス朝の王都。

⑷ホルテンシウス法は独裁官（ディクタトル）のホルテンシウスによって制定された（前287年）。平民会の決議がそのまま国法とされたことで貴族（パトリキ）と平民（プレブス）は法的に平等となり，身分闘争は終結した。

⑸④誤文。ヒトラーが1923年にクーデタを試みた場所はミュンヘンである（ミュンヘン一揆）。

⑹⑤が正解。⒜茶法の成立は1773年，⒝1833年に中国貿易独占権の撤廃が決定（実施は1834年），⒞プラッシーの戦いは1757年の出来事。したがって，年代順に並べ替えると⒞→⒜→⒝となる。

⑺シャンポリオンは，ナポレオンのエジプト遠征隊が発見したロゼッタ=ストーンからヒエログリフを解読した。

⑻①・②・③は誤り。それぞれ，①ボヘミア王国はチェック人，②ハンガリー王国はマジャール人，③ブルガリア王国はブルガール人の建てた国。

⑾②誤文。グーテンベルクが活版印刷術を実用化したのは15世紀半ばのことである。

⑿カーリミー商人はエジプトのアレクサンドリアやイエメンのアデンを拠点に活動し，香辛料や砂糖・陶磁器などを取り扱った。

⒀セイロン島（現スリランカ）は16世紀初めにポルトガルが進出して支配権を拡大したが，1650年代にオランダが支配権を奪った。その後，

1815年のウィーン議定書でイギリスがオランダからこの島を獲得した。

⑭朱印船貿易は海外渡航許可の朱印状を持つ船による貿易活動。主に東南アジア諸国との貿易がおこなわれたが，1635年に日本船の海外渡航が禁止されたことで消滅した。

⑮①誤文。孫文が興中会を組織した場所はハワイ（1894年）。

③誤文。義和団が掲げたスローガンは「扶清滅洋」（義和団事件：1900～01年）。「滅満興漢」は太平天国（1851～64年）のスローガンである。

④誤文。威海衛を租借したのはイギリス（1898年）。

II 解答

A．レオ3世　B．イタリア　C．カペー

(1)a―⑦　b―ニケーア

(2)a―④　b．ウェルギリウス　(3)a―⑥　b．ツヴィングリ

(4)a―③　b．ヘンリ2世　(5)a―⑤　b．スウェーデン

(6)a―①　b．ノートルダム（大聖堂）

◀解　説▶

≪中世ヨーロッパの始まりと終わり≫

B．イタリア戦争（1494～1559年）は仏王シャルル8世の侵入で始まった，フランスと神聖ローマ帝国によるイタリアの覇権争い。特に仏王フランソワ1世と神聖ローマ皇帝カール5世の時代に戦いが激化した。また，この戦争でイタリアは荒廃し，ルネサンスの中心も他の西ヨーロッパ諸国に移った。

C．カペー朝（987～1328年）はフランスでカロリング朝が断絶したのち，パリ伯ユーグ=カペーによって開かれた。

(1)a．(a)は東ゴート人，(b)は西ゴート人に関する説明。

b．ニケーア公会議は325年，コンスタンティヌス帝によって開催された。この会議で正統教義とされたアタナシウスの説は，のちに三位一体説として確立された。また，異端とされたアリウス派はゲルマン人の間に広まっていった。

(2)b．ウェルギリウスはアウグストゥスの宮廷詩人で，『アエネイス』は英雄アエネアスのトロヤ脱出からローマ建国までを描いた叙事詩。

(4)a．恩貸地制に関する問題。①・②・④誤文。①は古ゲルマンの従士制，

②はローマのラティフンディア，④はビザンツ帝国の軍管区制（テマ制）における屯田制に関する説明である。

b．ヘンリ2世によって開かれたのはプランタジネット朝（1154～1399年）。

⑸ a．⑤が正解。(a)ルターがヴォルムス帝国議会に召喚されたのは1521年，(b)三十年戦争が戦われたのは1618～48年，(c)金印勅書の発布は1356年，(d)アウクスブルクの和議は1555年の出来事。したがって，年代順に並べ替えると(c)→(a)→(d)→(b)となる。

b．三十年戦争でスウェーデンはグスタフ=アドルフ王が新教側にたって参戦，自らは戦死したが，ウェストファリア条約（1648年）でバルト海南岸の西ポンメルンを獲得した。

⑹［あ］世紀は中世ヨーロッパの始まりの時期であり，その指標は西ローマ帝国の滅亡（476年）やフランク王国の成立（481年）とあるので5世紀，［い］世紀は中世ヨーロッパの終期で，その指標は封建的主従関係の終焉，神聖ローマ帝国の滅亡（1806年）とされているので19世紀となる。

a．(a)北魏の孝文帝（位471～499年）による様々な政策は5世紀後半，(b)朝鮮史上に三国時代が現れたのは4世紀半ば，(c)隋の楊堅が陳を滅ぼしたのは589年で6世紀後半，(d)白蓮教徒の反乱（1796～1804年）を鎮圧したは19世紀初め，(e)鄭氏台湾（1661～83年）が康熙帝に降伏したのは17世紀後半の出来事。

したがって，あ―(a)，い―(d)となり，①が正解。

b．ノートルダム大聖堂は13世紀に完成したゴシック建築の代表的建造物。2019年に火災が発生し，尖塔が焼失した。

III　解答

⑴―②　⑵―②　⑶―④　⑷ハイドゥ　⑸緑営

⑹ベグ〔ベク〕　⑺―③　⑻―④

⑼人民政治協商（会議）　⑽―③

◀解　説▶

≪タリム盆地のオアシス地域≫

⑴①誤文。唐代に景教と呼ばれたのはネストリウス派キリスト教。

③誤文。アフラ=マズダはゾロアスター教における最高神である。

④誤文。マニが活動したのは 3 世紀のことである。

⑷ハイドゥはフビライの即位に反対し，フビライとハン位を争ったアリクブケ（アリクブカ）を支援，アリクブケが降伏したのちもチャガタイ家などと同盟して反抗を続けた（ハイドゥの乱：1266～1301 年）。

⑸緑営は明軍を改変してつくられた漢人による清の正規軍。三藩の乱（1673～81 年）を機に強化され，治安維持や外征で活躍した。

⑹ベグはトルコ族が用いた称号で，ハン・スルタンより下位の君主や部族長・地方の支配者といった有力者に用いられた。

⑺③が正解。⒜アロー戦争で英仏軍が円明園を破壊したのは 1860 年，⒝ロシアが清朝とアイグン条約を結んだのは 1858 年，⒞清朝が太平天国を打倒したのは 1864 年。したがって，年代順に並べ替えると⒝→⒜→⒞となる。

⑻難問。タシケント（タシュケント）は古くから東西貿易の中心として栄えたオアシス都市。8 世紀にアラブ人，13 世紀にモンゴル人，さらにティムール帝国などに支配されたのち，19 世紀初めからコーカンド=ハン国領となった。その後，ロシア領となり，1867 年にトルキスタンの省都となった。現在はウズベキスタン共和国の首都である。

⑼やや難。人民政治協商会議は 1949 年 9 月に北京で開催され，1954 年に全国人民代表大会が開催されるまで，国家の最高権力機関としての役割を担った。

⑽①誤文。チベット仏教はインドから伝わった大乗仏教と民間宗教（ボン教）が融合して成立した。

②誤文。1959 年のチベットにおける反中国運動（チベット反乱）でインドに亡命したのはダライ=ラマ 14 世。

④誤文。清朝がチベットを支配下に収めたのは康熙帝から雍正帝にかけての時代である。

Ⅳ 解答

⑴国：イギリス　首相：ピット　⑵ライプツィヒ
⑶カートライト　⑷―②　⑸―⑤　⑹公行　⑺―③
⑻部分的核実験禁止（条約）⑼ニカラグア　記号―D　⑽―④

◀解　説▶

≪アメリカ合衆国と中南米諸国≫

⑵ライプツィヒはドイツのザクセン州に位置する。ナポレオンは 1813 年 10 月，この地でプロイセン・オーストリア・ロシア連合軍に敗北（ライプツィヒの戦い・諸国民戦争），これによってライン同盟も崩壊した。

⑶力織機は 1785 年，カートライトによって発明された。

⑷難問。②が正解。Aはアルゼンチンで 1816 年にラプラタ連邦として独立，Gはメキシコで 1821 年に独立，Hはフロリダで 1819 年にアメリカ合衆国が買収，Fはプエルトリコで 1898 年のアメリカ・スペイン戦争（米西戦争）の結果アメリカ合衆国が獲得した。したがって，年代順に並べ替えるとA→H→G→Fとなる。

⑸やや難。Bはチリで，この国で産出される硝石はチリ硝石といわれる。なお，Cはコロンビアで，主な輸出品はコーヒーや切り花である。

⑺難問。③誤文。アメリカ合衆国がグレナダに侵攻したのは 1983 年で，レーガン政権（在任 1981～89 年）の時代である。

⑻部分的核実験禁止条約は 1963 年，米・英・ソ 3 国によって調印されたもので，東西冷戦の一つの転機となった。内容は大気圏内外および水中での核実験を禁止するというもので，地下実験は対象外であった。また，仏・中 2 国は大国による核の独占としてこれを批判，参加しなかった。

⑼難問。ニカラグアでは 1979 年，サンディニスタ民族解放戦線がソモサ独裁政権を打倒して左翼政権を成立させたが，アメリカ合衆国が介入して反政府ゲリラを支援，内戦状態となった。

⑽やや難。④が正解。(a)アルゼンチンでペロン大統領が政権を握ったのは 1946 年，(b)チリでアジェンデ政権が成立したのは 1970 年で，73 年にピノチェトのクーデタにより失脚，(c)グアテマラにアメリカ合衆国が介入したのは 1954 年のこと。したがって，年代順に並べ替えると(a)→(c)→(b)となる。

❖講　評

Ⅰ　ゲームをテーマに世界各地・各時代の政治・経済・文化について幅広く問う大問。(3)は地図から位置を選ぶ問題，(9)は写真を用いた問題であるが，大問を通しておおむね標準的なレベルである。

Ⅱ　中世ヨーロッパの時期区分をもとに，5世紀から16世紀のヨーロッパを中心としながら，5世紀から19世紀の東アジア情勢に関しても問う。記述法の問題は基本的な事項が中心である。(3)の図版を用いた問題は宗教改革について理解していれば正解できる問題。(5)の配列法も流れを把握していれば難しくない。

Ⅲ　タリム盆地のオアシス地域に関する問題。(2)の写真を用いた問題はⅠの(9)同様，教科書や資料集の図版まで意識して学習しているかどうかが問われているものである。(8)はかなり詳細で難問。また，(9)もやや難といえる。

Ⅳ　アメリカ合衆国と中南米諸国の関係について問う大問。(4)の配列法は地理的な知識に加え，詳細な知識も必要でかなりの難問である。(5)は「地理」の学習もきちんとやっていなければ判断に迷うかもしれない。中南米の現代史は手薄になりがちな範囲であり，(7)や詳細な知識と地理的知識が求められる(9)は難問。また(10)の配列法もやや難といえる。

数学

I 解答

(1)　1回のじゃんけんをした後に，A，B，Cが時計回りに動く場合は，Bだけが勝つ場合である。

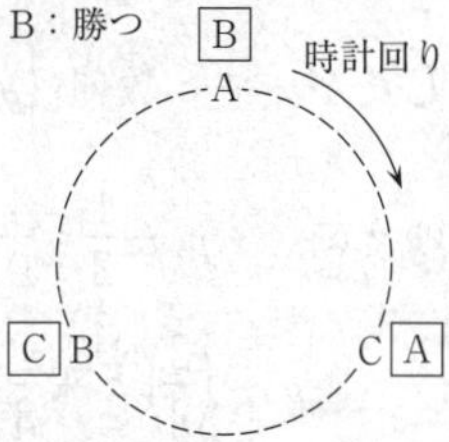

よって，(A，B，C)＝(チョキ，グー，チョキ)，(パー，チョキ，パー)，(グー，パー，グー）の3通りである。

ゆえに，求める確率 q は

$$q=\frac{3}{3^3}=\frac{1}{9}\quad\cdots\cdots(\text{答})$$

(2)　1回のじゃんけんをした後に，A，B，Cが反時計回りに動く場合は，Cだけが勝つ場合であるから，その確率は(1)と同様に考えて

$$\frac{3}{3^3}=\frac{1}{9}$$

したがって，Aが動かない確率 p は余事象を考えて

$$p=1-\left(\frac{1}{9}+\frac{1}{9}\right)=\frac{7}{9}\quad\cdots\cdots(\text{答})$$

(3)　$n+1$回のじゃんけんをした後に，Aが初めの位置に戻っている場合は次の2通りある。

(i)　n 回のじゃんけんをした後にAが初めの位置に戻っていて，$n+1$ 回目のじゃんけんをした後，移動しない。

(ii)　n 回のじゃんけんをした後にAが初めの位置にいないで，$n+1$ 回目のじゃんけんをした後，初めの位置に移動する。

(i)のときの確率は

$$p_n\times\frac{7}{9}$$

(ii)のときの確率は

$$(1-p_n)\times\frac{1}{9}$$

ゆえに

$$p_{n+1}=p_n\times\frac{7}{9}+(1-p_n)\times\frac{1}{9}=\frac{2}{3}p_n+\frac{1}{9}$$ （証明終）

(4) $p_{n+1}=\frac{2}{3}p_n+\frac{1}{9}$ は

$$p_{n+1}-\frac{1}{3}=\frac{2}{3}\left(p_n-\frac{1}{3}\right)$$

と変形できる。

したがって，数列 $\left\{p_n-\frac{1}{3}\right\}$ は初項 $\frac{4}{9}$，公比 $\frac{2}{3}$ の等比数列である。

ゆえに　$p_n-\frac{1}{3}=\frac{4}{9}\times\left(\frac{2}{3}\right)^{n-1}$

$$p_n=\left(\frac{2}{3}\right)^{n+1}+\frac{1}{3}$$ ……(答)

◀解　説▶

≪じゃんけんの確率，余事象の確率，２項間漸化式数列≫

(1)　３人でじゃんけんをするときの場合の数は，A，B，Cがそれぞれグー，チョキ，パーをだすので，3×3×3＝27 通り。

(2)　Aが動かない場合は全体の 27 通りから，時計回りに動く場合と反時計回りに動く場合を除けばよい。そして，反時計回りに動く場合は，Cだけが勝つ場合である。したがって，余事象の確率を用いて

　　Aが動かない場合の確率

　　　＝1－(時計回りに動く場合の確率＋反時計回りに動く場合の確率)

である。

(3)　n 回じゃんけんをした後にAが最初Bがいた位置にいる確率を b_n，Aが最初Cがいた位置にいる確率を c_n とする。１回のじゃんけんでAが時計回りに動く確率は $\frac{1}{9}$，反時計回りに動く確率は $\frac{1}{9}$ であるから

$$p_{n+1}=\frac{7}{9}p_n+\frac{1}{9}b_n+\frac{1}{9}c_n$$

$p_n+b_n+c_n=1$ より，$b_n+c_n=1-p_n$ であるので，$p_{n+1}=\frac{7}{9}p_n+\frac{1}{9}(1-p_n)$ となる。

(4)　２項間漸化式数列 $a_{n+1}=pa_n+q$ $(p\neq 1)$ については，$a_{n+1}-\alpha$

$=p(a_n-\alpha)$ を満たす α を求めて，数列 $\{a_n-\alpha\}$ が初項 $a_1-\alpha$，公比 p の等比数列として求めることができる。

Ⅱ 解答

$\mathrm{A}(1+\cos\alpha,\ \sin\alpha)$，$\mathrm{B}(2+2\cos\beta,\ 2\sin\beta)$，$\mathrm{C}(1,\ 0)$

$0<\alpha<\pi$，$-\pi<\beta<\pi$

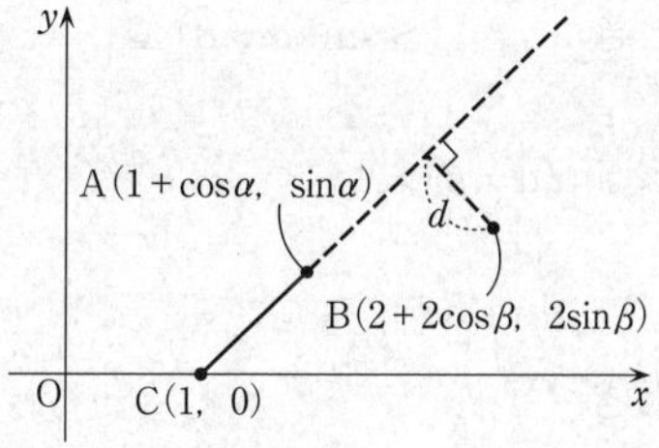

(1) $\alpha\neq\dfrac{\pi}{2}$ のとき，直線 AC の方程式は

$$y=\frac{\sin\alpha}{\cos\alpha}(x-1)$$

これより

$$(\sin\alpha)x-(\cos\alpha)y-\sin\alpha=0 \quad \cdots\cdots①$$

$\alpha=\dfrac{\pi}{2}$ のとき，$\mathrm{A}(1,\ 1)$，$\mathrm{C}(1,\ 0)$ であるから，直線 AC の方程式は

$$x=1$$

①で $\alpha=\dfrac{\pi}{2}$ とすると，$1\cdot x-0\cdot y-1=0$ より　　$x=1$

ゆえに，直線 AC の方程式は

$$\sin\alpha x-\cos\alpha y-\sin\alpha=0 \quad \cdots\cdots(\text{答})$$

別解 $\overrightarrow{\mathrm{CA}}=(\cos\alpha,\ \sin\alpha)$ であるから，直線 AC の法線ベクトルの１つは $(\sin\alpha,\ -\cos\alpha)$ である。

直線 AC は点 $(1,\ 0)$ を通り，ベクトル $(\sin\alpha,\ -\cos\alpha)$ に垂直な直線であるから，直線 AC の方程式は $(\sin\alpha)(x-1)-(\cos\alpha)y=0$ である。

よって　　$(\sin\alpha)x-(\cos\alpha)y-\sin\alpha=0$

(2) 点 $\mathrm{B}(2+2\cos\beta,\ 2\sin\beta)$ と直線 $(\sin\alpha)x-(\cos\alpha)y-\sin\alpha=0$ との距離は

$$d=\frac{|\sin\alpha(2+2\cos\beta)-\cos\alpha(2\sin\beta)-\sin\alpha|}{\sqrt{(\sin\alpha)^2+(-\cos\alpha)^2}}$$

$$=\frac{|2(\sin\alpha\cos\beta-\cos\alpha\sin\beta)+\sin\alpha|}{\sqrt{\sin^2\alpha+\cos^2\alpha}}$$

$$=|2\sin(\alpha-\beta)+\sin\alpha| \quad \cdots\cdots(答)$$

(3)　$-\pi<\beta<\pi$ より，$\alpha-\pi<\alpha-\beta<\alpha+\pi$ であるから

$\alpha\neq\frac{\pi}{2}$ $(0<\alpha<\pi)$ のとき　　$-1\leqq\sin(\alpha-\beta)\leqq1$

$\alpha=\frac{\pi}{2}$ のとき　　$-1<\sin(\alpha-\beta)\leqq1$

したがって

$\alpha\neq\frac{\pi}{2}$ $(0<\alpha<\pi)$ のとき

$$-2+\sin\alpha\leqq2\sin(\alpha-\beta)+\sin\alpha\leqq2+\sin\alpha$$

$\alpha=\frac{\pi}{2}$ のとき

$$-2+\sin\alpha<2\sin(\alpha-\beta)+\sin\alpha\leqq2+\sin\alpha$$

$\sin\alpha>0$ であるから，$0<\alpha<\pi$ のとき

$$|2\sin(\alpha-\beta)+\sin\alpha|\leqq2+\sin\alpha$$

等号の成立は $\alpha-\beta=\frac{\pi}{2}$，すなわち，$\beta=\alpha-\frac{\pi}{2}$ のときである。

よって，d は $\beta=\alpha-\frac{\pi}{2}$ のとき，最大値 $2+\sin\alpha$ をとる。……(答)

(4)　$AC=\sqrt{\cos^2\alpha+\sin^2\alpha}=1$ であるから，$\triangle ABC$ の面積を S とすれば

$$S=\frac{1}{2}\times AC\times d=\frac{1}{2}d$$

(3)より，d は $\beta=\frac{\pi}{2}-\alpha$ のとき最大値 $2+\sin\alpha$ をとるから

$$S\leqq\frac{1}{2}(2+\sin\alpha)=1+\frac{1}{2}\sin\alpha$$

ここで $0<\alpha<\pi$ より，$1+\frac{1}{2}\sin\alpha$ は $\alpha=\frac{\pi}{2}$ のとき最大値 $\frac{3}{2}$ をとる。

したがって　　$S\leqq1+\frac{1}{2}\sin\alpha\leqq\frac{3}{2}$

等号の成立は　$\beta=\alpha-\dfrac{\pi}{2}$　かつ　$\alpha=\dfrac{\pi}{2}$

ゆえに　$\alpha=\dfrac{\pi}{2}$, $\beta=0$

よって，$\alpha=\dfrac{\pi}{2}$, $\beta=0$ のとき，S は最大値 $\dfrac{3}{2}$ をとる。このときA，Bは，A(1, 1)，B(4, 0) となる。……(答)

◀解　説▶

≪直線の方程式，点と直線との距離，加法定理，三角形の面積の最大値≫

(1)　異なる２点 A$(x_1,\ y_1)$，B$(x_2,\ y_2)$ を通る直線の方程式は，$x_1\neq x_2$ のとき　$y-y_1=\dfrac{y_2-y_1}{x_2-x_1}(x-x_1)$

$x_1=x_2$ のとき　$x=x_1(=x_2)$

したがって，異なる２点A，Bを通る直線の方程式は

$$(y_2-y_1)(x-x_1)-(x_2-x_1)(y-y_1)=0$$

（$x_1=x_2$ のとき，$y_1\neq y_2$ であるから，$x-x_1=0$ となる）

(2)　直線 $ax+by+c=0$ $((a,\ b)\neq(0,\ 0))$ と点 $(x_1,\ y_1)$ との距離 d は，$d=\dfrac{|ax_1+by_1+c|}{\sqrt{a^2+b^2}}$ と表される。

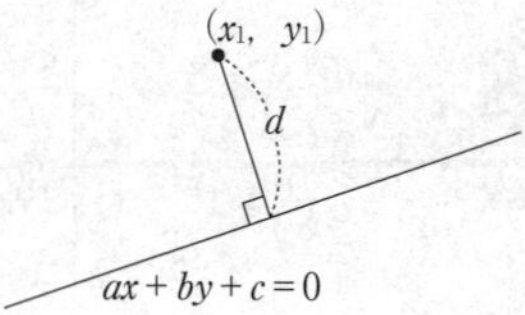

(3)　$|2+\sin\alpha|-|-2+\sin\alpha|$

$=2+\sin\alpha+(-2+\sin\alpha)=2\sin\alpha$

$\sin\alpha>0$ であるから　$|-2+\sin\alpha|<|2+\sin\alpha|$

(4)　$S\leqq\dfrac{1}{2}(2+\sin\alpha)\leqq\dfrac{3}{2}$ で等号が成立するときは，$\beta=\alpha-\dfrac{\pi}{2}$ かつ $\alpha=\dfrac{\pi}{2}$ であることに注意する。

Ⅲ　解答

曲線：$y=x(x-1)^2$　……①

直線：$y=kx$　……②

(1)　曲線①は $(b,\ kb)$ を通るので

$$b(b-1)^2=kb$$

$b>0$ より　$k=(b-1)^2$　……(答)

(2)　図において，面積が $S_1=S_2$ であるから

$$\int_0^a \{x(x-1)^2-kx\}dx=\int_a^b \{kx-x(x-1)^2\}dx$$

$\int_a^b \{kx-x(x-1)^2\}dx=-\int_a^b \{x(x-1)^2-kx\}dx$ より

$$\int_0^a \{x(x-1)^2-kx\}dx+\int_a^b \{x(x-1)^2-kx\}dx=0$$

よって

$$\int_0^b \{x(x-1)^2-kx\}dx=\int_0^b \{x^3-2x^2+(1-k)x\}dx$$

$$=\left[\frac{x^4}{4}-\frac{2x^3}{3}+\frac{(1-k)x^2}{2}\right]_0^b$$

$$=\frac{b^4}{4}-\frac{2b^3}{3}+\frac{(1-k)b^2}{2}=0$$

$b\neq 0$ であるから　$\dfrac{b^2}{4}-\dfrac{2b}{3}+\dfrac{1-k}{2}=0$

ゆえに　$3b^2-8b+6-6k=0$　……(答)

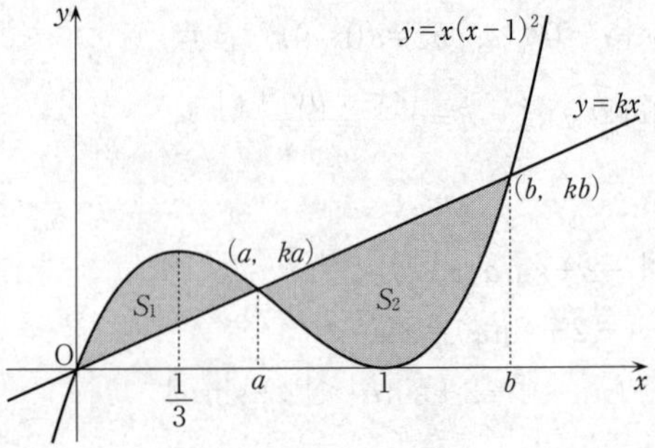

(3)　$\begin{cases} k=(b-1)^2 \\ 3b^2-8b+6-6k=0 \end{cases}$ より

$3b^2-8b+6-6(b-1)^2=0$　　$3b^2-4b=0$

$3b\left(b-\dfrac{4}{3}\right)=0$

$b\neq 0$ であるから　$b=\dfrac{4}{3}$

よって　$k=\left(\dfrac{4}{3}-1\right)^2=\dfrac{1}{9}$

これは，$0<k<1$ を満たしている。

よって　　$k=\dfrac{1}{9}$　……(答)

◀解　説▶

≪1次関数と3次関数，曲線と直線で囲まれた図形の面積，連立方程式≫

(1)　曲線：$y=x(x-1)^2$ と直線：$y=kx$ との共有点は原点O以外に2つあることから，k と b については交点の座標が $(b,\ kb)$ であることより，関係式は $kb=b(b-1)^2$ となる。

(2)　$f(x)=x(x-1)^2-kx$ とおくと

$$f(x)=x(x-a)(x-b)$$

$0<a<b$ より，$0\leqq x\leqq a$ のとき，$f(x)\geqq 0$，$a\leqq x\leqq b$ のとき，$f(x)\leqq 0$ となる。

曲線①と直線②とが囲む2つの図形の面積が等しいから

$$\int_0^a f(x)\,dx=\int_a^b\{-f(x)\}\,dx$$

これより

$$\int_0^a f(x)\,dx+\int_a^b f(x)\,dx=0$$

よって，$\displaystyle\int_0^b f(x)\,dx=0$ となるので，これを利用する。

(3)　(1)，(2)の結果より，k と b に関する連立方程式

$$\begin{cases} k=(b-1)^2 \\ 3b^2-8b+6-6k=0 \end{cases}$$

を解けばよい。

$b\neq 0$，$0<k<1$ の確認をすること。

❖講　評

大問3題の出題で，「数学A，B（確率，数列）」，「数学Ⅱ（平面座標，三角関数）」，「数学Ⅱ（微・積分法）」から各1題ずつの出題である。

Ⅰ　円卓に並んだ3人（A，B，C）がじゃんけんをして，時計回りと反時計回りに動く確率の問題である。3人でじゃんけんをするときの場合の数は 3^3 通り，1回のじゃんけんでA，B，Cだけが勝つ場合の数はそれぞれ3通りである。

(1)・(2)時計回りに動くのはBだけが勝つ場合，Aが動かない場合は全

体の 27 通りから，時計回りに動く場合と反時計回りに動く場合を除けばよく，易しい。(3)Aが初めの位置にもどっている p_{n+1} については，p_n の状態にあるときは動かない場合であり，p_n の状態にないときは $1-p_n$ であり，時計回りか反時計回りに動けば初めの位置にもどることがわかるとよい。(4) 2 項間漸化式数列 $p_{n+1}=\frac{2}{3}p_n+\frac{1}{9}$ は $p_{n+1}-\frac{1}{3}=\frac{2}{3}\left(p_n-\frac{1}{3}\right)$ と変形する。

Ⅱ　(1) 2 点A，Cを通る直線は，$\alpha\neq\frac{\pi}{2}$ のときと $\alpha=\frac{\pi}{2}$ のときに注意する。(2)点と直線との距離の公式 $d=\frac{|ax_1+by_1+c|}{\sqrt{a^2+b^2}}$ は使えるようにしておく。なお，$|\sin\alpha(2+2\cos\beta)-\cos\alpha(2\sin\beta)-\sin\alpha|$ については，加法定理を用いてまとめるとよい。(3) α を固定して β を変数とし，$-1\leqq\sin(\alpha-\beta)\leqq1$ になることを示す。(4)面積 S は $S=\frac{1}{2}\times\mathrm{AC}\times d$ で求められ，(3)より，最大値を求める。

Ⅲ　$y=x(x-1)^2$ と $y=kx$ のグラフを描き，原点O以外の 2 つの共有点の位置関係を把握する。

(1)・(2)交点 $(b,\ kb)$ から 3 次方程式，そして，面積関係から k と b の関係式を導くとよい。(3)連立方程式を解くときに，$b>1$，$0<k<1$ の確認をする。

Ⅰ，Ⅱ，Ⅲのいずれも難問ではなく，取り組みやすい問題である。すべてが記述式であるから論理的にわかりやすい答案を作成することが大切である。また，証明問題もあるので注意したい。そして，複雑な計算がないので，途中のケアレスミスをしないことである。全体的に数学の基礎・基本的な知識を問う良問である。

なお、古文ではよく場所を示す語が人物を指すことを確認しておきたい。文中の「御前」は〝あなた（＝宮）〟、「一所」は〝犬宮〟の意味で使われている。また、「それ」「これ」などの指示語も文脈に即して「わたし」「あなた」のように人称代名詞に置き換えて読むと文意が通じやすくなる。〔問二〕の(4)はどの選択肢も辞書にある用法だが、ここでは基幹となる意味を答えるとよい。〔問五〕は深読みするとAとしたくなる。入試問題には必ず根拠部分があることを確認したい。

三の漢文は、盗賊を防ぐ方法について考察した随筆であり、おおむね平易で文脈は追いやすい。〔問一〕〜〔問四〕は、いずれも基本的な語や構文の知識を問う問題でそう難しくないが、〔問五〕は根拠となる「罪坐二失主一」の部分の解釈がやっかいであった。注を見ると「坐」は〝連座させる〟、「失主」は〝被害者〟の意で、また本文の「失主」には送り仮名「ヲ」が付されている。したがって、この部分は〝罪に関しては、被害者を連座させる〟といった意味になる。注をうまく活用して設問を解きたい。

がら合図を送らなかった場合、たとえ被害者であっても罰するということである。Aは「暴力で対処すれば」が不可。本文には二つの昔話が紹介されていたが、李崇の場合も李粛之の場合も太鼓をたたいて盗賊に対応していた。同様の理由でBは「李粛之が盗賊を攻撃する武器を用意した」が不可。Eは「犯人と結託した人物は罪に値する」が本文にない内容。本文には、被害に遭ったのに知らせなかった場合、伝え聞いた知らせを伝えなかった場合、たとえ知らせても協力して盗賊を捕えようとしなかった場合に罪になることが述べられていた。CとDで迷うが、Dは「近隣の人々が」が不可。「被害を無視することの罪」を負うのは〝被害に遭ったのにそれを無視して知らせない被害者その人〟である。

❖講　評

現代文一題、古文一題、漢文一題の大問三題の出題で、試験時間は六〇分。

一の現代文は、激しく変動する社会における新しい生き方を提案する評論文。かつて日本経済を牽引してきた「エコノミック・アニマル」の心性を「日本的マゾヒズム」（＝自己を犠牲にして他者との一体感を生き甲斐とする生き方）だと喝破し、そこからの逃避を意味する「モラトリアム人間化」が進行すると予言している。そして、かつては否定的に捉えられていたこうした生き方こそが、これからの時代を生き抜く上では必要な資質だとして「プロテウス的人間」という概念を提唱する。設問はおおむね文章の前から後に根拠部分を持ち、本文に根拠を求めて正解を決めることができる。消去法でも正答にたどりつけるが、本文の量が多いのでできるだけ根拠をとらえて一気に正解を導きたい。

二の古文は、省略が多く注も多くないので解釈するのが難しかっただろう。主人公の藤原仲忠（＝大将）が伝説の琴の家系の人物であることや、その秘伝の習得には四季の自然を体験する必要があり、少なくとも一年間が必要であることなど、『宇津保物語』の基本知識を知らないと理解が難しい部分でもあった。ただ、設問は基本的な知識があれば解答できるように作られているので、本文をすべて正確に訳すのではなく、設問を解くことを優先して読み進めるとよい。

読み　盗賊未だ起こらざるとき防守要と為す。盗賊既に起こるとき擒捕要と為す。昔李崇兗州に刺たり。村中をして一楼を建て、楼一鼓を懸けしむ。諸村楼鼓の声を聞き、各要路を守り、盗に遇へば輒ち擒ふ。李粛之宰たり。必ずしも楼を建てず、比戸鼓を置く。盗発すれば輒ち撃ち、遠近相応へ、盗遂に跡を斂む。吾以為へらく楼を建て鼓を置くは、猶ほ費ゆる所有るがごとしと。止だ須らく家ごとに一梆を置くべきのみ。或ひは竹に、或ひは木なり。一処梆を起こし、各処四応す。窃まれて梆を伝へざる者有らば、罪失主を坐す。一家梆を伝ふるも四隣応へざる、及び応ふるも出身して協して拿へざる者、査明し責究す。亦何ぞ盗賊慮ふに足らんや。

◀解　説▶

〔問一〕冒頭の第一文と第二文が対句になっていることをおさえ、「未」に対する「既」を選べばよい。第一文が〝まだ盗賊が発生していないとき〟の盗賊への対処法で、第二文が〝すでに盗賊が発生してしまったとき〟の対処法を述べるという対応関係になっている。

〔問二〕「輒」は「すなはち（すなわち）」と読み〝そのたびごとに〟の意を表す基本漢語。

〔問三〕「須」は「すべかラク～ベシ」と読む再読文字。下の動詞「置」から返って読むが、ここでは「置」に「一梆」という目的語が付いているので、結局「須」には三点が付されることになる。全体として「止ダ須ラク㆔家ゴトニ置ク㆓一梆ヲ㆒キノミ」となる。

〔問四〕「何足V乎」で「なんゾVスルニたランヤ」と読み〝どうしてVするに足りようか（いやVするまでもない）〟と訳す反語の構文。「慮」は「おもんぱかル」と読む動詞で、〝あれこれと考える〟〝心配する〟の意。間に入る「盗賊」は主語ではなく、〝盗賊に関していうと〟といった「慮」の対象となる範囲を表す。直訳すれば〝どうして盗人に関して心配する必要があろうか〟といった意味になる。

〔問五〕終わりから三つ目の文「有㆓被㆑窃而不㆑伝㆑梆者㆒、罪坐㆓失主㆒」が根拠部分。〝盗賊の被害に遭ったのに梆で（そのことを）伝えなかった場合は、罪を（その）窃盗の被害者にも連座させる〟と書いてある。要するに被害に遭いな

三

出典　清・陳慶門『仕学一貫録』

解答

〔問一〕E
〔問二〕B
〔問三〕須三
〔問四〕A
〔問五〕C

◆全　訳◆

まだ盗賊が発生していないときは（これを事前に）防ぐことが肝要である。すでに盗賊が発生してしまったら（これを）捕まえることが肝要である。昔李崇が兗州の長官となった。村中の人に一つの物見やぐらを建てさせ、その物見やぐらに太鼓を掛けさせた。（こうして）各村が物見やぐらの太鼓の音を聞き、それぞれ（の村）が重要な地点を守り、盗賊が現れるたびに捕らえた。李粛之は地方官吏となった。必ずしも物見やぐらを建てさせたわけではなく、家々に太鼓を置かせた。盗人が現れればそのたびごとに（その太鼓を）打ち、遠くの者も近くの者も互いに応じ合って（捕らえ）、盗人はとうとう姿を消した。（このことから）私が思うには物見やぐらを建てて太鼓を置くことは、無駄遣いをするようなものではないか。ただ必ず家ごとに一つの梆（＝打ち鳴らす木片）を置けばいい。（打ち鳴らす梆は）竹でもいいし、木でもいい。一か所で梆を鳴らし、（それを聞いた）あちらこちらから反応すればいいのだ。（もし）盗賊の被害に遭ったのに梆で（そのことを）伝えなかった場合は、罪を（その）窃盗の被害者にも連座させる。ある家が梆で（盗賊が現れたことを）伝えたのに近隣の者がこれに応じない場合、及び（梆で伝えるのには）応じたとしても自ら出向いて力を合わせて捕まえようとしない場合は、よく調べて事情を明らかにし責任を追及する。（このように対処すれば）どうして盗賊など恐れるに足りようか（いや、恐れるまでもない）。

い言葉を恨んでいるのである。

〔問三〕傍線部(5)、(7)ともに音便に関連した部分。(5)は「あるなれ」の撥音便「あんなれ」の無表記、(7)は「なるめり」の撥音便「なんめり」の無表記で、どちらも「なり」の変化形。助動詞の「なり」には断定と伝聞・推定の二種類があり、体言や連体形に付くものは断定、終止形（ただしラ変型活用をする語の場合は連体形）に付くものは伝聞・推定である。(7)は引用を表す格助詞「と」に付いており、引用部分は体言と同等と考えられるので断定の「なり」と判断できる。(5)はラ変型の活用語「ある（あり）」に接続しているので文脈で判断するしかない。ここは〝離れても暮らしていける〟と言ったという娘の言葉は娘の幼さゆえに発せられたものに違いないと、母親である宮が推定している場面である。

〔問四〕傍線部(8)は〝今（やっと）思いがかなった気持ちがなさる〟といった意味だが、傍線部の前後には、宮が不承不承に犬宮の修行を認めたいきさつが書いてあった。最終的に女一宮は承知したので、Aの「必ずしも申し出に納得してくれていない」というわけではない。Cは「隠していた計画」が不可。大将は正直に宮に相談している。Dは「愛があることが確認でき」たが本文にない内容。Eは「違和感を感じている」が傍線部の表現と一致しない。

〔問五〕傍線部(9)直前の犬宮の言葉「琴の弾かまほしければ念じてあらむ（＝琴が弾きたいので我慢しております）」と「この雛にもや聞かせじとする（＝父上はこの雛にも私の琴の音を聞かせまいとするのでしょうか）」の部分が、Eの「大人っぽさ」と「子どもっぽさ」という内容と符合する。Aは「これから父の厳しい訓練がある」が本文には書かれていない内容。Bは「もう二度と会えなくなる」が不可。母と娘が会えなくなるのは修行期間中だけである。Cは「母の形見の人形を連れていきたい」が不可。人形を持っていくように薦めているのは母である。Dは全体として犬宮が大将の特訓の厳しさを自覚しているように書かれている点が不可。

ごくひそかに少しの間だけ（訪れること）などはどうしてできないことがありましょう。やはりここ（＝私）には聞かせまいとするようです」と（恨み言を）おっしゃるので、（大将は）「どうして。そこまででしょうか（いや、そんなことを思っているわけがありません）。それ（＝犬宮の琴をお聞かせするの）は（修行の）終わりころに」と申し上げなさって、今（やっと）思いがかなった気持ちがなさる。

宮は、（夜が）明ければ（日が）暮れるまで、犬宮と雛遊びをなさる。「他所では（あなたは私を）恋しくお思いになるでしょうか」と（宮が）おっしゃると（犬宮は）「どうして（恋しく思わないことがありましょうか）。（それでも）琴が弾きたいので我慢しております。（母上は）ひそかにおいでくださいね。（父上は）この雛にも（私の琴の音を）聞かせまいとするのでしょうか」とおっしゃるので、（宮は）たいそうしみじみと可愛らしいとお感じになって、「どうして（そのようなことがありますもの）か。連れてお行きなさい。（でも）雛遊びは時々になさい。琴に専念してください」などと申し上げなさる。

▲解　説▼

〔問一〕⑴「こころもとなし」は不安や焦燥、あるいは期待などによって〝心ここにあらず〟の状態であることを表す形容詞だが、ここでは犬宮がまだ修行に入っていないことへの大将の不安感を表している。

⑵「おぼつかなし」は、物事がはっきりしない状態を表す形容詞。ここでは娘を案じる宮の不安を表している。

⑷「あさまし」は様々な意味を派生する形容詞だが、基本語彙は〝意外な状況に対する驚き〟を表す。

⑹「念ず」には〝我慢する〟〝じっとこらえる〟の意がある。「め」は意志の助動詞「む」の已然形。ここは大将の説得を受けた宮の決意が述べられた部分である。

〔問二〕「怨じきこえたまへば」は〝恨み申し上げなさると〟といった意味で、「怨じ」たのは大将である。娘が離れて暮らすことに承知しない妻に、夜な夜な帰ってくると大将が慰めたところ、「それはやがて見ずともありなむ（＝あなたにはそのまま会わずともよいでしょう）」と言われたことが傍線部⑶の直前に書かれていた。大将は妻のこの冷た

◆全　訳◆

大将は、宮（＝妻の女一宮）に「犬宮は、とても（聞き分け）よく（母君と）離れ申し上げようとおっしゃっている。あなたは（楼閣には）お連れしないで、ただ犬宮だけをお連れ申し上げたと（周囲に）言って、門も開けないようにしようと思います」と申し上げたので、（宮は）「（琴を習う期間は）どれほど長くなるのでしょうか」とおっしゃると、「どうして（短いことが）あるでしょうか、たいそう早くは（琴を）習得されはしないでしょう。（琴の名手であった私の母の）尚侍は四歳から三年間他の習い事をなさらず（琴だけを）お習いになった。この君（＝犬宮）は六歳になられました。ちょうどよいお年頃です。そう（＝琴の習得は長くかかる）とはいってもたいそう早くお弾きになってしまうでしょう。今までお習いにならないことは、たいへん気がかりなことです。やはり（琴の修行は）一年ほどと思っております」

宮は「どうして、ほんとうにそれほどまで（長いのでしょう）。恋しく（思いつつ）会わずにいられましょうか。時々は（楼閣に）行って会いましょう」とおっしゃるので、「仲忠（＝私）は、（あなたが）不安でないように、夜などは帰ってまいりましょう。それ（＝私）をご覧になればきっと慰められることでしょう」などと申し上げなさると、「それ（＝あなた）はそのまま会わずともよいでしょう。（気がかりなのは）犬宮のことです」ととてもまじめにおっしゃるので、（大将は）「たいそう憎らしいことをおっしゃる。とても情けなく冗談も言い憎い。このようなことはおっしゃっていいことであろうか」と恨み申し上げなさると、「これ（＝あなた）こそ憎らしい。静かな所（で修行をしなければならないというの）はそうでしょう。一年ほどというのはたいへん（あきれるほど）意外です。（犬宮は）幼いので、何の心得もなくいつまでともわからず、離れておりましょうとおっしゃったのでしょう」とたいそうつらそうにおっしゃるので、大将は「もっともではあるけれど、何事も入念に伝授することによってのみ人より優れるのでございます。（私にも）覚悟がございますのに。それならば（あなたには）相談いたしますまい。ともかくもあなたのお心しだいです。ここ（＝今住んでいるこの邸）では（琴を）教え申し上げますまい」と真剣に申し上げなさるので、宮もこのこと（＝犬宮に琴の秘伝を伝授すること）を特になんとかして（達成したい）とお思いのことなので、「それならば、（私は）我慢していましょう。

的に肯定」（最後から二つ目の段落）するのであり、「大成を望まない」わけではない。以上より、Bが適切。

〔問八〕Bは「我が国の経済成長」の停滞の原因を「青年層のモラトリアム人間化」の進行だとしている点が不可。そのような記述は本文にない。Dは「モラトリアム人間、日本的マゾヒズム、プロテウス的人間の順序で一般社会心理は推移してきた」が不可。「日本的マゾヒズム」が成り立たなくなったために中高年層の「モラトリアム人間」化が進んだというのが筆者の見解であり、このような順序で「一般社会心理」が推移したとは本文に述べられていない。Eは「可変的アイデンティティが一般化すること」により「急速な経済変動にも対応可能な社会が生み出される」という点が誤り。本文で述べられている「プロテウス的人間」は、個人の生き方として筆者が提案するもので、どんな社会につながるのかという話はしていない。A・Cで迷うが、Cの「刹那的な同一性（アイデンティティ）」は終わりから二つ目の段落の最終文にある「暫定的・一時的な社会的存在であること自身を新しい同一性として自己を実現してゆく」ことの言い換えであり、これは「プロテウス的人間」の性質であるが、「プロテウス的人間」は、「中高年層のため」に限られるわけではないので不可とする。

二

出典　『宇津保物語』〈楼上〉

解答

〔問一〕(1)―C　(2)―D　(4)―A　(6)―C

〔問二〕それはやがて見ずともありなむ。

〔問三〕(5)―C　(7)―A

〔問四〕B

〔問五〕E

「中高年の生き方に倣」って「企業への帰属意識を稀薄化させる」としている点が不可。「中高年」はむしろ「プロテウス的人間」化しなければならない存在である。Bは「日本的マゾヒズム」について述べているので不可。Dも「率先して会社の仕事に取り組む」がむしろ「日本的マゾヒズム」の傾向である。Cは後半の「自分の時間を大切にする」が本文にはない一般論である。

〔問五〕「エコノミック・アニマルの深層心理」については傍線部(6)直後の第十三段落に書いてあり、特に「エコノミック・アニマル」についての具体例を述べた末尾の二文（「つまりこの日本的マゾヒズムは…」で始まる文以下）にまとめられている。つまり①組織・集団との一体感を生き甲斐とし、②自分自身は我慢して耐え忍ぶ代わりに周囲の評価を期待する生き方といえる。Bは、「自分より上位のものが繁栄するため」「自己犠牲的な行動をとることをも躊躇しない」と、①、②の内容が述べられており適切となる。Aの「取引先の不都合など顧みない」、Cの「公平な競争に背く行動をも辞さない」、Dの「自らが仕える主人の損失を回避するためであれば」は、いずれも第十三段落のこの内容を踏まえていない。Eも「不正な仕事であっても断らない」とまでは言っていないため不可。

〔問六〕「判官（ほうがん）びいき」は〝弱者や薄幸の者に同情し味方する心理〟を表す慣用句。もともとは、兄・源頼朝によって迫害された弟・源義経に同情する心理を言ったもので、「判官」は当時の義経の官職名である。

〔問七〕「プロテウス的人間」については第十九〜最終段落に書いてある。変幻自在に何にでも変身できるプロテウスになぞらえて〝常に自己を一時的・暫定的なものとみなし、どの段階の自分も最終的な自分とはみなさない〟生き方をする人間を指す。そうした人物がなぜ「現代の適者」になるのかというと、それは現代が常に変化し続ける「変動社会」（最終段落第二文）だからである。以上の二点に言及しているのはBとEしかない。Bでは「不安定な経済環境のなかで安定的な人生設計が望めなくなった現代」として、Eでは「経済状況や生活環境の未来に対する確実な予測が不可能になった変動社会」として、「変動社会」が言及されている。さらに検討すると、Eは「大成を望まない存在」が「プロテウス的人間」の説明として不可である。「プロテウス的人間」は、「アイデンティティの拡散を、積極肯定し、変化に対応して新しい自分に変身し続ける「プロテウス的人間」な生き方こそが求められるのである。

▲解　説▼

〔問二〕「モラトリアム人間」の心理については第四～六段落で述べられているが、特に第四段落最終文の「いつまでもおとなにならない」「どの社会組織にも帰属しない」「お客さまでいる」の部分に端的にまとめられている。この内容とEの「成熟することを拒否し」「組織の中でも当事者意識を持たず」「部外者のように振る舞う」の部分が逐一対応している点を見抜けばEときまる。Aは「反発し」や「全力を注ぐ」が「モラトリアム」という弛緩した状態にそぐわない語である。Bも「他人に縛られない自由な生き方を追い求める」が〝執行猶予〟を意味する「モラトリアム」の原義とずれている。Cは「経済状況が停滞している時代に特有の精神傾向」が不可。「モラトリアム」が許容されるのは社会に余裕があるときである。Dは「裕福な家庭で青年時代を過ごしたことが要因で」が不可。そうした記述は本文にない。

〔問三〕「中高年層の人々」が「モラトリアム人間化」した理由については、第八～十五段落に書かれている。Dの「会社との一体感」という内容が第十三段落に見られ、また、「会社側が彼らに対する配慮を行わない」という内容は、第十四段落第四文の「企業組織の側は、…一挙に裏切るような処遇を行う」と対応しているので、正解はD。Aは「中高年層の人々」の「モラトリアム人間化」の原因を「会社の存続」への「疑念」としている点が不可。「中高年層の人々」は自らの自己犠牲的行為を会社から認められないことに失望するのであり、この内容とずれている。Bは「自らの能力を頼りに」が不可。これまでの「中高年層の人々」は、「自分自身は我慢し耐え忍ぶ」ことで周囲の評価を期待してきた。Cの「仕事量がますます増えて負担を感じるようになったから」や、Eの「有能な青年社員を評価するシステムに変化したから」は本文にない内容である。

〔問四〕「モラトリアム人間化」を「主体的」に受け止める存在は、一言でいえば自己を変幻自在に変身させる「プロテウス的人間」のことで、この内容は第十七段落（一行空いている直後の段落）から最終段落までに書かれている。Aは

国語

一

出典　小此木啓吾『モラトリアム人間の時代』（中央文庫）

解答

〔問一〕⑷破綻　⑸基調　⑻昇華

〔問二〕E

〔問三〕D

〔問四〕E

〔問五〕B

〔問六〕判官

〔問七〕B

〔問八〕A

◆要　旨◆

エコノミックアニマルと称された我が国の企業風土は、「日本的マゾヒズム」の心性に支えられこれまで発展してきた。「日本的マゾヒズム」とは、自己の主張を控え組織や他人の利益・満足を優先させる代わりに、〝耐え忍ぶ自分〟への評価を期待する生き方である。しかし、日本経済が低成長期に入ると、こうした心性を持続することが難しい状況が現出する。そうした状況の中で、どの組織にも属さず一人前になることを拒否する「モラトリアム人間」的な生き方は、今や若者のみならず、中高年層の人々の深層心理にも浸透した。激しく変化する時代の中では、一時的・暫定的な自己をむしろ

MEMO

MEMO

MEMO

MEMO

MEMO

教学社 刊行一覧

2024年版 大学入試シリーズ（赤本）

378大学555点
全都道府県を網羅

国公立大学（都道府県順）

全国の書店で取り扱っています。店頭にない場合は，お取り寄せができます。

1 北海道大学（文系−前期日程）
2 北海道大学（理系−前期日程） 医
3 北海道大学（後期日程）
4 旭川医科大学（医学部〈医学科〉） 医
5 小樽商科大学
6 帯広畜産大学
7 北海道教育大学
8 室蘭工業大学／北見工業大学
9 釧路公立大学
10 公立千歳科学技術大学
11 公立はこだて未来大学 総推
12 札幌医科大学（医学部） 医
13 弘前大学 医
14 岩手大学
15 岩手県立大学・盛岡短期大学部・宮古短期大学部
16 東北大学（文系−前期日程）
17 東北大学（理系−前期日程） 医
18 東北大学（後期日程）
19 宮城教育大学
20 宮城大学
21 秋田大学 医
22 秋田県立大学
23 国際教養大学 総推
24 山形大学 医
25 福島大学
26 会津大学
27 福島県立医科大学（医・保健科学部） 医
28 茨城大学（文系）
29 茨城大学（理系）
30 筑波大学（推薦入試） 医 総推
31 筑波大学（前期日程） 医
32 筑波大学（後期日程）
33 宇都宮大学
34 群馬大学 医
35 群馬県立女子大学
36 高崎経済大学
37 前橋工科大学
38 埼玉大学（文系）
39 埼玉大学（理系）
40 千葉大学（文系−前期日程）
41 千葉大学（理系−前期日程） 医
42 千葉大学（後期日程） 医
43 東京大学（文科） DL
44 東京大学（理科） DL 医
45 お茶の水女子大学
46 電気通信大学
47 東京医科歯科大学 医
48 東京外国語大学 DL
49 東京海洋大学
50 東京学芸大学
51 東京藝術大学
52 東京工業大学
53 東京農工大学
54 一橋大学（前期日程） DL
55 一橋大学（後期日程）
56 東京都立大学（文系）
57 東京都立大学（理系）
58 横浜国立大学（文系）
59 横浜国立大学（理系）
60 横浜市立大学（国際教養・国際商・理・データサイエンス・医〈看護〉学部）
61 横浜市立大学（医学部〈医学科〉） 医
62 新潟大学（人文・教育〈文系〉・法・経済科・医〈看護〉・創生学部）
63 新潟大学（教育〈理系〉・理・医〈看護を除く〉・歯・工・農学部） 医
64 新潟県立大学
65 富山大学（文系）
66 富山大学（理系） 医
67 富山県立大学
68 金沢大学（文系）
69 金沢大学（理系） 医
70 福井大学（教育・医〈看護〉・工・国際地域学部）
71 福井大学（医学部〈医学科〉） 医
72 福井県立大学
73 山梨大学（教育・医〈看護〉・工・生命環境学部）
74 山梨大学（医学部〈医学科〉） 医
75 都留文科大学
76 信州大学（文系−前期日程）
77 信州大学（理系−前期日程） 医
78 信州大学（後期日程）
79 公立諏訪東京理科大学 総推
80 岐阜大学（前期日程） 医
81 岐阜大学（後期日程）
82 岐阜薬科大学
83 静岡大学（前期日程）
84 静岡大学（後期日程）
85 浜松医科大学（医学部〈医学科〉） 医
86 静岡県立大学
87 静岡文化芸術大学
88 名古屋大学（文系）
89 名古屋大学（理系） 医
90 愛知教育大学
91 名古屋工業大学
92 愛知県立大学
93 名古屋市立大学（経済・人文社会・芸術工・看護・総合生命理・データサイエンス学部）
94 名古屋市立大学（医学部） 医
95 名古屋市立大学（薬学部）
96 三重大学（人文・教育・医〈看護〉学部）
97 三重大学（医〈医〉・工・生物資源学部） 医
98 滋賀大学
99 滋賀医科大学（医学部〈医学科〉） 医
100 滋賀県立大学
101 京都大学（文系）
102 京都大学（理系） 医
103 京都教育大学
104 京都工芸繊維大学
105 京都府立大学
106 京都府立医科大学（医学部〈医学科〉） 医
107 大阪大学（文系） DL
108 大阪大学（理系） 医
109 大阪教育大学
110 大阪公立大学（現代システム科学域〈文系〉・文・法・経済・商・看護・生活科〈居住環境・人間福祉〉学部−前期日程）
111 大阪公立大学（現代システム科学域〈理系〉・理・工・農・獣医・医・生活科〈食栄養〉学部−前期日程） 医
112 大阪公立大学（中期日程）
113 大阪公立大学（後期日程）
114 神戸大学（文系−前期日程）
115 神戸大学（理系−前期日程） 医
116 神戸大学（後期日程）
117 神戸市外国語大学 DL
118 兵庫県立大学（国際商経・社会情報科・看護学部）
119 兵庫県立大学（工・理・環境人間学部）
120 奈良教育大学／奈良県立大学
121 奈良女子大学
122 奈良県立医科大学（医学部〈医学科〉） 医
123 和歌山大学
124 和歌山県立医科大学（医・薬学部） 医
125 鳥取大学 医
126 公立鳥取環境大学
127 島根大学 医
128 岡山大学（文系）
129 岡山大学（理系） 医
130 岡山県立大学
131 広島大学（文系−前期日程）
132 広島大学（理系−前期日程） 医
133 広島大学（後期日程）
134 尾道市立大学 総推
135 県立広島大学
136 広島市立大学
137 福山市立大学 総推
138 山口大学（人文・教育〈文系〉・経済・医〈看護〉・国際総合科学部）
139 山口大学（教育〈理系〉・理・医〈看護を除く〉・工・農・共同獣医学部） 医
140 山陽小野田市立山口東京理科大学 総推
141 下関市立大学／山口県立大学
142 徳島大学 医
143 香川大学 医
144 愛媛大学 医
145 高知大学 医
146 高知工科大学
147 九州大学（文系−前期日程）
148 九州大学（理系−前期日程） 医
149 九州大学（後期日程）
150 九州工業大学
151 福岡教育大学
152 北九州市立大学
153 九州歯科大学
154 福岡県立大学／福岡女子大学
155 佐賀大学 医
156 長崎大学（多文化社会・教育〈文系〉・経済・医〈保健〉・環境科〈文系〉学部）
157 長崎大学（教育〈理系〉・医〈医〉・歯・薬・情報データ科・工・環境科〈理系〉・水産学部） 医
158 長崎県立大学 総推
159 熊本大学（文・教育・法・医〈看護〉学部）
160 熊本大学（理・医〈看護を除く〉・薬・工学部） 医
161 熊本県立大学
162 大分大学（教育・経済・医〈看護〉・理工・福祉健康科学部）
163 大分大学（医学部〈医学科〉） 医
164 宮崎大学（教育・医〈看護〉・工・農・地域資源創成学部）
165 宮崎大学（医学部〈医学科〉） 医
166 鹿児島大学（文系）
167 鹿児島大学（理系） 医
168 琉球大学 医

2024年版　大学入試シリーズ（赤本）

国公立大学 その他

169 〔国公立大〕医学部医学科 総合型選抜・学校推薦型選抜 医 総推
170 看護・医療系大学〈国公立 東日本〉
171 看護・医療系大学〈国公立 中日本〉
172 看護・医療系大学〈国公立 西日本〉
173 海上保安大学校／気象大学校
174 航空保安大学校
175 国立看護大学校
176 防衛大学校 総推
177 防衛医科大学校（医学科） 医
178 防衛医科大学校（看護学科）

※No.169～172の収載大学は赤本ウェブサイト（http://akahon.net/）でご確認ください。

私立大学①

北海道の大学（50音順）

201 札幌大学
202 札幌学院大学
203 北星学園大学・短期大学部
204 北海学園大学
205 北海道医療大学
206 北海道科学大学
207 北海道武蔵女子短期大学
208 酪農学園大学（獣医学群〈獣医学類〉）

東北の大学（50音順）

209 岩手医科大学（医・歯・薬学部） 医
210 仙台大学 総推
211 東北医科薬科大学（医・薬学部） 医
212 東北学院大学
213 東北工業大学
214 東北福祉大学
215 宮城学院女子大学 総推

関東の大学（50音順）

あ行（関東の大学）

216 青山学院大学（法・国際政治経済学部−個別学部日程）
217 青山学院大学（経済学部−個別学部日程）
218 青山学院大学（経営学部−個別学部日程）
219 青山学院大学（文・教育人間科学部−個別学部日程）
220 青山学院大学（総合文化政策・社会情報・地球社会共生・コミュニティ人間科学部−個別学部日程）
221 青山学院大学（理工学部−個別学部日程）
222 青山学院大学（全学部日程）
223 麻布大学（獣医、生命・環境科学部）
224 亜細亜大学
225 跡見学園女子大学
226 桜美林大学
227 大妻女子大学・短期大学部

か行（関東の大学）

228 学習院大学（法学部−コア試験）
229 学習院大学（経済学部−コア試験）
230 学習院大学（文学部−コア試験）
231 学習院大学（国際社会科学部−コア試験）
232 学習院大学（理学部−コア試験）
233 学習院女子大学
234 神奈川大学（給費生試験）
235 神奈川大学（一般入試）
236 神奈川工科大学
237 鎌倉女子大学・短期大学部
238 川村学園女子大学
239 神田外語大学
240 関東学院大学
241 北里大学（理学部）
242 北里大学（医学部） 医
243 北里大学（薬学部）
244 北里大学（看護・医療衛生学部）
245 北里大学（未来工・獣医・海洋生命科学部）
246 共立女子大学・短期大学
247 杏林大学（医学部） 医
248 杏林大学（保健学部）
249 群馬医療福祉大学 新
250 群馬パース大学 総推
251 慶應義塾大学（法学部）
252 慶應義塾大学（経済学部）
253 慶應義塾大学（商学部）
254 慶應義塾大学（文学部） 総推
255 慶應義塾大学（総合政策学部）
256 慶應義塾大学（環境情報学部）
257 慶應義塾大学（理工学部）
258 慶應義塾大学（医学部） 医
259 慶應義塾大学（薬学部）
260 慶應義塾大学（看護医療学部）
261 工学院大学
262 國學院大學
263 国際医療福祉大学 医
264 国際基督教大学
265 国士舘大学
266 駒澤大学（一般選抜T方式・S方式）
267 駒澤大学（全学部統一日程選抜）

さ行（関東の大学）

268 埼玉医科大学（医学部） 医
269 相模女子大学・短期大学部
270 産業能率大学
271 自治医科大学（医学部） 医
272 自治医科大学（看護学部）／東京慈恵会医科大学（医学部〈看護学科〉）
273 実践女子大学 総推
274 芝浦工業大学（前期日程〈英語資格・検定試験利用方式を含む〉）
275 芝浦工業大学（全学統一日程〈英語資格・検定試験利用方式を含む〉・後期日程）
276 十文字学園女子大学
277 淑徳大学
278 順天堂大学（医学部） 医
279 順天堂大学（スポーツ健康科・医療看護・保健看護・国際教養・保健医療・医療科・健康データサイエンス学部） 総推
280 城西国際大学 新
281 上智大学（神・文・総合人間科学部）
282 上智大学（法・経済学部）
283 上智大学（外国語・総合グローバル学部）
284 上智大学（理工学部）
285 上智大学（TEAPスコア利用方式）
286 湘南工科大学
287 昭和大学（医学部） 医
288 昭和大学（歯・薬・保健医療学部）
289 昭和女子大学
290 昭和薬科大学
291 女子栄養大学・短期大学部
292 白百合女子大学
293 成蹊大学（法学部−A方式）
294 成蹊大学（経済・経営学部−A方式）
295 成蹊大学（文学部−A方式）
296 成蹊大学（理工学部−A方式）
297 成蹊大学（E方式・G方式・P方式）
298 成城大学（経済・社会イノベーション学部−A方式）
299 成城大学（文芸・法学部−A方式）
300 成城大学（S方式〈全学部統一選抜〉）
301 聖心女子大学
302 清泉女子大学
303 聖徳大学・短期大学部
304 聖マリアンナ医科大学 医
305 聖路加国際大学（看護学部）
306 専修大学（スカラシップ・全国入試）
307 専修大学（学部個別入試）
308 専修大学（全学部統一入試）

た行（関東の大学）

309 大正大学
310 大東文化大学
311 高崎健康福祉大学 総推
312 拓殖大学
313 玉川大学
314 多摩美術大学
315 千葉工業大学
316 千葉商科大学
317 中央大学（法学部−学部別選抜）
318 中央大学（経済学部−学部別選抜）
319 中央大学（商学部−学部別選抜）
320 中央大学（文学部−学部別選抜）
321 中央大学（総合政策学部−学部別選抜）
322 中央大学（国際経営・国際情報学部−学部別選抜）
323 中央大学（理工学部−学部別選抜）
324 中央大学（6学部共通選抜）
325 中央学院大学
326 津田塾大学
327 帝京大学（薬・経済・法・文・外国語・教育・理工・医療技術・福岡医療技術学部）
328 帝京大学（医学部） 医
329 帝京科学大学 総推
330 帝京平成大学 総推
331 東海大学（医〈医〉学部を除く−一般選抜）
332 東海大学（文系・理系学部統一選抜）
333 東海大学（医学部〈医学科〉） 医
334 東京医科大学（医学部〈医学科〉） 医
335 東京家政大学・短期大学部 総推
336 東京経済大学
337 東京工科大学
338 東京工芸大学
339 東京国際大学
340 東京歯科大学
341 東京慈恵会医科大学（医学部〈医学科〉） 医
342 東京情報大学
343 東京女子大学
344 東京女子医科大学（医学部） 医
345 東京電機大学
346 東京都市大学
347 東京農業大学
348 東京薬科大学（薬学部） 総推
349 東京薬科大学（生命科学部） 総推
350 東京理科大学（理学部〈第一部〉−B方式）
351 東京理科大学（創域理工学部−B方式・S方式）
352 東京理科大学（工学部−B方式）
353 東京理科大学（先進工学部−B方式）
354 東京理科大学（薬学部−B方式）
355 東京理科大学（経営学部−B方式）
356 東京理科大学（C方式、グローバル方式、理学部〈第二部〉−B方式）

2024年版　大学入試シリーズ（赤本）

私立大学②

357 東邦大学（医学部） 医
358 東邦大学（薬学部）
359 東邦大学（理・看護・健康科学部）
360 東洋大学（文・経済・経営・法・社会・国際・国際観光学部）
361 東洋大学（情報連携・福祉社会デザイン・健康スポーツ科・理工・総合情報・生命科・食環境科学部）
362 東洋大学（英語〈3日程×3カ年〉） 新
363 東洋大学（国語〈3日程×3カ年〉） 新
364 東洋大学（日本史・世界史〈2日程×3カ年〉） 新
365 東洋英和女学院大学
366 常磐大学・短期大学 総推
367 獨協大学
368 獨協医科大学（医学部） 医

な行（関東の大学）

369 二松学舎大学
370 日本大学（法学部）
371 日本大学（経済学部）
372 日本大学（商学部）
373 日本大学（文理学部〈文系〉）
374 日本大学（文理学部〈理系〉）
375 日本大学（芸術学部）
376 日本大学（国際関係学部）
377 日本大学（危機管理・スポーツ科学部）
378 日本大学（理工学部）
379 日本大学（生産工・工学部）
380 日本大学（生物資源科学部）
381 日本大学（医学部） 医
382 日本大学（歯・松戸歯学部）
383 日本大学（薬学部）
384 日本大学（医学部を除く－N全学統一方式）
385 日本医科大学 医
386 日本工業大学
387 日本歯科大学
388 日本社会事業大学 新 総推
389 日本獣医生命科学大学
390 日本女子大学
391 日本体育大学

は行（関東の大学）

392 白鷗大学（学業特待選抜・一般選抜）
393 フェリス女学院大学
394 文教大学
395 法政大学（法〈法律・政治〉・国際文化・キャリアデザイン学部－A方式）
396 法政大学（法〈国際政治〉・文・経営・人間環境・グローバル教養学部－A方式）
397 法政大学（経済・社会・現代福祉・スポーツ健康学部－A方式）
398 法政大学（情報科・デザイン工・理工・生命科学部－A方式）
399 法政大学（T日程〈統一日程〉・英語外部試験利用入試）
400 星薬科大学 総推

ま行（関東の大学）

401 武蔵大学
402 武蔵野大学
403 武蔵野美術大学
404 明海大学
405 明治大学（法学部－学部別入試）
406 明治大学（政治経済学部－学部別入試）
407 明治大学（商学部－学部別入試）
408 明治大学（経営学部－学部別入試）
409 明治大学（文学部－学部別入試）
410 明治大学（国際日本学部－学部別入試）
411 明治大学（情報コミュニケーション学部－学部別入試）
412 明治大学（理工学部－学部別入試）
413 明治大学（総合数理学部－学部別入試）
414 明治大学（農学部－学部別入試）
415 明治大学（全学部統一入試）
416 明治学院大学（A日程）
417 明治学院大学（全学部日程）
418 明治薬科大学 総推
419 明星大学
420 目白大学・短期大学部

ら・わ行（関東の大学）

421 立教大学（文系学部－一般入試〈大学独自の英語を課さない日程〉）
422 立教大学（国語〈3日程×3カ年〉）
423 立教大学（日本史・世界史〈2日程×3カ年〉）
424 立教大学（文学部－一般入試〈大学独自の英語を課す日程〉）
425 立教大学（理学部－一般入試）
426 立正大学
427 早稲田大学（法学部）
428 早稲田大学（政治経済学部）
429 早稲田大学（商学部）
430 早稲田大学（社会科学部）
431 早稲田大学（文学部）
432 早稲田大学（文化構想学部）
433 早稲田大学（教育学部〈文科系〉）
434 早稲田大学（教育学部〈理科系〉）
435 早稲田大学（人間科・スポーツ科学部）
436 早稲田大学（国際教養学部）
437 早稲田大学（基幹理工・創造理工・先進理工学部）
438 和洋女子大学 総推

中部の大学（50音順）

439 愛知大学
440 愛知医科大学（医学部） 医
441 愛知学院大学・短期大学部
442 愛知工業大学 総推
443 愛知淑徳大学
444 朝日大学 総推
445 金沢医科大学（医学部） 医
446 金沢工業大学
447 岐阜聖徳学園大学・短期大学部 総推
448 金城学院大学
449 至学館大学 総推
450 静岡理工科大学
451 椙山女学園大学
452 大同大学
453 中京大学
454 中部大学
455 名古屋外国語大学 総推
456 名古屋学院大学 総推
457 名古屋学芸大学 総推
458 名古屋女子大学・短期大学部 総推
459 南山大学（外国語〈英米〉・法・総合政策・国際教養学部）
460 南山大学（人文・外国語〈英米を除く〉・経済・経営・理工学部）
461 新潟国際情報大学
462 日本福祉大学
463 福井工業大学
464 藤田医科大学（医学部） 医
465 藤田医科大学（医療科・保健衛生学部）
466 名城大学（法・経営・経済・外国語・人間・都市情報学部）
467 名城大学（情報工・理工・農・薬学部）
468 山梨学院大学

近畿の大学（50音順）

469 追手門学院大学 総推
470 大阪医科薬科大学（医学部） 医
471 大阪医科薬科大学（薬学部） 総推
472 大阪学院大学 総推
473 大阪経済大学 総推
474 大阪経済法科大学 総推
475 大阪工業大学 総推
476 大阪国際大学・短期大学部 総推
477 大阪産業大学 総推
478 大阪歯科大学（歯学部）
479 大阪商業大学 総推
481 大阪成蹊大学・短期大学 総推
482 大谷大学 総推
483 大手前大学・短期大学 総推
484 関西大学（文系）
485 関西大学（理系）
486 関西大学（英語〈3日程×3カ年〉）
487 関西大学（国語〈3日程×3カ年〉）
488 関西大学（文系選択科目〈2日程×3カ年〉）
489 関西医科大学（医学部） 医
490 関西医療大学 総推
491 関西外国語大学・短期大学部 総推
492 関西学院大学（文・社会・法学部－学部個別日程）
493 関西学院大学（経済・人間福祉・国際学部－学部個別日程）
494 関西学院大学（神・商・教育・総合政策学部－学部個別日程）
495 関西学院大学（全学部日程〈文系型〉）
496 関西学院大学（全学部日程〈理系型〉）
497 関西学院大学（共通テスト併用日程・英数日程）
498 畿央大学 総推
499 京都外国語大学・短期大学 総推
500 京都光華女子大学・短期大学部 総推
501 京都産業大学（公募推薦入試） 総推
502 京都産業大学（一般選抜入試〈前期日程〉）
503 京都女子大学 総推
504 京都先端科学大学 総推
505 京都橘大学 総推
506 京都ノートルダム女子大学 総推
507 京都薬科大学 総推
508 近畿大学・短期大学部（医学部を除く－推薦入試） 総推
509 近畿大学・短期大学部（医学部を除く－一般入試前期）
510 近畿大学（英語〈医学部を除く3日程×3カ年〉） 新
511 近畿大学（理系数学〈医学部を除く3日程×3カ年〉） 新
512 近畿大学（国語〈医学部を除く3日程×3カ年〉） 新
513 近畿大学（医学部－推薦入試・一般入試前期） 医 総推
514 近畿大学・短期大学部（一般入試後期） 医
515 皇學館大学 総推
516 甲南大学 総推
517 神戸学院大学 総推
518 神戸国際大学 総推
519 神戸女学院大学 総推
520 神戸女子大学・短期大学 総推
521 神戸薬科大学 総推
522 四天王寺大学・短期大学部 総推
523 摂南大学（公募制推薦入試） 総推
524 摂南大学（一般選抜前期日程）
525 帝塚山学院大学 新 総推
526 同志社大学（法、グローバル・コミュニケーション学部－学部個別日程）
527 同志社大学（文・経済学部－学部個別日程）
528 同志社大学（神・商・心理・グローバル地域文化学部－学部個別日程）
529 同志社大学（社会学部－学部個別日程）

共通テスト対策関連書籍

共通テスト対策 も 赤本で

① 過去問演習

2024年版

共通テスト 赤本シリーズ

全13点

A5判／定価1,210円
（本体1,100円）

- これまでの共通テスト本試験 全日程収載!!＋プレテストも
- 英語・数学・国語には，本書オリジナル模試も収載！
- 英語はリスニングを11回分収載！ 赤本の音声サイトで本番さながらの対策！

- ●英語 リスニング／リーディング※1 DL
- ●数学Ⅰ・A／Ⅱ・B※2
- ●国語※2
- ●日本史B
- ●世界史B
- ●地理B
- ●現代社会
- ●倫理，政治・経済／倫理
- ●政治・経済
- ●物理／物理基礎
- ●化学／化学基礎
- ●生物／生物基礎
- ●地学基礎
  付録：地学

DL 音声無料配信　※1 模試2回分収載　※2 模試1回分収載

② 自己分析

赤本ノートシリーズ 過去問演習の効果を最大化

▶共通テスト対策には

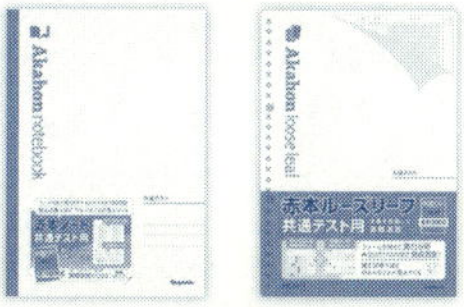

赤本ノート（共通テスト用）　赤本ルーズリーフ（共通テスト用）

共通テスト赤本シリーズ
Smart Startシリーズ
全28点に対応!!

▶二次・私大対策には

大学入試シリーズ
全555点に対応!!

赤本ノート（二次・私大用）

③ 重点対策

Smart Start シリーズ

共通テスト スマート対策 3訂版

基礎固め＆苦手克服のための**分野別対策問題集**!!

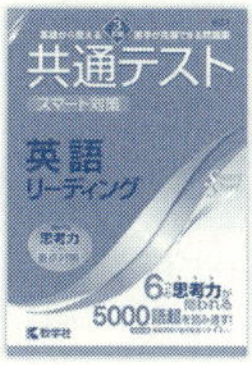

- ●英語（リーディング）DL
- ●英語（リスニング）DL
- ●数学Ⅰ・A
- ●数学Ⅱ・B
- ●国語（現代文）
- ●国語（古文・漢文）
- ●日本史B
- ●世界史B
- ●地理B
- ●現代社会
- ●物理
- ●化学
- ●生物
- ●化学基礎・生物基礎
- ●生物基礎・地学基礎

DL 音声無料配信

共通テスト本番の内容を反映！
全15点
好評発売中！

A5判／定価1,210円（本体1,100円）

手軽なサイズの実戦的参考書

目からウロコのコツが満載！
直前期にも！

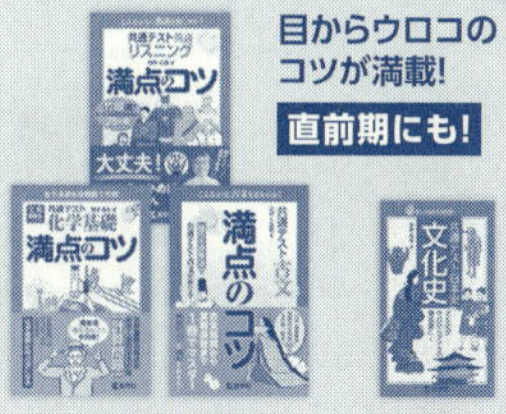

満点のコツ シリーズ　赤本ポケット